权威·前沿·原创

皮书系列为

“十二五”“十三五”“十四五”时期国家重点出版物出版专项规划项目

BLUE BOOK

智库成果出版与传播平台

青海蓝皮书

BLUE BOOK OF QINGHAI

2023年青海经济社会形势分析与预测

SOCIAL AND ECONOMIC CONDITIONS IN QINGHAI: ANALYSIS AND FORECAST (2023)

主　编／索端智

副主编／鄂崇荣

社会科学文献出版社

SOCIAL SCIENCES ACADEMIC PRESS (CHINA)

图书在版编目(CIP)数据

2023年青海经济社会形势分析与预测 / 索端智主编；鄂崇荣副主编．--北京：社会科学文献出版社，2023.2
（青海蓝皮书）
ISBN 978-7-5228-1383-7

Ⅰ.①2… Ⅱ.①索… ②鄂… Ⅲ.①区域经济-经济分析-青海-2023 ②社会分析-青海-2023 ③区域经济-经济预测-青海-2023 ④社会预测-青海-2023 Ⅳ.①F127.44

中国版本图书馆CIP数据核字（2022）第256456号

青海蓝皮书
2023年青海经济社会形势分析与预测

主　　编 / 索端智
副 主 编 / 鄂崇荣

出 版 人 / 王利民
责任编辑 / 陈　颖　薛铭杰
责任印制 / 王京美

出　　版 / 社会科学文献出版社 · 皮书出版分社（010）59367127
地址：北京市北三环中路甲29号院华龙大厦　邮编：100029
网址：www.ssap.com.cn
发　　行 / 社会科学文献出版社（010）59367028
印　　装 / 天津千鹤文化传播有限公司

规　　格 / 开　本：787mm×1092mm　1/16
印　张：24.25　字　数：361千字
版　　次 / 2023年2月第1版　2023年2月第1次印刷
书　　号 / ISBN 978-7-5228-1383-7
定　　价 / 168.00元

读者服务电话：4008918866

主要编撰者简介

索端智　藏族，青海省海东市人，中共党员，博士，教授。青海省社会科学院党组书记、院长。兼任中国民族学人类学学会副会长、西南民族研究会常务副会长、教育部社会学学科教育指导委员会委员。长期从事藏学、民族学、人类学研究，先后主持完成国家社会科学基金项目“三江源生态移民研究”“青藏高原藏族游牧区公共服务研究”等多项课题，发表专业学术论文 50 余篇。

鄂崇荣　土族，青海省海东市人，哲学博士、二级研究员。青海省社会科学院副院长。兼任青海省政协常委、民族和宗教委员会副主任，国家文化公园专家咨询委员会黄河组专家等。长期从事青海民族宗教、国家文化公园研究。独立、合作出版学术著作 10 部；主持完成国家重大项目子课题、一般项目和省部级项目 8 项。发表学术论文和报告 80 余篇，多篇论文被中国人民大学复印报刊资料中心、《北京大学学报》等期刊全文复印或观点摘编。

摘　要

《2023年青海经济社会形势分析与预测》是专题梳理和分析青海省改革发展的综合性年度研究报告，它以青海省经济、社会、生态、民族宗教等各领域的重大理论和现实问题为研究内容，真实、全面地反映青海经济社会发展形势。

本书由总报告、经济篇、社会篇、生态篇和民族宗教篇等五个部分组成。

总报告，在对2022年青海省经济和社会发展总体情况分别阐述的基础上，对国内外宏观发展背景下面临的机遇和挑战进行分析，并结合省情实际对2023年青海经济社会发展趋势进行了预测，提出了具有可操作性的对策建议。总报告“2022～2023年青海经济发展形势分析与预测”认为，2022年青海省充分发挥青海在产业“四地”建设中的综合优势，持续推进改革攻坚，强化驱动创新和优化产业结构调整升级，经济运行总体保持平稳发展态势。2023年，青海需要围绕“建设世界级盐湖产业基地、打造国家清洁能源产业高地、打造国际生态旅游目的地、打造绿色有机农畜产品输出地”的建设目标，进一步对产业、科技、人才资源进行有效整合，持续推进经济高质量发展，加快现代化新青海建设。总报告“2022～2023年青海社会发展形势分析与预测”认为，2022年青海各项社会事业取得了新进步。2023年青海将坚持生态保护优先，强化“四地”建设，持续改善民生，深入推进乡村振兴，推进更高水平社会建设。

经济篇，以展示2022年度青海经济发展状况为目标，重点围绕青海省

"一带一路"建设、民营经济发展状况及打造清洁能源产业高地、缩小城乡居民收入差距等进行了专题研究。社会篇，围绕2022年度青海省实施乡村振兴战略，文化、教育事业发展状况，人才工作创新及基础设施建设情况等进行了较为全面的梳理。生态篇，立足省情特点，对生态文明高地建设、国家公园特色文化建设、生态补偿机制建设等进行了探索。民族宗教篇，就民族工作形势、铸牢中华民族共同体意识、宗教中国化等热点难点问题进行了研究。

关键词： 经济发展 社会发展 青海省

Abstract

Analysis and Forecast of Qinghai Economic and Social Situation in 2023 is a comprehensive annual research report that sorts out and analyzes the reform and development of Qinghai Province. It uses major theoretical and practical issues in the economic, social, ecological, ethnic and religious fields of Qinghai Province as the research content, which truly and comprehensively reflects the economic and social development of Qinghai.

The book consists of five parts: general report, economics chapter, society chapter, ecology chapter, and ethnic religion chapter.

The general report, on the basis of the overall situation of Qinghai's economic and social development in 2022, analyzes the opportunities and challenges faced by domestic and foreign macro-development backgrounds, and analyzes the economic and social development trends of Qinghai in 2023 in light of the actual situation of the province. Based on the prediction, feasible countermeasures and suggestions are put forward.

The general report, "Analysis and Forecast of Qinghai Economic and Social Situation from 2022 to 2023", states that in 2022, Qinghai Province made full use of its comprehensive advantages in the construction of the "Four Places" in the industry, continued to advance reforms, strengthened driving innovation and optimized the adjustment and upgrading of the industrial structure, and the economy overall maintained a stable and developing state. In 2023, Qinghai needs to integrate industry, technology, and human resources effectively around the goals of building a world-class salt lake industrial base, becoming a national clean energy industrial highland, a green organic agricultural and livestock product export destination, and an international eco-tourism destination, in order to continue promoting high-quality economic development and accelerate the construction of a modern new Qinghai. The general report, Analysis and Forecast of Qinghai Economic and Social Situation from 2022 to 2023, states that in 2022, various social programs in Qinghai made new progress. In 2023, Qinghai will prioritize ecological protection, reinforce the development of the "four areas", continuously improve people's livelihood, deeply promote rural revitalization, and advance social construction to a higher level.

The economics chapter aims to display the economic development of Qinghai in 2022, with a focus on the construction of the "One Belt, One Road" in Qinghai, the development of the private economy, the creation of a clean energy industry hub, and reducing the income gap between urban and rural residents. The society chapter provides a comprehensive analysis of the implementation of the rural revitalization strategy in 2022, the development of culture and education, innovation in talent work, and infrastructure construction. The ecology chapter explores the construction of ecological civilization, the creation of the national park, and the construction of ecological compensation mechanisms based on the characteristics of the province. The ethnic religion chapter researches hot and difficult issues such as the situation of ethnic and religious groups, the formation of a Chinese national community, and the Sinicization of religion.

Keywords: Economic Development; Social Development; Qinghai Province

目　录

Ⅰ　总报告

Ⅱ 经济篇

Ⅲ 社会篇

Ⅳ 生态篇

Ⅴ 民族宗教篇

皮书数据库阅读**使用指南**

CONTENTS

I General Reports

Ⅱ Economic Chapters

Ⅲ Society Chapters

Ⅳ Ecology Chapters

V Ethnic Religion Chapters

总 报 告

General Reports

B.1 2022~2023年青海经济发展形势分析与预测

"青海经济发展形势分析与预测"课题组*

摘 要： 2022年以来，青海深入学习和贯彻习近平总书记考察青海重要讲话精神，充分发挥青海在产业"四地"建设中的综合优势，面对严峻复杂的国际经济形势和新冠肺炎疫情影响，持续推进改革攻坚，强化驱动创新和优化产业结构调整升级，经济运行总体保持平稳发展态势。2023年，全球主要经济体高通胀压力仍然存在，中国也处于经济转型升级、提振内需的关键时期，影响青海经济发展的不确定性因素较多，工业经济下行压力依然较大，青海需要围绕"建设世界级盐湖产业基地、打造国家清洁能源

* 课题组组长：孙发平，青海省社会科学院原副院长、研究员，研究方向为区域经济。课题组成员：杜青华，青海省社会科学院经济研究所所长、副研究员，研究方向为宏观经济与政策分析；魏珍，青海省社会科学院经济研究所助理研究员，研究方向为区域经济；王礼宁，青海省社会科学院经济研究所助理研究员，研究方向为区域经济、能源经济；刘畅，青海省社会科学院经济研究所助理研究员，研究方向为区域经济协调发展。

产业高地、打造国际生态旅游目的地、打造绿色有机农畜产品输出地”的建设目标，进一步对产业、科技、人才资源进行有效整合，通过深化创新驱动，以持续增强现代农牧业的基础作用、持续提升工业企业核心竞争力、努力发展壮大现代服务业为战略重点，努力打造和构建富有竞争力的现代经济体系，持续推进经济高质量发展，加快现代化新青海建设。

关键词： 经济发展　高质量发展　青海省

2022 年是党的二十大胜利召开的一年，也是现代化新青海建设开局起步的一年。2022 年，青海深入学习和贯彻习近平总书记考察青海重要讲话精神，充分发挥青海在产业“四地”建设中的综合优势，面对严峻复杂的国际经济形势和新冠肺炎疫情影响，主动适应经济发展新常态，持续推进改革攻坚，强化驱动创新和优化产业结构调整升级，经济发展的新动能得到持续增强，“四地”建设稳步推进，经济运行总体保持平稳发展态势，高质量发展基础得以持续加强。2023 年，全球主要经济体高通胀压力仍然存在，中国也处于经济转型升级、内需提振的关键时期，影响青海经济发展的不确定性因素较多，工业经济下行压力依然较大。青海应主动融入新发展格局，保持经济平稳高质量发展，为奋力谱写全面建设社会主义现代化国家的青海篇章开创良好局面。

一　2022年前三季度青海经济运行基本态势

青海省统计局公布的统计数据显示（本文下同），2022 年前三季度，青海完成地区生产总值 2563. 8 亿元，按可比价计算，较上年同期增长 2. 6%（其中：一季度同比增长 5. 1%，二季度同比增长 2. 5%），较同期全国平均增速低 0. 4 个百分点。其中，第一产业增加值 200. 3 亿元，增长 4. 6%；第二产业增加值 1105.4 亿元，增长 7.9%；第三产业增加值 1258.1 亿元，下降 1.6%[①]。呈现高技术产业、装备制造业和轻工业较快增长，农牧业稳步增长，服务业略有下降的增长态势。同期，全社会固定资产投资同比增长 1.8%；全社会消费品零售总额 644.2 亿元，同比下降 7.4%。总体来看，2022 年下半年以来，随着省委、省政府一系列应对外部环境冲击和抗击疫情政策效应的逐步显现，经济运行总体保持了平稳发展、持续恢复的态势。

（一）高原特色农牧业发展成效明显

2022 年前三季度，全省农业增加值同比增长 4.5%，增速比上半年下降 0.3 个百分点。同期，全省油料作物、青饲料、蔬菜、食用菌等特色经济作物播种面积保持了稳步增长，中藏药材、小麦、青稞、马铃薯等作物种植面积有不同程度的下降，种植业结构调整不断优化。前三季度全省猪牛羊禽肉产量 22.2 万吨，同比下降 4.1%；牛奶和禽蛋产量分别是 23.4 万吨和 1.2 万吨，同比分别下降了 4.4% 和增长了 1.8%。初步建成了牛羊肉、牛奶、马铃薯、油菜、蔬菜、中藏药材、三文鱼等特色优势农畜产品生产基地，农牧民生产经营的组织化程度进一步提高。绿色有机农畜产品输出地建设稳步推进，化肥农药减量增效面积连续 3 年稳定在 300 万亩以上，牦牛藏羊追溯体系建设覆盖到 39 个县市，有机草原认证面积突破 9000 万亩，有机牦牛藏羊认证达到 445 万头（只）。高原独有的牦牛、青稞、藏羊、冷水鱼等绿色有机农畜产品品牌逐步打响，柴达木枸杞入选中欧互认地理标志农产品清单，“青字号”特色农畜产品走出青海走向国际，青海已成为全国最大的有机畜牧业生产基地。

（二）高技术制造业增长势头强劲

2022 年前三季度，全省规模以上工业增加值较上年同期增长 14.7%，

① 本文如无特殊说明，数据均来自青海省统计局《前三季度全省经济运行总体平稳》，http：//tjj.qinghai.gov.cn/tjData/newData/202210/t20221027_ 304003.html，最后检索时间：2022 年 10 月 30 日。

增速较上年同期提高1.1个百分点，高于同期全国平均水平11个百分点。全省规模以上工业35个大类行业中，有12个行业增加值保持了增长态势。其中，以装备制造、高技术制造、新能源和盐湖化工产业为代表的特色优势产业分别增长140%、120%、62.4%和35.2%；以煤炭开采和洗选业，石油和天然气开采业，电力、热力生产和供应业为代表的传统制造业分别下降18.5%、5.1%和4.3%；全省高技术产业增加值同比增长21.2%，增速较1~8月提高0.2个百分点，占规模以上工业增加值的比重达到5.9%，较上年同期提高了1.0个百分点；全省规模以上装备工业同比增长14.1%，增速较1~8月提高1.2个百分点，占规模以上工业增加值的比重达到5.1%，较上年同期提高了0.7个百分点；全省规模以上国有控股企业增加值比上年同期增长1.5%，非公有企业同比增长了12.2%。盐湖化工产业发展迅速，原卤提锂等核心关键技术攻关取得突破。产业链条有效延伸，三大工业园区循环经济占比超过60%，全国1/3的锂电池产自西宁，新型电力系统和零碳产业园正在加快建设。国内首条镁基土壤修复材料生产线建成，中信国安2万吨电池级碳酸锂、盐湖股份公司4万吨锂盐等13个项目加快实施。海南、海西2个千万千瓦级可再生能源基地建设完成，世界上首条主要输送绿色风光新能源的青豫特高压直流工程将绿电源源不断地输入中原大地，第二条特高压直流外送通道前期工作加快推进，第一批大型风电光伏基地等项目开工建设。总体而言，2022年前三季度，青海工业行业分化态势渐趋明朗，新能源、新材料、高技术、装备制造和盐湖化工行业增速明显提升，石油、煤炭等资源类行业和钢铁、电解铝等高耗能行业增速明显回落，工业转型发展步伐明显加快。

（三）生产性服务业支撑作用明显

从物流角度观察，2022年前三季度，全省交通运输、仓储和邮政业增加值同比增长了11.6%；完成货物运输量13886.3万吨，比上年同期增长9.1%，其中，铁路货运量下降26.8%，公路货运量下降1.1%，民航货运量下降50.5%。从客流角度观察，全省完成客运量1309.0万人，较上年同期下降49.9%，其中，铁路客运量下降50.5%，公路客运量下降48.8%，民航客运量下降52.1%；接待国内外游客总数1977.5万人次，比上年同期下降41.7%；实现旅游总收入136.7亿元，同比下降54.4%。从资金流角度观察，2022年前三季度，全省金融业增加值同比增长0.3%，金融机构人民币各项存、贷款余额分别比上年同期增长4.3%和3.8%。以信息传输、软件和信息技术服务业为代表的现代生产性服务业增加值增长了12.0%。总体而言，金融保险、电子商务、金融服务、仓储物流等现代生产性服务业在第三产业出现下降时，仍保持了较高的增长态势，特别是金融和物流行业稳健发展发挥了重要支撑作用。

（四）固定资产投资由降转增

2022年前三季度，全省全社会固定资产投资较上年同期增长1.8%，比上半年提高1.7个百分点。工业投资、基础设施投资和房地产开发投资是固定资产投资的重要组成部分，这三个领域的投资增速在相当大的程度上决定着固定资产投资增速的走势。前三季度，工业投资较上年同期增长39.6%，基础设施投资比上年同期有所增长，房地产开发投资比上年同期明显下降。工业投资增速保持了较快增长，很大限度上是受产能供小于求、企业利润增加等因素的直接影响。房地产投资增速回落主要是由于房地产市场正处在下行周期和挤压前期价格泡沫。另外，从投资构成观察，前三季度，全省建筑安全工程投资降幅较1~8月降幅收窄了3.5个百分点，设备和工器具购置投资增速较1~8月增速增加了7.6个百分点。总体而言，投资对青海经济增长的拉动作用非常明显，工业投资和基础设施投资快速增加的同时，房地产投资持续低迷，表明市场对整体经济发展的信心仍有待较大提升。

（五）对外开放水平不断提升

2022年，青海以“五通”建设为目标，积极参与“一带一路”建设，加快从研究地方发展战略向融入国家战略的转变步伐，对外开放水平持续提高。围绕互联互通，青海加大项目投资，加快出省通道建设步伐，铁路、民航、公路全方位的对外通道建设取得重大进展，在交通综合运能和便捷性方面实现了新的突破。截至 2022 年初，全省公路通车里程达到 8.62 万公里，其中高速公路 4101 公里，实现了高速公路市州全覆盖，所有县城通二级以上公路。全省铁路营运里程达到 2854 公里（其中高速铁路达到 218 公里），青海逐渐成为西北高铁网络中的重要区域性枢纽。民航通航里程 14.57 万公里，西宁曹家堡机场三期扩建工程开工建设，青海格尔木机场改扩建工程竣工投运，祁连机场实现通航，贵德通用机场动工，青海湖机场顺利完成预可研评估报告。对外开放载体持续丰富，成功举办了“青洽会”、“环湖赛”、文化旅游节等赛事展会，圆满完成了能源发展论坛和重点项目推介会，大美青海的国际影响力和知名度逐渐扩大。对外贸易稳步发展，为促进外贸保稳提质，西宁海关克服疫情影响，压缩各项业务办理时限，贸易畅通渠道不断拓展。2020 年 12 月通过国家验收的西宁综合保税区于 2022 年 1 月正式投入运行，在实现“全球买卖”的道路上迈出坚实一步。2021 年青海外贸进出口总额达到 31.3 亿元人民币，同比增长 36.4%，增速排名全国第 6 位，全省 8 个市州均有进出口业务。2022 年 1~8 月，青海对外贸易进出口总额 28.8 亿元，同比增长 56.8%，增速排名全国第 2 位。

二　青海经济发展面临的主要困难

青海的经济发展经过多年的不懈努力，发展基础不断夯实，经济实力、科技实力、人才实力不断增强，但也存在科技创新能力不足、基础和要素支撑还比较薄弱、绿色低碳转型发展面临挑战、经济发展质量需进一步提高、支持实体经济发展的政策措施和营商环境需进一步改善等问题，短期内青海经济平稳发展仍面临较大的下行压力。

（一）实体经济营利能力下降

虽然青海实体经济规模日益壮大，工业总产值、主营业务收入和利润总额等主要经济指标在增量层面均有明显提升，但在经济新常态大背景下，实体经济面临严峻考验，出现了工业增速下降趋势明显、企业主营业务增速下降、运营成本持续上涨等问题，从而使实体经济营利能力整体出现了下降态势。2013~2019 年，全省规模以上工业企业增加值增速分别为 12.6%、9.1%、7.6%、7.5%、7.0%、8.6%、7.0%，除个别年份外，整体呈现下降趋势。2013 年 7 月至 2018 年 7 月，全省工业利润总额五年的增长率为 -25%，在全国排位第 30 位，远低于宁夏、陕西、甘肃等周边西部省份。与此同时，以劳动力平均工资、土地出让金为代表的生产要素价格却在持续上升，实体企业综合生产成本快速上升，企业经营状况形势不断恶化，亏损面不断扩大，营利能力出现大幅下降。

（二）创新效率和质量不高

近年来，科技创新对经济社会发展的支撑作用不断增强，但是仍然处在发展的探索期和关键期，压力和挑战并存。一是科技创新的投入力度不足，全省研究与试验发展经费（R&D）在全国排名靠后，科技创新与研发的资金支撑力度弱，2021 年全省 R&D 经费仅占地区生产总值的 0.8%。二是创新主体培育不足，创新型、引领性龙头企业数量少，2021 年，全省规模以上企业中，开展创新活动的只有 35.19%，拥有研发机构企业仅有 3.06%，技术合同成交额仅占地区生产总值的 0.42%，企业整体创新效率低，科技成果转移转化效率不高。三是科技人才总量不足，人力资本竞争力弱，部分领域的领军人才、高端人才、专业人才匮乏，人力资源有效供给矛盾突出，难以满足产业转型升级的需求，人才引进难、留住难的问题仍十分凸显。

（三）投资增长支撑乏力

投资是影响经济增长的重要因素之一，2020 年以来，受新冠肺炎疫情反复、国际大宗商品价格上涨等因素影响，经济下行压力增大，大项目接续不足，房地产市场低迷，投资者投资信心不强，青海固定资产投资增速一度为负。2022 年以来，几轮疫情对全省项目施工影响时长面广，后期投资回补压力较大，1~9 月，固定资产投资较上年同期虽然增加了 1.8%，但预计全年不及2021年水平，其中民间投资增长乏力，同比下降3.5%，三次产业中，第三产业投资额同比下降14.9%。连续的投资下降会直接影响生产、消费、就业等拉动经济增长的动力形成，也会造成经济高质量发展的后劲不足。

（四）消费市场恢复缓慢

2020年以来，受新冠肺炎疫情影响，青海餐饮业、旅游业受到重创，7~9月消费旅游黄金期的作用也没有得到充分发挥，消费市场需求持续低迷。2021年全省实现社会消费品零售总额947.8亿元，仍未恢复至疫情前水平。2022年初以来，新冠肺炎疫情反复扰动消费市场，1~9月，社会消费品零售总额较上年同期下降了7.4%。同时，受疫情影响，居民出行更加慎重，旅游旺季延迟，1~9月，旅游人数和旅游收入较上年同期分别下降41.7%和54.4%，总量和增速与疫情前水平差距较大。实体消费受到网络购物等新兴业态的冲击，加上实体经济人力成本的持续增加，消费外溢现象严重。汽车类消费增长不足，2021年汽车类消费零售额下降4.8%，商品房销售面积下降17.8%，其中住宅销售面积下降21.8%。2022年上半年，汽车类消费零售额下降25.7%，商品房销售面积下降30.8%，已经连续11个月下降，未来一段时间房地产消费市场仍不容乐观。

（五）外经贸驱动能力不强

从海关进出口主要商品类别和金额来看，青海对外贸易规模小，且排名较前的商品多数为对资源依赖程度较高的原材料产品，产品科技含量不高、附加值低、市场竞争力不强。2021年出口产品以焦炭及半焦炭、硅铁、未漂白或漂白桑蚕丝机织物为主，进口产品以铜矿砂及其精矿为主，进出口产品均种类单一且订单数量少。外贸呈现资源型、粗放型、可代替性强的特点，在外向型高端市场上的参与度很低。外商投资规模小，合同使用外商直接投资额低，稳定性和持续性差，外商直接投资额持续下降，2021年全省实际使用外商直接投资额仅为321万美元，较上年同期下降87.4%。外贸企业发展中不同程度存在融资难、科技创新资源不足、经贸人才匮乏、创新意识薄弱等困难。另外，综合保税区、陆港、跨境电商综试区等项目还未完全运营发挥效益，拉动经济潜力仍有待释放。

（六）人力资源与实体经济发展不协同

近年来，在经济整体实力不断提升和产业结构转型升级的大背景下，青海省由于专业技术人才增长缓慢，实体经济专业技术人员的比重和质量明显偏低，人力资源专业技术能力和创新能力发展速度已经跟不上实体经济发展的现实需要。2021 年，全省科技研发人员全时当量数据在西部 12 省区市中仅高于西藏，与陕西、四川等省份差距明显。自 2008 年金融危机以来，青海的实体经济发展态势相对疲软，不断涌入金融等虚拟经济，使得实体经济人才告急的困境进一步加剧。人力资源是实体经济最为重要的发展资本，市场竞争很大程度上是人才的竞争，科技人才特别是高端创新人才缺乏是青海实体经济面临的重大挑战。

三　2023年青海经济发展形势展望

从国际环境看，新冠肺炎疫情至今已有 3 年，美、欧、日等主要发达经济体经济通胀压力较大，经济恢复动力仍显不足，短期内国际需求很难恢复到过去的强劲增长态势。从内部环境看，新冠肺炎疫情的演变趋势和衍生影响仍较复杂，经济增长的环境约束条件正在发生变化，随着人口老龄化水平和劳动力成本提高，支撑高速增长的传统比较优势正在弱化。青海经济运行虽然面临错综复杂的宏观经济环境，国内改革发展稳定的任务也较为艰巨，但有望保持稳中有进的发展态势。

（一）国际经济发展形势展望

近年来，国际政治经济回归保守主义，逆全球化趋势日益明显，发达经济体一直延续低速增长的态势且不同程度地陷入滞胀泥潭。加之俄乌冲突加剧了全球原油、天然气、粮食等大宗商品的供给短缺局面和一系列不确定性，导致以能源和食品为主的核心通胀大幅提升，主要发达国家货币政策出现严重分化，美元进入快速升息通道，日本继续实施扩张性货币政策，新兴市场和发展中经济体进入中速增长周期趋势明显，国际贸易进入低速增长通道。从当前形势及发展态势看，美国通胀达到近40年的高位水平，长端国债收效率普遍上行，美元指数大幅上升，美联储持续实施紧缩货币政策，总体不利于经济持续复苏。欧元区经济走出衰退的难度依然较大，虽然金融市场信心有所增强，但失业率持续攀升、通货膨胀状况不断恶化、削减财政赤字和实施结构性改革仍将拖累经济复苏。根据欧盟委员会商业调查数据，原料和设备短缺成为限制工业生产活动的主要原因，叠加能源和大宗商品价格高企推升工业生产成本，目前欧元区工业生产始终未能修复，工业生产指数大幅低于疫情前的均值。新兴经济体仍将受到外需低迷和内生动力不足的制约，经济增速持续放缓态势有望延续。根据IMF2022年初的估算，2022年巴西经济增长率将放缓至0.8%，墨西哥放缓至2%。世界银行2022年6月发布的经济形势分析预测报告认为全球经济增长预计将从2021年的5.7%下滑到2022年的2.9%，远低于1月预计的4.1%。基于新冠肺炎疫情大流行和地区冲突影响，2022年发达经济体整体增速预期为2.6%，发展中经济体的人均收入水平将比疫情前的2019年低近5%，延续了2020年以来的持续下滑趋势。

（二）国内经济发展形势展望

党的二十大报告指出："十八大以来，面对国内外发展环境深刻变化，党中央坚持把发展作为执政兴国的第一要务，全面贯彻新发展理念，推动经济迈上了高质量发展之路，GDP突破百万亿元大关，人均GDP超过1万美元，我国经济总量占世界经济比重由2012年的11.3%上升到2021年的18.5%，经济实力、科技实力、综合国力、国际影响力实现历史性跃升。"①

① 陈一新：《全面理解把握党的二十大报告阐明的新时代重大理论和实践问题》，http://www.aisixiang.com/data/137492.html，最后检索时间：2022年11月24日。

2022年我国经济受新冠肺炎疫情反复、海外需求回落影响，增速有所回落，一季度和二季度GDP分别增长4.8%和0.4%，三季度GDP同比增长3.9%。同时消费、物价、居民收入、财政收入同比均出现回落，意味着经济回稳的基础仍不牢固。2022年前三季度，全国居民消费价格指数（CPI）同比上涨2.0%，尤其是对CPI走势影响较大的猪肉、鸡蛋、油脂、鲜菜、面粉等食品价格变动幅度较大。社会消费品零售总额扣除价格因素实际增长0.7%，餐饮、服饰、日用品、医药等增幅同比放缓，受疫情多点散发影响，消费市场在波动中恢复。固定资产投资相对平稳，前三季度累计增速为5.95%，制造业投资保持较高速度（10.1%），房地产投资增速下降（-8.0%），基础设施投资增长加快（11.2%）。总体判断，2022年全年经济增速有望保持在3.2%~3.5%的范围内，2023年经济增速有望保持在4.0%~5.0%的区间。

（三）青海经济发展形势展望

青海省第十四次党代会报告指出，青海的生态环境地位在全国乃至全球都很重要，冷凉气候、金属矿产、清洁能源、绿色有机农畜产品、高原生态旅游资源种类齐全、开发潜力非常大，是青海打造“高地”、建设“四地”的重要本底优势。在政策层面，共建“一带一路”、实施乡村振兴、推进“双碳”行动、建设全国统一大市场等政策红利都将给青海带来许多新的发展机遇。当前阶段是青海新型工业化、城镇化、信息化、农业现代化和绿色化加速推进的关键时期，为“十四五”时期青海进一步增强整体实力、提质增效创造了倒逼机遇。国家对青海省生态功能价值重视程度的不断增强，有利于促进重点开发区域绿色低碳循环发展、重点生态功能区生态化特色化发展。另外，青海省地处西部地区的战略腹地，是丝绸之路经济带的战略支点和长江经济带的战略延伸，也是国家扩大内需空间、实现回旋余地的战略要地。国家“一带一路”建设有利于青海打破区位劣势，加速公路、铁路、航空、信息网络全方位建设，强化在西北地区交通信息网络中的主体地位，加快培育发展战略性新兴产业和特色优势产业。随着行政体制、经济体制、社会体制和生态文明体制等改革的深入推进，青海发展的内外体制机制环境将全面优化、发展活力将有效释放、内生动力将极大增强。

（四）主要发展目标预测

2023年，青海经济发展呈现的一个显著特点是，经济增速自2020年起已连续3年处于下行调整过程之中。农业受有机畜牧业、生态畜牧业和设施农牧业发展迅速，农牧业专业合作社、家庭农场、种养大户、农牧业龙头企业等新型农业经营主体发展壮大，特色优势农业生产体系不断完善，政府对农业发展的各项补贴力度的不断加大，农畜产品价格走势趋稳等有利因素推动，有望在2023年继续保持良好的增长势头。电解铝、钢铁、玻璃等高耗能行业和传统制造业在经历了两年多的高利润阶段后，开始呈现震荡向下的生产格局。新能源产业、新材料产业、盐湖化工以及装备制造业受需求端持续旺盛影响，仍将保持较高的增长速度，但由于基数较小，对全省经济的推动作用较为有限。随着产业结构不断调整优化，生产性服务业在全省经济总量中的比重有望进一步加大，金融保险、电子商务、仓储物流、文化创意等现代服务已呈现加速发展的态势，第三产业2023年对全省经济的拉动作用有望进一步凸显。

受企业利润持续下降、外部需求不足抑制新增投资、高新制造业难以提供足够投资支撑、房地产投资周期性下调、项目储备相对不足等多重因素叠加影响，短期内投资需求下降的趋势很难扭转。随着近年城乡居民收入保持较快增长、城乡居民保障体系和保障水平的不断提升以及“互联网+”等新型业态的发展壮大，青海在有效推动消费升级的同时也将助推全省消费需求持续快速增长；近年来全省进出口总值在出口商品结构不断优化因素的推动下呈现逆势高速增长的发展势头，随着国家“一带一路”倡议的纵深推进，青海对外贸易仍将保持良好的发展势头，但由于总量较小对全省经济的推动非常有限。

总体而言，对2023年青海经济发展的研判，需要综合考虑新冠肺炎疫情影响、经济周期性波动以及中央和地方层面的稳增长政策等多个维度，初步判断2023年青海经济增长下行压力仍然较大，但增速较2022年将有一定程度的回升。2023年青海主要经济指标预测如下：生产总值增长5%~6%，固定资产投资增长6%~7%，社会消费品零售总额增长3%~4%，居民消费价格指数增长3%左右。

四　相关对策建议

当前是青海省与全国同步全面建成小康社会之后，继续开启全面建设社会主义现代化新征程的关键时期。青海的发展总体上将处在巩固提升全面小康社会成果、深度融入新发展格局，继而为现代化建设积蓄力量的重要阶段，需要围绕“建设世界级盐湖产业基地、打造国家清洁能源产业高地、打造国际生态旅游目的地、打造绿色有机农畜产品输出地”的建设目标，进一步把产业、科技、人才资源进行有效整合，通过深化创新驱动，以持续增强现代农牧业的基础作用、持续提升工业企业核心竞争力、努力发展壮大现代服务业为战略重点，努力打造和构建富有竞争力的现代经济体系，持续推进经济高质量发展，加快现代化新青海建设。

（一）增强现代农牧业基础性作用

聚焦“打造绿色有机农畜产品输出地”，依托“四区一带”农牧业发展布局，以推进高原绿色农牧业提质增效为重点，发展牦牛、藏羊、枸杞、沙棘、冷水鱼、青稞、油菜籽等特色优势产业，不断加快推进现代农牧业产业体系、生产体系和经营体系的融合发展，不断提升农牧业整体生产效率和创新能力。具体表现为：一是机械化、规模化。粮食作物、经济作物、畜禽养殖等生产机械化拓展，机械化水平向精准化方向提升。二是特色化、品牌化。不断整合、优化农牧业全产业链，不断丰富农牧业的生态休闲旅游功能，持续打造绿色有机“青字号”品牌，高质量发展冷水鱼产业，有效推动农畜产品的加工增值，提高农牧业的整体附加值。三是高端化、创新化。推进油菜籽、枸杞、藜麦等特色农畜产品交易平台发展，完善覆盖饲养种植、加工生产、运送保鲜、电商网购等全过程的产业体系，建设具有广泛性的促进农牧区电子商务发展的基础设施，鼓励支持基于互联网的新型农牧业产业模式。四是绿色化、生态化。在加强农牧业绿色生态、提质增效技术研发应用的同时，加快完善农畜产品质量和食品安全标准体系，加大农牧业投入品和农畜产品质量安全追溯体系建设力度，推进高标准农田建设，推动化肥农药减量增效。

（二）提升工业企业核心竞争力

聚焦“建设世界级盐湖产业基地、打造国家清洁能源产业高地”，以科技创新为引领，不断提高资源综合利用效率，完善工业互联网平台，培育若干青藏高原先进制造业集群。在构建盐湖资源循环利用产业链方面，按照“稳定钾、扩大锂、突破镁”的工作目标，重点发展好食药级氯化钾、磷酸二氢钾等精细化工产品，开发电池级氢氧化锂、氯化锂、锂镁合金及其钴酸锂、锰酸锂等深加工产业，推进盐湖金属镁、锂镁和锂铝合金航空航天新材料以及氢氧化镁、氧化镁耐火材料等金属镁一体化项目的技术改造，构建绿色低碳循环的盐湖产业集群。在构建清洁能源高效利用产业链方面，深度挖掘青海的水电潜力，对已建成的水电站实施能力提升改造，因地制宜发展光伏、风电以及光热发电、氢能、地热能、生物质能，布局建设多能互补一体化基地，探索开展大容量多元储能技术的研发推广，扩大电子级多晶硅、高效光伏组件、储能产品、风机设备制造等产业规模，有效延长上下游产业链，建设千亿规模的锂电产业基地。

（三）发展壮大现代服务业

聚焦“打造国际生态旅游目的地”，以生态保护优先为主导，构建“一环六区两廊多点”的生态旅游发展新布局，在建立生态旅游产业发展机制、生态保护与旅游收益分配机制、特许经营管理和退出机制、绿色旅游产品和绿色旅游企业认证机制等方面进行有效的制度创新。同时，在生活性服务业方面，需要通过不断拓展对互联网和5G信息技术等的场景应用，加快对住宿、餐饮、商贸、仓储、运输等传统服务业的改造升级，将共享经济、平台经济模式在食、住、行等领域的应用场景在更广的范围进行推广和应用。继续发展壮大以金融保险、信息传输、文体娱乐、房地产及居民社区养老、育幼、家政服务等为代表的产出附加值高、资源消耗少且环境污染少的生活性服务业。还需要确保房地产业保持平稳健康发展态势，租购并举的住房制度需要逐步完善，房屋回归居住属性，过度的附加价值被合理剥离，住房的金融投资属性弱化。生产性服务业方面，资本融资、研发设计、第三方物流、检测认证、电子商务、服务外包等现代生产性服务业需要获得较快发展。卫生、教育、水利和公共管理组织等公益性服务业也需要相应得到更多的发展，使民众的获得感、安全感和幸福感有质的提升。

（四）调整优化经济结构

一是着力推进农产品质量提升，有效实现农产品的品种和质量契合消费者需要，提高农牧业效益和竞争力；加快实施牦牛、藏羊、油菜、蚕豆、藜麦、冷水鱼等高原特色绿色现代农畜产品质量的提档升级；加快为农综合服务平台建设，提升为农服务能力，鼓励扶持领办创办农牧业专业合作社，持续助推农牧区一二三产深度融合发展，促进农牧民增收。二是立足生态大省，追求绿色发展，充分发挥资源接续地的作用，持续推进传统产业的改造提升、新兴产业的集聚规模发展，实施精准的产业支持政策，探索打破行政界限，进一步优化和整合现有的三类园区，集中有限的人、财、物资源，全面推动全省产业转型升级和提质增效。三是加大对信息技术服务、节能环保推广、商务决策、人力资源服务等生产性服务业的支持力度，特别关注与制造业和信息消费相关的智能物流、节能环保服务等领域。继续扩大成长性好的康养、旅游、文化传媒等消费型服务业的发展，推动一二三产业间的深度融合。

（五）有效提升创新潜力

一是厚植创新土壤，重视科技创新对提高全要素生产率的巨大作用。

深入实施创新驱动战略，优化创新环境，激发创新活力，完善科技孵化体系，促进创新投资多元化，加快建设藏药新药开发国家重点实验室等集研究、开发、设计、试行、产业化于一体的研发与生产基地，加快在储能、多能互补、现代育种等领域的技术攻关，缩短科技成果供给与产业需求对接周期。完善创新体系建设，加强与国内外发达地区的科技合作，吸引外部资本和技术进入，推动科技设施互通，创新平台互联。二是为创新活动提供坚强的资金保障，发挥财政资金引导撬动作用，鼓励全社会加大研发投入。把科技创新作为重点支出事项，加大财政支出中基础教育和基础创新经费、企业 R&D 研发投入经费等资金保障。三是加大对创新主体的投入和培养力度，特别是科研院所、高校、政府及企业科技研发部门、创新服务单位等主要机构，加快对高精尖专业人才的培养和引进，持续扩大创新主体数量，提高科技成果转化率，提升全要素生产率。

（六）高度重视投资拉动作用

一是精确把握国家投资方向，紧抓国家“一带一路”“黄河流域生态保护和高质量发展”重大发展规划，围绕全省“十四五”规划目标，加快生态环保、产业发展、民生保障以及水利、交通、能源基础设施等重点领域重大工程建设进程，推动项目投资有效接续，争取早日建成投运发挥效益，不断增强投资对扩大内需的支撑力。二是营造公平投资环境，完善政府投融资信息服务平台，提升招商引资水平，立足主导产业重点领域，科学谋划，推动建设一批有基础、有亮点的优势项目，加速项目落地建设，培养新能源新材料等新兴产业增长点，积极探索和创新项目融资模式，多渠道融资，加快投资实物量增长。三是加大政策支持，促进民间投资高质量发展，优化民间投资环境，消除民间投资隐性壁垒，提振民间投资信心，重视民间投资项目，加强后续保障，建立健全民间投资服务的长效机制。鼓励民间投资参与 PPP 项目，吸引民间投资积极参与公共产品、公共服务领域的建设和教育、医疗等民生建设。

（七）持续扩大内需，推动消费转型升级

一是聚焦市场消费升级需求，在入托、就医、停车等民生难点上，科学谋划一批优质教育、医疗保健、出行便捷等重点项目，满足居民日益增长的物质文化需要和不断提高的消费需求。二是不断促进就业，提升居民收入水平，营造良好的就业环境，发展特色优势产业，将就业增长作为扶持产业的重要衡量指标，以产业发展促进各类人群高质量就业，着重解决重点人群就业，特别是农民工转移就业，城乡消费潜力一起激发。三是适应新兴促销模式，推动“传统商业+网红经济+流量经济”等新模式的融合。引导企业完善“互联网+”消费体系，推广“互联网+社会服务”消费模式，鼓励商业主体线上线下策划举办各类促销活动，推出更多定制化、智能化、绿色化商品，多元化、多种类、多渠道提供消费服务，推动市场良性竞争，提高消费品质，促进消费转型升级。四是提升人民群众关注的教育、医疗、住房、社保、养老、托育等方面的保障水平，缩小城乡间、区域间基本公共服务差距，稳定人民群众生活基础，消除消费的后顾之忧。

（八）调整优化外贸结构，发挥对外开放优势

一是优化外贸结构，培育以技术、品牌、质量和服务为核心的竞争优势。提高出口产品质量，引导和推动本土企业产品出口，提升盐湖化工、农畜产品等特色产品的出口比例。拓展光伏光热制造、锂电储能、有色合金材料、特色化工、藏毯绒纺、生物医药、高端装备制造等品牌商品的国际市场。二是立足绿色有机农畜产品输出地建设，提升青海农畜产品知名度。积极打造青海牦牛、藏羊、青稞、油菜、马铃薯、枸杞、沙棘、藜麦、冷水鱼、蜂产品等区域公用品牌，拓展省外市场。三是持续推进西宁—海东都市圈、格尔木国家物流枢纽建设，积极发展跨境电子商务，培育贸易新业态新模式，推进国际物流通道建设，加快完善西宁、海东重点物流园区联运转运功能。四是培养稳定、可持续发展的贸易合作伙伴，在

巩固现有贸易关系稳定发展的基础上，增强与尼泊尔、巴基斯坦以及东南亚五国的贸易联系。

参考文献

于波、范从来：《绿色金融、技术创新与经济高质量发展》，《南京社会科学》2022年第9期。

屈小娥、马黄龙、王晓芳：《省域经济高质量发展水平综合评价》，《统计与决策》2022年第16期。

中国社会科学院宏观经济研究智库课题组：《有效应对外部变化　继续促进经济恢复——2022年秋季中国宏观经济形势分析》，《改革》2022年第10期。

张生玲、贺易楠：《中国宏观经济形势回顾与前瞻》，《中国经济报告》2022年第1期。

B.2

2022~2023年青海社会发展形势分析与预测

“青海社会发展形势分析与预测”课题组*

摘　要： 2022年是实施“十四五”规划和推进青海现代化建设的重要一年，青海省以习近平新时代中国特色社会主义思想为指导，深入贯彻落实习近平总书记对青海工作的重要指示批示精神，坚持新发展理念，积极融入新发展格局，生态文明建设、全面深化改革、推进乡村振兴等领域取得新成就。2023年青海将深入贯彻落实党的二十大精神，坚持生态保护优先，强化“四地”建设，持续改善民生，深入推进乡村振兴，推进更高水平社会建设，奋力谱写全面建设社会主义现代化国家青海篇章。

关键词： 生态文明　乡村振兴　社会治理　青海省

一　2022年青海社会发展形势与亮点

2022年是实施“十四五”规划的关键一年，也是推进现代化新青海建设的开局之年。青海省坚持稳中求进工作总基调，全面贯彻新发展理念，更

* 课题组组长：索端智，青海省社会科学院党组书记、院长，教授，研究方向为民族社会学。课题组成员：拉毛措，青海省社会科学院社会学研究所所长，研究员，研究方向为民族社会学；文斌兴，青海省社会科学院社会学研究所副所长，助理研究员，研究方向为人口社会学；朱学海，青海省社会科学院社会学研究所助理研究员，研究方向为农村社会学；索南努日，青海省社会科学院社会学研究所助理研究员，研究方向为民族社会学。

好融入和服务新发展格局，聚力打造生态文明高地，全面深化创新改革开放，持续增进民生福祉，全面推进乡村振兴，提高社会治理效能，深入推进民族团结进步，建设现代化新青海实现良好开局。

（一）聚力打造生态文明高地

2022 年，青海省深入学习贯彻习近平生态文明思想，坚持生态保护优先，坚定不移推动生态文明高地建设。一是统筹推进重大生态保护工程。统筹山水林田湖草沙冰一体化保护和系统治理，继续实施三江源、祁连山等重大生态工程，重点生态功能区水源涵养能力显著提高，湿地面积跃居全国首位，森林覆盖率达到 7.5%，草地综合植被盖度达到 57.8%，藏羚羊、普氏原羚等珍稀野生动物种群数量持续增加，生物多样性保护成效逐步显现。二是高水平建设国家公园。进一步优化国家公园规划，持续完善管理体制，健全政策法规体系，推动三江源国家公园高质量发展。截至 2022 年 10 月，三江源国家公园完成黑土滩治理 208.78 万亩、黑土坡治理 13.2 万亩、湿地保护 39.65 万亩、有害生物防控 4635.2 万亩、荒漠化防治 39.65 万亩。三是打好污染防治攻坚战，推动生态环境质量持续改善。2022 年前三季度三大河流干流出省境断面水质达到Ⅱ类及以上，湟水河出省境断面平均水质达到Ⅲ类。全省空气质量优良天数比例达到 95.9%，同比提高 1.2 个百分点。《青海省生态环境保护条例》正式颁布实施，为全面加强生态环境保护、深入打好污染防治攻坚战提供了法治保障。

（二）全面深化改革创新开放

2022 年，青海省以改革创新为根本动力，推动改革同服务新发展格局深度融合，着力破解深层次体制机制障碍，着力加强改革衔接配套和系统集成，推动全面深化改革取得新突破。一是持续深化重点领域改革。加强谋划创新驱动发展战略的顶层设计，积极出台各项政策和举措，进一步打通科技创新与经济发展通道。中国首条天文科技产业链在青海强势崛起，形成以政府引导、企业投资联合推动天文科技产业链发展的格局。深化综合医改，推动公立医院高质量发展，建设国家级区域医疗中心，加快分级诊疗和医联体建设，推动优质医疗资源均衡布局，提升县域医疗服务能力，实施医保支付方式改革三年行动，加快形成有序就医诊疗新格局。二是着力优化营商环境。培育优化市场环境，开展营商环境专项治理行动，推进要素市场化配置综合改革试点，深入推进公平竞争政策实施，着力消除市场壁垒，以优良发展环境提振市场信心。2022 年 9 月，青海省政府印发《青海省优化营商环境三年行动计划》，实现了营商环境 3.0 版本升级，营商环境便利度较 2020 年提升 10.2 个百分点。三是多层次建设开放平台。青海省在实现“全球买卖”的道路上迈出坚实一步，为先进制造业、现代物流业和新型贸易服务提供了良好的环境和条件，开启青海对外开放新格局，西宁综合保税区正式投入运行，进入业务实质性操作阶段。

（三）持续增进民生福祉

2022 年，青海省坚持以习近平总书记关于稳就业保民生的重要指示批示精神为指引，认真贯彻落实省委、省政府稳住经济一揽子政策措施，高效统筹疫情防控和经济社会发展。一是就业形势保持总体稳定。截至 9 月底，全省城镇新增就业 5.44 万人，完成年度目标任务 6 万人的 90.7%；农牧区劳动力转移就业 104.96 万人次，完成年度目标 105 万人次的 99.96%；城镇登记失业率 1.5%，始终控制在 3.5%以内的较低水平。二是促进教育公平和质量提升。完善教育资助政策和生均拨款制度，涉藏州县学前到高中教育资助标准进一步提高；积极落实国家“双减”政策，进一步规范校外培训行为，提升校内课后服务水平；新建、改扩建 50 所基础教育学校，改善办园办学条件。选派 500 名支教教师实施“组团式”支教帮扶，引导优秀教师向农村学校、薄弱学校流动；组织实施中小学、幼儿园教师培训 1.5 万人次。三是提升基本医疗卫生保障水平。印发《青海省公立医院高质量发展促进行动（2022—2025 年）》，有序推进公立医院高质量发展试点工作，出台青海省健全重特大疾病医疗保险和救助制度实施方案，推动重特大疾病保障与医疗救助省级统筹有序衔接，进一步保障困难群众医保权益，减轻医疗费用负担。全省共组建45个县域紧密型医共体，覆盖61家县级医院、332家基层医疗机构，基本建成县乡一体、以乡带村、分工协作、三级联动的县域医疗新型服务体系。四是持续提高社会保障水平。从2022年7月1日起，提高城乡居民基础养老金标准，惠及全省48万享受城乡居民养老保险待遇人员；继续提高退休人员养老金，按照定额调整、挂钩调整、适当倾斜三部分进行，退休人员人均养老金整体调整比例为4.5%，人均基本养老金增加的标准为196元。

（四）全面推进乡村振兴

2022年，青海省牢牢把握“三农”工作重心的历史性转移，以乡村振兴“八大行动”为牵引，不断巩固拓展脱贫攻坚成果，全面推进乡村振兴实现良好开局。一是巩固脱贫攻坚成果。青海省把增加脱贫群众收入作为根本措施，持续加大产业帮扶和就业帮扶力度，中央财政衔接资金用于脱贫地区产业发展的比重达到50%以上且逐年提高，扎实做好脱贫人口稳岗就业工作，实现了20万脱贫群众和边缘易致贫群众稳定就业。脱贫群众基本医疗参保率、农村牧区基本住房安全保障率均达到100%，对923处集中式饮水安全工程排查维修养护，“三保障”和安全饮水保障质量不断提升。二是保障粮食生产供给。优化农业生产布局，确保粮食、油菜、蔬菜种植面积稳中有增，2022年全省农作物总播种面积865.99万亩，同比增加13.72万亩，其中粮食作物增加超国家下达任务11.31万亩，总播种面积和粮食播种面积为近年最多。三是大力推动乡村建设。遴选200个行政村开展乡村振兴试点，完善公共服务基础设施，着力打造“青海样板”；开工建设300个高原美丽乡村和10个美丽城镇建设项目；推进农村牧区供水工程维修养护工作；完成水土流失治理面积300平方公里以上；完成20万亩高标准农田建设项目，推动改善农业生产基础条件。

（五）提高社会治理效能

2022年，青海省以总体国家安全观为统领，以共建共治共享为方向，深入推进社会治理体系和治理能力现代化建设，积极探索建设更高水平的平安青海。一是推进市域社会治理现代化试点。坚持高位推动市域社会治理现代化，将市域社会治理现代化试点纳入《青海省“十四五”社会治理现代化规划》，按照十三届省委八次全会提出的“城市治理重在精细、农村治理重在精美、牧区治理重在精进”的总体要求，分类分层扎实推进基层社会治理，将8个市州分为全国试点和省级试点，以6年时间力求全域达到全国试点合格标准。二是创新基层社会治理。全面推行基层社会治理网格化服务管理，以覆盖城乡、条块结合的22438个网格为基础，形成市级抓统筹协调、县级抓集中联办、乡镇（街道）抓力量整合、村社抓精细服务的社会治理工作格局。健全完善“三调联动”机制，多举措做好矛盾纠纷排查化解，全省矛盾纠纷化解成功率持续保持在95%以上。三是加强治安防控体系建设。大力加强“五张网”建设，打造统筹城乡、网上网下融合、人防物防技防相结合、打防管控一体的社会治安防控新格局。全省共建立治保会6584个，建立专兼职治安联防组织6042支，县主要街道和路口视频探头实现全覆盖，城市社区和农牧区技防建设覆盖率分别达到97%和91%。

（六）深入推进民族团结进步

2022年，青海省以铸牢中华民族共同体意识为主线，全力创建全国民族团结进步示范省，推进民族团结进步事业迈上新台阶。一是全力创建全国民族团结进步示范省。建立四级党委书记负总责的领导体制，省委、省政府出台实施纲要和意见，在全国开创了党委总揽民族团结进步创建的先例。全省18个地区和单位建成第九批全国民族团结进步示范区示范单位，青海成为第一个所有市州和70%的县市区建成全国民族团结进步示范区的省份。二是铸牢中华民族共同体意识，构建各民族共有精神家园。青海省不断深化民族团结进步宣传教育，把民族团结纳入干部教育、学校教育和社会教育，发布青海民族团结进步形象标识，宣传教育引导各族群众自觉铸牢中华民族共同体意识；成立铸牢中华民族共同体意识研究中心，筹建专家智库，成立3个省级研究基地；开展宣传月活动，创立马背宣讲队、双语专家团、宗教人士宣讲组等特色宣讲队伍，编印300多万份民族团结宣传读本。三是促进各民族交往交流交融。扎实推进民族团结进步创建“十进”活动（进家庭、社区、乡村、学校、机关、企业、寺院、军营、网络、市场），建成110个“社区石榴籽家园”，把社区作为民族团结进步创建的重要阵地，推动城市民族工作创新发展，引导各族群众同过中华民族传统佳节、共同创业致富、共行文明实践，构建各族群众共居、共学、共事、共乐、共享的社会结构和社会条件。

二 2022年青海社会发展存在的问题及挑战

（一）城乡居民持续增收难度增大

2022年前三季度青海省居民人均可支配收入19111元，其中城镇居民人均可支配收入28046元、农村居民人均可支配收入9774元，与全国平均水平有较大差距，尤其是农村居民人均可支配收入差距更为明显。同时，在几轮新冠肺炎疫情冲击之下，全省经济下行压力增大，主要经济指标出现明显波动，城乡居民工资性收入受到较大影响，全民持续增收面临不少困难。

（二）民生领域问题整治需常抓不懈

民生领域与群众生活息息相关，和群众切身利益最为贴近，开展民生领域腐败惩治，有效解决群众反映强烈的问题是一项长期且艰巨的任务。当前全省民生领域既存在过去尚未彻底解决的一些突出问题，也面临进入新发展阶段后产生的一些新任务和挑战，如涉农涉粮腐败、城市购房者长期无法办理不动产权证、城乡食品药品安全领域违法行为等，需要相关部门形成合力集中整治。

（三）公共服务体系有待进一步健全

“十三五”期间，青海省基本公共服务项目和标准全面落实，公共服务资源持续向农牧区和困难群众倾斜，城乡区域间基本公共服务差距不断缩小。随着新型城镇化和乡村振兴战略不断推进，城乡公共服务需求更加多样化，但是区域间、城乡间、人群间基本公共服务仍有差距，不平衡不充分的问题依然突出；公共服务资源配置机制不尽完善，设施布局与人口分布匹配不够，服务效能有待提高。

（四）统筹疫情防控和经济发展面临挑战

2022 年，面对严峻复杂的新冠肺炎疫情防控形势，省委省政府毫不动摇坚持“外防输入、内防反弹”总策略和“动态清零”总方针，全面落实党中央“疫情要防住、经济要稳住、发展要安全”的重大要求，依法科学精准防控新冠肺炎疫情，严格落实疫情防控处置措施，坚守疫情防控工作成果。但是在风险防控、疫情处置、民生商品供应以及困难群众帮扶等方面仍然面临较大考验，需要进一步压实各方责任，统筹推进疫情防控和经济社会发展。

三　2023年青海社会发展形势预测

2023 年是青海实现“十四五”各项计划的关键之年，是党的二十大宏伟蓝图正式实施的第一年，同时也是乡村振兴战略全面实施的关键一年。青海省各族人民将在省委省政府的坚强领导下，坚决贯彻党的二十大精神，认真落实青海省第十四次党代会确定的工作总体要求以及全面建设社会主义现代化国家的青海篇章的目标要求，自信自强、守正创新、踔厉奋发、勇毅前行，青海社会各项事业将不断取得新成效。

（一）党的政治建设将进一步强化

2023 年，青海省将认真贯彻落实党的二十大会议以及中国共产党青海省第十四次代表大会重要精神，在党的政治建设上持续发力，为全省各项事业顺利实施提供更为坚强的政治保障。一是“两个维护”“四个意识”更加坚定，党的权威和集中统一领导进一步牢固。以习近平同志为核心的党中央时刻心系青海各族人民，为青海的发展谋划蓝图、指明方向。现代化新青海的实践证明，只有坚定不移地坚决维护习近平总书记党中央的核心、全党的核心地位，坚决维护以习近平同志为核心的党中央权威和集中统一领导，青海省的各项事业的发展才会有明确的方向和坚强的保证。因此，青海省将更加紧密地团结在以习近平同志为核心的党中央周围，更加旗帜鲜明讲政治，牢固树立“四个意识”，确保习近平总书记的批示指示精神、确保党中央的各项政令在青海不打丝毫折扣地得到贯彻落实。二是党的创新理念更加深化，执政能力进一步提升。以习近平新时代中国特色社会主义思想为指引，与时俱进地解决实践中面临的各种困难和挑战。持续强化用党的创新理念武装头脑、指导工作。理想信念得到进一步强化，更加牢固树立共产主义远大理想和中国特色社会主义共同理想。三是党要管党从严治党更加深入，廉政建设进一步加强。青海省将继续“三不”一体化推进，在重点领域、关键环节的监督、管理上持续发力，抓住领导干部这一“关键少数”，完善制度机制，严管厚爱双措并举，全面开展“廉洁青海”建设。切实增强党的自我净化、自我完善、自我革新、自我提高能力。

（二）“四地”建设将进一步提升

2023 年，青海省在既有建设成果的基础上，将进一步深化“四地”建设。一是盐湖产业基地将加快打造。引进高新企业以提升盐湖产业技术水平。钾、镁等一系列传统和新兴资源开发、升值工作将稳步推进。同时注重资源开发利用过程中的土壤保护、恢复的环保工作。二是国家清洁能源产业高地将加快打造。水电、风电、光伏等绿色能源建设将成为能源建设的重要内容，规划更加科学合理。新建园区、新投产项目的绿色能源消费比重进一步提升。三是国际生态旅游目的地将加快打造。克服季节、疫情等传统、新生不利因素影响，加快打造四季旅游、全域旅游。依托既有的精品旅游线路挖潜提质，开发深度体验旅游产品。加快实现围绕旅游的“吃住行游购娱”要素升级，旅游产业链条将进一步延伸。四是绿色有机农畜产品输出地将加快打造。充分利用好得天独厚的自然条件，围绕牦牛、藏羊、青稞、藜麦等优质种质资源的保护和开发的培优、提质以及标准化、品牌化的程度将进一步深化。依托生态保护工作的深入开展，土壤、草场的保护、利用将更加科学合理。环境友好、产品绿色的良性循环链条得到强化。

（三）生态文明建设将进一步深化

2023 年，青海省将继续坚持“绿水青山就是金山银山”的生态文明建设理念，继续贯彻落实生态文明建设这一“国之大者省之要情”，山水林田湖草沙冰整体推进、一体保护的生态文明建设将进一步深化。一是国家公园建设迈向更高水平。理顺国家公园管理体制机制，彻底终结“九龙治水”的管理状况，工作内容更加明细，管理责任更加明确。“天空地一体化”生态环境监测网络更加完备。进一步完善生态补偿机制，以国家公园特许经营为标志的生态红利进一步释放，绿水青山向金山银山的转化成效将进一步显现。二是黄河流域生态保护和高质量发展将深入推动。继续深入实施“守护母亲河、推进大治理”专项行动，持续实施“中华水塔”行动，进一步压实源头责任、展现干流担当，更加凸显确保黄河安澜中的青海贡献。继续加强包括“黑土滩”等一系列源头治理，加强黄河源头大小水系水文监测，稳步推进“引大济湟”、城市雨污分流工程建设。三是碳达峰碳中和工作将有序统筹。依托国家清洁能源产业高地建设，严格控制高能耗、高排放项目审批，持续加大节能减排技术推广力度，做好全省碳储、碳汇调查，更加广泛地提倡绿色生产生活方式。

（四）乡村振兴战略将进一步推进

2023 年，青海省将深入推进乡村振兴战略，聚焦“三农”，确保农业稳产保供、农牧民稳步增收、农村稳定和谐。一是粮食和重要农产品供给将更有保障。坚决贯彻党的二十大报告提出的“确保中国人的饭碗牢牢端在自己手中”要求，牢牢守住全省耕地面积红线的同时加大高标准农田建设力度。继续提升农业技术水平，藏粮于地的同时藏粮于技。遏制耕地非农化，严防耕地非粮化。加快农畜生产提质增效，保障人民群众米袋子，丰富人民群众菜篮子。大力弘扬节约粮食优良传统，营造反对铺张浪费的社会风气。二是脱贫攻坚成果巩固将得到拓展。继续完善防返贫动态监测机制，牢牢守住不发生规模性返贫底线。加大帮扶产业园、帮扶车间建设力度，确保实现脱贫群众稳得住、富得了。深化“扶志”工作，激发群众防返贫的内生动力。三是农村基础设施建设将继续推进。深入实施农村人居环境整治提升五年行动，有序推进“厕所革命”，推进农村“四好农村路”建设，做好农村生产生活垃圾、污水处理工作。因地制宜，有序推进“燃气下乡”。四是乡风文明将有效提升。做好传统村落保护工作，切实留住传统乡村文脉。强化乡村社会治理，健全自治、法治、德治相结合的基层治理体系，培育乡村能人、新乡贤，深化移风易俗，培育文明乡风。

（五）民生体系建设将进一步完善

2023年，青海省将紧紧抓住人民群众最关心、最直接、最现实的利益问题，着力解决好人民群众急难愁盼问题，立足青海实际，继续完善民生体系建设。一是就业质量和收入水平将稳步提高。继续坚持就业是最大民生。稳定既有就业渠道的同时，做好企业节能减负工作，创造新的就业岗位。做大做强特色劳务品牌，做好城镇困难人员、农村剩余劳动力、残疾人的就业工作。增加城乡居民财产性收入，提升低收入群体收入水平的同时，扩大中等收入水平群体规模。二是教育满意度将更加提升。统筹城乡教育资源，补齐补牢教育短板，进一步缩小城乡教育水平差距。科学合理规划，优化幼、小、初、高学校布局。贯彻继续做好“双减”工作，巩固“双减”成效、坚持德智体美劳五育并举的教育模式。加强各类学科建设，提升高等教育质量。大力发展职业教育，加强省内各类职业学校建设，强化产学融合、校企联合，培养用得上、用得好的职业人才。三是各族群众健康将得到更好守护。坚决贯彻中央防疫要求，继续提升疫苗接种率。深化医改试点工作，实施医疗服务价格动态监控，做好医疗费用异地结算工作，继续坚持“先住院，后结算”医疗服务举措，最大限度满足人民群众的就医需求。加大医疗资源投入力度，更加合理地规划医疗资源布局。加强医联体建设，实现医疗资源下沉。继续实施“健康青海”行动。四是社会保障体系将更加完善。继续强化社会保障体系建设，扩大社会保障覆盖面。大力弘扬尊老爱幼的传统美德，做好“一老一小”的照护工作。坚持“房住不炒”原则，做好老旧小区改造工作，做好保障房建设工作的同时适度发展商品房。五是群众文化生活将更加丰富。以社会主义核心价值观为指引，强化全省各族群众精神文明建设。推动河湟文化生态保护区设立工作，建好国家文化公园青海园区。继续开展文化惠民工程，鼓励文化工作者多出创新精品。大力开展全民健身运动，一如既往地办好环湖赛、省运会、全民健身大会等活动，不断提升全省人民群众身体素质。六是平安青海建设将继续推进。进一步加强普法教育，营造全社会尊法学法守法用法良好氛围。贯彻落实“扫黑除恶”常态化，确保政治安全、社会安定、人民安宁。推广实践“枫桥经验”“班玛经验”，提升社会治理水平。提升强化应急处置能力，减轻各类自然灾害的破坏力。持续加强食品、药品监管，守好入口关。

（六）铸牢中华民族共同体意识将进一步加强

2023 年，青海省将进一步聚焦聚力铸牢中华民族共同体意识，促进民族团结进步。一是持续构建各民族共有精神家园。继续坚持共同团结奋斗、共同繁荣发展基调，继续民族团结创建活动，选树典型、强化引领，强化“听党话、感党恩、跟党走”意识。依法保障各族人民的合法权益，强化全省各族人民的“五个认同”。全面贯彻党的宗教工作基本方针，坚持我国宗教中国化方向，积极引导宗教与社会主义社会相适应。二是支持各民族发展经济改善民生。继续深入实施“民族团结进步+”深度融合发展行动，大力发展涉藏各州县社会文化事业，推动民族特色品牌建设，做好对口支援工作。继续做好具有鲜明民族特色的村落保护工作。三是促进各民族广泛交往交流交融。开展“红石榴”就业行动，建好“社区石榴籽家园”服务平台。各族人民的就业、就学需求将得到进一步满足。推动互嵌、共融社区建构，积极推动各个民族间交往交流交融。

四　促进青海社会发展的对策建议

党的二十大为新时代社会各项事业的发展指明了方向，青海省各级党委政府要深入贯彻党的二十大精神和习近平总书记视察青海时的重要讲话精神，通过扎实推进乡村振兴战略、着力提升社会保障能力等举措，切实促进青海民生事业发展和社会大局和谐稳定。

（一）扎实推进乡村振兴战略

深入推进党的二十大精神落实落地，不断巩固拓展脱贫攻坚成果，为乡村振兴战略实施奠定坚实基础。一是强化涉农产业间的深度融合发展，提升乡村振兴产业支撑。着力实施农畜产品加工业提升行动，坚持农畜产品的就地精深加工，健全冷链物流服务体系建设，通过产业链、价值链、利益链的延伸拓展，不断提高农牧业与其他产业之间的深度融合发展。二是积极利用“互联网+”等新手段，不断培育农牧业新业态。充分利用互联网在聚集社会资源等方面功能，提高农牧业生产、加工、产品与互联网的对接水平，促进以互联网为基础设施的农牧业发展新业态。三是积极推动乡村旅游发展，不断拓展农牧民增收渠道。利用青海独特的自然和多元的人文优势，打造各具特色的民族村寨、休闲农庄等乡村旅游项目，以“全域旅游”理念为引导，着力提升乡村旅游发展水平，不断提升旅游品牌知名度和游客旅游体验，确保农村旅游市场有序健康发展。四是持续做好脱贫人口转移就业。继续发挥“拉面产业”“枸杞采摘”等劳务品牌带动就业作用，推动农牧区劳动力转移就业；强化各级公共就业服务机构服务能力建设，为困难人员提供常态化就业援助帮扶。发挥公益性岗位托底作用，优先安置就业困难人员上岗，确保零就业家庭就业。

（二）着力提升社会保障能力

进一步统筹城乡的多层次社会保障体系，持续推进多层次社会保障体系建设，充分发挥社会保障兜底作用。一是持续深化社保制度改革，不断健全多层次社会保障体系。继续扩大社会保险覆盖面，重点推进中小微企业、灵活就业人员、新业态从业人员参加养老保险和事业单位参加失业保险、工程建设项目参加工伤保险，适时调整各项社会保险待遇水平，确保各项社保待遇按时足额发放。二是切实保障劳动者权益，促进劳资关系和谐。各级相关部门要组织开展根治欠薪联合执法行动，加大违法惩戒力度，对重大欠薪行为定期公开曝光，及时移送司法机关，列入失信联合惩戒对象名单。强化驻青央企、省属企业农民工工资支付保障，集中督办政府投资项目欠薪案件，探索建立欠薪民营企业约谈制度。三是深化“放管服”改革，持续提升人社服务质量。拓展社会保障信息化功能，着眼“全数据共享、全服务上网、全业务用卡”的目标，全面提升社保卡“一卡通”功能。着力建设大数据平台，动态调整和优化行政审批和公共服务事项清单及办事指南，拓展“互联网+社会保障”各子系统功能，全面提升各类平台建设效能，推动社会保障服务线上线下功能互补、融合运用。四是完善社会救助体系。细化优化低保对象认定办法和审核审批程序，建立健全分层分类的救助制度，形成以基本生活救助、专项社会救助、急难社会救助为主体，社会力量参与为补充的具有青海特色的社会救助体系。

（三）不断提高公共服务共建共享水平

坚持在发展中保障和改善民生，持续办好民生实事，解决好人民群众急难愁盼问题，健全基本公共服务体系，增强均衡性和可及性。一是深入推进养老服务体系建设，探索具有青海特色的养老服务模式。推进全国居家社区养老服务改革试点工作，开展居家和社区基本养老服务提升行动，打造全国养老服务先行示范区。支持社会力量将专业服务延伸到家庭，支持有条件的地区开展“家庭照护床位”试点。大力推广农牧区养老服务“治多模式”，在海东市探索农村居家和社区养老服务长效发展模式，推动互助型农村养老服务发展，打造多民族聚居地区农村养老服务发展样板。建设多层级智慧养老服务平台，做好与户籍、医疗、社会保险、社会救助等信息资源的对接，实现数据资源互通共享。二是持续推进医疗卫生改革，优化医疗资源布局。加强公立医院运营管理，推动公立医院高质量发展。通过组建医联体等手段，加快区域医疗中心建设，促进优质医疗资源下沉，推动县域紧密型医共体建设，优化整合县域资源，不断提升基层医疗卫生机构服务能力。加快推进重大疫情救治基地建设项目，提高应对突发公共卫生事件的能力。推动实施青海省高层次卫生人才“名师带教”三年行动计划，建立从国家知名专家，省、市（州）学科带头人到县、乡（镇、社区）骨干人才之间的三级传帮带工作机制，全面提高各级医疗卫生机构培养人选临床诊疗技术水平。强力推进重大疾病和地方病防治工作，健全完善地方病防治工作机制，持续落实病情监测、食盐加碘、饮水安全等措施，不断巩固包虫病等地方病消除和控制成果。三是全力以赴抓好促进就业工作。持续开展推动政策落实推动服务落地“双推”工程，在全省范围内组织开展专项行动，进一步加大公共就业服务力度，组织开展“金秋招聘月”等公共就业服务专项活动，不断拓宽就业政策落实覆盖面。各级政府要以“职业技能提升行动质量年”活动为契机，大力实施各项培训计划方案，全面推进劳动者职业技能提升。

（四）持续推进生态文明建设

牢固树立和践行“绿水青山就是金山银山”理念，坚定不移打造生态文明高地。一是以国家公园建设为主轴，着力完善生态文明建设体系。以三江源、祁连山等国家公园建设为引领，创建青海湖国家公园，着力构建青藏高原国家公园群，不断完善国家公园体系。健全国家公园规章制度和标准体系。依法开展国家公园特许经营、现代化社区建设试点，推动青海省生态文明建设向纵深发展。二是不断推进生态与经济融合发展，促进经济社会跨越发展。以三江源保护区产业转移承接为重点，不断提升农牧民科学种养水平，引导农牧民发展生态农牧业合作组织，大力发展高原特色生态农牧产业，提升农牧民生态收益。发挥柴达木循环经济试验区引领作用，着力发展盐湖化工、风力发电等绿色产业，促进青海经济结构转型升级。三是加大农牧区基础设施建设力度，改善农牧民人居环境。继续在农牧区实施人饮工程等基础设施建设，不断改善农牧区生产生活条件，加快农村厕所革命、煤改气工程建设步伐，不断提升农牧区人居环境质量。激发政府、企业等不同主体积极性，健全政府、市场和社会资源共同参与生态建设的联动整合机制形成，不断把生态优势转化为经济发展优势。四是积极推进生态文化建设。各级职能部门要深度挖掘、弘扬青海各民族优秀生态文化，在中华民族共同体意识中不断深化丰富生态文化内涵。建立健全公民生态文明行为规范，运用教育宣传、公众参与等多种方式，提升各族群众生态保护意识，营造浓厚的生态文明氛围。

（五）强化社会治理体系和治理能力现代化

统筹发展和安全，深入贯彻总体国家安全观，深入推进平安青海和法治青海建设，不断巩固青海稳疆固藏的战略地位，全力以赴做好防风险、保安全、护稳定、促发展各项工作。一是切实推进政府职能转变，实现以服务促治理机制的形成。进一步整合基层行政审批和公共服务职能，聚焦群众关心的就业、社会保障、医疗保障等重点事务，简化办事流程、完善工作规范，不断提升为民解忧的服务能力。加强乡镇和开发区便民服务机构建设，提升村级便民服务点和网上服务站点覆盖率，着力打通便民服务的“最后一公里”。二是推动多元主体参与社会治理，形成治理合力。不断完善多元主体参与治理的体制机制，不断拓宽参与渠道，推动形成政府主导、社会参与的协同治理格局。不同主体要提高参与意识，加强自我约束，以乡规民约、行业规章等形式规范主体有序参与。三是加强源头预防，以源头治理为根本。各级政府要不断健全完善人民调解、行政调解、司法调解“三调联动”机制，着力推动矛盾纠纷排查化解的重心下沉、关口前移，不断提高矛盾纠纷调解化解成功率。

（六）持续加强党的建设

深入贯彻执行党的二十大精神，牢记全面从严治党永远在路上、党的自我革命永远在路上，落实新时代党的建设总要求，健全全面从严治党体系，全面推进党的自我净化、自我完善、自我革新、自我提高，持续营造良好政治生态。一是持之以恒正风肃纪反腐。认真履行全面从严治党的主体责任，坚决贯彻新时代党的建设总要求，统筹推进民政机关政治建设、思想建设、组织建设、作风建设和纪律建设，切实形成一级抓一级的良好局面，推动管党治党责任全面覆盖、层层传导。坚持把纪律和规矩挺在前面，严格执行党的纪律，强化监督执纪问责，坚决纠治民政领域的不正之风和腐败问题。二是进一步加强对重大项目资金的监管力度。切实把全面从严治党要求落实到从严治部门、从严治系统、从严治机关、从严治基层的具体行动上，实现从严治党和为民爱民的有机结合。三是狠抓干部作风建设。持之以恒抓党风、转作风、正行风，综合运用监督执纪“四种形态”，不断加大形式主义、官僚主义整治力度，建立健全容错纠错机制，营造求真务实、真抓实干的良好风气。进一步深化作风突出问题集中整治专项行动成效，持续加大整治力度，防止“四风”问题反弹。四是持续推进“三不”机制建设。各级党政部门要加强对党风廉政形势的分析研判，深化运用监督执纪“四种形态”，尤其是“第一种形态”，在加强监督执纪上拿出真招、实招。

参考文献

陆益龙：《百年中国农村发展的社会学回眸》，《中国社会科学》2021年第7期。

刘津：《村民参与村治的行动逻辑及关系结构困境》，《华南农业大学学报》（社会科学版）2022年第5期。

信长星：《坚定不移沿着习近平总书记指引的方向前进　奋力谱写全面建设社会主义现代化国家的青海篇章——在中国共产党青海省第十四次代表大会上的报告》，《青海日报》2022年5月23日。

经济篇

Economic Chapters

B.3

2022～2023年青海“一带一路”建设与形势分析

孙发平　杨　军　刘　畅*

摘　要： 2021～2022年，青海省深入贯彻新发展理念，以“六个现代化”新青海建设为目标，积极克服新冠肺炎疫情影响，加快推进产业“四地”建设，加大政策支持力度，持续推动外向型经济发展，“一带一路”建设取得显著成效。但受发展基础薄弱、科技创新支撑不足等因素影响，外向型经济发展总体水平低，还需要在政策保障、特色产业体系建设、出省通道建设等方面持续发力。

关键词： “一带一路”　开放发展　青海省

* 孙发平，青海省社会科学院原副院长，研究员，研究方向为区域经济；杨军，青海省社会科学院办公室副主任、副研究员，研究方向为区域经济史；刘畅，青海省社会科学院经济研究所助理研究员，研究方向为区域经济协调发展。

2021~2022年，青海省全面贯彻落实习近平总书记考察青海和参加青海代表团审议时的重要讲话精神，立足青海在全国发展大局中“三个更加重要”（生态安全地位、国土安全地位、资源能源安全地位更加重要）的战略地位，在新发展阶段，深入贯彻新发展理念，加快构建新发展格局，积极融入国内国际“双循环”新发展格局，通过强化政策支持、加快推进产业“四地”建设①等途径，积极对冲新冠肺炎疫情给全省外向型经济发展带来的消极影响，“一带一路”建设取得明显成效。但总体来看，受发展基础薄弱、外向型企业规模小、特色产业体系不完善、科技创新支撑不足等因素制约，全省外向型经济发展总量仍然偏小，“青”字号商品在国际市场占有份额依然有限，还需要在政策支持保障、外向型产业培育壮大、国际通道建设和对外贸易平台建设等方面持续发力。

一　2021~2022年“一带一路”建设情况与成效

2021~2022年，青海省面对新冠肺炎疫情对全省经济的冲击，持续加大税收等政策支持力度，坚持稳中有进的工作总基调，深化改革，着力推动产业“四地”建设，加强区域协作，积极开拓国际陆海新通道，“一带一路”建设取得新突破。

（一）不断加大政策扶持力度

近两年，青海省深入贯彻习近平总书记视察青海重要讲话和对青海工作重要指示批示精神，坚决贯彻“疫情要防住、经济要稳住、发展要安全”重大要求，全面落实国务院扎实稳住经济一揽子政策措施，通过落实退税减税降费、加快财政支出进度、加强政府性融资担保等举措，进一步强化政策扶持，加大助企纾困力度。在外向型经济发展方面，为细化落实海关总署

① 2021年6月，习近平总书记在青海视察时强调，青海要立足高原特有资源禀赋，积极培育新兴产业，加快建设世界级盐湖产业基地，打造国家清洁能源产业高地、国际生态旅游目的地、绿色有机农畜产品输出地，简称产业“四地”建设。

《关于促进外贸保稳提质的十条措施》，西宁海关结合青海省对外贸易特点、企业反映的突出问题以及工作实际，于2022年5月研究出台《西宁海关促进外贸保稳提质的十一条措施》，成立“西宁海关推进青海省促进外贸保稳提质调研工作组”，认真落实助企纾困降成本若干措施，努力实现企业“问题清零”，积极应对疫情对外贸进出口产生的不利影响，持续促进外贸保稳提质。在强化政策引导的同时，西宁海关进一步强化统筹管理能力，以促进综保区产业朝向全面化、多元化发展为目标，助推包括跨境电商、生物科技、数字经济等在内的产业落地。与西宁经济技术开发区管委会召开“1+1+4”外贸工作专题会，促进经开区、西宁综保区与西宁市内四个工业园区统筹协调，并通过对入区项目增强指导，实现区与区之间的互补延链发展。以优化营商环境为引领，加大高附加值实体企业的引进力度，着重增加保税加工和研发类型企业的数量，使入区企业充分享受政策红利。有序提升物流规模，实现区内外产业和物流联动发展，促进外贸保稳提质工作成效明显。2022年上半年，青海有进出口实绩的外贸企业126家，其中，民营企业79家、国有企业43家、外商投资企业4家，所有企业类型进出口均增长，上半年新增外贸注册企业105家，增长69.4%①。

（二）对外贸易通道建设取得新突破

2021~2022年，青海省围绕建设交通强国重大决策，充分发挥交通运输对区域协调发展重大战略及国土空间开发保护的支撑引领作用，助推青海融入“一带一路”、西部大开发形成新格局、长江经济带、黄河流域生态保护和高质量发展等国家重大战略，加快构建承东启西、沟通南北的综合立体交通网，加快东部都市圈交通一体化进程，提升都市圈交通承载能力，推动省道及农村公路快速提档升级与延伸联通，加快形成“都市圈互联互通、柴达木内畅外联、泛共和支撑辐射、三江源提质延伸”的公路网布局，加大

① 《前8个月青海省进出口增速近6成，彰显外贸较强韧性》，中华人民共和国西宁海关网站，http://xining.customs.gov.cn/xining，最后检索时间：2022年9月25日。

与新疆、西藏、四川、甘肃的互通互联，支撑构建“两核一轴一高地”区域协调发展格局，助力建设产业“四地”及“一群两区多点”城镇化空间发展格局，推动区位优势向经贸优势转化，全面增强交通运输对重大战略的服务保障能力。2022 年，全省交通建设项目共有 31 个，其中续建项目 26 个、新开工项目 5 个，年度投资保持适度规模。卓扎沟大桥顺利贯通，加西公路建设取得新进展。G0611 张掖至汶川高速、扁都口至门源公路工程（扁门高速）二期路面水稳工程全线完成，标志着朝项目总体建成通车目标又迈进了一步。扁门高速公路是国家高速公路网中张汶高速（甘肃张掖至四川汶川）中的一段，是青海省又一条重要的出省大通道，项目建设对完善国家和青海省高速公路网、促进沿线旅游资源开发利用、加强民族团结和维护社会稳定、推动区域经济社会发展具有重要意义。同时，为贯彻落实“疫情要防住、经济要稳住、发展要安全”重大要求，青海省交通厅在全省 33 个省界隘口积极履行交通运输部门物流保通保畅等工作职责，确保了疫情防控期间物流保通保畅工作稳定、高效运行。

2021 年 12 月 15 日，从青海省海东市经西藏自治区日喀则市过中尼吉隆口岸到尼泊尔加德满都的公铁联运班列首发。中尼公铁联运班列共 30 车，运送货物 1000 余吨，主要为农副产品、日用百货、医疗物资等，货值约 180 万美元①。2021 年 12 月，青海举办“西部五省（区）中尼贸易陆路通道合作建设推进会”，青海、陕西、宁夏、甘肃、西藏五省（区）签署了《推进中尼贸易陆路通道合作建设协议书》②。截至 2022 年 5 月，青海西部陆海新通道班列目的地可抵达印度蒙德拉港、泰国曼谷等地。2022 年 6 月，中越班列（重庆—安员）在海东完成 900 吨“青”字号货物装载后，在重庆集拼集运，到达越南安员③。2022 年 9 月，青海又与新疆维吾尔自治区共

① 王菲菲、谭梅：《“青海海东—西藏日喀则—尼泊尔”公铁联运南亚班列从青海首发》，《青海日报》2021 年 12 月 16 日，第 1 版。

② 《西部五省（区）中尼贸易陆路通道合作建设推进会在青召开》，青海省商务厅网站，http：//swt. qinghai. gov. cn/，最后检索时间：2022 年 8 月 17 日。

③ 《陆海新通道中越班列进入“铁路快通”时代》，中华人民共和国重庆海关网站，http：//chongqing. customs. gov. cn/，最后检索时间：2022 年 8 月 17 日。

同签署了《推进中尼贸易陆路通道经济合作意向书》，标志着新疆维吾尔自治区加入共建中尼通道合作工作机制，中尼通道合作省区范围进一步扩大，共建中尼通道西北省区支持格局已初步形成。

（三）对外贸易发展稳步回暖

2022 年前 8 个月，青海省一般贸易进出口 28.4 亿元，增长 59.4%，增速排名全国第 2 位，占青海省进出口总值的 98.6%。其中，出口 18.1 亿元，增长 1 倍；进口 10.3 亿元，增长 15.5%。其中，金属矿及矿砂进口 7.9 亿元，增长 33.3%，占全省进口总值的 73.8%；镍矿砂及其精矿进口 1.4 亿元，增长 2.5 倍。同期，金属锂出口 9360.9 万元，增长 15.1 倍；碳酸钠出口 6878.9 万元，增长 14.8 倍；太阳能电池出口 4111.9 万元，增长 42 倍，制造业产品出口逐步成为拉动青海外贸增长的直接力量。从省内来看，西宁市、海东市依托开放型经济平台，外贸呈高速增长态势。2022 年上半年，西宁市进出口 18 亿元，增长 53.8%，占青海省进出口总值的 82.9%；海东市进出口 1.6 亿元，增长 83.4%。2022 年前 8 个月，青海省对共建"一带一路"国家合计进出口 10.3 亿元，增长 140%，对 RCEP 成员国合计进出口 11.2 亿元，增长 1.8 倍；其中东盟、几内亚、日本、南非、新加坡为前五大贸易伙伴①。

（四）对外开放平台带动效应初步显现

西宁综合保税区自 2022 年 1 月 16 日正式封关运行以来，截至 8 月，西宁综合保税区实现进出口总值 1.3 亿元，占同期青海省进出口总值比重 4.5%，对外开放平台作用初步显现。一是积极发挥职能优势，着力提升服务水平。在海关总署促进外贸保稳提质十条措施的基础上，进一步出台西宁海关十一条措施，切实落实相关政策措施为西宁综合保税区提升发展质量打

① 《前 8 个月青海省进出口增速近 6 成，彰显外贸较强韧性》，中华人民共和国西宁海关网站，http://xining.customs.gov.cn/xining，最后检索时间：2022 年 9 月 25 日。

下坚实的基础。二是积极融入国家平台，通关效率有效提升。西宁海关所属西海海关借助“中国国际贸易单一窗口”平台，充分发挥平台优势，积极推行通关一体化、自报自缴、自助打印税单等措施，实现进出口通关流程线上办理，节约了出口企业的办理时间和人力成本。西宁市凭借国家跨境电子商务零售进口试点城市与跨境电子商务综合试验区的叠加优势，保税物流、保税加工、跨境电商发展势头良好，外贸高质量发展的政策环境不断优化，外贸企业发展势头良好，发展效能实现巩固。

（五）人文交流活动走深走实

2022 年 7 月，青海省 2022 年“澜湄周”暨“澜湄区域生态旅游合作论坛”在西宁举办。论坛以“绿色澜湄　美好家园——更高水平打造国际生态旅游目的地典范城市”为主题，旨在落实澜湄合作第七次外长会议精神，积极构建澜湄国家命运共同体，搭建青海与流域国家间沟通合作的桥梁，增进了解、深化友谊、共享发展成果、共商发展大计。澜湄合作在短短 6 年多时间里蓬勃发展，合作领域日益扩大，内生动力持续增强，有力促进了流域六国经济社会发展①。同月，第 23 届青洽会以“加快建设世界级盐湖产业基地，打造国家清洁能源产业高地、国际生态旅游目的地、绿色有机农畜产品输出地，努力构建绿色低碳循环发展经济体系，奋力谱写全面建设社会主义现代化国家的青海篇章”为主题，在西宁顺利召开；第二届生态博览会产业“四地”建设高峰论坛顺利举办，知名专家学者齐聚青海，围绕盐湖产业发展、清洁能源产业高地建设、打造国际生态旅游目的地策略、农畜品牌建设等内容，为青海产业“四地”建设建言献策②。8 月，由青海省政府主办，国家发展改革委、国家能源局为支持单位，青海省能源局、青海省绿电协会联合承办的 2022“一带一路”清洁能源发展论坛在青海西宁举办。

---

① 郑思哲、陈曦：《青海省 2022 年“澜湄周”暨“澜湄区域生态旅游合作论坛”在西宁举办》，《青海日报》2022 年 7 月 23 日，第 3 版。

② 潘玲、谭玲：《锚定“四地”建设　谱写青海篇章》，《青海日报》2022 年 7 月 25 日，第 11 版。

来自国内新能源领域的权威专家、学者以及行业领军人物、企业代表相聚西宁，共同为清洁能源发展擘画未来。同月，由青海省人力资源与社会保障厅主办、海西州人社局承办的"2022 年度海外赤子高原行暨建设世界级盐湖产业基地高峰论坛"在海西举行。来自青海大学、华东理工大学、中科院青海盐湖研究所等单位的 4 名盐湖资源与化工、地质环境领域专家学者参加。活动聚焦盐湖资源等领域，依托专家人才智力帮扶平台，通过柔性引智的方式，为进一步促进盐湖资源高效循环利用献智献策。其间，专家学者与省内 60 余名从事盐湖化工领域的专业技术人员及管理人员进行交流研讨，围绕盐湖产业发展创新与高质量发展、盐湖镁资源应用、盐湖资源综合开发、盐湖多维度价值等问题开展了专题报告会与学术论坛。

二 青海"一带一路"建设存在的主要困难和问题

长期以来，青海省受地理区位、产业结构、发展理念等因素的影响，对外开放步伐缓慢，开放水平较低，统筹利用国内国外两种资源、两个市场的能力亟待提升，加快融入"一带一路"建设，持续扩大高水平对外开放仍存在诸多问题和困难。

（一）总体发展水平低，外向型经济尤为薄弱

近年来，由于国际经济形势不断呈现新的变化，国内经济下行压力加大，全省经济进入中高速增长阶段。2021 年，全省地区生产总值为 3346. 63 亿元，按可比价格计算，比上年增长 5. 7%；而全年货物贸易进出口总值 31. 3 亿元，比上年增长 36. 4%，虽增速较快，但总量仍然较小，外贸依存度还不到 0. 1%，而全国平均水平为 18. 96%。2020 年，全省实际发生进出口业务的企业只有 144 家，仅占总数的 21. 7%，进出口总额达到千万美元的企业仅 8 家，大多数企业进出口额在百万美元以内，规模整体偏小。同时，以产业"四地"为新动能的高质量发展势头虽较好，但体量不大，占比较低，牵引力有待提升。

（二）对外贸易以一般贸易为主，加工贸易占比低

青海对外贸易以一般贸易为主，加工贸易和其他贸易占比较小。2021年，全省一般贸易进出口占进出口总额的97.1%，占比远高于全国60%的平均水平，对外贸易几乎全部为一般贸易，说明青海参与国际分工程度较低；近年来，随着“一带一路”建设的持续推进，青海加工贸易虽占比有所上升，外向型经济水平有所提高，但发展仍比较缓慢。同时，青海贸易伙伴主要集中在亚洲国家，欧美国家占比较小，参与国际分工的广度和深度不够，贸易伙伴区域较为集中，存在一定的风险。

（三）进出口产品结构单一，外商投资规模小

近年来，全省出口产品主要以硅铁、纺织品、农畜产品、民族用品等初级产品为主，种类单一，订单量小且出口市场分散，国际竞争优势尚在培育当中，制造业和高技术产业产品出口缺乏，全省出口初级产品占比较高，远高于全国5%左右的平均水平；而工业制成品出口占比低于全国平均水平，且多集中在劳动密集型及资源密集型产业；进口初级产品占比为50%左右，高于工业制成品比重，主要集中在矿产品、机械设备等。青海外商投资规模小、企业少、稳定性不强，外资对地区经济发展的影响力非常有限。从吸引外资的手段来看，目前还停留在招商引资的较低发展阶段，尚未完成招商引资的第一次战略性转变。

（四）新冠肺炎疫情对对外贸易造成冲击

2022年，疫情对开放发展造成的负面影响使包括青海在内的多个省份进出口出现明显降幅，外贸需求端与供给端均不同程度地受到影响。供给端冲击主要是针对原材料、技术、服务以及其他中间产品的进口，出口国在物流、生产等环节采取严格的防疫措施，导致进口企业进口成本上升，进口难度加大；需求端冲击发生在主要依赖海外市场销售的外贸企业，疫情导致国

内国际物流受阻、报关通关时间延长等问题，海外需求大规模减少，客户流失。

（五）基础设施建设滞后，口岸建设亟待加快

受地理区位限制、经济发展水平等因素的影响，青海基础设施建设投入及维护成本较高，基础设施建设开展难度大、速度慢、欠账多，近年来，得益于对外开放步伐加快和陆路口岸建设加快推动，基础设施互联互通出现质的飞跃，但与新时期扩大对外开放的要求之间还存在较大的差距，保障开放发展和推进“一带一路”建设的能力还有待提升。一是设施联通有待进一步完善。目前，全省承东启西、连南接北的交通体系已初步形成，但省域之间公、铁、航运的连接通道有待进一步打通，向西的通道还有较大的开放空间，青海与共建“一带一路”国家及地区尚不能实现“大贯通”。二是地方财政能力限制了基础设施投资力度。青海“三个最大”省情决定了青海财政自给能力不足的现实情况，加之防范化解地方政府债务风险压力较重，导致投资建设力度减弱，无法满足基础设施建设发展的要求。三是口岸数量少、级别低，总体规模偏小。在口岸开放和海关特殊监管区建设方面，航空口岸联检通道不足，设施陈旧，不足以满足保障国际货运航班正常安全开行的要求，尚未形成支撑“一带一路”高质量发展的口岸体系。

（六）政策支撑体系尚不完善

从近年来青海的“一带一路”建设情况看，虽然通过出台相应政策，加大了资金、技术、人力等要素的投入，但仍存在支撑力度不足、政策体系不完善等问题，影响了青海融入国家对外开放发展大局的步伐，开放发展速度与相邻省区之间还有一定的差距。现阶段，虽然青海相继出台了支持外向型经济发展的政策，但是对于特色优势产业的倾斜力度有限，如从规划指导看，全省虽对特色优势产业发展等做出了具体的战略规划与布局，但相应的投资、金融、税收等配套政策无法及时协调跟进，掣肘青海“一带一路”建设取得进一步实效。

三　青海高质量推进“一带一路”建设趋势分析与对策建议

2023年，青海将持续推进开放型经济发展，以产业“四地”建设为引领，主动融入全国统一大市场和“双循环”新发展格局，持续深化“放管服”改革，优化营商环境，促进要素集聚，加大对优质企业的引进力度，扶持本土特色优势企业做大做强，建设更高水平开放型经济新体制。深度参与“一带一路”建设，共建西部陆海新通道，推进面向南亚的商贸通道建设，持续拓展国际贸易通道，提升保税区、跨境电商综试区运营水平，充分发挥对外开放平台的带动作用，全面提高对外开放水平，扎实推进“一带一路”建设。

（一）着力加强对接机制建设，大力推进经贸产业合作

一是加强合作机制建设，强化地方合作。加强与青海具有产能互补性和“青”字号产品需求国家和地区的沟通协调，鼓励全省各市州借助友城平台，全面落实友好省份、友好城市关系建设，加强双多边友城合作机制建设，探索共同制订青海与相关国家地区产业合作的早期收获计划，以农业、旅游、能源、矿产、交通及跨境经济合作区建设等为重点，分批次、分阶段有序推进项目建设，并通过重点项目形成示范与带动效应。

二是推动差异化国际产能合作。鼓励青海盐湖化工、光伏光热、新材料、高原特色农牧、藏医药等优势产能走出去，支持交通、电力等领军企业积极参与国际工程承包，不断拓展海外发展空间。强化产业合作的针对性和精准性，选择合作潜力巨大、前景良好的国家和地区就特色优势产业合作展开建设性对话，持续拓宽合作领域。支持青海企业联合周边省区企业在“一带一路”各类合作框架内围绕水利水电、盐湖化工、新能源、特色轻工、生物制品等领域开展对外投资合作，打造一批外贸转型升级专业型示范基地。

三是打造特色产业合作平台。从青海省产业“四地”建设和“五个示范省”建设战略需求出发，优先转移和承接适合在青海发展的产业，加大与各援青省市外贸龙头企业的合作力度，通过共建境内外产业园区，扩大本土企业集群规模，提升企业外向发展竞争力。多措并举强化符合青海产业转型需要的资金、人才、技术支撑，以高新技术产品出口和特色生态农牧业深加工为重点，科学布局区域产业发展格局。做大做强循环经济和新能源、新材料产业，依托风电、光伏、锂、盐湖化工等重点项目，联合新能源龙头企业，优化产业发展模式与技术，积极对接相关国家重大基础设施建设项目，提升新能源、新材料等特色产业对外贸发展的贡献率。

（二）完善现代交通运输通道，构建综合交通运输体系

全面加强集铁路、公路、民航、城轨于一体的综合交通枢纽管理，加快推进数字信息走廊建设。

一是加快西成铁路建设进程，实现长江经济带与中巴经济走廊、新亚欧大陆桥的铁路联通；畅通城市内部交通网络，推进城乡道路客运一体化建设；对外密切连接外部交通运输，进一步推进西宁—海东交通一体化建设，强化与周围省、州、市的沟通连接。构建内畅外通，辐射西北，通达全国，逐步接通南亚、中亚、西亚的现代综合交通运输体系。

二是适时开辟航运网络新通道。争取西宁曹家堡国际机场充分利用第五、第六航权，开通西宁直飞中亚、南亚、东南亚等地客货运航线，构建进入中亚、南亚、东南亚的空中通道，努力建设青藏高原航空货运集散中心，进而拓展青海经中亚至西亚、东欧的航空市场，建设全新空中亚欧大陆桥，逐步将西宁、格尔木机场打造成为西部地区同中亚地区航空一体化网络建设的重要支点，形成辐射高原、通达全国、连接国际的航空驿站。先期加强与西藏航空有限公司的沟通协作，开通西宁—格尔木—加德满都国际航线，为双方经贸人文往来人员和赴尼旅游游客提供直航服务。

三是构建全方位的对外开放大通道。提升与尼泊尔、巴基斯坦及中亚五国等毗邻国家的次区域合作支撑能力。加快区域联通建设，加快推进联通甘

肃西北部、新疆中南部及长江经济带之间的铁路建设，强化青海与中国新疆喀什等地的铁路联通。加快中尼商贸走廊建设，与更多省份合作，共同打造和建设以青藏铁路为主线、以格尔木市为起点、以加德满都为终点的中尼商贸走廊。

四是大力发展跨境电子商务。加快推进跨境电子商务公共服务平台、跨境电子商务线下产业园区平台建设，构建科学完备的跨境电子商务信息共享体系、智能物流体系、商务信用体系、金融服务体系和风险防控体系。加快线下产业园区平台建设。结合全省各市州特色产业发展，建设一批跨境电子商务产业园区。全力构建“跨境电商+中欧班列”模式，着力推进快捷、廉价的跨境电商国际物流通道建设。

（三）着力提升产业发展水平，推进外向型经济高质量发展

加快推动传统特色产业提质增效和战略性新兴产业发展，深化实施“拓链、延链、补链、强链”行动，构建优势产业集群，精准对接国内国际市场需求，建立外贸外资外经与省内产业协同发展的联动机制，形成传统与新兴产业融合、开放水平更高的外向型经济高质量发展新局面。

一是全力促进对外贸易优化升级。优化外贸产业结构，加快推进产业“四地”建设，培育以技术、品牌、质量和服务为核心的竞争新优势，做强做优生态农牧、盐湖化工、中藏医药、节能环保、清洁能源等产业，提升附加价值与竞争力，大力发展新能源、新材料、电子信息、生物医药、高端装备等战略新兴产业，提升全产业链国际市场竞争力。

二是加快形成出口产业集群。依托西宁综合保税区、曹家堡保税物流中心（B 型）及格尔木国际陆港等开放型经济发展平台，依托援青渠道，引进发展一批临港产业。持续承接适合在青海发展的产业，以援青省市外贸龙头企业为引进重点，共建境内外产业园区，提升外贸企业在青集聚规模。发展高新技术产品出口业和特色生态农牧业深加工业，做大做强青海循环经济和新能源、新材料产业，依托风电、光伏、锂、盐湖化工等重点项目，加强产业对接，加快布局以出口加工业为核心的临港产业集群。

三是提升区域协调发展水平。充分发挥西宁在全省外贸格局中的引领作用，通过优化外贸结构、畅通对外通道等方式提升外贸发展质量，确保对外贸易稳中有增；突出海西外贸增长极的作用，以盐湖化工、农畜产品加工为依托，增加技术投入，提升格尔木作为陆港城市在外贸发展中的引领力，提高对外贸易的质量和效益，力争实现进出口总额大幅增长；积极引导海东、海南等地区外向型企业融入国际国内市场，立足特色农畜产品、新能源、新材料等特色产业领域，通过夯实产业基础、提升技术水平等方式增强市场竞争力，实现进出口平稳增长。

四是稳定和扩大进出口规模。积极开展省级出口基地认定工作，推进出口工业品、食品、农产品质量安全示范区建设。充分利用对外开放平台，深入调研外贸需求，聚焦本土特色优势产业纵深发展。一方面要巩固和扩大藏毯、硅铁及枸杞等传统优势产品出口，另一方面要在扩大铝及镁合金等新材料出口的同时，培育锂电池等高科技、高附加值产品出口。加快补齐服务贸易出口欠缺的短板，挖掘民族文化、藏医药等特色产业的贸易潜力，推动文化旅游经贸融合发展。

五是积极融入国内大市场。通过市场运作与政府引导，把融入国内大循环落实到产业、企业、产品的质量和品牌建设上来，以盐湖化工产品、高原绿色有机农畜产品、民族特色手工艺品等品牌带动产业和品牌联动发展。积极融入全国电力统一大市场，协调推动省际电力期货、现货与辅助调峰市场融合发展，打造西北电力调蓄中心；加强农牧业基础建设，建设农畜产品生产加工基地，打造区域农产品交易市场；大力发展跨境电商 B2B 业务，吸引商贸物流企业和工业企业集聚，形成区域性资源配置中心促进省内消费。从供需两端促进国内贸易，形成能源、农畜产品加工、现代制造、生态旅游、盐湖开发等产业全面融入国内大市场的新格局。

（四）着力加强金融支持，进一步推进资金融通合作

坚持金融供给侧结构性改革，根据金融业发展趋势，健全地方金融组织体系，完善金融支撑体系。

一是进一步完善出口信用保险、跨境电商支持政策及标准，支持出口企业投保出口信用保险，合理降低保险费率。鼓励银行机构同保险机构深化合作，发展保单融资业务。适当提高企业单独投保出口信用保险的支持比例，对企业开展海外客户资信调查费用给予补贴。支持全省优质企业贸易外汇收支便利化试点提质扩面，探索中小微企业汇率避险成本分担机制，降低企业年期保值成本。

二是完善金融支撑体系，优化金融服务水平。提供精准金融服务，构建银行信贷、股权投资、债券融资等全方位、多层次金融支持服务体系。调整融资方向和结构，扩展融资渠道，使贸易融资向重点行业和企业倾斜，鼓励开展外贸企业知识产权质押贷款业务，支持利用多层次资本市场进行融资。鼓励各类金融机构按照先行先试原则，推动总部将新产品、新工具优先在青海探索、应用和推广，将系统内的各项试点优先在青海实施，提供差异化产品，延伸服务领域，满足不同企业的金融需求。

（五）着力加强人文交流，进一步推动民心相通

深化与相关国家，特别是西亚、南亚国家的人文合作。加大城市交流互动力度，积极推动文化旅游宣传工作。

一是强化文化交流合作，加强文化保护合作。通过各种平台适时组织青海特色文化精品展示，扩大青海省文化的影响力和认同感，同时为省内文化企业提供展示、推介、寻找商机与合作伙伴的机会。推进与联合国教科文组织和丝路沿线文化保护组织合作，共同推动黄南热贡、果洛格萨尔、互助土族文化等传统优秀文化的保护工作，建立丝绸之路非物质文化遗产交流展示项目库，推进丝绸之路文化遗产申遗工作，设立专项保护基金。

二是强化宣传引导，讲好开放发展青海故事。与中国驻相关国家和地区的文化促进会、商会等民间组织加强联系，鼓励民间组织与新华社各海外分社合作，合办新闻专刊，在主要媒体刊发推送中国“一带一路”建设成就巡礼等系列新闻报道，宣传推介中国“一带一路”合作框架内中国与其他国家合作的典型案例。与相关国家和地区的文化传播机构和民间组织合作，

在主要媒体推送青海系列报道，有针对性地宣传青海民族文化、特色资源、产业发展及经济社会发展成就，同时，及时发布实时新闻和财经资讯，为海外青海企业提供商业信息服务。

（六）筑牢国家安全屏障，强化国际生态及旅游业合作

坚定“三个最大”省情定位，筑牢国家生态安全屏障，加快生态环保国际交流合作，力争在生态环保及绿色发展领域打造青海品牌。加强国际生态旅游资源开发建设，加快建设国际生态旅游目的地。

一是加快生态环保国际交流合作。以三江源国家公园建设为契机，谋划在青海定期举办世界国家公园大会，作为青海最重要的生态品牌之一，积极探索共建区域环保合作机制。以绿色丝绸之路建设为引领，借助上海合作组织、中国—东盟、欧亚、中国—阿拉伯等现有多双边国际环保合作机制，构建青海环保合作国际网络。

二是搭建生态环保国际合作平台。推动建立国际高原生态环保交流中心，加强生态环保开放合作，推动与尼泊尔、印度、瑞士等国在高原生态环境、生物多样性、应对气候变化等领域合作，探索建立“一带一路”绿色高原环保信息共享平台，有效推进高原生物多样性保护、应对气候变化等领域的国际合作和信息共享。

三是建设青藏高原生态技术研发试验区。建设高原生态保护恢复、高原绿色农业、生态畜牧业等科技培训中心及研发实验中心，加强与以色列、德国、日本等国在生态环保领域的技术交流合作。依托青海良好的高原生态环境优势，推动建立青藏高原生物多样性保护廊道，打造高原生态农业科技园区、牧草资源研究与开发园区、特有生物资源保护与利用园区、国际标准牛羊肉生产中心等示范项目，加快构建青藏高原“大生态保护”格局。

四是加快建设国际生态旅游目的地。坚守生态保护底线，在全面总结近10年来青海旅游业“井喷”式发展中积累的良好经验、存在的不足和问题的基础上，依托西北游、甘青大环线等传统国内精品旅游线路，持续加强与周边省区的协调合作，完善生态旅游机制、彰显生态资源价值，推进生态旅

游集约化、低碳化、绿色化发展，不断增强生态旅游的生态价值、经济价值和社会价值，实现传统观光旅游向生态旅游提档升级。同时，以国际生态旅游目的地建设为目标、以三江源国家公园为依托，扩展生态旅游发展国际视野，加强与南亚、中亚等国家的国际生态旅游合作。如尼泊尔已经在珠穆朗玛峰南坡建设萨加玛塔国家公园多年，培育了登山、徒步等高端生态旅游产品。巴基斯坦在帕米尔高原也创建国家公园，成为重要的边境教育和旅游基地，带动了社区经济发展①。因此，青海与西藏应顺应“一带一路”建设和稳疆固边需要，与周边相关国家和地区合作，在青藏高原超前谋划和探索试验青藏国际精品跨境旅游项目，打造自驾游、铁路游、登山徒步游等以全域旅游为内容的国际旅游带。

① 傅伯杰、欧阳志云等：《青藏高原生态安全屏障状况与保护对策》，《中国科学院院刊》2021年第11期，第1303页。

B.4

2022年青海省民营经济发展形势调查报告

任妍妍*

摘　要： 在我国坚持以公有制经济为主体、多种经济成分共同发展的政策指引和相关政策扶持下，青海省民营经济发展环境不断优化，经济体量不断发展壮大。近年来，面对国内外复杂严峻形势、经济下行压力加大和疫情反复影响的不利局面，本报告在对青海省重点行业民营经济主体进行广泛调研的基础上，充分研判民营经济发展形势和民营企业当下诉求，提出了进一步细化强化助企纾困举措的相关建议。

关键词： 民营经济　高质量发展　青海省

习近平总书记高度重视民营经济发展，多次强调民营经济在推动经济社会发展中的重要地位和作用，在2018年民营企业座谈会上强调“在全面建成小康社会、进而全面建设社会主义现代化国家的新征程中，我国民营经济只能壮大、不能弱化，不仅不能‘离场’，而且要走向更加广阔的舞台”①。在党的二十大报告中习近平总书记再次重申“坚持和完善社会主义基本经济制度，毫不动摇巩固和发展公有制经济，毫不动摇鼓励、支持、引导非公

* 任妍妍，青海省社会科学院中国特色社会主义理论体系研究中心助理研究员，研究方向为区域经济、民营经济。

① 习近平：《在民营企业座谈会上的讲话》，中国政府网（2018年11月2日），http://www.gov.cn/gongbao/content/2018/content_5341047.htm，最后检索时间：2022年10月11日。

有制经济发展”①。为充分认识 2022 年青海省民营经济发展形势，笔者调研了包括工业制造、建筑施工、房地产开发、物业服务、酒店餐饮、文旅服务等领域多家企业和个体工商户，了解了其经营现状和现实诉求，并为持续推动青海民营经济高质量发展提出相应对策建议。

一　青海省民营经济发展状况

青海省民营经济主体以中小微企业为主，量多面广且大多处于产业链中下游，存在资产规模小、融资渠道少、议价能力差、运营效率低等现实问题，加之近年来受 PPI 上涨和新冠肺炎疫情的双重冲击，民营企业尤其是中小微企业生存和成长空间被明显压减。2022 年，民营企业发展遇到前所未有的困难和挑战，但各级政府及时出台多项助企纾困措施，有效帮助民营经济保持强大的发展韧性和巨大发展潜力。

（一）民营经济市场地位无可替代

青海省民营经济呈现“45889”的发展态势，即贡献了近 40%的经济增加值，50%以上的税收，80%以上的城镇劳动就业，80%以上的科技型企业，90%以上的市场主体。② 截至 2022 年 9 月底，全省市场主体总量达 55 万户，2022 年前三个季度，全省新注册各类市场主体 5.1 万户，其中，注册私营企业和个体工商户分别达 1.5 万户、3.6 万户。青海省民营经济体量虽小，但经过不断发展壮大，已成为青海经济社会发展中不可或缺的重要组成部分，其所处经济地位无可替代。

---

① 习近平：《高举中国特色社会主义伟大旗帜　为全面建设社会主义现代化国家而团结奋斗——在中国共产党第二十次全国代表大会上的报告》，《人民日报》2022 年 10 月 26 日，第 01 版。

② 《青海非公经济占全省 GDP 的 38.1%呈“45889”发展态势》，中国新闻网，2022 年 9 月 30 日，https：//m. chinanews. com/wap/detail/chs/zw/9863853. shtml，最后检索时间：2022 年 10 月 20 日。

（二）民营经济稳岗稳就业贡献明显

青海省民营经济体量虽小，却能够贡献80%以上的城镇劳动就业，民营经济对稳就业的贡献依然强劲，随着市场主体数量的逐年增加，吸纳就业人员数量递增。虽然私营企业和个体工商户规模小、工作稳定性差、福利待遇不足等，导致人才流动率高、对高精尖人才吸引力不足，且普遍存在用工荒和招工难等现象，但其始终是吸纳就业的主力军（见表1）。

表1　近年来青海省民营经济吸纳就业情况

单位：万个，万人

项目	2018年	2019年	2020年	2021年	2022年9月
民营经济市场主体总量	31.56	34.05	39.02	53.10	54.99
民营企业从业人员总数	114.35	125.36	135.07	151.18	159.16
私营企业从业人员数量	39.29	47.83	52.05	—	—
个体经济从业人员数量	44.95	52.66	58.58	—	—

资料来源：青海省统计年鉴，青海省市场监督管理局。

（三）民营企业分布特征突出

从行业分布来看，青海省民营企业总体上呈现“两高两低两少”的特征，即传统的下游产业比重高、低端生活性服务业比重高，大型实体经济比重低、生产性服务业比重低，公共服务领域投资少、战略性新兴产业及外向型企业少。近年来，为促进实体经济发展，青海省强抓传统产业转型升级，在钢铁、有色、建材、石化等领域加强技术改造，工业领域重点行业节能降碳和绿色转型稳步推进（见表2）。

表 2　近年来青海省民营经济主体主要行业分布情况

单位：户

行业类别	年　份			
	2019 年	2020 年	2021 年	2022 年 9 月
农林牧渔业	15356	20359	47269	49899
批发和零售业	138674	158016	233610	238511
工业、建筑业	17443	19979	19718	19868
交通运输、仓储及邮政业	65193	66066	67087	67718
住宿和餐饮业	41909	49015	75142	76744
信息传输、软件和信息技术服务业	2810	3646	6491	6829
金融业	180	198	219	234
租赁和商务服务业	14164	17196	22822	24399
科学研究和技术服务业	3420	4534	8538	9484
水利、环境和公共设施管理业	941	1213	1602	1663
居民服务、修理和其他服务业	22417	27307	31190	32672
卫生和社会工作	3330	3569	2303	2442
教育	1540	1589	931	957
文化、体育和娱乐业	3539	4297	8198	8998

资料来源：青海省统计年鉴，青海省市场监督管理局。

（四）民营企业创新创业生态良好

青海依托科创中心，充分发挥孵化器集聚效应，持续催生、集聚创新创业资源。2022 年，通过举办多期创业家沙龙活动，为企业搭建学习交流平台，并依托运营单位的科技服务资源优势，在夯实双创服务的基础上，大力构建青海省创新创业综合服务平台、科技孵化在线平台、科技金融平台等服务平台体系，打造形成了全省创业资源要素的集散地和双创生态圈。青海科创中心已成为青海创新生态体系的关键一环，“技术风向标”“行业风向标”“创新风向标”等功能日益凸显，具备了全省创新资源的配置能力，已成为全省集聚科技资源、服务和人才的“蓄水池”，在孵企业创新创业积极活跃。

（五）中小企业梯度培育成效显著

坚持培优企业与做强产业相结合，自 2018 年启动省级“专精特新”企业认定工作以来，以培育“小升规”“专精特新”中小企业为重点，逐步建立重点培育企业—“专精特新”中小企业—专精特新“小巨人”企业—制造业单项冠军企业的梯度培育体系，发掘、培育了一批成长性好、发展潜力大的优质中小企业。从 2018 年至 2022 年 9 月，全省分五批共认定 110 户省级“专精特新”中小企业，认定 1 户国家级专精特新重点“小巨人”企业，入库 160 户中小企业作为“专精特新”重点培育企业，有效提高了中小企业发展质量。①

（六）小微企业活跃度有下滑趋势

近年来，青海省小微企业注册数量虽保持基本稳定，但注销数量有上升趋势，注册注销比持续下滑，2018 年注册注销比为 1.91，2021 年注册注销比为 1.69，如图 1 所示，每年注销小微企业数量超过当年注册小微企业数量的一半。从 2022 年前 9 个月数据来看，小微企业活跃度下滑现象更为突出，注册注销比为 1.48，降至近年来最低。

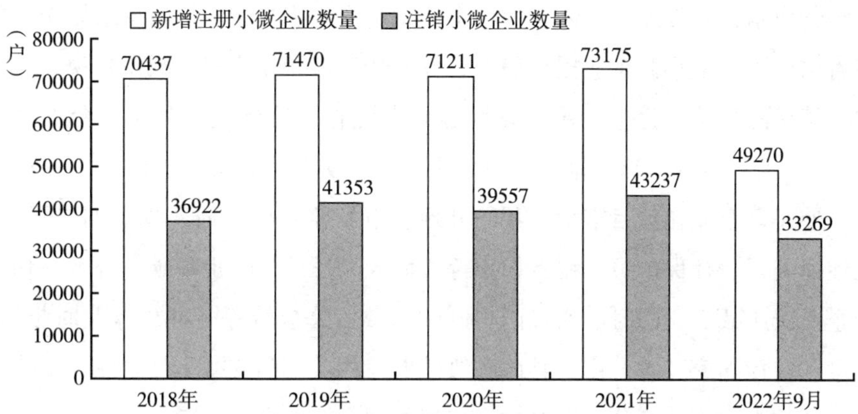

图 1　近年来青海省小微企业年度新增注册（注销）数量

资料来源：青海省市场监督管理局。

① 芈峤：《我省四家企业认定为国家专精特新“小巨人”企业　我省国家专精特新“小巨人”企业已达 13 家》，青海省人民政府网，2022 年 10 月 10 日，http://www.qinghai.gov.cn/zwgk/system/2022/10/10/010419377.shtml，最后检索时间：2022 年 10 月 21 日。

二　青海省助企纾困主要做法与成效

2022年，受经济下行压力和新冠肺炎疫情影响，民营企业普遍面临生产成本增加、经营状况下滑、融资较难、税费负担较重、创新动力减弱、资金压力大等多重挑战。国务院及时出台了《关于进一步加大对中小企业纾困帮扶力度的通知》《扎实稳住经济一揽子政策措施的通知》等文件，青海省也及时公布实施《青海省助企纾困和支持市场主体发展十条措施》等文件，有效缓解了民营企业诸多困境。

（一）主要做法

青海省各级党委政府始终坚守更加尊商重企、亲商暖企、安商助企、护商稳企的原则，高度重视助企纾困工作，连续在贷款利率、监管指标、政策优惠等方面出台了多项举措，加大了扶持力度，降低了小微企业和个体工商户经营成本，有效助力小微企业和个体工商户复工复产。针对疫情影响，青海省出台了为中小微企业援企稳岗、畅通物流、减免房租、减税降税、融资支持等优惠政策。为进一步优化服务，青海省一体化政务服务平台设立了“助企抒困”专栏，积极推行“网上办、掌上办”，实施“不见面”登记审批，使民营企业在项目审批、预约办理、市场监管等方面实现了网络运营。在注册公司、社保申报、税务申报等方面大大压缩了审批事项、环节，切实为企业减压减负。同时，通过门户网站、微信公众号等多种载体及时报送、公示和宣传国家、省、市、县区各级政府及相关部门支持小微企业、个体工商户的政策措施，充分营造全社会扶持民营企业的良好氛围。

（二）主要成效

持续3年的新冠疫情，给经济生活、社会生产带来前所未有的不利影响，民营经济更是受到了巨大的冲击和阻滞，尤其是中小微企业甚至面临着生死攸关的挑战和困境。国务院、青海省政府及相关职能部门助企纾困政策实施后，民营企业负担有所减轻，政策满意度随之提升，尤其在减税降费方面扩大了“六税两费”减征范围，延缓缴纳中小微企业部分税费，切实为民营企业减压减负。

1. 有效缓解了小微企业税费负担

2022 年，青海省聚焦小微企业助企纾困，截至 9 月底，全省 7015 户小微企业退税 42.56 亿元，[①] 户均享受退税额度约 60 万元，这一举措有效保障了小微企业快速恢复生机，在全省稳岗稳就业方面切实发挥了较大作用。仅 2022 年前 5 个月，全省小微企业就享受“六税两费”减征 2.4 亿元，累计留抵退税 89 亿元。2022 年上半年，稳岗就业方面累计缓缴社会保险费 5481 万元，发放稳岗返还资金 1.57 亿元、惠及员工 31.24 万人，[②] 有力降低了企业的用工成本，有效帮助小微企业纾困解难、提振信心，激发了市场主体活力。

2. 有效保障了专精特新“小巨人”企业发展韧劲

专精特新“小巨人”企业是引领带动中小企业高质量发展的重要抓手，近年来，青海高度重视专精特新“小巨人”企业的培育和成长。以某藏药公司为例，近年来，即使药材等原辅材料成本、人力成本、运营成本等逐年增长，但该公司发展势头依然强劲。2020 年、2021 年实现销售收入分别为 3.22 亿元、4.33 亿元，缴纳税金分别为 3870 万元、4530 万元，2022 年 1~8 月，实现销售收入 2.43 亿元，整体运营情况平稳良好。该公司享受所得税优惠共计 673.5 万元、社保费用缓缴政策及稳岗补贴共计 14.39 万元，这些补助资金帮助该公司在增加研发费用投入、生产技术改造、品牌升级等方面发挥了较大作用，有效保障了企业发展韧劲。

3. 有效提振了高新技术企业发展信心

高新技术企业是市场经济创新驱动发展“牛鼻子”，近年来，青海省坚

① 周建萍：《为市场主体送去及时雨雪中炭　我省退税减税缓税 184.6 亿元》，青海省人民政府网，2022 年 10 月 12 日，http：//www.qinghai.gov.cn/zwgk/system/2022/10/12/010419521.shtml，最后检索时间：2022 年 10 月 19 日。

② 啸宇：《我省助企纾困政策执行成效持续显现》，《西宁晚报》2022 年 7 月 18 日，第 A02 版。

持把高新技术企业培育摆在突出位置。以某电子材料产业公司为例，2022年1~8月，该公司实现产量12228.87吨，实现产值、营业收入、营业利润分别为11.4亿元、10.27亿元、0.46亿元，共获得纾困政策补助资金132.26万元。这些补助资金帮助该公司在市场渠道拓展、产品开发、产能增加方面都有了一定提升，有效提振了企业发展信心。

三　青海省民营经济发展短板及重点行业面临的主要困境

虽然各级政府出台的助企纾困政策使青海民营企业困境得到了有效缓解，但面对经济下行的压力和疫情的反复冲击，民营经济各行业仍然感到困难重重、发展受限，客观原因和企业自身问题并存，不容忽视。

（一）政策落实有待持续加强

2022年，虽然各项助企纾困政策为中小微企业的生存和发展提供了动能，但在政策落实时还存在一定困难。一是小微企业自主掌握政策的积极性还不够。小微企业不善于多渠道获取信息、不注重政策法规学习研究、不重视形势分析研判、不愿意积极配合政府，导致其对一些纾困惠企和优化营商环境的政策实质要义不知晓或一知半解，对因条件限制未能享受政策红利表示不理解。二是当前出台的助企纾困政策局限性较强。一部分小微企业认为政策措施面窄，具体受到企业规模、企业性质、销售额、纳税等硬性条件的限制，无法达到惠及条件。三是项目落地难题仍未破解。对企业而言，市场瞬息万变，商机稍纵即逝，时间就是金钱，有的企业一些优质项目虽能很快实现资金到位、设计到位，却不能及时落地建设。

（二）融资难、成本高依然是制约小微企业发展的突出问题

青海作为西部省份，资本市场不发达，省内企业获取银行贷款普遍难度大、成本高、周期长且不确定性强，调研中，有80%的企业存在资金短缺

问题。一是金融风险不断攀升。一些效益好的大企业资金充足，提前偿还银行贷款，贷款需求锐减，而大量的小微企业亟须银行贷款支持，却难以符合银行贷款条件。同时，省内一批优质企业贷款质量下降，涉及金额较大、机构多，隐患增多。二是融资难依然制约小微企业发展。有些企业和个体工商户因行业、规模等条件限制无法享受金融财政贴息、行业奖励等政策优惠，自身获益十分有限，加之有些补贴申报、审核、公示、拨款周期较长，有的企业想申请商业贷款却面临种种门槛限制，有的无力偿还原有贷款甚至造成金融失信，资金流枯竭的现象较普遍，倒闭、注销的企业和个体工商户以及失业人员日渐增多。三是成本高是造成企业信心不足的现实难题。绝大多数民营企业因疫情营收陡降、负重求生，依据政策和法律规定尽量不裁员，虽然有效保护了劳动者权益，却使民营企业面临更大成本压力，甚至有的企业因拖欠工资被迫进行劳动仲裁或诉讼被告。同时，承租非国有房屋的小微企业和个体工商户，疫情期间仍要承担全额房租和物业、水电、取暖费等，加之部分购买服务的一些项目回款不能及时到位，民营企业和个体工商户运营艰难。

（三）文旅行业民营企业发展形势严峻

近年来，文旅行业既受到疫情等客观大环境的影响，也有行业自身多年累积的产业结构不合理的双重困境。一是游客数量骤减。以茶卡盐湖为例，2019 年，景区游客达 320 万人次，疫情以来游客量逐年下滑，2022 年 8 月中旬因疫情再次闭园前，游客量仅有 66 万人次。涉旅景区、旅行社、酒店、旅馆、民宿、农家乐、餐馆、旅游购物等企业受到严重冲击，涉旅企业运营极其艰辛。二是青海支持文化产业发展，但企业依靠政府采购占比过大。自 2020 年以来，在政府财政普遍遇到困难、采购能力下降和成本上升的同时，市场主体利润空间被挤压，出现亏损或被迫停产歇业，让不少民营企业在经营与信心方面同时受挫。三是产业链不完善，抗风险能力较弱。青海省文旅企业普遍实力较弱，产业链条不完善，在当前疫情冲击下，整个行业的抗风险能力较弱。有些文旅公司的部分在建展厅所需的智能设备、专业安装调试人员等均由外地供应商提供，但受疫情影响，许多设备、物料都无法及时运抵施工现场，导致较多项目延期。政府发放重点物资运输车辆通行证后，这一问题有所缓解。四是文旅行业专业人才短缺。青海省文旅行业民营企业发展整体服务水平和创新能力比较滞后，行业人才系统化缺失，如某文旅公司为培养专业人才，与多所高校建立校企合作，累计投入人力物力合计超过200万元，但培养出的适合企业发展的专业人才却屈指可数，且近两年的毕业生没有实训实习机会，导致用人荒较2020年之前更为突出。

（四）房地产行业市场竞争难度加大

2022年，房地产市场疲软，活力减弱，市场竞争难度加大，企业业务开拓受阻。一是疫情带来的不确定性因素较多，导致人、财、物流动等方面阶段性受到阻断和限制，经营目标、工作计划、资源统筹无法顺利达成，部分企业的生产、经营、管理很难按正常开展，经营收入锐减，现金流紧张。二是有的地产开发项目不能如期竣工、不能如约交房、不能按计划开盘、工程施工经常停工或待料。为保证企业持续发展，履行企业社会责任，保证员工生活，停工停产期间也要保证员工工资正常发放，企业用工成本相对增加。三是有的企业由于业务开展不正常、资金流动不良，企业的财务成本大大提高。避过疫情暴发期，为抢时间、追进度，提升消费信心，企业增加销售费用投入，经营成本加大。四是由于铺面、厂房租金贵，房地产相关联企业压力大，业务无法长期维系，同时，商业企业租金等费用无法按时收取，造成经营困难，各方面矛盾升级，导致法律纠纷、诉讼案件相对增多，经营风险、法律风险增大。

（五）物业服务行业经营困难

目前，青海省物业服务行业共有企业1100多家，从业人员达8万余人。2022年前三季度，因受疫情反复和汛期大雨侵扰等影响，物业服务行业受到冲击较大。一是营利空间受到挤压。人工成本、防疫成本、原材料购置成本较往年都有一定程度的增加，对企业运营经营影响较大，目前物业行业企业大多存在一定程度的亏损。二是不可抗因素对企业经营影响较大。疫情反复，导致人员流动性明显变差，多数物业企业基本经营受到了不同程度的影响。洪汛期间，老旧小区、安置小区甚至商业住宅小区地下室多出现被淹的现象，电梯、消防设备、地下车库受到不同程度的损坏，损失较大。三是应收账款回笼难，资金压力大。省内物业行业企业，以收缴业主物业费为主，近年来，随着部分无收入群体、不景气中小微企业、商户拖欠物业费现象加重，企业经营压力进一步加大。

四　进一步推动青海省民营经济高质量发展的对策建议

在新形势下，扶持助力民营企业尤其是中小微企业和个体工商户渡过难关，事关就业稳定和经济复苏大局，必须以党的二十大会议精神为指导，进一步鼓励、支持、引导民营经济持续发展壮大。

（一）积极探索以企业为中心的柔性政策体系建设

用好政策窗口期，以实施超常规政策为契机，加快政策体系变革，推动政策向以企业为中心转变，在破解政策落地深层次问题上探路先行。一是建立以企业为中心的政策体系，以普惠型政策为切入口，积极探索企业无须办理申报即可自动享受的“推送型”政策供给方式。提升政策制定中企业的参与度，在政策制定过程中给企业平等参与机会。二是进一步完善部门间协同机制，确保政策在不同部门执行的稳定性、一致性，最大限度帮助企业提升办事效率。三是建立由企业决定的政策评估机制，加快形成以企业为中心、由企业投出关键一票、由企业起决定性作用的政策评估机制。

（二）切实加大金融资源对中小微企业的支持力度

为推动民营经济实现高质量发展，当下亟须攻克解决中小企业资金端“融资难、融资贵”问题。一是在间接融资方面，对成长性好、有发展前景的企业，可以加大政府性融资担保作用，解决银行在为企业审批授信时存在的信息不对称问题。二是畅通银企对接渠道，通过降低担保费、降低贷款利率、放宽有效抵押物范围等多重途径，降低融资成本，拓宽贷款渠道，为短期经营困难、发展前景较好、潜力较大的企业化解短期资金困境。三是金融机构在不抽贷、断贷和压贷的基础上，可以面向民营企业尤其是小微企业和服务性企业推出短期低息“稳岗贷”等金融产品，从而提升信贷产品投放效率和精准度。

（三）适当扩大对受疫情影响企业的直接援助

现阶段出台的助企纾困政策享受优惠有限制、时效短、力度不够，针对疫情出台的各类政策，时效大多在半年至一年以内，但是疫情对企业的影响多数超过一年，因此，要继续加大对民营企业支持力度，不断增强经营发展信心。一是对受疫情影响但不裁员少裁员的民营企业，进一步适当提高失业保险稳岗返还奖励比例，对积极招聘人员解决就业问题的企业，要继续加大奖励力度。二是对承租非国有房屋的中小微企业和个体工商户，财政给予一定补贴支持，同时更加有效地鼓励非国有房屋主体合理分担疫情带来的损失。三是全面加强政务诚信建设，严肃整治拖欠中小企业服务款项的行为，努力帮助市场主体解难题、复元气，加速巩固经济恢复发展基础。

（四）支持民营企业提升市场竞争力

目前，一些企业接收政策信息滞后，对政策内容的理解及企业自身符合条件的申报项目不太明确，信息不对称问题制约民营企业市场竞争力。一是要加大对民营企业优惠政策的解读和宣讲，便于企业及时了解政策条款、办事流程、服务职能等，以使优惠政策更明确、更全面地覆盖民营企业。二是构筑统一的信用评价体系，把税务部门掌握的企业资产、负债、利润、存货、应收账款、税收等数据，科技部门掌握的企业高新技术，市场监管部门掌握的商标专利，经信部门掌握的“专精特新”企业，自然资源部门掌握的企业土地和不动产，人社部门掌握的企业人员和劳动就业信息等相联通，建立涉企信息综合信用平台，对每个中小微企业进行综合打分，依据不同指标赋予企业不同信用额度，缓解申报项目与小微企业掌握信息不对称的问题，有效提升民营企业市场竞争力。

（五）加大重点行业的扶持力度

进一步强化重点行业运行监测，建立完善产业链供应链苗头性问题预警机制，做好重点生产要素保供稳价。一是建立重点企业用工“点对点”运输保障制度，切实解决不可抗因素下企业用工问题，以点带链、以链带面确保产业循环顺畅。二是实施企业投资项目承诺制，变“先批后建”为“先建后验”，用“一份信用”代替“一摞材料”，用“一份承诺”取代“一摞审批”，从而解决项目落地慢难题。三是减轻部分电费及天然气费用的资金支付压力，目前部分电费和天然气费用要求必须以预付的形式支付，且不收银行承兑汇票，建议改为后付费形式，并可使用银行承兑汇票方式进行支付，以减轻企业资金压力。

（六）积极营造引才育才用才留才的良好生态

青海地处西北，一些专精特新企业的生产技术难度高，对高层次人才、技术研发人员和具有工匠技能的专业技术人才要求较高，且需要大量熟练技术工人，企业核心技术骨干、中高层干部招聘难，能留住人才更难，目前人才流失有上升趋势。一是在加强中小企业人才培养方面，要建设优秀经营管理人才队伍，搭建各类企业家学习交流平台。二是探索研究型企事业单位与创新型中小企业之间的人才柔性流动机制，推动高校、科研院所等事业单位科研人员通过挂职、项目合作、兼职创新等模式与中小企业开展合作。三是通过激励政策留住人才，在住房、医疗、子女上学等方面给予一定的奖励补贴，给予企业核心骨干人才个人所得税奖励返还补贴，对愿意扎根青海的优秀企业家进行鼓励支持。

B.5

青海省打造清洁能源产业高地的建议

——基于海南州清洁能源产业的分析

杜青华　魏 珍　吴钰顺*

摘　要： 人类对能源的利用先后经历了柴薪时代、煤炭时代、石油时代、核能时代和以水电、天然气、风电和光伏为代表的清洁能源时代。作为清洁能源资源较为丰富的地区之一，青海坚持把生态文明建设放在突出位置，推动能源绿色发展，不断培育壮大清洁能源产业，通过多年的积累，逐渐形成规模优势。海南州作为青海省清洁能源产业主力基地，需要紧抓国家碳达峰碳中和战略机遇，进一步培育壮大清洁能源产业，让清洁能源产业成为跨越发展、绿色崛起的重要增长动能。

关键词： 清洁能源　光伏产业　青海经济

长期以来，伴随着全球能源供给形势从整体不足转为整体宽松，人类对能源的利用先后经历了柴薪时代、煤炭时代、石油时代、核能时代和以水电、天然气、风电和光伏为代表的清洁能源时代，人类使用能源的方式也逐步向清洁化和高效利用转变。2021 年初全国“两会”期间，习近平总书记在参加青海代表团审议时强调“要加快建设世界级盐湖产业基地，打造国家清洁能源产业高地、国际生态旅游目的地、绿色有机农畜产品输出地，构

* 杜青华，青海省社会科学院经济研究所所长、副研究员，研究方向为宏观经济与政策分析；魏珍，青海省社会科学院经济研究所助理研究员，研究方向为区域经济；吴钰顺，青海省西宁市绿色发展研究院副院长。

建绿色低碳循环发展经济体系，建设体现本地特色的现代化经济体系”，这对青海践行绿色发展理念、加快“四地”建设、推动经济高质量发展意义重大。海南州地处三江源区和青海湖流域，生态地位重要、光热条件优越，发展以光伏产业为代表的清洁能源产业，不但有利于维护我国生态安全，还有利于推动地区经济高质量发展，持续改善民生，是引领海南州经济走向绿色健康发展道路的关键，对海南州引领青海“四地”建设有着重要的意义。

一　清洁能源产业发展现状

近年来，开发利用新能源已成为世界各国能源转型战略的核心内容和应对气候变化的主要途径，未来全球新能源市场空间极为广阔。国际可再生能源署（IRENA）的最新研究显示，为实现《巴黎协定》确定的应对气候变化目标，2050 年前全球风电、光伏发电累计装机需求分别达到 81 亿千瓦和 140 亿千瓦，电池储能装机容量需求提高至超过 160 亿千瓦时，电解制氢需求电解槽容量达到 50 亿千瓦，氢能在终端能源消费中占比达到约 12%。我国清洁能源产业经过 70 余年的发展，大致经历了成长起步（2007 年以前）、快速发展（2008~2010 年）、规模爆发（2011~2014 年）、稳健发展（2015 年及以后）四个阶段。2022 年，我国已成为世界上最大的清洁能源拥有国，在装机容量、装备制造能力、技术能力等多个领域全球领先，已经站在全球产业链的中心，发挥着举足轻重的作用。

（一）青海省发展现状

作为清洁能源资源较为丰富的地区之一，青海坚持把生态文明建设放在突出位置，推动能源绿色发展，不断培育壮大清洁能源产业，通过多年的积累，逐渐形成规模优势。

1. 打造清洁能源产业高地的顶层框架已基本形成

青海省委省政府坚决贯彻落实习近平总书记关于青海“成为国家重要的新型能源产业基地”“打造国家清洁能源产业高地”的重大要求，2018 年启动创建国家清洁能源示范省工作，印发了《青海省建设国家清洁能源示范省工作方案（2018—2020年）》，举全省之力推进国家清洁能源示范省建设，为打造清洁能源产业高地奠定了坚实基础。2022年7月和国家能源局联合制定出台《青海打造国家清洁能源产业高地行动方案（2021—2030年）》，为青海省加快推动清洁能源发展部署了"六大行动"。

2. 清洁能源装机规模大幅增加

综合开发利用水、光、风等多种能源，打造多能互补、集成优化的全产业链，建成了海南州、海西州两个千万千瓦级可再生能源基地，实施了一批打基础、利长远的清洁能源项目，在国家首批1亿千瓦装机大型风电光伏基地建设中，1090万千瓦项目落地青海，2020年已基本建成清洁能源示范省，形成了"1234"发展格局，取得了"三个二"发展成果①。截至2021年底，青海省电力装机4286万千瓦，清洁能源装机占比由2015年的85%提高到90.83%，新能源装机占比由2016年的32%上升至61.36%②，均持续保持全国最高。

3. 清洁能源消纳能力不断提升

2017年开始，青海每年开展100%清洁能源供电的"绿电"实践活动，由"绿电7日""绿电9日""绿电15日"到2022年的"绿电五周"活动，青海不断刷新着全清洁能源供电世界纪录。世界上首条主要输送绿色风光新能源的青豫特高压直流工程将绿电源源不断地输入中原大地，截至2022年7月，青豫直流工程累计向河南输送"绿电"230亿千瓦时，相当于减少原煤消耗1057万吨、减排二氧化碳2856万吨。据测算，"青豫直流"工程全

① "1234"发展格局，即建成"一条通道"——"青海至河南±800千伏特高压直流输电通道"；"两个基地"——海南州、海西州两个可再生能源基地迈上千万千瓦级台阶；"三项指标"——清洁能源装机占比（90.24%）、非化石能源消费比重（47%）、非水可再生能源消纳比重（25.36%）居全国前列；"四项技术"——百兆瓦级光伏发电实证基地技术、光伏电池效率转换技术、大规模水光互补关键技术、塔式光热发电技术实现突破。"三个二"发展成果，即储能锂电池、光伏组件两项产业在青海实现规模化发展；光伏扶贫、清洁取暖两项民生工程凝聚民心，光伏治沙、减排减碳两项生态措施成效显著。

② 芈峤：《青海细织电网：打造清洁能源"黄金"跑道》，《青海日报》2022年3月16日。

线投运后，全年将有 400 亿千瓦时清洁电力直送河南，可以减少燃煤消耗 1800 万吨，减排二氧化碳 2960 万吨、氮氧化物 9.4 万吨，输送量达到河南省用电量的 12%。这一输送工程辐射范围广，受益省份还包括湖北、湖南、江西等地区。

4. 新能源制造业基础持续夯实

制造产业链架构完整，形成了上游制造保证发电，下游发电促进制造，上下游互促互补、优化组合、错峰发展的良性循环体系。西宁锂电产能占全国 1/3，光伏制造基地在全国已具重要影响力；格尔木、德令哈两个基地发展前景良好，成功入选国家能源局光伏发电领跑基地名单。另外，光伏产业的稳步发展还成为实现贫困地区脱贫摘帽的强大引擎。2015 年以来，青海立足实际，持续探索光伏扶贫新模式，将光伏产业作为扶贫“造血”的重要抓手，不断提高百姓增收致富的可持续性。据统计，“十三五”期间，青海省光伏扶贫收益 5.7 亿元，带动 7.7 万户、28.3 万贫困人口稳定增收，受益贫困村占全省行政村总数的 41.5%，受益贫困人口占全省贫困人口的 52.5%。①

5. 新能源科技创新成果显著

近年来，青海省在清洁能源技术攻关上不断加快脚步，进行了诸多探索，特别是在光伏产业科技研发攻关方面成效显著，诸多项目的落地走在全国前列，填补了相关技术的空白。建成了全国首个水光互补电站和世界单体规模最大的 850 兆瓦水光互补发电实验项目，科技成果处于国际领先技术水平，不但保证了光伏发电电能质量，还为我国清洁能源利用提供了新型发展模式，具有广泛的推广应用价值。建成了 100 兆瓦国家级太阳能发电实验基地，涵盖了目前国内最先进的光伏发电技术。立足自然资源禀赋、多能互补及清洁能源领跑全国的优势，“十四五”期间，青海筹划建设先进储能技术国家重点实验室，目前已成立由省长牵头的国家重点实验室筹备工作领导小组。

① 芈峤、宋明慧：《青海，不断探索清洁能源发展新路径》，《青海日报》2021 年 11 月 27 日。

（二）海南州发展现状

1. 清洁能源发展基础不断夯实

近 10 年来，海南州紧跟全省加快推进国家清洁能源示范省建设步伐，充分利用海南州大面积荒漠化土地资源和太阳能资源优势，按照统一规划、统一报批、统一建设、统一管理“四统一”原则，累计完成投资 1237 亿元、建成 1145 平方公里（光伏 345 平方公里，风电 800 平方公里）新能源基地，初步形成以水风光储为支柱的产业集群。清洁能源装机容量达到 2664 万千瓦（光热 15 万千瓦、水电 618 万千瓦、光伏 1590 万千瓦、风能 441 万千瓦），新能源（光伏、风电、光热）装机容量已突破“两个千万千瓦”，占全省装机容量的 69%，累计发电量突破 500 亿千瓦时。①

2. 清洁能源发展势能持续释放

随着大量政策红利的持续释放，海南发挥资源禀赋优势，把握国家战略，积极融入国家清洁能源示范省和全国清洁能源产业高地建设，推动新型绿色产业快速发展。加快建设全省“千万千瓦级”清洁能源基地和“西电东输”主力基地，±800 千伏特高压直流输电工程顺利完成，荣获“最大装机容量的光伏发电园区”和“最大装机容量的水光互补发电站”吉尼斯世界纪录。海南州生态光伏园区成为全国首个千万千瓦级生态光伏发电园，工业盆地干热岩勘察与试验性开发科技攻关取得新进展，成功实现装机 300 千瓦干热岩试采发电，共和、贵南、同德、兴海四县清洁供暖示范县试点项目有序推进，全省首个地热供暖示范项目在共和县建成运行，共和县被列为全国第一批新能源示范城市，海南州清洁能源产业的发展成为全省清洁能源产业高地建设的主要推动力，是全州经济高质量发展的支柱引擎。

3. 以清洁能源为主体的现代能源体系加速构建

近年来，海南州以创建国家清洁能源示范省、青海至河南特高压直流输电工程、海南州大数据产业园（一期）上线试运营为契机，围绕建成千万

---

① 《青海海南：打造世界级清洁能源基地》，中国日报网，2022 年 3 月 1 日。

千瓦级新能源基地、“西电东送”基地和地热之乡，把开发清洁能源作为优化产业结构、提升综合实力、保护生态环境、实现转型发展的重大战略举措，坚持生态保护优先，重视实验探索，玛尔挡、拉西瓦扩机等水电站加快建设，羊曲、哇让抽水蓄能等水电项目开工建设，新建了贵南县木格滩和兴海县河卡滩光伏、风电基地，塔拉滩、木格滩光伏治沙示范等项目开工建设，青豫直流二期、实证实验实训和储能基地建设加快推进①。以清洁能源为主体的现代能源体系逐步构建，海南州全省清洁能源生产、输出大州的地位更加稳固。

4. 光伏产业带动生态治理和农民增收效果明显

通过沙漠生态治理和生产实践，逐步形成了光伏与治沙相辅相成协同发展的创新模式，园区内风速降低 50%，土壤水分蒸发量减少 30%，植被盖度恢复到 80%，水源涵养量大大增加，荒漠化土地和沙化土地呈现“双下降”趋势。创新“光伏+乡村振兴”模式，目前新能源发电区已提供 3349 个公益性岗位，对缓解社会就业起到了推动作用；投资 3.44 亿元实施全州 173 个贫困村 50.5 兆瓦的光伏扶贫项目，扶持带动全州贫困户 7269 户，年收入 6000 万元，每村年收益 30 万元（将连续收益 20 年）。

二　发展清洁能源产业面临的困难挑战

近年来，海南州清洁能源产业取得的成绩有目共睹。但是在发展过程中，还面临着光伏产业引导政策不确定性强，以及产能过剩、竞争压力加大、高弃光率，企业融资困难，非技术成本高等一系列困难和挑战。

（一）产业发展竞争压力大

2016 年以来，全国清洁能源市场结构开始调整，特别是光伏装机在西

① 洪玉杰、栾雨嘉：《海南：开发清洁能源助力经济高质量发展》，《青海日报》2021 年 6 月 1 日。

北地区开始放缓，有向中东部地区转移的趋势。从国家能源局公布的2022年前三季度全国光伏装机情况来看，全国新增装机5260.2万千瓦，青海新增装机88.4万千瓦，远低于同期浙江、江苏、广东、山东、河北、河南等东中部地区省份的新增装机量。中央推出的“531新政”也进一步明确了鼓励企业间市场竞争的政策导向，对中小企业后续发展的影响较大。青海省自然环境较恶劣、条件相对艰苦、教育落后，与中东部地区相比，极度缺乏能够满足产业发展需要的专业技术人才，产业发展缺乏核心动力，海南州的清洁能源企业也面临着规模偏小、融资成本高、引人留人难、自主创新能力弱、核心竞争力不足的困难。

（二）高“弃光”困局依然存在

近年来，由于本地消耗能力有限、对外输送不畅等原因，在新能源供求关系不平衡、电网调峰能力不足的现状下，光伏产业“弃光”问题突出。全国“弃光”问题较严重的地区主要集中在西北五省区，根据国家可再生能源中心公布的数据，2018年，西北五省区的弃光率分别是：陕西7.39%，甘肃10.06%，宁夏4.41%，青海4.76%，新疆15.84%。青海省在五省区中排名第四，是五省区中弃光率较低的省份。2022年上半年，西北五省区中，陕西弃光率2.5%、甘肃2.5%、宁夏2.3%、青海10.9%、新疆1.9%，青海的弃光率在西北五省区中的排名已上升至第一位，虽然青海省光伏发电总装机容量在五省区中排名第一，但也是五省区中弃光率较高的省份。针对消纳能力有限的高“弃光”现状，亟须积极探索，努力破解“弃光”困局。

（三）经济效益亟待提升

长期以来，我国光伏、光热、风力发电产业收入依赖补贴政策，补贴往往占收入的近五成，但是清洁能源基金短缺，补贴缺口往往长时间都难以到位。目前虽然海南州产业园区投资巨大，但整体仍处于探索试验阶段，财务压力较大，大量企业存在高负债低利润的情况，无论是在金融市场还是资本市场，清洁能源企业的融资都难上加难。另外，国家对于清洁能源产业补贴政策调整频率较高，实力不强的企业无法有效应对，尤其是海南州清洁能源企业中的二三线企业竞争力十分有限，融资能力弱、融资成本高、经济效益低是企业当前亟待解决的问题。随着产品价格的进一步下降和国家补贴的不断下调，企业营利空间也会被逐步压缩，这些企业将面临更为激烈的市场竞争与生存挑战。

（四）环境约束等非技术成本较高

随着经济社会的发展和人们环保意识的提高，特别是生态文明建设的持续推进，青海省作为全国生态文明先行区，对海南州清洁能源开发利用提出了更严标准和更高要求，开发敏感因素相对较多，生态环境保护压力不断加大。另外，海南州清洁能源项目建设用地存在重复征占问题，例如同一地块的土地性质在国土部门为天然牧草地，在林业部门为灌木林地和宜林地，这些都导致海南州清洁能源项目建设的非技术性成本明显提高。根据我国光伏行业协会的初步测算，光伏发电设备和光伏电站平均有 15% 左右的成本是非技术性成本，而海南州光伏企业承担的非技术成本要远高于全国平均成本，这直接导致海南州的光伏企业整体发电成本也要高于全国光伏行业的平均成本。

三　发展壮大清洁能源产业的对策建议

清洁能源产业目前的发展正处于快速推广应用阶段，但伴随着关键技术的不断突破，清洁能源有望成为全球较为廉价的能源形式。面对国内市场新增用电量需求的不断增加和对替代传统能源的新要求，清洁能源产业在未来有巨大的发展潜力和成长空间。

（一）完善产业发展规划，引导产业健康有序发展

目前青海省包括海南州现行的清洁能源产业发展规划在鼓励企业主动降低产业补贴依赖性、引导企业基于市场规则健康有序竞争发展方面还需要不

断完善。一是在国家光伏政策的基础上，还需要结合本地的实际情况，借鉴其他省（区）的成功经验，制定科学合理符合本区域发展光伏项目的规划，出台适合本区域的光伏发展政策，以政策引领光伏项目的建设。二是落实各项补贴政策，实现补贴应发尽发，缓解企业困境。三是逐步建立健全风险装机评估和高弃光率淘汰体系，从源头规避风险，确保清洁能源产业在海南州健康发展。四是制定产业人才发展规划，确定清洁能源产业专业人才的中、长期培养计划，国家财政设立专款预算提供资金保障，培养光伏优秀人才的同时帮助企业引进复合型专业人才，确保各类人才引得来、留得住、用得好。

（二）破解“弃光”困局，不断提高综合竞争力

针对光伏和风电行业不断加剧的高“弃光”问题，一是需要政府进一步规范现存的粗放无序发展状况，合理调控光伏和风电产能，充分发挥产业政策引领作用，将产业从追求量引导向追求质的方向发展，倒逼企业提升技术，提高综合竞争力。二是根据储能应用需求，积极探索储能应用新模式，不断创新技术，保持每个地区每小时供电和需求的平衡，实现电力系统的高效利用，把绿色能源集纳起来，在本地解决广大农牧区的用电和取暖问题，提高本地消纳能力。三是继续吸引实力强的互联网大数据企业来青海发展，就地消纳更多清洁能源，实现新兴产业的增量升级与传统产业存量升级的“双重转型升级”。四是构建新型电力系统，对接省级相关部门与国家电网总公司积极协调，加强电网和电源方面的统筹建设，提升青豫直流输送功率和新能源就地消纳能力，加快交流电网建设、调峰支撑能力建设，提高电网调度运行水平，全面提升全州清洁能源开发水平，建成全国清洁能源开发效能高地。

（三）拓展融资渠道，推广生态光伏模式

资金是企业赖以生存发展的基础，面对光伏企业资金链紧张、融资渠道窄的瓶颈制约，要维持企业的造血功能，更要加快外部“输血”。一是鼓励

金融机构抓住光伏产业发展的良好前景，积极融资支持光伏产业。二是统筹政府资金及社会资本，贯彻落实扶贫政策，争取项目资金，扶持光伏扶贫项目，助推“光伏领跑者计划”项目，帮助企业加大研发投入，加强国际研发合作，引进资金。加大融资力度，培育一批光伏产业“领头雁”，为行业发展提供模范标杆，促进整个行业产品质量和转换效率提升，推动整个行业的良性竞争、可持续发展。三是持续探索走生态光伏产业发展道路，因地制宜地规划建设，借鉴已有的成功经验，开创现代生态光伏的全新模式，结合实际情况将光伏产业与农业种植、养殖业充分结合，促进光伏产业多元化发展，不断促进营利增收。

（四）注重绿色发展，不断降低非技术性成本

针对环境承载能力与经济社会发展矛盾突出的问题，需要政府进一步提高行业准入门槛，加大政府监管力度，把保护生态环境作为第一要务，杜绝以破坏生态为代价的发展。针对非技术成本大的问题，地方政府应追踪产业发展进度，实时了解情况，根据发展要求，合理制定补贴政策，破解发展中企业无法通过自身解决的瓶颈问题，充分运用土地、税收等政策，对清洁能源项目在土地利用及土地收费方面予以支持，降低项目场址等相关成本，合理制定相关领域税收减免政策，为行业发展扫除障碍，扶持产业发展。

（五）完善水、电、风、光、热等多能互补体系

优化配置各类储能布局，形成长中短周期协调配置的多元储能体系，以储能带动提升调峰、调频、调相能力，加快建设新型电力系统。一是充分挖掘水电调节潜力，推动玛尔挡等水电站可逆式机组梯级电站储能项目和哇让抽水蓄能工程建设运行①，发挥大型水库电站长周期储能调蓄作用。着力推进木格滩、巴滩、那塘滩清洁能源“新三滩”项目，实施青豫直流二期电

① 《青海省人民政府　国家能源局关于〈印发青海打造国家清洁能源产业高地行动方案（2021-2030 年）〉的通知》，2021 年 8 月 12 日。

源配置工程，谋划推进第二条特高压外送通道建设，打造清洁能源汇集输出枢纽。二是优化调峰调度技术，构建水、电、风、光、热等多能互补、集成优化的清洁能源发展体系及增量配电网建设，打造风光水储多能互补清洁能源基地、国家级平价光伏基地。

（六）探索推动地热等清洁能源产业协同发展

不断创新开发利用模式，探索推动青海省的地热能开发利用规划与城市总体规划的衔接，将地热供暖纳入城镇基础设施建设，在发展中给予相应的政策扶持，促进地热能资源的合理利用。通过清洁能源资源的综合开发利用，努力把青海打造成全国重要的清洁能源产业高地和示范基地。

参考文献

郭彤荔：《我国清洁能源现状及发展路径思考》，《中国国土资源经济》2019 年第 4 期。

宁宇新：《促进我国清洁能源产业可持续发展的对策研究——基于政治经济学视角的分析》，《内蒙古社会科学（汉文版）》2016 年第 2 期。

孙发平、王礼宁：《论青海实现“双碳”目标先行先试的战略导向与着力点》，《青海社会科学》2021 年第 6 期。

魏小来：《推动我国清洁能源产业高质量发展的法治保障路径》，《经济研究导刊》2022 年第 23 期。

汪忠杰、刘一恒：《低碳经济视角下的我国清洁能源产业发展路径设计》，《改革与战略》2015 年第 12 期。

赵勇强、钟财富：《碳达峰碳中和目标下的新能源产业发展与升级》，《中国能源》2021 年第 9 期。

B.6

青海城乡居民收入差距的影响因素及对策建议

魏 珍 王礼宁*

摘 要： 近年来，伴随青海经济社会快速发展，城乡居民收入总量持续增加，增速稳定，农村居民收入增速快于城镇，农民收入渠道更加多元，城乡收入比逐步缩小。但是城乡居民收入的绝对差距仍在扩大，制约着经济持续高质量发展，也影响着青海区域协调发展和共同富裕的进程。缩小城乡收入差距，实现城乡均衡平稳发展是我国高质量发展的重要内容，对持续扩大内需、促进共同富裕有着重大意义。本文立足青海城乡收入差距问题，以青海2012~2021年城乡收入差距的动态变化为出发点，从理论和实证相结合的角度，对影响青海城乡收入比的因素进行了探讨，并搜集统计数据，借助SPSS软件分析了影响青海城乡收入差距的因素，提出了缩小城乡收入差距的相关对策建议。

关键词： 城乡居民收入 共同富裕 青海省

党的十八大以来，我国经济社会发展取得瞩目成就，GDP稳居世界第二，城镇化水平超过60%，人民生活水平不断提升。随着经济的快速发展，对经济发展产生负面影响的城乡居民收入差距问题也逐渐显现，制约着共同

* 魏珍，青海省社会科学院经济研究所助理研究员，研究方向为区域经济；王礼宁，青海省社会科学院经济研究所助理研究员，研究方向为区域经济、科技金融。

富裕的实现。近年来，青海立足省情实际，围绕平衡城乡发展，制定了一系列增加居民收入、缩小城乡收入差距的政策措施，取得了喜人成效。2020年，青海与全国一道建成小康社会，居民收入增速稳定、农民收入来源渠道不断扩宽，多年来，青海农村居民人均可支配收入增速高于城镇，城乡收入差距的扩大态势得到明显抑制，人民群众的获得感有效提升。虽然青海的农村居民收入总量逐年上升，增速也较快，但城乡收入差距的绝对量仍在扩大，城乡收入比处于较高位置，缩小城乡收入差距的任务仍较艰巨。扩宽农民增收渠道、缩小城乡收入差距是实施乡村振兴战略的关键环节，将为持续扩大内需提供强大推动力，不仅是体现社会公平公正的重要方面，更是实现经济社会稳定和谐健康发展和全体人民共同富裕的必然之策。

一　青海城乡收入差距的现状分析

近年来，青海经济发展稳中趋优，经济增长由追求速度的高速增长向追求质量的中高速增长平稳过渡。城乡居民生活得到有效改善，主要表现为收入总量增加、收入增速稳定，特别是农牧区居民收入增速加快，生产生活环境有了翻天覆地的变化。但通过纵向和横向比较，青海城乡收入差距问题仍比较凸显，影响着经济社会的持续健康发展，也对社会公平造成了严峻挑战。

（一）纵向比较

多年来，青海城乡收入水平不断提高，居民生活水平显著提升，随着社会主要矛盾的转化，消费层次向高质量、多元化、高品质转变。从农村收入水平来看，青海农村居民人均可支配收入由2012年的5594元增长到2021年的13604元，年均增长率10.38%；从城镇收入水平来看，城镇居民人均可支配收入由2012年的18336元增长到2021年的37745元，年均增长率8.4%，农村居民人均可支配收入增速高于城镇水平。

从增速上来看城乡居民收入增幅差别不大，但是从绝对量上来看，10

年间城镇居民人均可支配收入增长 19409 元，农村居民人均可支配收入增长 8010 元，城镇居民的增长额是农村居民的 2.42 倍。虽然从增速上来看农村增长速度较快于城镇，但是由于增长基数低，增长量十分少，绝对收入差距呈现“喇叭口”状扩大趋势。从城乡居民收入的相对差异来看，城乡收入比由 2012 年的 3.28∶1 下降到 2021 年的 2.77∶1，呈逐年下降趋势。

（二）横向比较

党的十八大以来，青海城乡居民人均可支配收入总量和增速提升较快，但与中东部发达省份相比，居民收入仍较低，在绝对额上低于全国平均水平，在全国与西北五省区排名中也靠后。2021 年青海居民人均可支配收入增速 7.8%，低于全国平均增速 0.3 个百分点，其中城镇增速 6.3%，低于全国 0.8 个百分点，农村增速 10.2%，高于全国 0.5 个百分点。居民收入水平与全国平均水平相差 9280 元，城镇居民人均可支配收入与全国平均水平相差 9667 元，农村居民人均可支配收入与全国平均水平相差 5327 元，城乡收入比也高于全国 2.50∶1 的平均水平。除了农村居民收入增速这一指标略高于全国平均水平外，其他指标在增速及绝对量上与全国平均水平差距较大。与西北其他省区相比，城乡收入排在西北五省区中的倒数第二位，在总量上不及其他省份，而且城乡收入比较高，在西北五省区中排名第二（见表 1）。由此可见，青海仍需下大功夫持续缩小城乡收入差距。

表 1　2021 年西北五省区城乡居民人均可支配收入情况

省份	居民（元）	增速（%）	城镇（元）	增速（%）	农村（元）	增速（%）	城乡收入比
陕西	28568	8.9	40713	7.5	14745	10.70	2.76
甘肃	22066	8.5	36187	7.0	11433	10.50	3.17
宁夏	27905	8.4	38291	7.2	15337	10.40	2.49
青海	25920	7.8	37745	6.3	13604	10.20	2.77
新疆	26075	9.4	37642	7.4	15575	9.80	2.41

资料来源：各省区 2021 年统计公报。

（三）收入来源比较

目前我国居民可支配收入的主要来源是工资性收入、经营净收入、财产净收入和转移净收入四类。2012 年以来，工资性收入是青海城镇居民收入来源的主体，对城镇居民可支配收入的增长贡献率最高，是拉动人均可支配收入增长的主要力量；其次是转移净收入，在人均可支配收入中占比在20%上下；排位第三位的是经营净收入，随着“双创”成效逐渐显现并释放，近年来经营净收入在城镇人均可支配收入中占比有所上升。农村居民人均可支配收入来源中，经营净收入占比在 40%左右，随着农民收入渠道扩宽，农民工外出就业增加，经营净收入近年来的占比有下降的趋势；工资性收入占农民可支配收入的比重不断增加，2021 年在农村居民人均可支配收入中占比达到 35. 3%，与经营净收入一起成为驱动收入增长的主要力量。近年来，青海加大在脱贫攻坚中的投入力度，一系列惠及民生的增资政策落地，对农民转移净收入的增加起到了较大的促进作用，转移净收入对人均可支配收入的贡献排位第三，但随着全面脱贫的实现，未来依靠政府转移支付所带来的增收效果有递减趋势。由于基数低、区位优势不足等原因，财产净收入在绝对量和占比上排名最末（见表 2）。

表 2　2012～2021 年青海省城乡居民收入来源占比

单位：%

年份	工资性收入		经营净收入		财产净收入		转移净收入	
	城镇	农村	城镇	农村	城镇	农村	城镇	农村
2012	72. 6	26. 5	4. 8	42. 5	1. 9	1. 3	20. 7	29. 6
2013	70. 1	27. 5	5. 9	43. 2	5. 2	2. 1	18. 8	27. 3
2014	68. 5	28. 0	7. 6	41. 5	5. 2	3. 9	18. 7	26. 5
2015	68. 9	28. 2	7. 2	38. 6	5. 4	4. 1	18. 5	29. 2
2016	70. 0	28. 4	7. 5	36. 9	5. 4	3. 8	17. 0	30. 9
2017	70. 5	28. 6	6. 5	39. 8	5. 5	3. 5	17. 5	28. 2
2018	68. 9	29. 3	6. 6	37. 6	5. 3	4. 5	19. 1	28. 7

续表

年份	工资性收入		经营净收入		财产净收入		转移净收入	
	城镇	农村	城镇	农村	城镇	农村	城镇	农村
2019	67.6	31.5	6.8	37.4	5.6	3.6	20.0	27.6
2020	66.3	32.5	7.6	39.6	4.7	3.4	21.4	24.6
2021	65.5	35.3	8.1	38.9	4.4	2.8	21.9	23.0

资料来源：《青海统计年鉴》、统计公报。

二　青海城乡收入差距影响因素分析

（一）理论分析

根据相关经济理论，城乡居民收入差距与地区经济发展水平和阶段相关。青海是我国内陆欠发达省份，经济总量低，基础和综合实力弱。首先，农村经济发展起点低、市场化层次单薄，农村在产业融合、财产收益等方面落后于城市，城乡间发展不充分不平衡问题突出，城乡收入差距被进一步放大。

其次，在政策支持方面，长期以来，宏观经济政策向城市倾斜，对城镇居民收入增长的利好政策和措施较多，具有比较优势的二、三产业也优先选择在城镇布局，而由于财政支出不足等因素影响，农民的收入还基本处在自然增长状态，且存在增长风险大、增速缓慢的问题，直接导致城乡居民收入差距迅速扩大。另外，目前城镇的社会保险范围涵盖了就业、医疗、养老、住房、生育等方方面面，保障体系相对健全，而农村社保制度仅以新农合、新农保为主，给付水平十分有限，保障资金差距与城镇相比更是悬殊。

再次，在产业发展方面，近年来，农村年轻人外出打工规模不断扩大，但是对于农民来说经营净收入仍是收入的主要来源，农业生产仍是农民最根本的收入。但由于农业生产受自然因素影响大，青海农耕期短，粮价相对较低，产品收益稳定性差，加之农业产业链短、涉农企业规模小、产品附加值低、三产融合水平低等因素多重叠加影响，农民难以获得可观的经营净收入。相比之下，城镇居民收入大多来源于第二、第三产业，风险相对较低，产品科技含量和附加值高，在一定程度上影响着城乡收入差距。

最后，在人力资本方面，农村在教育、医疗、文化等方面落后于城市，导致农村劳动力的文化水平远低于城镇，人力资本积累尤为不足，长期以来，这成为扩大城乡收入差距的主要因素之一。青海是经济欠发达省份，农村的发展也落后于东中部地区，农民受教育程度较低、专业技术能力弱，进城务工往往只能选择可代替性强的工种，工资收入增长主要依赖就业规模的扩大和劳动密集型产业的发展。目前政府提供的技能培训往往偏基础和短期，培训内容与农民需求匹配度不高、难以满足农民多层次的培训需求。且农民进城务工的生活成本和享受公共服务的成本仍较高，一定程度上吞噬了农民工部分工资收入，加速城乡收入差距的扩大。

（二）实证分析

1. 变量的选取

为进一步了解导致青海城乡收入差异的原因，本文借鉴众多研究成果中采用的较多的影响因素回归分析法，以 2012~2021 年相关数据为样本，利用 SPSS 软件进行多元回归分析，探究青海城乡居民收入差距与对它有显著影响的因素之间的关系。基于以上理论分析，充分考虑数据的可获得性等因素，选取城镇化率（X_1）、高等院校毕业生数（X_2）、农业固定资产投资增速（X_3）、社会保障支出（X_4）、人均 GDP 增长（X_5）、金融效率（X_6）、产业结构演进（X_7）作为解释量，青海城乡收入比（Y）作为被解释变量（见表 3）。

2. 建立模型

$$Y = \beta_0 + \beta_1 X_1 + \beta_2 X_2 + \beta_3 X_3 + \beta_4 X_4 + \beta_5 X_5 + \beta_6 X_6 + \beta_7 X_7 + ut$$

其中 β_0 为截距项，ut 为随机扰动项。

X_1 = 城镇人口数量/常住人口数量

X_2 = 当年高等院校毕业生人数

X_3 = 农业固定投资增速

X_4 = 社会保障支出规模

X_5 = 人均 GDP 增量/基期人均 GDP

X_6 = 金融机构贷款余额/金融机构存款余额

X_7 = 第二、第三产业增加值/地区生产总值

表 3　2012～2021 年各项指标数据统计

年份	Y	X_1	X_2	X_3	X_4	X_5	X_6	X_7
2012	3.27	0.474	1.29	-0.087	0.155	0.108	0.79	0.886
2013	3.15	0.485	1.32	0.318	0.132	0.118	0.83	0.881
2014	3.06	0.498	1.4	0.276	0.110	0.074	0.92	0.883
2015	3.09	0.503	1.47	0.132	0.125	0.083	0.98	0.896
2016	3.08	0.516	1.53	0.104	0.129	0.117	1.00	0.902
2017	3.08	0.531	1.84	-0.138	0.137	0.083	1.07	0.903
2018	3.03	0.545	1.97	0.125	0.140	0.109	1.14	0.902
2019	2.94	0.555	2.0	-0.036	0.144	0.067	1.14	0.897
2020	2.88	0.6	2.09	-0.091	0.165	0.017	1.04	0.889
2021	2.77	0.61	2.12	-0.16	0.155	0.109	1.01	0.895

资料来源：根据《青海统计年鉴》数据计算。

3. 回归分析

根据 2012～2021 年的自变量数据，运用 SPSS 最小二乘法进行多元线性回归，回归后 $R^2=0.99$，接近 1，说明模型拟合度和显著性良好，回归方程显著。其中，X_1、X_2、X_4、X_5、X_6 通过 5%水平上的显著性检验，X_7 通过了 10%水平的显著性检验，X_3 的 P 值较大，说明其对青海城乡居民收入差距影响不显著，这可能是因为农业固定资产投资弹性比较低，投资乘数低，特别是对收入方面的影响存在一定的滞后性，故选择剔除不显著变量后进行再次回归（见表 4）。

表 4　回归结果

模型	B	标准错误	标准化系数	t	显著性
（常量）	2.073	0.082		25.210	0.002
X_1	-2.896	0.343	-0.948	-8.444	0.001
X_2	-0.343	0.092	-0.777	-14.620	0.005
X_4	3.770*E*-7	0.000	1.600	20.594	0.002
X_5	-0.048	0.002	-0.947	19.559	0.003
X_6	0.578	0.133	0.317	11.901	0.007
X_7	0.043	0.010	0.250	3.943	0.020

根据回归分析得出的线性方程为：

$$Y = 2.073 - 0.948X_1 - 0.777X_2 + 1.6X_4 - 0.947X_5 + 0.317X_6 + 0.25X_7$$

根据回归方程，各变量对城乡收入差距的影响呈正相关与负相关两类。正相关说明变量的正向变化对城乡收入差距有扩大作用，负相关说明变量的正向变化对城乡收入差距有缩小作用。从 7 个变量的回归系数来看，城镇化率、普通高等学校毕业人数、人均 GDP 增量对城乡居民收入差距影响为负；社会保障支出、金融效率、产业结构演进对城乡收入差距影响为正。在缩小城乡收入差距的影响上，城镇化率>人均 GDP 增量>普通高等学校毕业人数，在扩大城乡收入差距的影响上，社会保障支出>金融效率>产业结构演进。接下来通过对城乡收入差距扩大或缩小影响分类进行逐一分析。

一是对城乡收入差距缩小有正向影响，也就是对城乡收入差距扩大有负向作用的变量。

在不考虑其他变量的影响时，城镇化率每增加 1 个单位城乡收入差距缩小 0.948 个单位，因此，城镇化发展对缩小城乡收入差距的作用明显，青海近年来快速发展二三产业及劳动密集型产业，带动了农民工进城务工的积极性，提供了大量的就业岗位，农民工资性收入快速增加。城镇化的溢出效应带动了周边农村的发展，提高了农业生产效率。另外，一部分收入高的农民在城市落户买房，城镇化率的提高为城乡收入差距的缩小带来了积极影响。普通高等学校毕业人数每增加 1 个单位，城乡收入差距缩小 0.777 个单位，这说明受教育程度的提高对缩小城乡收入差距有十分积极作用。根据人力资本理论，对劳动力知识、技能、工作经验的投资能够有效提高人力资本效能，增加收入，这种正向效应在农村居民身上更加明显，也是拉开农村内部收入差距的主要因素之一。人均 GDP 增长每增加 1 个单位，城乡收入差距缩小 0.947 个单位，表明城乡经济发展中人均收益提升对城乡收入差距缩小具有正向意义。

二是对城乡收入差距缩小有负向影响，也就是对城乡收入差距有扩大作用的变量。

社会保障支出与城乡收入差距呈现正相关，当社会保障支出规模扩大 1 个单位时，城乡收入差距会扩大 1.6 个单位，这可能是由于社会保障中城镇投入大于农村，在保障范围和给付水平上城镇居民都远高于农村，农村居民需要将更多的收入花费在各类保障上，故而社保支出规模扩大对农村居民收入的增加有负面影响，对城乡收入差距的扩大有正影响。金融效率每提升 1 个单位，城乡收入差距扩大 0.317 个单位，长期以来，金融资源向城镇居民倾斜，城镇居民比农村居民更容易享受到金融服务，金融发展的门槛效应和非均衡效应之和大于减贫效应，对城乡居民收入差距起到了扩大效果。从产业发展情况来看，产业结构演进每增加 1 个单位，城乡收入差距扩大 0.25 个单位，二、三产业的快速发展不仅是带动经济增长的主要动力，也是提升居民收入的重点领域，所以加快农村剩余劳动力转移就业的同时推动农业产业化发展是缩小城乡收入差距的重要环节和必然选择。

三 缩小青海城乡收入差距的对策建议

（一）推进新型城镇化建设，努力实现人的城镇化

通过前文分析，青海城镇化率对城乡收入差距比呈显著负相关，城镇化率的提升将有效降低城乡收入差距。因此，要加快推进新型城镇化建设，加快落实户籍制度改革，优化农村劳动力资源的合理配置，鼓励农村剩余劳动

力转移就业，加快城乡间要素的快速流动，破除城乡间的门槛壁垒，以“人口城镇化”为核心有序推进农村转移人口市民化。优化城乡产业空间布局，增强城镇对乡村产业发展的辐射带动作用，加快城乡实体经济、科技创新、现代金融协同体系建设。完善城市功能，扩大基本公共服务覆盖面，增强城市在教育、卫生医疗、交通等领域的保障能力，尽量降低城镇生活中的消费成本，促使农民工正常融入城市生活。增强县域对城镇和乡村振兴的统筹承载能力，培育壮大县域经济，建立以县城和中心镇为主要节点的产业布局，增强县域城市的人口承载力和吸引力，降低就业中产生的交通、时间等成本。

（二）加大人力资本投入力度，加快城乡教育资源均等化

根据回归结果，普通高等学校毕业人数的增加对城乡收入差距缩小有正向效应。青海是欠发达省份，教育相对来说较落后，城乡教育差距就更加突出，优质的教育资源基本集中在西宁、海东等东部城市。农村教育资源紧缺，教育设施与城镇差距较大，师资方面就更加薄弱，农村地区学校教师引人难、留人难的问题不同程度地存在，城镇的年轻教师不愿意“下乡”现象突出，这些都导致城乡间教育资源差距越拉越大。因此，应高度重视教育对缩小城乡差距的巨大作用，完善农村学校的基础设施建设，健全农村教育方面的引人用人激励政策，适当提高教师待遇，缓解城市的教育资源压力，同时降低农民子女获得优质教育资源的成本，让孩子在农村一样获得良好的教育资源，农民不用想方设法送子女去城镇上学。另外，要加强农村地区的思想教育，提高富余劳动力的就业和创业意识，以成功致富村民作为案例鼓励就业，让勤劳致富的理念深入人心。一是挖掘农业农村内部就业潜力，重视和落实好财政、人才等各项扶持政策的承接和运用。二是促进外出务工就业增收，深化东西部劳务协作，加强城乡一体化公共就业服务，完善就业信息平台，提供更有针对性的就业岗位，千方百计地促进农民工稳岗就业。三是为农村剩余劳动力外出就业提供技术培训，丰富培训内容，开展基础性培训、技能培训和专业培训，提高农民受教育水平和科学文化素质，加快授人以鱼向授人以渔转变。

（三）延长农业产业链条，提高产品附加值

根据回归结果，产业结构演进与缩小城乡收入差距负相关，农村居民主要从事附加值较低的第一产业，工资性收入总体上要低于城市居民，所以可以通过产业结构优化、延长农业产业链条来提高农民收入。坚持农业农村优先发展，不断提高对农村的重视程度，加大农村地区的建设力度，大力发展农业工业化，实现农业产业化，带动农村三次产业融合发展，将农村居民的收入作为发展重点。一是引导农民发展特色高效农业，鼓励农民由种植粮食为主向种植瓜果蔬菜等经济作物并重的模式转型，打造特色农产品优势区。探索农业技术研发与推广的“双轨制”农业科研体制模式，加快科学技术应用到农业中的步伐。二是延长农业产业链条，加大三产融合力度，发展农村的第二、三产业，加快农民专业合作社规模化发展，引导同性质小规模合作社通过入股、合并等方式扩大核心竞争力。提高各种类型农业社会化服务能力，实现小农户与现代农业发展的有机衔接，借鉴有规模的合作社经验，结合市场需求发展农产品初加工、精深加工。培育、引进影响力大的龙头企业，鼓励龙头企业在本地签订订单，推广“农户+合作社+龙头企业”等模式，完善利益联结与分享机制，降低市场主体的经营风险，让农民更多分享产业增值收益。在有条件的乡村结合特色产业开展多样化经营，推进农业与旅游、文化、生态、健康养老等产业深度融合，农户以为景区提供餐饮、导游等服务的形式参与其中。三是加快农村电子商务发展，弥补欠发达地区的区位短板，提高电商渗透率，尝试探索建立本土农产品交易平台，破解农产品销售不畅、信息不对称等问题。降低物流配送成本，线上线下销售相结合，多渠道、全方位推动农特产品输出。

（四）完善各类强农惠农富农政策，保障农民持续增收

稳定连续的强农惠农富农政策是保障农民收入持续增长的压舱石。为进一步缩小城乡收入差距，一是应继续加大对“三农”的综合扶持力度，在提价、补贴等方式直接带动农民增收的基础上，落实和完善农业“三项补

贴”政策及生态补偿政策。创新多元化财政支持方式，推进公共财政、公共服务向农村倾斜，加快城乡基本公共服务普惠共享，推进农村基础设施建设，促进教育、卫生等公共资源均衡配置，尽可能减少农民公共消费支出。拓展发展平台，创新服务模式，鼓励能人回乡、企业兴乡，完善大学生从事现代农业工作的补助和配套政策。二是大力发展普惠金融，积极倡导绿色金融，加强金融教育，健全农村金融服务体系，鼓励各金融机构向下延伸，探索建立金融支农服务联盟，提升农村居民的金融素养，通过对金融市场的积极参与，增强农村居民的“财富效应”，缩小城乡收入差距。从企业和农户的实际需求出发，提供更接地气的金融服务，创新特色贷款产品，增加质押、抵押物范围，因地制宜开发特色贷款产品。鼓励地方保险金融机构设计开发多层次、不同保障水平的农业保险产品，增强农业抗风险能力。三是健全多层次农村社保体系，适当扩大保障范围、提高给付水平；落实好对小农户、低收入农户等人群的常态化帮扶机制，让群众感受到最直接的实惠和保障。

参考文献

王文利、张帅、彭峰：《乡村振兴背景下中国城乡收入差距的演变及影响因素研究》，《兰州交通大学学报》2022 年第 4 期。

宋佳莹、高传胜：《教育投入、服务业发展与城乡收入差距——基于省际面板数据的机制分析》，《南京审计大学学报》2022 年第 3 期。

孔婷婷：《山西省人力资本构成对城乡收入差距的影响》，山西财经大学硕士学位论文，2021。

陈斌开、林毅夫：《发展战略、城市化与中国城乡收入差距》，《中国社会科学》2013 年第 4 期。

曹裕、陈晓红、马跃如：《城市化、城乡收入差距与经济增长——基于我国省级面板数据的实证研究》，《统计研究》2010 年第 3 期。

郝雷：《乡村振兴视角下促进农民增收路径研究——以河北省为例》，《经济论坛》2022 年第 1 期。

晋铭铭、罗迅：《贵州省城乡收入差距影响因素及政策建议》，《山东农业大学学报（社会科学版）》2019 年第 4 期。

社 会 篇

Society Chapters

B.7
2022年青海省实施乡村振兴战略调查报告

肖 莉 秦国栋*

摘 要： 乡村振兴是全方位的振兴。目前，青海在农牧民收入持续稳定增长、发展壮大集体经济上面临较大压力，乡村环境、基础设施、公共服务、产业现代化、治理体系和治理能力亟待提高。应巩固拓展脱贫攻坚成果同乡村振兴有效衔接，不断完善政策体系、工作体系、制度体系，健全责任落实、考核评价、监督检查等推进机制。聚焦国家和省级乡村振兴重点帮扶县，紧盯监测和帮扶两个环节，紧抓产业和就业两个关键，加大农村综合改革力度，健全完善乡村治理体系机制，加大乡村建设力度，建设宜居宜业和美乡村。

* 肖莉，青海省社会科学院社会学研究所研究员，研究方向为应用社会学；秦国栋，青海省委农办秘书处二级主任科员，研究方向为乡村振兴。

关键词： 乡村振兴　乡村产业　乡村建设　乡村治理　青海省

党的十九大以来，青海省委省政府大力实施乡村振兴战略，按照“产业兴旺、生态宜居、乡风文明、治理有效、生活富裕”总要求，围绕全省乡村振兴“八大行动”方案，牢牢守住保障粮食安全、不发生规模性返贫和耕地保护三条底线，全面推进乡村发展、乡村建设、乡村治理等重点工作，巩固拓展脱贫攻坚成果，“有效衔接”对接顺畅，乡村振兴持续推进。

一　乡村振兴工作举措及成效

青海加强党对乡村振兴工作的全面领导，坚持五级书记抓乡村振兴。坚持以巩固拓展脱贫攻坚成果与乡村振兴有效衔接为统揽，统筹推进乡村产业、人才、文化、生态、组织振兴，走出了一条具有青海特点的乡村振兴路子。

（一）不断健全乡村振兴工作体系和主要制度框架体系

2021年，青海省乡村振兴局正式挂牌成立，省市（州）县三级乡村振兴部门全部调整挂牌。以书记、省长任“双组长”，下设7个专项工作组，形成省委农办、农业农村厅、乡村振兴局“三位一体”工作格局。建立44名省级领导联系39个脱贫县和44个乡村振兴试点村工作制度。构建乡村振兴“1+8+3”领导指挥体系，建立省级“八大行动”数字化指挥平台。建立完善目标责任、项目化管理、工作例会、督查督导4项制度，将考核结果纳入党政领导班子和领导干部综合考核评价范围。制定出台《青海省乡村振兴战略规划（2018—2022年）》《青海省“十四五”巩固拓展脱贫攻坚成果同乡村振兴有效衔接规划》等规划及40多个配套政策文件，针对重点帮扶县出台22项支持政策，印发产业提升、人才培育等五项行动方案，乡村振兴“四梁八柱”的制度体系基本建成。

（二）严守国家粮食安全和不发生规模性返贫两条底线

2022 年，全省各类农作物种植面积 57.7 万公顷，比上年增加 0.9 万公顷，总播种面积和粮食播种面积均为近年来最多。整治耕地“非粮化”和撂荒地，排查出“非粮化”面积 40.1 万亩、撂荒地 11.46 万亩，复耕复种撂荒地 12.55 万亩。粮食面积、总产量、高标准农田建设 3 项国家考核指标均超额完成。建立“2411”① 动态监测帮扶工作机制，全省监测消除返贫致贫风险 3714 户 13754 人，风险消除率 80%以上。全省脱贫群众和监测对象务工规模达到 20.6 万人，超国定目标 2.7 万人。

（三）乡村产业发展步伐进一步加快

出台《牦牛和青稞产业发展三年行动计划（2018—2020 年）》《青海省“十四五”乡村产业发展规划（2021—2025 年）》《青海省现代种业提升工程规划（2021—2025 年）》等多项规划，加快特色优势产业向产业化、规模化发展。打造乡土特色产业基地 242 个，特色种植基地 400 万亩以上。创建 3 个国家级产业集群、5 个国家特色农产品优势区、4 个国家级现代农业产业园、29 个省级现代农业产业园，培育省级重点龙头企业 156 家、国家级 26 家。创建 15 个产业强镇、81 个全国“一村一品”示范村镇。创建培育 84 家省级农牧民合作社示范社和 179 家示范性家庭农牧场，落地 4 家农业产业化龙头企业和 4 家省级农业产业化联合体，培育 43 家农业社会化服务组织。建设良种繁育、示范、展示基地 27.16 万亩，建设油菜、蚕豆良种繁育基地 2 个，建成国家级春油菜和马铃薯制繁种基地，推广农牧业生产主导品种 86 个、主推技术 77 项，农作物、水产良种化率分别达 98%、95%。

---

① “2441”，“2”，即制定防止返贫监测和帮扶机制的《实施方案》；“4”，即明确农户主动申请、乡村干部审核、行业部门信息比对、县级审定录入系统，并公示公告 4 项帮扶认定程序；两个“1”，即针对返贫致贫群众，制定一套针对性帮扶举措、开展针对性帮扶，消除返贫风险。

（四）实施“有效衔接”的重点工作

对25个国家和省级重点帮扶县，将年度衔接资金的66%用于重点帮扶县发展。实施“1+5+7+N”有效衔接顶层设计，落实“四个不摘”[①] 重大要求，保持扶持政策相衔接。实施乡村振兴“百乡千村”工程，遴选增加两批425个乡村振兴试点村。推动绿色有机农畜产品输出地建设，绿色有机草原认证面积超1亿亩，成为全国取得草地认证面积最大的有机畜牧业生产基地。做优牦牛、藏羊、青稞、油菜、蔬菜、冷水鱼、藜麦等绿色有机产业，自产农产品、畜禽和水产品合格率分别达到98.7%、99%和100%，“青字号”品牌影响力不断扩大。从全省涉农部门抽派8个联市（州）联县（区）督导组、40个包县联片科技服务督导组和12支特邀首席专家团队，选派1000名科技特派员启动首批39个县102个科技特派员工作站建设。组建“青海省乡村建设专家委员会”，对8个市（州）开展技术服务工作。

（五）乡村人才培养和改革力度不断加大

出台《青海省巩固拓展脱贫攻坚成果全面推进乡村振兴人才培育行动方案》《青海省农牧民职称评定管理办法》等乡村人才培养发展制度，共有1119人取得基层“双定向”职称及待遇。完成高素质农牧民教育培训、职业技能提升培训2.3万人次，培训种养殖大户、新型经营主体带头人等3.3万人次。向1716个脱贫村、易地扶贫搬迁村、乡村振兴重点村选派5221名驻村工作队，选派1000名大中专毕业生服务839个村集体经济和10个国有农牧场。农牧区集体产权制度改革持续深化，完成流转土地238.21万亩，农业水价改革面积251万亩、灌溉区79个。探索宅基地“三权分置”有效实现形式，形成18项管理办法，盘活208宗宅基地发展乡村旅游、餐饮民宿等新业态。

---

① 即贫困县摘帽不摘责任、不摘政策、不摘帮扶和不摘监管。

（六）农村基础设施和人居环境不断改善

制定出台《青海省推进乡村建设三年行动方案》，实施 300 个高原美丽乡村建设项目，实施 4 万户农牧民居住条件改善工程，建设农村户厕 2623 座，实施城乡绿化造林 7.66 万亩，创建省级森林城镇 4 个、森林乡村 10 个。建设 153 个蔬菜机械冷库、马铃薯贮藏窖等冷藏保鲜设施，新增库容近 5 万吨。建设冷链物流平台和西宁应急粮油配送中心。新建、改造乡镇供电所 10 座，对 923 处集中式饮水安全工程进行了集中维修养护，受益人口 144 万人。实施农村电网工程 595 项，完成新改建农村公路里程 921 公里，“美丽乡村路”建设里程 170 余公里，行政村通客车率达 99.45%。建成 38 个县级电商服务中心、357 个乡镇服务站点、2198 个村级服务点。新建 4G 基站 503 个，全省 4G 基站累计达到 1244 个。支持教育、医疗、就业、养老托育等领域 323 个项目建设。实施农村人居环境整治提升五年行动。重点推进“道路硬化、垃圾处理、污水治理、卫生改厕和村庄绿化”五大项目，村庄清洁行动实现全覆盖。

（七）乡村治理体系不断完善

强化基层党组织建设，选优配强村“两委”班子，从 8 个方面 22 条具体措施加强对村干部特别是“一肩挑”人员的监督管理。全面落实村干部“基础报酬+4 项补贴”报酬体系和正常离任村干部生活补助政策。探索乡村治理体系建设，确定大通、民和、乌兰等 8 个党建引领乡村治理试点县。创建文明乡镇 290 个、文明村 2617 个、五星级文明户 81 万个，实现 45 个县新时代文明实践中心三级阵地全覆盖。开展移风易俗活动，天价彩礼、薄养厚葬、攀比浪费等不良风气受到遏制，农牧民群众精神和经济负担得到减轻。推进“法律进乡村”活动，普法集中宣讲活动 2170 余场，受教育群众 300 万人次，一村（社区）一法律顾问覆盖率达 100%。畅通和规范群众诉求表达、利益协调、权益保障渠道，乡村调委会调解纠纷成功率达 98.4%。

二 乡村振兴推进中存在的问题和不足

实施乡村振兴战略五年来，青海省乡村振兴工作成绩有目共睹。但还存在工作机制和政策体系不够健全完善、激励保障政策落实不到位、人才需求缺口大、三产融合不足等问题，严重迟滞着青海省乡村全面振兴的前进步伐。

（一）在推进试点示范上认识不足、重视不够

县乡村协同推进乡村振兴的体制机制尚未建立，在脱贫人口增收、产业联农带户、项目资金管理上还存在不足。把示范试点工作仅当作实施建设项目来对待，存在“组织领导不力、规划不实不全、项目进展缓慢、项目资金整合不够、资金使用不规范、档案管理不规范”等共性问题。村“两委”在项目资产管理、资源变资本、创新发展能力上亟待提高。

（二）防止返贫压力仍然较大

全省 25 个重点帮扶县发展基础薄弱，受干旱高温冰雹强降水等极端天气、新冠肺炎疫情冲击、农资价格上涨等多重因素影响，农牧业生产发展压力依然很大。龙头企业、合作社、村集体经济的带贫益户效果不佳，脱贫群众、脱贫地区农牧民收入增速“两个高于”（脱贫人口人均可支配收入增速高于农村居民人均可支配收入增速，全省农村居民人均可支配收入增速高于全国城乡居民人均可支配收入增速）的目标实现困难。

（三）乡村基础设施和公共服务短板突出

农牧业发展基础薄弱，存在供给不足、供给质量不高、管护不力等问题。水、电、气有效供给极不充分，生产设施老化失修，发展设施后劲不足。一些地方物流基础设施薄弱，运输冷链、加工仓储设施、保鲜冷链等配套设施建设滞后。部分硬化村道、人饮管网、农田灌渠等普遍存在重建轻管

问题。部分乡村垃圾和污水处理等基本生活设施不完善，管护运行机制不健全。“厕所革命”仍需提标扩面。基本公共服务资源不足，“三保障”和饮水安全稳定上还有短板弱项。

（四）农牧业产业现代化水平亟待提高

大部分乡村产业基础薄弱，生产经营粗放。高标准农田管护不到位，产业体系不健全。产业结构单一、新业态少、规模小、布局散、链条短、附加值低，产品低端化、同质化严重。产业融合发展不足、创新能力不强，规模化龙头企业少，带动能力不强。农畜产品供应总量、精深加工、品牌打造明显不足，产业整体转化力、市场竞争力、持续发展能力较弱。

（五）乡村人才短缺问题突出

农牧民科学和文化素质较低，乡村实用人才严重不足，尤其缺生产经营人才、二三产业发展人才、公共服务人才、治理人才和科技人才。目前农村人才主要集中在种养技术、经营管理等方面，基层科技力量薄弱、农牧业科技成果转化应用不足。

（六）乡村治理体系和治理能力亟待完善和提高

一些乡村基层党组织作用发挥不够充分，治理责任压得不实，未能形成有效的治理体系和推进机制。乡村公共文化投入不足，文化队伍力量薄弱，文化设施短缺与闲置并存。黑恶势力、宗族势力、宗教势力时有抬头，电信诈骗、金融犯罪案件多发。高价彩礼、大操大办、人情攀比、薄养厚葬、污水乱排、垃圾乱倒等现象仍然不同程度地存在。易地搬迁集中安置区管理衔接不畅，安置群众在公共服务、产业扶持、社区融合等方面面临诸多困难。

三　2023年乡村振兴发展趋势分析及工作重点

在疫情冲击、经济下行压力加大、百年变局加速演进等影响下，粮食和重要农产品稳产保供面临新挑战，农牧民收入持续稳定增长面临较大压力，项目推进、资金支出进度将受到影响。青海需继续坚持农业农村优先发展不动摇，加快推进农业农村现代化建设不动摇。

（一）充分利用外部政策支持、资金支持渠道不断向好的形势

2023 年，是青海省集中资源支持巩固拓展脱贫攻坚成果、全面推进乡村振兴的关键时期。继续把农业农村作为一般公共预算优先保障领域，预算内投资将持续倾斜。中央和国家机关、中央企业、各援青省市对青海省的支持力度将稳步提升，国家相关部委也将在政策上给予青海省倾斜支持，加之广大农牧民群众的内生发展动力日益增强，这些都成为青海省乡村振兴的有力支撑。

（二）在做好2023年度重点工作上下功夫

2023 年青海省乡村振兴工作将把确保重要农产品特别是粮食供给安全作为实施乡村振兴战略的首要任务。2022 年 11 月，中央财政提前下达了多项 2023 年预算资金。其中，农业相关转移支付数额最大，就是要确保粮食安全和重要农产品稳产保供。各州地市县区要加强项目谋划和项目储备，推动资金尽快落地见效。继续在深化东西部协作、返贫监测、项目库建设、资金使用管理、扶贫项目资产后续管理、农村厕所革命等方面下功夫。持续推进绿色有机农畜产品输出地、绿色有机农畜产品示范省建设。

（三）不断探索脱贫县产业加快发展的有效举措

聚焦 25 个乡村振兴重点帮扶县，聚焦重点群体，增强脱贫地区和脱贫群众内生发展动力，强化对易地扶贫搬迁点的后续扶持，牢牢守住不发生规模性返贫仍是 2023 年乡村振兴工作的重要任务。把促进脱贫县加快发展作为主攻方向，推动脱贫地区帮扶产业发展，推动庭院经济与现代农业有机结合，支持农户发展高质量庭院经济。促进农牧业与生态、康养、文化等融合发展，满足人民对旅游休闲、文化消费、良好生态等多元需求。进一步健全联农带农机制，组建产业顾问团队支持脱贫县产业加快发展。

（四）建设宜居宜业和美乡村

坚持把推行绿色发展方式和生活方式作为乡村振兴的重要任务。扎实推进乡村建设，农业绿色生产和农村环境整治还需持续发力，使农牧区基本具备现代生活条件。提前谋划实施 2023 年水利项目建设，尽快形成有效投资提供有力保障。不断提升农牧区基本公共服务水平，做好 2023 年城乡居民基本养老保险、就业补助预算编制、指标安排等相关工作，确保城乡居民养老保险待遇按时足额发放，确保群众就业创业工作稳步推进。持续完善“三治”相结合的社会治理机制。

（五）加快实现乡村资源高效配置、空间高效融合

加大农村综合改革力度，持续探索财政支持乡村全面振兴的有效路径和示范样板。继续实施美丽乡村建设奖补，突出规划引领，探索以多个行政村为单元联合编制“多规合一”实用性村庄规划。继续推进乡村振兴试点村建设，开展“十个一”示范创建行动，打造不同类型的乡村振兴示范样板，形成典型引领、串点连线、聚线成面的良好发展态势。稳步推进集体经营性资产股份合作制改革，盘活乡村土地资源，发展壮大村集体经济。

四　全面推进乡村振兴的对策建议

乡村振兴是全域、全员、全方位的振兴，需要各方力量、各种资源的有机统一，需要进一步完善政策体系、工作体系、制度体系，从责任落实、组织推动、要素保障、考核评价、监督检查等方面健全一揽子的推进机制，建设宜居宜业和美乡村。

（一）健全完善乡村振兴领导体制和工作机制

一是制定乡村振兴责任制实施办法，推动建立责任清晰、各负其责、合力推进的乡村振兴责任体系。二是党委农办、农业农村部门、乡村振兴部门

要进一步完善工作协同运行机制，尽快明确乡村振兴部门的权责职能，细化明确政府部门乡村振兴职责。出台可操作、能监督的具体办法措施，督促政府及相关部门依法履职尽责。三是建立完善各市（州）党委政府每年向省委省政府报告乡村振兴工作推进情况。将乡村振兴实绩和巩固拓展脱贫攻坚成果作为各级党政领导班子和领导干部年度目标责任（绩效）考核综合评价的重要内容，加大督查考核约谈的力度。四是县委书记要把主要精力放在“三农”工作上，当好乡村振兴的“一线总指挥”。建立健全重点任务分工落实机制，完善县级项目库建设，定期研究乡村振兴工作，强化重点工作定期调度、现场推进，加强资金使用管理，重视项目资产的后续管理工作。

（二）抓好巩固拓展脱贫攻坚成果同乡村振兴有效衔接的重点工作

一是扛牢粮食稳产保供的重任。确保粮食和重要农产品供给安全。确保全省粮食作物面积稳定在444.3万亩以上，粮食产量稳定在107万吨以上。各级财政在乡村振兴上要加大投入，加大高标准农田的建设力度，扩大粮食供给数量。着力保障“菜篮子”“肉盘子”“果盘子”的有效供给。打造特色种植基地400万亩以上，油料种植面积217万亩、蔬菜产量保持在152万吨以上。保证生猪存栏量保持在70万头以上，牛羊存栏量分别保持在640万头和1350万只以上，肉类产量达到40万吨以上，丰富城乡居民菜篮子。

二是巩固脱贫攻坚成果，防止发生规模性返贫。首先，紧盯监测和帮扶两个环节，完善动态监测帮扶机制。做好对因病因灾返贫人员的监测，重点监测脱贫不稳定户、边缘易致贫户、突发严重困难户，及时开展有针对性的帮扶。其次，紧抓产业和就业两个关键，千方百计增加就业岗位，促进脱贫人口稳定增收。严格落实“中央财政衔接资金55%以上用于产业发展”的要求，东西部协作、中央单位定点帮扶、对口援青等帮扶资金主要用于支持脱贫地区发展产业和改善基础设施条件。重点支持劳动密集型企业、龙头企业、帮扶车间（工坊）的大力发展，吸纳更多脱贫人口、低收入人口就地就近就业。优先支持脱贫地区人口参与涉农项目建设和公共服务运行管护，深化东西部劳务协作等优先向脱贫人口倾斜。落实好各项奖补政策，使脱贫地区群众获得政策性补偿补助增加收入。将符合条件的脱贫群众应纳尽纳、应扶尽扶、应助尽助。最后，聚力两个重点。聚焦25个国家和省级乡村振兴重点帮扶县，从财政、土地、人才、产业、基础设施建设等方面给予集中支持。聚焦易地搬迁集中安置点，持续加大就业、产业发展、公共服务、配套设施建设等方面的扶持力度。进一步完善集中安置点的供排水管网、垃圾污水处理、供气供暖保障，加快电网增容改造、网络延伸覆盖、路网等级提升等工作。跟进健全户籍管理、安置住房不动产登记、就医入学、养老社保等公共服务。落实搬迁群众享受各种农牧业补贴和生态补偿等政策，扶持脱贫群众自主创业、就地就近就业。

三是守牢底线，加强耕地保护建设。落实“长牙齿”的耕地保护硬措施，严格耕地保有量和永久基本农田保护目标任务，严守831万亩耕地红线。防止耕地“非农化”、整治“非粮化”。按照粮油菜饲优先顺序，优化高标准农田、基本农田、一般耕地种植结构，三年内基本完成“非粮化”整治，实现撂荒地全部复耕复种。

（三）聚焦产业提升促进乡村发展

一是大力发展优势特色产业，做大做强现代产业园和产业集群。纵深推进牦牛、藏羊、青稞、油料等优势产业发展，着力发展家禽、冷水鱼、藜麦、蚕豆、蕨麻、枸杞、中藏药材和休闲农牧业等特色产业，培育扶持拉面、青稞、手工艺品加工、乡村旅游产业、电子商务等新产业新业态。发展农畜产品初加工、精深加工及农牧业副产物综合利用产业。大力发展草产业，实现在发展中保护生态。大力推进现代农作物种业发展，抓好高产奶牛、肉牛羊良种繁育及推广，持续推动特色种养业集中规模、连片发展。做大做强国家级现代产业园和牦牛产业集群，将产业园区打造成为带动乡村经济发展的龙头。二是建立健全“五位一体”的标准体系，加强品牌培育，让绿色有机成为“青字号”金字招牌。三是发展创意农业，引导和支持农牧业与旅游观光、文化、民宿体验等新产业融合发展。四是激活土地要素，创新农业设施用地和乡村产业用地政策。每年安排5%新增建设用地指标保障乡村重点产业和项目用地，允许县级政府通过村土地利用规划调整优化村庄用地布局，有效利用农村零星分散的存量建设用地，为乡村产业注入发展新动能。

（四）倾力打造乡村振兴人才队伍

一是重点培育乡村本土人才。以种养能手、专业大户、家庭农场主、集体经济组织和农民合作社带头人等为重点培育对象，加快培养高素质农牧民，提高规模经营和种养水平。二是培养二三产业的发展人才，使他们成为产业带头人。三是加快培养乡村规划人才。鼓励招募“乡村振兴合伙人”。实施紧缺人才引进计划，创新性开展柔性借智引才。鼓励支持各类高层次人才通过项目合作、短期工作、专家服务、兼职等形式到基层开展服务活动。四是加快乡村各类人才队伍建设。依托对口援青等渠道，引进多领域的省内外人才。五是建立联系本土在外优秀人才制度。成立乡村振兴顾问团，利用他们的优势资源和影响力推动乡村发展。六是完善制度机制。鼓励农业农村科技人才开展多元化、轮换式的短期服务支持乡村发展，为农牧业技术推广应用提供人才支撑。

（五）持续加大乡村建设力度

一是在持续改善农村基础设施建设上下功夫。持续加强乡村的交通、电力、水利、通信等基础设施建设，加快实施农网改造、4G/5G 网络通村、村级电商服务点等建设，实施村级综合服务设施、农产品仓储保鲜冷链物流设施、乡村清洁能源、农房质量安全、农村道路畅通等提升工程。加快推进乡村公共照明设施、应急广播、无障碍建设改造、应急避难场等一体规划建设。健全县乡村三级物流配送体系。二是打造生态宜居乡村。持续实施农村人居环境整治提升五年行动，重点推进农村厕所革命、生活垃圾污水治理、村容村貌提升。探索实施人居环境、公共基础设施、饮用水水源保护、卫生厕所、污水管网、绿化美化等城乡一体化推进的长效管护机制。三是大力提升乡村基本公共服务水平。进一步提高村级综合服务设施覆盖率，推进

“一站式”便民服务。提升乡村基础教育的质量和发展乡村职业教育。加强乡镇卫生院发热门诊或诊室等设施条件建设，不断提升村卫生室标准化建设和健康管理水平，加快建设紧密型县域医共体和中心卫生院。建设养老保险制度、医疗保险制度、低保制度及托底保障制度等覆盖农牧民的社会保障体系。加强农村防灾减灾救灾能力体系建设。

（六）不断推动乡村治理的现代化

一是以抓党建促乡村振兴。加强农村基层组织建设，健全完善党组织领导的乡村治理体系。常态化整顿软弱涣散村级党组织，选好用好管好乡村振兴带头人，持续实施党支部书记能力和村干部学历素质提升工程。建立常态化选派干部驻村工作机制。二是深入开展乡村精神文明创建活动，建立常态表彰机制。持续推进农村移风易俗，健全“一约四会”，修订完善村规民约，推广积分制、清单制，建立红黑榜等激励约束机制，实现陈规陋习的有效治理。三是强化乡村综合治理。突出农村集体资金、资产、资源“三资”监管，党务、村务、财务“三务”公开。推动“互联网+”服务向农村延伸覆盖，逐步推进乡村管理服务数字化，推进农村集体经济、集体资产、农村产权流转交易数字化管理。推进更高水平的平安法治乡村建设，完善矛盾纠纷调解工作机制，常态化开展扫黑除恶斗争，积极引导宗教与社会主义社会相适应，确保乡村社会平安稳定有序。

参考文献

王玉虎：《以乡村振兴战略为统揽　推进青海三农工作高质量发展》，《农民日报》2021 年 12 月 17 日。

魏后凯、郜亮亮、崔凯、张瑞娟、檀学文：《“十四五”时期促进乡村振兴的思路与政策》，《农村经济》2020 年第 8 期。

王臻：《青海：秋收顺利结束　农业喜获丰收》，《青海日报》2022 年 10 月 29 日。

B.8
2022年青海省文化事业发展调查报告

胡　芳*

摘　要： 繁荣发展文化事业是建设社会主义现代化新青海的战略性任务，也是增强文化自信自强、铸就社会主义文化新辉煌的必然要求与重要支撑。2022年，青海省文化和旅游厅、省文联等相关文化部门统筹推进疫情防控和文化事业发展，在文物保护、非遗保护、文艺创作、公共文化场馆的数字化发展等方面取得了新进展，但也存在文化遗产创新发展不足、地区发展不均衡、资金和人才短缺、文化事业数字化发展不充分等问题。为此，提出坚持和加强党的全面领导、深化文化体制改革、加大文化资源挖掘保护与开发利用、持续推进文化数字化发展战略等对策建议。

关键词： 文化事业　高质量发展　青海省

文化事业是以公共服务性、非营利性和先进文化导向性为基本特征的公共事业，对保障人民基本文化权益、培育弘扬社会主义核心价值观、提升文化软实力具有重要作用。繁荣发展文化事业是建设社会主义现代化新青海的战略性任务，也是增强文化自信自强、铸就社会主义文化新辉煌的必然要求与重要支撑。近年来，青海省持续推进文化名省建设，在文化体制改革、文化遗产保护、文艺创作繁荣和公共文化服务建设等方面取得了引人注目的成就，青海省的文化事业呈现良好的发展态势。2022年是党的二十大召开之

---

* 胡芳，青海省社会科学院文史研究所研究员，研究方向为青海文学、民俗文化和历史文化。

年，也是踏上全面建设社会主义现代化国家、向第二个百年奋斗目标进军的开局之年，厘析青海省文化事业发展现状及存在问题、综合研判其发展趋势、在深入研究的基础上提出推动其高质量发展的对策建议具有一定的现实意义。

一 2022年青海省文化事业发展现状及亮点

2022 年，在防疫形势严峻的情形下，省文化和旅游厅、省文联等相关文化部门依据中央决策部署和省委省政府工作要求，努力筹划、积极作为，统筹推进疫情防控和文化事业发展，文物保护、非遗保护、文艺创作、公共文化场馆的数字化发展等工作有了新进展，取得了一定成效。

（一）文化体制机制改革进一步深化

2022 年，青海省文化体制改革的重大举措主要是围绕推进媒体深度融合而举行。2019 年 4 月，省委办公厅印发了《青海日报社深化媒体融合改革发展先行先试总体方案》。2022 年 1 月，青海省文化改革发展工作领导小组印发了《青海日报社人事制度改革方案》《青海日报社经营体制改革方案》。经过 3 年多的积极探索，青海日报社融媒改革“1+5+N”的四梁八柱框架体系基本搭建完成，形成了拥有“六报两刊两网多微多端”50 个发布平台的全媒体矩阵。10 月，青海日报报业集团正式成立，标志着青海省文化体制改革取得了新成果，新型主流媒体建设取得新成效。

（二）文物保护工作稳步推进

2022 年 4 月，《青海省“十四五”文物事业发展规划》印发实施，为未来 5 年青海省文物事业发展提供了行动纲领与根本遵循。2022 年 6 月，在做好疫情防控工作前提下，青海省文物局全面启动海西都兰热水墓群、夏尔雅玛可布遗址、乌兰县陶海墓地、海南州同德县宗日遗址、共和县江西沟遗址五项主动性考古发掘项目。为配合黄河羊曲水电站建设工程，省文物局联合省外多家考古机构，进驻黄河羊曲水电站建设淹没区古代遗址开展抢救性考古发掘工作，发现多处宗日文化至卡约文化时期的古代遗存，为揭示青海史前文化提供了丰富资料。此外，省文物考古所完成了玉树、果洛两州35处少数民族图谱不可移动文物点实地调查，完成130余件出土漆器、金银器文物信息编撰工作，抢救保护修复濒危出土文物50余件。[①] 文物宣传方面，青海省文物局在《青海日报》《西海都市报》开辟“百件文物讲青海”专栏，与青海广播电台合作推出《昆仑风物》《青海宝藏》等宣传片，制作文物RAP短视频、文物宣传海报，开展文物保护发展成就线上图片展等形式多样的宣传活动，多方面展现了青海文物遗产的保护成果。

（三）非遗保护工作迈上新台阶

2022年3月，青海省文化和旅游厅印发《2022年青海省非遗保护工作要点》，全面部署了2022年非遗保护重点工作。5月，青海省组织申报并争取到了财政部下发的2022年国家非遗保护资金预算3605万元，其中重点项目资金2289万元，一般项目资金1316万元[②]，为提升青海省非物质文化遗产的系统性保护水平提供了有力保障。4~6月，省文化和旅游厅对全省301名省级非物质文化遗产代表性传承人2021年的传承活动开展评估，促进和规范了省内非物质文化遗产项目的传承发展。疫情期间，西宁市、黄南州、海西州等市州的非遗保护管理部门充分依托本地特色非遗资源，利用网络平台，发布非遗项目宣传图文信息、视频，传播非遗文化，丰富群众精神生活。6月，在“文化和自然遗产日”，青海省举办了“我眼中的非遗”优秀短视频展播和“云游非遗影像展”线上宣传活动，展播了28个优秀非遗短视频和60部非遗纪录片，主会场各线上活动浏览量达40万人次。在“非遗购物节”期间，青海省组织了390位传承人、276家非遗企业，通过阿里巴

---

① 《集思广益解决问题症结　稳步推进文物保护工作》，青海考古公众号，2022年9月30日发布。

② 李江宁：《中央向青海下达国家非遗保护专项资金3000余万元》，中国新闻网，www.qh.chinanews.com.cn/wy/news/2022/0529/104892.html，最后检索时间：2022年11月13日。

巴、抖音、快手、京东等电商平台开展非遗产品展销[①]。9 月，河湟文化生态保护实验区获准在海东市设立，对推动青海黄河流域非物质文化遗产保护、打造河湟文化品牌具有重要意义。

（四）文艺创作工作成绩喜人

2022 年，青海省文艺界围绕文艺助力乡村振兴、绿色发展、防疫抗疫、“喜迎二十大”等主题，开展了一系列文艺创作、基层采风、歌舞展演展示等特色活动，创造了一批社会反响较好的文艺佳作。其中，展现青海山川之美、生态之美的纪录片有《我住江之头》《黑颈鹤成长日记》，原创生态舞剧《大河之源》，美术作品《昆仑长风颂大美》《黄河边的风景》《大河麦香》《印象祁连》等，生动展现了青海省生态文明建设成果。为抗击新冠肺炎疫情，各级宣传部门积极开展类型多样的线上文艺活动，文艺工作者们也紧急行动起来，创作了歌曲《感谢有你》《爱的约定》《愿为玉树　倾心相守》，舞蹈《为爱前行》，河湟花儿《齐心协力抗疫情》，农民画《团结就是力量》等文艺佳作。省文联还通过开设微信公众号“艺心抗疫进行时”，线上展播抗疫文学、美术、民间文艺作品，玉树藏族自治州也开设“愿为玉树倾心相守”原创抗疫文艺作品网络展，宣传防疫知识，讴歌防疫人员，鼓舞民众士气。2022 年，青海省文艺界以“喜迎二十大”为主题，开展了原创优秀舞蹈作品、优秀民歌展播活动，青海省文联等相关单位还举办了“喜迎二十大·奋斗新征程”“青海省第二届微电影展暨 2022 校园微电影展”，为迎接宣传党的二十大营造了良好氛围。此外，援青题材电影《我的青海》在西宁举行了首映式。牧民作家索南才让的中篇小说《荒原上》荣获第八届鲁迅文学奖·中篇小说奖，实现了青海在这一国家级文学奖项零的突破。

（五）公共文化场馆的数字化建设和服务水平稳步提升

2022 年，青海省博物馆、美术馆、文化馆等为公众提供公共文化服务

---

① 何杰、李莉：《数读青海非遗：数字里透出的非遗活力》，文旅中国，https：//baijiahao.baidu.com/s？id=1738048700296768360，最后检索时间：2022 年 11 月 13 日。

的场馆结合抗疫形势严峻的实际情况，加强了数字化建设与服务。如省博物馆自 2021 年 11 月起，精心打造了以“青海历史文物展”为主，“青海非物质文化遗产精品展”“青海考古成果展”“百年青海革命文物目录展”为辅的“1+3”主题展览体系，从开馆至 2022 年 8 月 14 日，省博参观人数达 8.8 万人次。省博物馆还推出云展览、博物馆直播、文创产品研发、数字展厅等，网络点击量达到 2700 余万人次，1400 余万观众通过各类平台线上参观新展。[①] 省美术馆为满足疫情期间广大人民群众精神文化生活需要，推出虚拟展厅，运用 3D 模型技术，360 度全景展示“第七届全国青年美术作品展览巡展（青海站）”“喜迎二十大 · 展现新作为　巍巍昆仑踏歌行　青海画院成立暨首届院展”“边军美术作品纪念展”等经典展览。为迎接党的二十大，青海省文化馆依托“文化动车——丝路情 · 全国行”品牌活动，通过全省多家文化馆建立的馆际交流合作框架机制及“8+1”联盟机制，以线上展播形式展演优秀作品，并组织开展了“绣党旗颂党恩　传承非遗文化”线上展示活动。“十一”国庆期间，全省博物馆开展了“百件文物说青海”“喜迎二十大　革命文物我来讲——青少年讲述革命文物”“文明因互鉴而丰富——藏博精品”等 22 项线上展览活动，15.4 万人次参与了网上活动。[②]

二　2022年青海省文化事业发展存在的问题与困难

在省委省政府的坚强领导下，青海省 2022 年的文化事业发展取得了一些成绩，但受疫情形势严峻、经济总量小、科技水平相对较差等多重因素影响，全省文化事业发展较为缓慢，创新发展不足、地区发展不均衡、资金和人才短缺、数字化发展不充分等问题依然存在。

（一）文化遗产的创造性转化和创新性发展亟待加强

创造性转化和创新性发展是文化遗产保护的方向路径和目标要求。青海

① 吴梦婷：《省博物馆登上全国热搜博物馆百强榜》，《西海都市报》2022 年 9 月 6 日，第 6 版。

② 青海省文物局：《丰富多彩的线上展览　充实了国庆假期的文化生活》，青海省文化和旅游厅网站，whlyt. qinghai. gov. cn/wwj/gzdt/17382. html，最后检索时间：2022 年 11 月 13 日。

省文化遗产保护工作成效显著，但在合理开发利用文物资源、活化文物资源、文物研究和传播阐释、推进非物质文化遗产项目创新性发展和产业化发展方面仍亟待加强。特色文创产品数量少、分布区域狭窄、远不能满足市场需求等问题长期存在，且有很多珍贵而独特的文化遗产资源还没有开发利用起来。少数非遗传承人通过创新传统工艺、拍摄视频等方式让古老的非遗文化活了起来，但绝大多数非遗传承人由于年龄偏大、观念陈旧、知识结构老化跟不上时代发展步伐，面临后继乏人、传承乏力、创新不足等困境。

（二）地区和行业发展不均衡

文化事业发展不均衡主要表现为城乡、区域文化产品和文化服务的供给水平存在差异，以及资源分配不均衡、供需脱节、效能不高、内容供给不足等方面。如 2022 年全省博物馆、纪念馆总数为 41 家，仅西宁地区就有 18 家，占全省博物馆的 43.9%，相对而言，黄南州、海南州、果洛州只有 1 家，分布极不均衡；从性质来说，国有 31 家，占比 75.6%，非国有 10 家，占比 24.4%，非国有博物馆、纪念馆发展较为缓慢。从行业发展来看，在政策引导、资金扶持等因素影响下，文化遗产保护、文艺创作和“三馆”建设发展态势较为良好，但新闻出版、广播影视等传统文化事业发展相对缓慢。从非遗文化产业化发展来看，也存在发展不均衡现象，热贡艺术、青绣等传统工艺已形成产业化发展，而农民画、民间曲艺、民间歌舞表演等尚未走上产业化发展道路。

（三）资金投入与人才建设亟待加强

青海省是经济小省，文化事业投入资金有限，加上受疫情影响，2022 年全省文化事业的投入不容乐观，而市（州）、县各级地方财政盘子小，对文化事业的投入更加受限。由于资金投入少，一些基层文化场馆存在水电费、暖气费、清洁费、网络数据费等资金筹措困难现象，严重影响到了公共文化服务活动的开展。文化遗产保护经费短缺，与其保护利用的整体要求有较大差距。各市州及县级博物馆、文化馆、图书馆和考古单位，均不同程度存在专业人才短缺、人员流动性强、编制少、职称低、队伍结构不合理等现象，“小马拉大车”现象较为严重，且严重缺乏学术领军人才和复合性管理人才，缺乏既懂文化又掌握互联网数字化技能的高科技人才。

（四）文化事业的数字化发展亟待加强

2022 年，青海省防疫形势严峻，文化事业发展不可避免地受到了疫情冲击与影响，尤其是考古调查、非遗传承、作家采风、文艺轻骑兵下乡、博物馆展览、业务培训、对外交流等线下活动被按下了“暂停健”；但同时，疫情催生了文化事业的数字化发展，数字博物馆、数字文化街区、云展览、线上文艺展演展播等有了较快发展。受人才、数字技术发展水平、网络平台建设和新发展理念尚未跟上时代发展要求等因素限制，青海省文化事业的数字化总体水平不高，文化遗产的传承保护弘扬尚未与数字技术有效结合，文化数据采集、加工、分发和呈现也较为滞后，数字创意、数字出版、数字交易、数字消费等均未得到有序发展。

三 青海省文化事业发展形势预测

党的二十大胜利召开，对文化事业发展提出了新要求和新部署，青海省文化事业的发展又站在了新的历史起点上。依据《青海省国民经济和社会发展第十四个五年规划和二〇三五年远景目标纲要》《青海省“十四五”文物事业发展规划》《青海省“十四五”文化和旅游发展规划》等中的相关规定，青海省文化事业将可持续、稳定有序发展。

（一）文化体制改革将持续深化

一是将以青海日报报业集团成立为起点，继续推进县级媒体深度融合改革工作，推进各级媒体的人事、经营体制改革工作。二是将依据《青海省广播电视媒体融合三年工作行动计划（2021—2023）》，完成青海广播电视台及各市州广播电视台的融媒体改革。三是将依据 2021 年 12 月出台的《青海省关于深化国有文艺院团改革的实施意见》，持续推进国有文艺院团改革。

（二）文化遗产保护传承将持续推进

一是将持续加大对重点文物遗址的考古发掘与研究力度，加大黄河流域文物资源开发利用力度。二是将持续加大对革命文物的保护力度，提升革命文物的研究阐释水平，加强革命文物的数字化保护与展示。三是将持续加强非物质文化遗产传承体系建设，加强非物质文化遗产传习场所建设，加强对代表性传承人的评估与活态管理。四是将持续强化非物质文化遗产的整体性保护，加强国家级、省级文化生态实验保护区建设，尤其是加强新设立的河湟文化生态保护实验区建设。五是将加大非物质文化遗产保护传承弘扬力度，持续打造“青绣”“花儿”等知名非遗文化品牌，加强非物质文化遗产与旅游的深度融合。

（三）全省文艺创作将持续繁荣发展

一是将健全文艺创作生产体制机制，常态化推进“深入生活、扎根人民”主题实践活动，将继续倡导广大文艺工作者多创作助力乡村振兴、生态文明建设和精神文化建设的精品力作。二是将建立健全扶持优秀文艺作品创作的长效机制，加大对青年优秀艺术人才的培养力度。三是将深化国有文艺院团改革，推进国有文艺院团基础设施设备建设，加强对民营文艺团体的支持、规范与引领，推动民营文艺表演团体的高质量发展。四是将加大优秀文艺作品的展演传播力度，将继续以重大文化节庆活动和各种文艺表演、比赛活动为平台，推动优秀文艺作品的有效传播。

（四）公共文化服务水平将稳步提升

一是将加强公共文化服务设施建设，推进基层综合性文化服务中心提档升级，引导公共文化资源向农牧区基层倾斜。二是将提升公共文化服务效能，提升图书馆、文化馆、博物馆、纪念馆、美术馆等公共文化设施免费开放服务水平。三是将广泛开展文化惠民活动，持续实施戏曲进乡村、文艺轻骑兵下基层演出、“全民阅读·书香青海”等重点群众文化活动。

四是将加大对基层文化工作者的培训力度，提升其组织开展群众性文化活动的能力。

四　推动青海省文化事业高质量发展的对策建议

繁荣发展文化事业是贯彻落实中国共产党二十次党代会、青海省十四次党代会精神和青海“十四五”规划的重要举措，也是全面推动社会主义现代化新青海建设的精神源泉和内在动力，必须将其放在青海省经济社会发展的突出位置上，采取有效措施推动其高质量发展。

（一）坚持和加强党的全面领导，以社会主义核心价值观引领文化事业高质量发展

一是坚持和加强党对文艺事业的全面领导。中国共产党是中国特色社会主义各项事业的领导核心，是社会主义文化繁荣发展的根本保证。推动青海文化事业高质量发展，必须坚持党对文化事业发展的全面领导，必须坚持以习近平新时代中国特色社会主义思想为指导，必须坚决执行党的“二为”方向、“双百”方针、“两创”原则等文艺工作方针，确保文化事业发展方向始终正确。二是坚持将社会效益放在首位，大力发展公益性文化事业。正确认识文化事业在切实保障人民群众基本文化权益、传承弘扬社会主义先进文化中的重要作用，大力发展哲学社会科学、文物和非遗保护、群众性文艺团体、广播电视、新闻出版等公益性文化事业，为铸就青海文化新辉煌奠定良好的文化基础。三是坚持以社会主义核心价值观为引领，推动文艺创作的高质量发展。以社会主义核心价值观为引领是我国文化建设的重大原则，青海的新时代文艺创作必须以社会主义核心价值观为引领，广大文艺工作者应结合青海经济社会发展实际，深入基层采风，多创作反映各个行业先进人物奋斗事迹的精品力作，用优秀的作品鼓舞人、激励人，将社会主义核心价值观内化为各民族群众的精神追求与自觉行动，为全面推进中华民族伟大复兴汇聚起意气风发、勇毅前行的精神动力。

（二）深化文化体制改革，为文化事业高质量发展提供制度保障

一是不断完善文化管理体制，加快构建文化事业与文化产业协同发展、深度融合，以及把社会效益放在首位、经济效益与社会效益相统一的体制机制，推动文化事业和文化产业双业并举、双轮驱动。二是在完善现有文化体制改革成果的基础上，健全和完善能激发文化创新创造活力的相关体制机制，完善文艺创作激励机制、文化监督管理机制、文化成果保护机制，为文化创新创造提供制度保障。三是大力推进文化领域供给侧结构性改革，加大文化创意产业发展力度，培育新型文化业态，创造更多具有地方特色的优秀文化产品，增强青海文化的整体实力和竞争力。四是积极建立与省外文化部门的协作交流机制，尤其是加强与沿黄其他省区和援青省市相关文化部门的沟通与合作，借鉴其他省区文化事业体制机制改革的先进经验和创新做法，借助援青省市文化部门在人才、资金和管理等方面的支持，激发青海省文化事业发展的生机与活力。

（三）加大文化资源挖掘保护和开发利用力度，推动文化遗产保护工作高质量发展

一是聚焦“中华文明探源”“考古中国”等国家重大考古研究项目，加大与省外高水平考古院所的交流协作力度，加强青海高原早期文明考古调查和历史文化研究工作，持续深化丝绸之路、唐蕃古道和茶马古道等线性文化遗产调查，加大对青藏高原文化、河湟文化、三江源文化的研究力度，加强对青海各民族交往交流交融的历史研究，助推中华文化多元一体形成发展过程研究和中华民族共同体建设。二是坚持“保护第一、加强管理、挖掘价值、有效利用、让文物活起来”的新时代文物工作方针，建立文物长效保护机制，筑牢文物安全防线，严厉打击盗窃、盗掘文物犯罪活动，深化文物价值研究阐释传播机制，推动文物考古成果走向大众。三是持续加大对非物质文化资源的挖掘保护力度，对已列入四级名录的非遗项目和传承人进行分类管理和动态管理，加强对非遗项目及传承人的绩效评估和监督管理，完善

退出机制。四是借助国家大力实施传统工艺振兴计划的时代机遇，深入挖掘各民族传统工艺资源，持续打造以唐卡、青绣、藏毯、银铜器和黑陶等为代表的非遗特色传统工艺品牌，挖掘打造酩酼酒、陈醋、藏香、木雕、藏饰、牛头制作等具有鲜明地域和民族特色的传统工艺品牌，加强非遗工坊和传习所建设，加大旅游景区、城市休闲街区的传统工艺品供给力度，支持传统工艺品进商场、进超市，让传统工艺走进群众生活。五是提升国家级和省级文化生态保护实验区建设水平，借鉴热贡文化生态保护实验区的成功经验，在果洛和玉树两个国家级文化生态保护实验区设立级别较高的专门管理委员会，通过完善管理机构、加强人才队伍建设、适时开展保护区建设的阶段性评估等措施推动其高质量发展和创新性发展。

（四）创新公共文化服务体系，推动公共文化服务标准化均等化发展

一是健全完善基层公共文化服务体系建设，公共文化服务项目与资金向农牧区倾斜。坚持“政府主导、社会参与、重心下移、共建共享”的原则，将农牧区公共文化服务同乡村振兴、新型城镇化战略有效衔接，优化城乡文化资源配置，增加农牧区文化服务总量供给，缩小城乡公共文化服务差距，促进城乡文化协调发展。二是加强公共文化服务队伍建设，培育和构建多元化的文化供给格局。坚持“专业人才领军、基层干部统筹、群众队伍支撑、志愿者广泛参与”的原则，充分利用高校科研院所、文联系统、国有文艺团体等事业单位的人才资源，充分发挥基层群众性文艺协会和乡村文化能人的作用，引导社会各界积极参与基层公共文化服务建设。三是促进公共文化服务与旅游业融合发展，提升公共文化服务的覆盖面。将博物馆、文化馆、图书馆等公共文化设施建设与文旅产业发展结合起来，强化博物馆的旅游公共服务功能，在重点旅游景区建设特色博物馆、非遗展览馆，引导游客进入文化场馆，加强文化体验。推动文化和旅游惠民工程整合资源、转型升级，建设宜居宜业宜游的公共服务设施。推动公共文化服务进入旅游景区、休闲街区，在游客聚集区因地制宜建设影院、剧场、书店等公共文化服务设施，构建主客共享的文化和旅游新空间。

五　持续推进文化数字化战略，用数字技术助推文化事业创新发展

实施文化数字化战略是建设社会主义文化强国的重要举措，也是互联网时代青海文化事业创新发展的必由之路。一是加大文物资源数据库建设力度，在坚实的数字档案基础上实现文物“活起来”。全面、科学、系统地记录文物信息，实现文物遗产资源从物质形态向数字形态转化，使之可以永久保存并可持续再现。加大科技在考古发掘、保护、传播和开发利用中的运用力度，提高革命文物的数字化采集保护和展示利用水平，提高青海文物事业的数字化水平。二是持续深入实施非遗数字化保护工程，推动非物质文化遗产数据库建设。建立多元化的非遗全媒体数字传播平台，开设各级非遗网站，鼓励和扶持非遗传承人开设自媒体平台、微博微信，加大对非遗项目的数字化推介力度。如加大对花儿、曲艺、藏族歌舞等传统表演艺术的线上展示展演力度，加大对青绣、唐卡、藏毯、传统美食等非遗产品的线上展销力度等。三是加强数字技术在文艺创作、优秀作品展示展演等方面的运用，提升文艺创作的创新力和传播力。除了进一步培育和壮大网络文学、网剧、短视频创作队伍，推动文学、摄影、绘画、书法等文艺作品的数字化推介与营销力度外，还要加大“线上剧院”等新媒体展播平台建设，实行优秀舞蹈、音乐、戏曲艺术作品线下演出与线上演播相结合的宣传方式。四是加快公共文化场馆的数字化建设，积极发展跨界融合的文化新业态。推动全省各地尤其是偏远农牧区的博物馆数字化、网络化和智能化发展，开展博物馆藏品数字化保护工作，加大各博物馆的“云展览”平台建设，不断完善其功能与展现形式。加强数字图书馆和公共文化云平台建设。加大博物馆、图书馆、文化馆、美术馆等公共文化场馆与旅游、教育的融合发展，构建“馆中有店、店中有馆”“馆宫共建、资源共享”“馆旅结合、互相借力”的公共文化服务新业态，让公共文化场馆在跨界融合中发挥更大合力。

B.9

2022年青海省教育事业发展调查报告

罡拉卓玛*

摘 要： 2022年，青海省以习近平总书记关于教育工作的重要论述为重点，以习近平新时代中国特色社会主义思想为指引，持续优化基础教育和高等教育资源配置，认真贯彻“双减”方针，全面加强教师队伍建设，持续深化教育综合改革，实现了教育高质量发展良好开局，为新青海教育现代化发展奠定了坚实基础。

关键词： 教育事业　高质量发展　青海省

2022年10月16日，党的二十大胜利召开。习近平总书记在党的二十大报告中强调加快建设高质量教育体系，发展素质教育，促进教育公平。这为青海教育事业发展指明了方向。2022年，全省教育系统以习近平新时代中国特色社会主义思想为指引，在党中央的大力支持下，在省委省政府的正确领导下，认真贯彻落实党和国家一系列重大决策和方针政策，全面落实教育优先发展的战略地位，教育事业取得了显著成效，教育事业发展成果惠及全省经济社会发展各个领域。走上了提质培优、增值赋能的快车道，实现了教育高质量发展良好开局，为新青海教育现代化发展奠定了坚实基础。

---

* 罡拉卓玛，青海省社会科学院藏学研究所副研究员，研究方向为民族学、宗教学。

一　2022年青海省教育事业发展基本情况

（一）全省教育规模增长趋势显著

2022 年，全省共有各级各类学校 2925 所，比上年减少 119 所。其中幼儿园 1765 所，比上年减少 116 所，降低 6.17%；小学 729 所，与上年相同；初中 263 所、普通高中 106 所、特殊教育学校 15 所、中等职业学校 33 所，普通高校 12 所，成人高校 2 所，均与上年基本持平。2022 年，全省幼儿园占各级各类学校总数比例最高，为 60%，其次是小学，占 25%，初中、高中、中等职业学校、高校及特校占比均低于 10%（见表 1）。①

表 1　各级各类学校数

单位：所

年份	合计	幼儿园	特校	小学	初中	小学教学点	普通高中	中等职业学校	普通高校	成人高校
2020 年	2988	1824	15	733	263	695	106	33	12	2
2021 年	3044	1881	14	729	266	612	107	33	12	2
2022 年	2925	1765	15	729	263	454	106	33	12	2

注：小学教学点不计入校数合计。

2022 年全省各级各类学校在校学生人数达 129.5 万人，比上年增长 0.9355 万人，增长 0.73%（见表 2）。

各级各类在校生中学前教育占 16.97%，小学占 39.94%，初中占 17.62%，普通高中占 10.34%，其余占比均低于 7.97%，占比与上年基本一致。2022 年，全省各级各类学校教职工 100176 人，比上年增加 308 人，增

① 文中数据来源：2020 年、2021 年、2022 年青海省教育事业发展简明统计分析，由青海省教育厅提供。

表 2　各级各类学校在校学生数

单位：人

<table>
<tr><th rowspan="2">年份</th><th rowspan="2">合计</th><th colspan="2">高等教育</th><th colspan="2">高中阶段教育</th><th>初中阶段</th><th colspan="2">小学</th><th rowspan="2">学前教育</th><th rowspan="2">特殊教育学校</th></tr>
<tr><th>普通高校</th><th>成人高校</th><th>中职教育</th><th>普通高中</th><th>普通初中</th><th>总计</th><th>其中：教学点</th></tr>
<tr><td>2020 年</td><td>1267718</td><td>90321</td><td>807</td><td>85922</td><td>129312</td><td>224530</td><td>507745</td><td>22249</td><td>227074</td><td>2007</td></tr>
<tr><td>2021 年</td><td>1285925</td><td>94888</td><td>760</td><td>89118</td><td>131406</td><td>222217</td><td>517669</td><td>17883</td><td>227985</td><td>1882</td></tr>
<tr><td>2022 年</td><td>1295280</td><td>103227</td><td>617</td><td>90251</td><td>133924</td><td>228255</td><td>517320</td><td>14866</td><td>219793</td><td>1893</td></tr>
</table>

长 0.31%。全省学前教育教职工规模继续增长，整体素质不断提升，师资配置进一步优化，学历水平持续提升（见表 3）。

表 3　全省各级各类学校教职工数量

单位：人

<table>
<tr><th rowspan="2">年份</th><th rowspan="2">合计</th><th colspan="2">高等教育</th><th colspan="2">高中阶段教育</th><th colspan="2">义务教育阶段</th><th rowspan="2">学前教育</th><th rowspan="2">特殊教育学校</th></tr>
<tr><th>普通高校</th><th>成人高校</th><th>中职教育</th><th>普通高中</th><th>初中</th><th>小学</th></tr>
<tr><td>2021 年</td><td>99868</td><td>8316</td><td>174</td><td>2778</td><td>15067</td><td>21645</td><td>28478</td><td>23099</td><td>311</td></tr>
<tr><td>2022 年</td><td>100176</td><td>8348</td><td>130</td><td>2759</td><td>15081</td><td>21639</td><td>28600</td><td>23291</td><td>328</td></tr>
</table>

（二）学前教育

2022 年，学前教育在校生人数达 219793 人，比上年减少 8192 人，降低了 3.59 个百分点。小学新生中接受过学前教育的比例逐年提高，由上年的 96.12%提高到 96.35%，提高了 0.23 个百分点。幼儿园总数由 2022 年为 1765 所，比上年减少 116 所，但是普惠性、公益性、有质量的学前教育资源覆盖面不断扩大，幼儿园保教质量逐步提高，学前教育得到全面协调发展。

（三）义务教育

2022 年，全省持续加大控辍保学力度，巩固控辍保学成果，义务教育在校生达 745575 人，比上年增加 5689 人。初中寄宿生达 91843 人，比上年增加 1744 人；小学寄宿生达 140847 人，比上年减少 1220 人。义务教育普及水平持续高位发展，全省义务教育巩固率达到 97. 05%，比上年提高 0. 04 个百分点。全省义务教育学校校舍面积为 929. 35 万平方米，教学仪器设备资产总值为 14. 61 亿元，比上年增加 1. 23 亿元，增长 9. 19%。

（四）普通高中

2022 年，青海扎实推进高中普及攻坚计划，加快构建现代职业教育体系，着力优化学校职业教育布局、专业结构，深化产教融合、校企合作，青海与省外 1450 家企业建立了良好的校企合作关系。高中阶段在校生规模继续扩大，达 224175 人，比上年增加 3651 人，增长 1. 66%。其中：普通高中在校生 133924 人，比上年增加 2518 人，增长 1. 92%；中等职业教育在校生规模继续增加，达 90251 人，增加 1133 人，增长 1. 27%。

（五）高校教育

2022 年，全省高等院校招生 35182 人，比上年增加 2671 人。其中，研究生招生 3625 人，比上年增加 182 人，增长 5. 29%；普通本专科招生 25026 人，比上年增加 869 人，增长 3. 60%；成人本专科招生 6531 人，比上年增加 1620 人，增长 32. 99%（见表 4）。

表 4　全省高等教育招生规模增长情况

单位：人

类型	2020 年	2021 年	2022 年
研究生	3149	3443	3625
普通本专科	21481	24157	25026
成人本专科	3932	4911	6531

在省委省政府的大力支持下，2021 年三所本科院校新建学生宿舍楼，有效解决了因学生宿舍不足而招生减少的问题，招生规模校均增加 600 余人。

二　2022年青海省教育事业发展中存在的问题与挑战

2022 年，青海省以习近平新时代中国特色社会主义思想为指导，全面加强党对教育事业的领导，扎实推进青海教育事业各项工作，实现了跨越式发展，教育事业迈上新台阶。

（一）城乡基础教育优质资源配置不均衡

2022 年青海教育事业稳步发展，基础教育办学能力持续提高，教育教学质量全面提升，学前教育普及程度大幅提高，实现了乡镇以上幼儿教育全覆盖，无证园治理、小区配套园整治全部到位，政府购买学前教育服务取得新突破。全省基础教育学校办学条件显著改善，教育资源有效扩充，布局结构持续优化，校容校貌大为改观，有效解决了大班额、D 级危房、教育资源短缺等突出问题，办学效益明显提高，教学质量得到有效提升，成为全国第 24 个以省为单位整体通过县域内基础教育基本均衡验收的省份，从实现基本均衡阔步迈向优质均衡发展。[①] 受到城乡经济发展不平衡等因素影响，乡村教师总体数量较少、教学设备分配不均、城乡教育经费投入差距较大等问题仍然突出，不利于青海教育事业的高质量发展。

（二）民族教育基础薄弱

在青海省委省政府的支持下，民族教育体系由小变大、由弱变强，从兜住保障义务教育转向实现教育优质均衡的高质量目标，学有发展、学有质量、学有所长、学有保障已成为当前青海民族教育的生动写照。党的十

① 《“青海这十年”教育专场新闻发布会》，《青海日报》2022 年 10 月 11 日。

八大以来，新增青海民族地区中小学教职工编制2000余名，占全省新增教职工编制的99%。省级层面帮扶支教工作全面铺开，选派省内东部地区2%的骨干教师赴青南三州支教，区域间教师互帮共进、轮岗交流的积极作用得到有效发挥。加强小学数学、汉语文和初中理科双语教师培训，实现了双语教师培训的全覆盖。新增教师中，具有大学专科、本科学历的教师成为主体，教师队伍整体素质显著提升。各级政府把民族教育作为财政支出重点领域予以优先保障，保证教师工资和生均公用经费足额拨付并逐年增加，切实保障了民族学校的正常运转。加强了民族教育基础能力，提升了办学实力和水平，通过不断优化教育结构、整合职业教育资源，实现规模化集约化发展。

由于民族地区经济基础薄弱，民族地区社会经济发展缺乏促进“造血”能力，很难实现经济与教育的良性循环。虽然教育与经济协调发展的基础上民族教育优先，极大地推动了民族地区教育事业，但民族地区中小学师资总量不足、学历合格率低、师资队伍不稳定和总体质量较差、教育教学资源匮乏以及教育水平相对滞后等因素，严重阻碍了青海省民族教育事业发展。

（三）现代职业与高等教育体系不完善

青海省积极提升职业与高等教育水平，采取优化布局、调结构、促融合、强师资等措施，职业与高等教育质量提升工程步入正轨，形成了产教深度融合、高原区域特色鲜明、影响力较强的职业与高等院校的特色专业。同时经过遴选认定了一批省级职教师资培养培训基地，并依托培训基地设立青海省职教师资培训项目管理办公室。高校布局及学科专业结构明显优化，填补了青海省没有综合性高职院校的空白，省内博士学位授予单位实现全覆盖。高校科研水平和服务社会能力显著提高，实现国家重点实验室、国家级大学科技园等项目零的突破，高校已成为青海省创新发展强有力的驱动力量。①

① 丁生东：《青海解放70年教育事业取得的成就及经验启示》，《青海教育》2019年第10期。

2022年，青海省职业和高等教育办学条件得到一定的改善，生均教学及科研仪器设备值和具有硕士及以上学位专任教师比例均比上年小幅提高，但由于在校生增幅较大，办学条件改善速度低于在校生规模增速，生均校舍面积、生均图书等指标小幅下降。另外，大部分职业和高等教育办学条件只达到办学的底线标准，与合格标准差距较大。其中生均占地面积不合格学校为青海农牧科技职业学院、青海建筑职业技术学院和青海柴达木职业技术学院，极大地影响了青海省职业和高等教育的全面发展。

（四）普通高中教育质量较差

青海省始终坚持全面深化教育领域综合改革，着力破除体制机制障碍，以学生全面健康发展为中心，实施全员育人、全程育人、全方位育人，不断丰富素质教育内涵，推进教育工作高质量发展。发挥西宁市区普通高中学校优质资源相对集中的优势，统筹推动教育资源向各州县均衡配置。2022年，青海省坚持落实“立德树人”根本任务和“五育（德育、智育、体育、美育、劳动教育）并举”的育人导向，以新高考改革、新课程实施为契机，聚焦高中教育重点领域和关键环节、强化高中教育资源布局和条件保障，全面深化普通高中育人方式改革，高中教育综合质量提升成效初显，探索出一条以人为本、系统推进、聚焦内涵、特色多样的高中教育发展之路。

2022年，全省普通高中教育质量总体提升，但全省普通重点高中学校布局不均衡，在经济相对发达的西宁市和海东市较集中。除西宁市及海东市等地普通高中专职教师数量有所增加和教育质量有所提高以外，海北藏族自治州、黄南藏族自治州、果洛藏族自治州等地的普通高中生源质量下降，教学质量很难提高，师资编制不足，许多学科的教师超负荷工作，严重影响了教师的身心健康。因办学质量评价体系的不完善，青海高中未能摆脱“唯分数”“唯升学”的“教学理念”，很难创建多样化特色办学格局的综合性高级中学，严重影响了青海省普通高中学校办学质量。

（五）偏远地区教师队伍专业化水平低

2022年，青海省建立学费奖补制度，进行学费奖补，鼓励和引导高等师范院校毕业生到农牧区基层学校任教。实施省内定向公费师范生培养，形成教育出政策、财政拿钱、编制部门提前预留编制、人社部门提供岗位的良好机制，为青海省未来培养双语理科和小学全科骨干教师提供了有力政策保障。此外，建立省级统筹规划、严格标准、精准招考的中小学教师补充机制，吸引优秀人才前往高海拔艰苦边远地区学校任教，促进基层教师队伍发展①。在“昆仑英才·高端创新创业人才”计划、“国家高层次人才教学名师”等专项活动中积极组织申报教师参选入选，成功打造了全省专业化教师队伍，进一步完善了专业化教师队伍体系建设。各级各类学校专任教师有8万余人，全省专任教师规模不断增长，但青海省专任教师的学历相对而言较低，特别是偏远民族地区的专任教师学历层次更低，缺乏常态化的教师专业知识的培训机制，专业理论知识和专业技能得不到及时的调整和更新，教师知识结构比例失调，缺乏必要的实践和学科间知识的融合，这些限制了偏远地区专业化水平的教师队伍建设。

三　2023年青海省教育事业发展态势预测

2023年，青海各级党委、政府将一如既往地贯彻党的路线、方针、政策，克服重重困难、扎实工作，以习近平总书记在党的二十大报告中指出的“办好人民满意的教育，全面贯彻党的教育方针，落实立德树人根本任务，培养德智体美劳全面发展的社会主义建设者和接班人，加快建设高质量教育体系，发展素质教育，促进教育公平”的教育原则，进一步深化青海教育事业现代化体制机制改革，也为建设富裕文明和谐美丽新青海提供了有力的人力资源支持。

（一）教育信息化将进一步提升

2023年，青海省将进一步探究新型教育模式，多元智能推动教学内容

① 丁生东：《青海解放70年教育事业取得的成就及经验启示》，《青海教育》2019年第10期。

与教学方式改革。进一步实现教室网络化和多媒体终端配备，区域网络建设和教育信息化技术装备整体达到国家标准，实现省内外优质教育资源联通共享。全省不断提高义务教育学校信息化水平，通过现代化信息技术手段与教育教学、教育管理深度融合，助力优质资源共建共享，优质资源覆盖面逐步扩大，有效解决区域间、城乡间、校际教育发展不平衡难题，推动完善基本公共教育服务体系，加速推进教育现代化进程。

（二）教育公平底线将更加坚实

2023 年，在全面落实立德树人根本任务的基础上，促进教育公平，提升教育质量，深化教育改革，加快推进教育现代化。青海省将进一步健全完善公平公正入学制度，在招生录取方面守住公平底线，严格做好高考防疫、考试安全、考生服务等各项工作，牢牢把握教育公平在新时代中国特色社会主义教育下所具有的重要价值导向。

（三）教育资源将得到进一步均衡发展

2023 年，青海省特色个性化教育资源品牌体系效应得到发挥，优秀传统文化、红色文化、本土文化等德育优势充分发挥，省级中小学生研学实践教育基地、营地建设发挥重要作用，引导各地重视心理健康校本课程建设，使中小学心理健康教育水平得到全面提升。全面实现学前教育普惠化、义务教育优质均衡化、民族教育品牌化、职业教育专业化、高等教育现代化，达到青海省各级各类教育高质量发展。

（四）教育评价改革体系将初具规模

2023 年，青海省将进一步推进青海省教育评价改革体系建设，教育评价体系得到逐步完善。严格落实“双减”“五育并举”等教育政策，实践式、体验式、情景式、参与式等多元课堂教学方式结合，综合教育素养得到进一步强化，创新型、应用型、技能型教育人才在评价中的比重有所提高。进一步加强市州县教育部门工作机制，科学制定教育评价标准，重点评价教师队伍建设、科学保教等内容，优化教育工作管理体系，实施学生综合素质评价，优化青海省教育评价体系。

四 进一步促进青海教育事业发展的对策建议

（一）加强党对教育事业的统筹领导

一是应继续加强党对教育事业的统筹领导，凸显党的教育方针在教育事业发展中具有的根本性地位和作用，加强学校党组织建设，加大各类学校专职政治辅导员编制及配备，强化学校领导班子建设，努力在高校青年教师和大学生中发展党员，争取实现低年级有党员、高年级有支部的目标。二是不断加强思想政治工作，确保各级各类学校思想政治工作呈现持续深化推进、不断向上向好发展态势。三是牢牢树立教师规矩意识、服务意识、法治意识和接受监督意识，不断提升教育治理能力和水平。四是立足青海教育实际，深刻领会习近平总书记关于教育工作的重要论述，进一步凸显党对青海省教育事业领导在立德树人中所彰显的时代价值，直面新青海建设中教育事业发展的迫切问题。

（二）以教育信息化引领教育现代化

一是充分利用5G、大数据、人工智能等新科技，实现青海教育“互联网+”大环境，将信息技术全面应用于“教、管、学、研、培、评”范围内，实现数字化普及。二是在“互联网+”的条件下，积极探索基于信息技术的新型教学模式，扩大优质教育资源的覆盖面，建立人人皆学、处处能学、时时可学的智能化学习环境。三是充分利用社会资本，创建“在线课堂”平台，充分结合线上线下资源，创新“在线课堂”常态化教学模式，全面覆盖青海省乡村中小学的“智慧学校”，建立“共建共享”的优质教育资源公共服务平台。

（三）全面提升民族教育发展水平

一是认真贯彻执行党的教育方针和民族教育政策，更加注重民族地区教育工作，科学合理布局民族地区学前教育网点，重点支持乡村两级公办幼儿园建设，鼓励民办幼儿园发展，多渠道满足适龄幼儿入园需求，实现民族教育可持续发展。二是将民族地区义务教育发展规划、教育资源布局主动与城镇化建设、生态移民、脱贫攻坚等工作协调和衔接，满足大局发展之需求，重点建设民族地区义务教育学校标准化，积极改善民族地区义务教育薄弱学校的办学条件，缩小城乡教育的基础设施差距，提高民族地区中小学理科教学质量，深化课程改革、教学模式改革。三是继续大力支持民族教育基础薄弱州县普通高中建设，不断增加优质教学资源，加强探讨性学习方式和社会实践教育。四是进一步提高全省民族地区教学质量，增强一线教师活力，提升少数民族教师专业发展水平，不断改进教学实践，提升课堂教学质量。

（四）创新实现基础教育跨越式发展

一是按照青海省基础教育高质量发展要求，以优先发展教育事业，大力促进教育公平，深化各学段的全链条综合改革，积极推动基础教育数字化转型，不断推进基础教育评价改革。二是要做好“双减”工作，推动学科类校外培训常态监管、精准治理，严厉打击隐形变异等违规培训，加快推进义务教育优质均衡发展，在区域资源统筹、课堂质量、教学规范、课业辅导、作业设计上不断创新，提高课后服务水平，持续完善家、校、社协同育人机制。三是高度重视、精心谋划、周密部署，切实加强基础教育重大项目计划组织实施，加强组织领导，健全协作机制，形成工作合力，进一步改善基层学校教学生活文化条件，缩小县域内城乡办学质量差距，打造青海省优质教育资源网络学习空间，促进优质教育资源开放共享。

（五）进一步推动高等教育高质量发展

一是在省委省政府的大力支持下，继续加快推进高等教育跨越式发展，以教育与祖国共进、与时代同行为宗旨，优化高校教师队伍素质结构，不断在满足人民群众对高等教育的需求方面迈出坚实步伐。二是进一步调整与优化改革方案，积极推进新学科建设，探索基础学科建设服务于国家经济社会发展的“大逻辑”，完善高等教育质量标准和评价办法，提升高等教育办学水平。三是挖掘青海省 12 所普通高校和 33 所中等职业学校的内在潜力、激发内部活力，从规模扩大到质量提升、实力增强，改革优化资源配置模式，坚持内涵式高质量发展，与青海实际相结合，推动学科建设，更强调特色与优势发展。四是挖掘青海省人文环境优势，提升教育内部要素的效率，全面推动高等教育的整体实力与办学高质量发展。

（六）进一步推动高质量教师队伍人才建设

一是全面推动高质量教师队伍人才建设，发挥名师、名校长、名教育科研专家头雁作用，培养教师团队。深化校长职级制和职称改革，制定教师职称改革具体实施方案，理顺职称评审体制。二是重点提升幼儿园教师和民办教师的学历水平，加强幼儿师资队伍培养。三是严格师德红线管理，探索依托教师信息管理平台建设，建立省、州、县三级师德黑名单制度。四是结合当前师德师风建设中存在的突出问题，加快构建师德师风建设长效机制，强化师德师风考核评价体系。五是营造全社会尊师重教的浓厚氛围，使教师的社会地位得到进一步提升。

参考文献

袁自煌：《坚持优先发展教育事业》，中国人民大学出版社，2021。

王庭大、唐景莉：《坚持党对教育事业的全面领导》，中国人民大学出版社，2021。

姚永强：《乡村振兴背景下中国农村教育发展》，社会科学文献出版社，2021。

B.10
2022~2023年青海省医疗卫生事业发展调查报告

朱学海*

摘　要： 2022年青海省医药卫生系统坚持民生导向，着力加强优质医疗资源均衡布局，持续深化“五医”联动改革，着力完善基本医疗卫生制度，全省医疗卫生事业取得了新成绩、迈上了新台阶。2023年，青海省将采取进一步深化医疗体制改革、进一步提升医疗保障能力等各项政策措施，为推动高质量发展、创造高品质生活提供健康支撑。

关键词： 医疗卫生　公共卫生服务　中藏医药　青海省

在青海省委省政府的坚强领导下，2022年青海省卫生健康系统着力推动医疗卫生体制改革，健康青海建设取得了新成绩。展望2023年，青海省医疗卫生系统将着力贯彻党的二十大精神，为推动青海省高质量发展、创造高品质生活提供健康支撑。

一　2022年青海省医疗卫生事业发展情况

2022年，青海省卫生健康系统深入落实省委省政府各项决策部署，为实现人民群众“病有所医”不懈奋斗，医疗卫生与健康事业取得了新成就，各项医疗健康事业发展迈上了新台阶。

* 朱学海，青海省社会科学院社会学研究所助理研究员，研究方向为农村社会学。

（一）有序推进医疗卫生体制改革

第一，大力推动公立医院高质量发展。青海省医改领导小组秘书处召开公立医院高质量发展试点工作调度会，着力落实在全省 13 家医院（省级 5 家、市州级 5 家、县级 3 家）推进高质量发展试点。推进优质医疗资源扩容。国家高原医学研究中心、国家区域医疗中心、4 所高水平医院建设有序推进，海南州和玉树州区域医疗中心已开工建设。推进检验检查结果互认，实施区域医疗机构临床实验室检验结果互认单位数增加到 66 家，切实减轻了群众就医负担。第二，着力推进城市医疗集团建设。西宁市巩固完善紧密型城市医疗集团建设，修订集团章程，制定集团“十四五”发展规划，完善基本公共卫生服务经费打包实施方案。海西州德令哈城市医疗健康集团进一步完善药品统一管理制度，落实内部用人自主权，新建成影像诊断中心并投入使用。加强专科联盟建设，其中省级医院牵头 22 个，市（州）级医院牵头 22 个。探索组建省际专科联盟，10 家省级医院与北京协和医院等 81 家医院达成医联体组建意向，进一步强化了薄弱学科医疗服务能力。第三，积极推进医疗服务价格改革。在专家组评估的基础上，全省动态调整了 171 项医疗服务价格项目，降低 117 项大型检查费用价格，提高技术劳务价值高、人力成本高、操作难度大的医疗服务价格。2022 年第二季度，青海省公立医院医疗服务收入占比 28.28%，较上季度提高 1.17 个百分点。编制印发《青海省新增医疗服务价格项目管理暂行办法》，受理新增医疗服务项目 40 余项。第四，持续推进医保支付方式改革。2022 年，西宁市推行 DRG 支付方式的医疗机构范围扩大至 21 家，占符合条件医疗机构数的 48%，首批 5 家付费机构城镇职工和城乡居民住院次均费用分别下降 3.93%、13.32%，平均住院日分别缩短 1.5 天、1.1 天。海东市将 60 家医疗机构纳入 DIP 付费改革范围，互助县 10 个中医特色病种按病种付费累计付费 1466 例，平均住院天数减少 0.5 天，化验及检查费用占比下降 2.47%。

（二）加快建设基层医共体

第一，强化县域紧密型医共体建设。完善政策设计。青海省各市（州）、县均成立由党委或政府“一把手”任组长的改革领导机构，推动综合医改相关工作。制定印发《关于推进县域紧密型医共体建设全覆盖的意见》，省级相关部门紧密配合，相继制定出台了医保总额付费管理、人员统筹使用等10个配套措施，为推进县域紧密型医共体建设提供政策保障。截至2022年12月，青海省共组建45个县域紧密型医共体，覆盖61家县级医院、332家基层医疗机构，统筹实施医保总额付费、编制资源统筹、财务统一管理、信息化建设、基本公卫经费打包等工作，基本建成县乡一体、以乡带村、分工协作、三级联动的县域医疗新型服务体系。2022年第二季度，青海省县域内住院量占比63.09%，较第一季度提高2.48个百分点，基层服务能力逐步提升。在8个国家县域紧密型医共体建设试点县和大通县开展医保总额付费改革试点，将90%的医保基金打包给医共体，建立结余留用机制，提高医务人员薪资待遇，激发医疗机构的内生动力与活力。第二，改革管理体制，激发改革动能。各乡镇卫生院（社区卫生服务中心）由医共体牵头医院管理，保留乡镇卫生院事业单位法人资格，制定医共体章程，明确医共体牵头医院和成员单位权责关系。打破编制集约使用壁垒，将编制调配使用权、人员统筹调配使用权限下放至医共体牵头医院，推行“县管乡用”机制，搞活基层用人机制。第三，强化激励保障，提升服务能力。基层医疗卫生机构实行“一类保障、二类管理”，医务人员收入由医共体自主分配。将县（市、区）、乡（镇）所属事业单位专业技术高、中、初级岗位结构控制比例调整提高到15∶45∶40。基层卫生部门探索开展医务人才“定向评价、定向使用”职称评聘工作，着力解决基层医务工作者专业技术资格与薪酬待遇问题。

（三）有效提升牧区医疗服务能力

第一，青南医疗支援成果突出。自2018年青海省启动青南支医工作以来，12 家省级医院通过派遣医疗专家等方式，加大对州级医院和县级医院的支持力度。通过 3 年多的持续努力，受援医院医疗服务能力显著提升。截至 2021 年底，青南支医团队累计开展业务培训 6739 次，受援医院门急诊人次、出院人次和手术人次分别增长 14.29%、25.27%、39.22%，累计建成 133 个临床特色专科，建设 74 个薄弱专科，受援医院新技术、新业务不断拓展，管理和服务能力大幅提升，有效缓解了青南地区群众“看病难”“看病远”的问题。第二，启动环湖支医行动，实现 6 个民族自治州医疗支援全覆盖，促进优质医疗资源下沉，加快偏远地区医疗机构服务能力提质增效，推动构建合理有序就医新格局，缓解当地群众看病远看病难问题。2022 年，青海省从省级公立医院先期选派 100 名骨干医务人员开展支医，后续 122 名医务人员将陆续派驻环湖三州 32 家州级、县级医院，着力提升州级医院在急危重症、重点学科等方面服务能力。第三，牧区地方病诊疗成效显著。2012~2022 年，青海实现碘缺乏病、大骨节病、包虫病等地方病控制目标，重点地方病控制率和消除率均达到 100%，地方病预防诊治取得突出成绩。

（四）加强医疗人才队伍建设

第一，深入落实医疗卫生事业单位自主权。继续下放公开招聘自主权，在下放公立医院招聘自主权的基础上，继续下放医疗卫生事业单位公开招聘自主权，由青海省卫生健康委制定年度青海省医疗卫生人员公开招聘工作方案，并组织实施。全面下放岗位管理自主权和职称评审权，医疗卫生事业单位内部管理逐步趋于科学合理。第二，深化人事薪酬制度改革。相关部门制定并印发《关于进一步做好全省医疗卫生事业单位有关人事管理工作的通知》《青海省深化卫生专业技术人员职称制度改革实施方案》，公立医院事业编制人员和编外聘用人员的高级专业技术岗位可在 10%的范围内进行调剂使用，已为青海省人民医院、青海大学附属医院、青海省中医院 3 个省级三甲医院和西宁市下放卫生系列高级职称评审权。2022 年第二季度，青海省公立医院人员支出占业务支出的比重为 50.91%，较第一季度提高 1.7 个百分点，优化了医疗人才队伍建设。第三，完善专技岗位结构比例动态管理机制。建立重点单位专技岗位结构比例浮动机制。对重点医疗卫生事业单位高级专业技术岗位结构比例可视情况逐步上调1~2个百分点。各级医疗卫生事业单位持续优化岗位动态管理考核机制，对考核优秀的，其正高级和副高级专业技术岗位比例各提高1个百分点。第四，编制印发《青海省高层次卫生人才“名师带教”三年行动计划》。建立从国家知名专家，省、市（州）学科带头人到县、乡骨干人才之间的“传帮带”工作机制，国家选派32名国内知名专家担任省级32名培养人选指导老师，62名省级带教老师、82名市州县级带教老师与178名学员结为师徒，加快提升服务能力。

（五）进一步提升药品供应保障能力

第一，加大财政投入力度，提高药品采购能力。落实疫苗采购及接种经费5000万元，安排疫情防控资金1.05亿元。落实补助资金6.03亿元，重点支持公立医院综合改革、设备购置、公卫机构能力建设、中（藏）医药事业传承、人才培训等。落实公共卫生服务补助资金8.16亿元，支持重点人群健康管理、突发公共卫生事件处置、地方病及职业病防治等。安排城乡居民基本医疗保险补助资金28.5亿元、重特大疾病医疗救助资金6.17亿元，下达补助资金1.49亿元支持支付方式改革、医保经办管理等工作。第二，提升药品供应保障能力。执行第六批国家组织药品和人工关节，省际联盟超声刀、骨科创伤类医用耗材集中采购工作，省级组织一次性真空采血管、高压造影注射器等集中采购招标工作并公布中选结果。开展国家组织第七批药品、省际联盟药品、中药饮片、心脏介入电生理吻合器等耗材集中采购工作。2022年已集中招采药品99个品种（累计462个品种）、医用耗材2类（累计17类）。推动落实集采结余留用政策，部署集中带量采购医保资金结余留用政策系统测试。第三，进一步改革用药管理机制。进一步明确了药品医用耗材管理使用的规则和路径，提出了加强药品医用耗材组织领导、设立药品医用耗材采供管理机构、统一使用药品目录、强化药品采购管理、建立定期报送制度、加强配送企业考核、完善配送管理机制、加强药品医用耗材质量控制、完善内部调控机制、加大基本药物管理使用、强化外部监督指导等 15 项具体举措，积极构建药品医用耗材统一管理模式，形成药政管理纵向到底、横向到边、处方流动、药品共享、信息互通的闭环运行格局。

（六）加速传承创新中藏医药

第一，加强中藏医药服务能力建设。实施青海省基层中藏医药服务能力提升工程，建设中藏医馆 439 个，成立青海省中医、藏医医疗质量控制中心和 10 个市州级中藏蒙医质控中心，指导全省中藏医医院和基层医疗卫生机构中藏医医疗质量控制规范。第二，强化中藏医药支持措施。进一步提高中藏医定点医疗机构政策范围内的住院报销比例。30 种藏（蒙）药进入国家医保目录，99 种藏成药被纳入省级医保目录，600 种民族医医疗机构自制剂被纳入医保支付范围，300 种中藏药制剂在省内 238 家医疗机构调剂使用。增补 100 种藏成药为省级基本药物目录。2021 年，在互助县中医院开展中医特色治疗 10 个病种按病种付费试点，完成付费 684 例。第三，健全中医药服务网络体系。出台贯彻落实国务院办公厅加快中医药特色发展若干政策措施，颁布实施《青海省中医药条例》。举办“玛洛中藏医药大讲堂”“柴达木中蒙藏医药大讲堂”“玛域中藏医药大讲堂”“祁连山中藏医药大讲堂”“三江源藏医药大讲堂”等传承创新活动。印发《青海省藏医医疗机构常用中药饮片通用名称目录（2022 版）》，共整理出 432 个品种。第四，加大中藏医药人才培养。加强高层次中藏医药人才培养，建设国医大师传承工作室、全国名中医工作室以及全国名老中藏医传承工作室 21 个，实施全国和省级中藏医优秀骨干人才培养项目 174 人。实施中藏医住院医师规范化培训，共招录 633 人。实施订单定向免费医学生培养项目 399 人，已毕业并落实编制岗位 199 人。组织实施中医医术确有专长人员医师资格考核注册管理工作，已有 37 人通过考核取得执业资格。

二　2022年青海省医疗卫生事业发展存在的问题和面临困难

根据省委省政府和国家卫生健康委工作部署，青海省卫生健康各项工作任务有序推进，但仍然存在一些问题和困难。

第一，基层医疗技术人才短缺现象较为突出。青海省地广人稀，医疗服务半径大，特别是边远农牧区，部分地区乡村卫生站专业技术人员缺乏，加之流动性较大，医疗服务能力难以满足基层群众需求。

第二，新冠肺炎疫情防控依然面临较大压力。因部分群众疫情防控意识淡薄、人员流动性大等因素，青海省疫苗接种查漏补缺收尾工作和重点人群加强免疫任务依然艰巨。

第三，综合医改地区进展不平衡，“五医联动”机制尚不健全，医保支付方式、医疗服务价格调整等关键环节亟待突破。

三　2023年青海省医疗卫生事业发展前景展望

2022 年，青海省医药卫生系统坚持民生导向，着力加强优质医疗资源均衡布局，持续深化“五医联动”改革，着力完善基本医疗卫生制度，全省医疗卫生事业取得了新成绩、迈上了新台阶。2023 年青海省将采取进一步深化医疗体制改革、进一步提升医疗保障能力等各项政策措施，为推动高质量发展、创造高品质生活提供健康支撑。

（一）医疗卫生体制改革将进一步深化

第一，政府将加大投入进一步推进三明医改经验落实。各级政府将进一步明确责任，优化调整财政支出结构，突出公立医院公益属性，强化对卫生健康事业的投入，进一步加大对重点学科发展、人才培养、紧急救治、支医、区域医疗中心建设等资金投入力度，切实加强疾病预防控制机构等公共卫生机构能力建设。第二，高水平公立医院建设将取得新成绩。进一步实施“千县工程”县医院能力建设和县级中医医院提标扩能，提升县级医院服务能力，提高县域医疗资源配置和使用效率，强化疑难疾病、大数据集成、科研成果转化等方面的作用，各级公立医院医疗服务能力将再上新台阶。

（二）医疗保障能力将进一步提升

第一，重特大疾病医疗保险、医疗救助等各项制度的协同性将进一步完善。2023 年青海省将扩大跨省直接结算覆盖范围和结算病种，有效降低门诊慢特病相关费用。利用大数据平台强化医疗费用监测，因病致贫返贫的长效机制将进一步完善。第二，将进一步深化医保支付方式改革。按照《青海省 DRG/DIP 支付方式改革三年行动方案》，各级政府将着力引导基层医疗机构向基层群众提供适宜的中藏药服务，进一步扩大医保支付范围。

（三）精神卫生服务能力将进一步提高

第一，精神卫生和心理健康干预将得到进一步强化。心理危机预警体系将进一步完善，心理危机事件干预能力不断加强。通过网络平台等心理健康教育，鼓励个人正确认识和应对常见心理疾病，群众心理健康素养、防范心理疾病意识将不断提高。第二，精神卫生人才队伍建设进一步加强。青海省将增加精神科医师护士数量，不断提升精神疾病服务能力，将做到精神疾病患者应收尽收、应治尽治。医保政策将进一步完善，以减轻精神疾病患者负担。

（四）社会办医水平将进一步提高

第一，社会办医疗机构跨部门审批和备案流程将进一步优化。各级政府将进一步引导社会资本创办综合医院、医养结合等社会医疗机构，支持社会办医与公立医院开展医疗业务，着力支持它们开展医疗保健、健康管理等公共医疗服务，充分发挥协会的行业管理和服务作用，不断提高青海省社会办医水平。第二，强化医疗机构属地化监管责任，规范各级各类社会办医疗机构诊疗行为，将进一步加大对社会办医疗机构的医疗服务和医疗质量管理监管力度。

四 促进青海省医疗卫生事业发展的对策建议

（一）持续推进公共卫生改革

优化公共卫生改革方案，完善公共卫生服务体系，健全保障与激励相结合的运行机制，提升公共卫生机构的功能定位，提高服务能力，增强发展活力，着力引进、培育一批高水平公共卫生人才队伍，建设完备的公共卫生服务体系。启动高水平公共卫生机构建设，依托省级综合、专科医院建设专科类疾病防治中心，健全重大疾病防治体系，创新基层医防融合模式。全面梳理基本和重大公共卫生服务项目，优化调整一批卫生经济效益高、群众获得感强的专项防控项目。健全“一老一小”照护服务体系，推进社区医养结合能力提升工程，着力培育一批具有示范效应的普惠性托育机构。

（二）推进综合医改再上台阶

探索市民健康服务网格化管理，加快建立以“基层医疗集团—社康机构—家庭医生服务团队”为责任主体的“健康守门人”制度。推进药品、医用耗材招标采购制度改革，继续实施医疗设备集团采购改革。建立健全中医药、家庭病床、安宁疗护等服务收费和医保支付制度。探索设立长期照护保险，落实“两病”用药保障机制。

（三）着力提升智慧健康建设水平

推进卫生健康信息共建共享，运用5G、人工智能、物联网等新技术拓展健康大数据应用，促进智慧健康领域新型健康服务业的发展。以门诊部、诊所等为重点，推动青海医疗机构数据接入大数据中心，全面实现检查检验报告和医学影像检查结果互联互通。加快推进互联网医院和智慧医院建设，改善群众医疗卫生服务体验。加强社区健康服务信息平台建设，探索推进电子健康卡与电子社保卡“两卡融合”，推动智能健康装备、智能健身器材和可穿戴设备进社区、进家庭，方便市民开展自我监测。

（四）加强医疗健康系统党的建设

深入实施加强党的基层组织建设三年行动计划，实施卫生健康党建“四有工程”，实现“班子有作为、支部有方法、党建有品牌、单位有典型”，推动基层党支部“政治功能强、支部班子强、党员队伍强、作用发挥强”。深入推进模范机关创建，开展“处长在一线”活动。坚定不移正风肃纪反腐，规范医疗卫生从业人员对外交往等行为，严厉打击借助学术、捐赠、科研等行为进行利益输送的不当行为。强化医德医风教育和行业自律，加强对行业先进典型的挖掘和宣传，营造尊医重卫的良好氛围。

参考文献

唐钧、李军：《健康社会学视角下的整体健康观和健康管理》，《中国社会科学》2019 年第 8 期。

周毛吉、多杰、多杰拉旦、于建仓：《青海省藏医药科研现状调查研究报告》，《中国民族医药杂志》2017 年第 7 期。

B.11

2022年青海省基础设施建设调查报告

索南努日 *

摘　要：　2022年，青海省持续加强全省基础设施建设，取得了较好的经济、社会效益。同时，青海省在基础设施建设实施过程中，仍存在若干问题并面临若干困难、挑战。本文拟在对2022年青海省基础设施建设的现状、特点做一定程度考察的基础上，梳理出其中存在的较为突出的问题并提出相应的对策建议。

关键词：　基础设施　高质量发展　青海省

基础设施，是指为社会生产和居民生活提供公共服务的物质工程设施，是用于保证国家或地区社会经济活动正常进行的公共服务系统，是社会赖以生存发展的一般物质条件，是国民经济各项事业发展的基础。在经济层面，由于基础设施建设具有所谓“乘数效应”，因此，一个国家或地区的基础设施是否完善，关乎其经济是否可以长期持续稳定发展。2008年为应对国际金融危机，我国推出“四万亿”投资的经济刺激计划，其中近一半资金投向交通基础设施和城乡电网建设，不仅使我国加快摆脱全球金融危机带来的负面影响，还起到刺激经济发展和消费增长的作用。在社会层面，基础设施持续发挥服务民生的效用，显著提升人民群众的获得感、幸福感。同时，作为各级政府制定出台的一系列政策的“物化”表现，基础设施建设更能强化人民群众对于党和国家的认同和维护，从而发挥社会治

* 索南努日，青海省社会科学院社会学研究所助理研究员，研究方向为农村社会学。

理的效用。

基于基础设施建设在经济、社会两个层面所发挥的作用，本文拟在对青海省 2022 年基础设施建设的状况、特点做一定程度考察的基础上，梳理出其中存在的较为突出的问题并提出相应的对策建议。

一 青海省基础设施建设概况及特点

2022 年，青海省基础设施建设紧密围绕全省“十四五”规划，得到扎实有效推进。在一如既往涵盖自然资源、生态环境、文化旅游、水利等传统领域外，重点突出环境保护领域建设。同时，社会效益得到显著体现，对提升全省经济社会发展水平起到了积极作用。

（一）涵盖范围广且重点突出

涵盖范围广是基础设施建设应有之义。具体到青海省，2022 年青海省基础设施建设涵盖了自然资源、生态环境、文化旅游、水利、林草、市场监管、防震减灾、公共安全、教育、广电、邮政、商务等领域。如 2022 年度计划完成 960 亿元的，涉及综合交通、清洁能源、产业转型升级等的项目建设。民生领域当中，新建、改扩建 50 所基础教育学校，改善办园办学条件。实施 4.09 万套城镇老旧小区改造工程，加装老旧小区住宅电梯 100 部，实施 6707 套城镇棚户区改造和 4 万户农牧民居住条件改善工程，推进农牧民危房（抗震）改造，改善居民居住条件。开工建设 300 个高原美丽乡村和 10 个美丽城镇建设项目。2022 年 11 月 10 日，G345 线杂多至查吾拉段公路改建工程结多乡至查旦乡共 121 公里的路段进行了交工验收，标志着青海省所有乡镇实现硬化路通达。

需要特别指出的是，以生态环境保护、森林草场保护和恢复为代表的一系列基础设施建设稳步推进，统筹做好山水林田湖草沙冰一体化保护和系统修复，继续实施三江源、祁连山等重大生态工程，重点生态功能区水源涵养能力显著提高，全省湿地面积居全国前列，森林覆盖率、草地综合植被盖度达到7.5%和57.8%，土地荒漠化、沙漠化“双缩减”趋势明显，藏羚羊、普氏原羚等珍稀野生动物种群数量持续增加，栖息地整体系统保护不断强化，生物多样性保护成效显现。这既是立足青海特殊省情开展的工作，发挥着一般基础设施建设的经济、社会效益，更是全面贯彻落实习近平总书记对于青海省“三个最大”省情定位并亲自为青海省擘画的发展战略的突出体现。

（二）基础设施建设投入力度略有回落①

2021年，受各种因素综合影响，全省全年基础设施投资较2020年下降6.6%，但仍然达到1758.6亿元。事实上，从2012年至2021年的10年，青海省基础设施投资增长3.4倍。从上述数据足以看出青海省对于基础设施建设的高度重视以及投资力度的不断增加。但鉴于内外两方面不利因素影响，基础设施建设投入略有回落。

在基础设施投入力度不断增加的同时，投资的主要方向也呈现另一个十分显著的趋势，即在固定资产投资的19项指标中，对水利、环境和公共设施管理业的投资增幅巨大。2012年对上述领域投资66.56亿元，2021年则达到776.8亿元，虽较上年度下降0.8%，但整体保持了年均32%的增长，远超同时期基础设施投资13%的年均增长率。

（三）政府为主民间资本为辅的结构更趋稳定

一是民间资本在全省基础设施建设投入中的比重持续增大。2012年，全省基础设施投资540.39亿元，占当年固定资产投资总额的28.1%，民间投资固定资产799.85亿元，民间投资基础设施224.9亿元。2021年，基础设施建设中民间投资达到451.1亿元，为2012年的2倍。可以看到，虽然民间投资在基础设施建设投资总额中所占比例不高，但依然呈现增长的总体趋势，且保持了较高的增长水平。二是由于基础设施有公共物品的属性，并

① 鉴于2022年青海省基础设施建设部分数据尚未公布，故相关数据以2021年作为参考。

且因其建设投资大、周期长，一般由政府投资或支持，故而青海省基础设施建设依然呈现政府为主、民间投资为辅的特点。

（四）基础设施建设的生态、民生效益得到切实发挥

一是全省基础设施建设的生态效益进一步显现。截至 2022 年 10 月，三江源国家公园完成黑土滩治理 208.78 万亩、黑土坡治理 13.2 万亩、湿地保护 39.65 万亩、有害生物防控 4635.2 万亩、荒漠化防治 39.65 万亩，草原综合植被盖度较 2015 年底提高 4.6 个百分点。

二是打好污染防治攻坚战，推动生态环境质量持续改善。2022 年前三季度三大河流干流出省境断面水质达到Ⅱ类及以上，湟水河出省境断面平均水质达到Ⅲ类。全省空气质量优良天数比例达到 95.9%，同比提高 1.2 个百分点。

三是民生水平依托基础设施建设得到显著提升。以基础设施建设促进脱贫攻坚与乡村振兴有效衔接为例，省发展改革委联合省委农办等九部门印发《关于在全省农业农村基础设施建设领域积极推广以工代赈方式的实施意见》，截至 2022 年 8 月，青海省采取以工代赈方式实施的项目累计达到 167 个，吸纳近 5000 名项目周边当地农牧民就业，并正在加快谋划推进新一轮采取以工代赈方式实施的项目。

二 青海省基础设施建设存在的问题

2012 年至今的 10 年，青海基础设施建设取得了有目共睹的长足发展，产生了积极的经济社会效益。但需要注意的是，在基础设施建设的过程中，还存在一些较为突出的问题。

（一）欠发达的省情使基础设施建设动力不足

基础设施建设需要长周期大规模的资金投入，但青海省有限的财政收入和巨额的基础设施建设投入之间的紧张关系长期存在。一是由于地理位置、自然环境等诸多因素，青海省经济发展的基础薄弱、历史欠账较多，城乡基

础设施建设总体水平较低。而受自2020年暴发并延续至今的新冠疫情，地震、洪水等自然灾害以及日趋动荡的国际环境等一系列不利因素影响，青海省的经济发展面临着较大的下行压力。2021年全年固定资产投资比2020年下降12.2%，基础设施投资下降1.3%。二是较低的社会发展水平使全省基础设施建设主体单一。需要再次提及的是基础设施公共物品的属性，这一属性决定了基础设施建设和管理由政府主导。与政府投入要算经济、社会两笔账不同，民间资本的主要目的是通过各类投资获得盈利。政府主导下民间资本参与基础设施建设，并在政府监管的状态下合理营利是解决单纯由政府承担基础设施建设却力不从心的有效途径。而欠发达社会发展水平成为青海省基础设施建设的掣肘因素。突出表现在基础设施投资上，虽然从2012年至今的10年间，民间资本投入全省基础设施建设的数额不断增长，但民间资本所占比重基本徘徊在20%左右。

（二）生态立省的要求使基础设施建设面临挑战

一是各类生态保护区的设立与基础设施建设用地之间存在矛盾。截至2020年底，青海省"整合优化后共有自然保护地79个（国家公园2个、自然保护区26个、自然公园51个），总面积达26.61万平方公里（超广西壮族自治区行政区域土地面积）"①。这固然是生态立省的必然要求，但同时在一定程度上使基础设施建设的用地需求面临挑战。二是保护和建设之间存在矛盾。以2022年9月设立的河湟文化生态保护实验区为例②。文化生态保护区按照《青海省省级文化生态保护区管理办法》（青文旅发〔2021〕243号）进行建设和管理。其中要求制定保护区域范围、重点区域和重要场所保护清单，制定落实保护办法和行动计划。保持重点区域和重要场所的历

① 《青海首次公布国有自然资源家底：自然保护地面积超26万平方公里》，中国新闻网，2021年11月26日，https://baijiahao.baidu.com/s?id=1717500917078042669&wfr=spider&for=pc，最后检索时间：2022年11月4日。

② 截至2022年9月，全省共设立土族（互助）文化生态保护实验区、循化撒拉族文化生态保护实验区、河湟文化生态保护实验区。三个生态保护实验区处于青海省人口稠密、经济社会发展水平较高的河湟地区。

史风貌。而同时，亦支持非遗特色村镇、特色街区建设，发展乡村旅游、生态旅游、研学旅游、休闲旅游等。前者是保护，后者是建设。保护要求对于现有的空间范围、样貌、布局等尽可能做到保持和维护。而建设则势必对上述要素造成一系列变化。而管理办法对于如何调和二者间的关系没有提出明确的要求。三是“整体性”保护与基础设施建设之间存在矛盾。“整体性”是生态保护的一大特点。也就是说，生态保护不单纯是对空间的开发、建设产生限制。即便是基础设施建设在空间上与生态保护不产生交集，即基础设施建设没有在涉及生态保护的区域内进行，但建设本身的活动对周围环境尤其是对水、气等具有流动性的环境因素产生影响，同样要纳入生态保护的考量范围内。

（三）多样的区域生态给基础设施建设的巨大压力

一是东部河湟地区是传统的农业区，城镇密集、人口集中，但面积相对较小——西宁海东两市面积合计 20860 平方公里，占全省总面积的 2.8%。因此，东部地区的基础设施提供的公共服务能够惠及更多的人口，效用的发挥更大。但恰恰因为人口密集且面积较小，这一地区的基础设施建设对空间内文化生态保护区一类的既有安排以及人民群体的生产生活会产生较大影响。相反，在除东部地区以外的其他区域，虽然人口较少但同样有衣食住行、科教文卫的需求，因而这些区域的基础设施虽然覆盖人口少，功能发挥不像东部地区那样大，依然不能因此而忽视建设。但同时在这些区域的基础设施建设工作，除生态保护这一首要因素之外，受其他因素影响较小。二是单纯就“乡”而言，也需要对农区和牧区作出区分。与东部和其他地区的区别相类似，前者的基础设施建设见效快但受限多，后者则效果受限但需要考虑的影响因素小。

因此，如何立足于青海省多样的区域生态，使全省的基础设施建设因地制宜、扬长避短，用有限的资金规模取得较大的经济社会效益，是需要着重考虑和解决的问题。

（四）基础设施建设的社会影响重视程度不够

基础设施建设是对空间做出安排的过程，而青海省对基础设施建设的社会影响仍缺乏重视。主要表现在宣传和引导不足上，无论是对基础设施建设实施过程中对人民群众生产生活产生的一时不便，还是带来的正向社会效益方面都较为欠缺。以在省会西宁已持续近三年的“雨污分流”工程为例，无论是在实际实施的过程中包括施工周期、进度以及将会对人民群众生产生活如出行、饮水、用电造成不便，还是该项工程在构筑海绵城市、缓解城市内涝等方面的积极效应都缺乏宣传，对由此造成的部分消极舆情亦缺乏引导。

三　2023年青海省基础设施建设展望

2023 年是青海省实施“十四五”规划的关键一年，是推进青海现代化建设的重要一年。青海省的基础设施建设将在稳步推进的同时，持续发挥带动和促进作用，实现全省经济社会发展迈向新的台阶。

（一）全省基础设施建设的政策效应将更加显著

一是积极把握国家最新政策动向，立足青海省实际找准与国家政策的契合点，力促将全省基础设施建设项目纳入国家规划、方案。二是积极响应国家层面制定出台有关基础设施建设的系列政策措施，做好政策措施的本地化工作。三是具体环节政策措施更加完善。《青海省政府投资管理办法》《青海省政府投资条例》等系列政策条例将加快制定出台，政府投资项目管理工作将快速步入法治化轨道。

（二）全省基础设施建设运行将更加科学

一是充分利用省内各科研院校、研究机构智力资源，建立有较强专业性、针对性的专家库。二是实现各类专家的项目规划、资金筹措、项目实施、效益评估全过程参与，全面加强基础设施建设工作将得到有力的智力支撑。

（三）全省基础设施建设管理将更加有效

一是全省重大项目库入库管理办法将加快制定，建成基于项目库的分级管理制度。对符合国家建设要求的，加快项目前期工作，力争早日开工建设；对不符合国家最新政策要求、前期工作难以推进的，及时清理出库。二是项目生成更加合理。围绕“四地”建设、乡村振兴、民生提质等系列工程的基础设施建设项目，结合前期工作、专家论证、投资额等因素，大力推行并联审批，定期开展审批堵点、卡点排查整改行动，切实解决审批事项互为前置的问题。三是建立基础设施重大项目清单。紧密结合全省“十四五”规划以及“万千百亿”三级项目库，筛选确定一定数量的“头部”项目，着力推进实施。

（四）全省基础设施建设的资金支持将更加有力

一是政府投资引导带动作用更加显著，中央预算内投资、地方财政资金与金融机构融资协同联动得到加强，重大项目政银企融资对接机制得到建立和完善。二是“融资专列”、“直通车”和“青信融”平台的作用将得到进一步发挥，进一步做好专项债券项目谋划、储备、筛选、审核等工作。三是社会力量将得到更广泛动员。强化政府在传统基础设施和准公共服务领域主导作用的同时，加快推动基础设施竞争性领域向各类市场主体公平开放，积极引入社会力量参与新基建投资运营。

四　促进青海省基础设施建设发展的对策建议

《青海省全面加强基础设施建设构建现代化基础设施体系工作方案》中，对今后青海省的基础设施建设提出了“提升传统基础设施水平，加强新型基础设施建设，加快构建系统完备、衔接高效、绿色集约、安全智能的现代化基础设施体系”的目标要求。基于前述的问题，对青海省基础设施建设提出以下对策建议。

（一）推动经济社会发展，提升全省基础设施建设内生动力

坚持不懈地实现经济发展是更好开展基础设施建设的基础和动力。所以这里所说的发展，更强调的是社会的发展。之所以强调社会发展，旨在进一步说明基础设施建设蕴含的推动社会发展的作用。通过民间资本的参与，一方面能够缓解政府唱独角戏而力不从心的困境；另一方面通过民间资本参与基础设施建设，促使民间力量建设、管理、运营基础设施，从而能够以基础设施建设为途径，提升社会层面对于公共事务的参与、关切程度，最终营造出社会事务社会关心的“共建、共治、共享”的局面。

具体到基础设施建设层面，一方面继续坚持政府主导，但要明确如何发挥这一主导作用。继续鼓励民间资本投入基础设施建设，政府在这一过程中主导作用主要体现在：其一，确定基础设施建设项目的性质、规模、影响范围，对于符合规划布局要求、有利于转型升级的项目，面向社会公开招标，鼓励和吸引社会资本以合资、独资、特许经营等方式参与建设营运。其二，对于投标的民间资本性质、资质进行严格审核，择优选择特许经营权授予对象。其三，对基础设施建设过程的监督管理，实现贯穿从规划到建设实施的全程管理，对于项目从纸面到地面全过程做到全面掌握。其四，允许民间资本通过基础设施建设及后期运营获利，但对于公共服务产品的定价必须在充分考虑资源的合理配置和保证社会公共利益的前提下，遵循市场经济规律，合理定价。对于定价低于成本，或企业为完成政府公益性目标而承担政府指令性任务的，政府在确定其公共服务能够满足人民群众需要的前提下，适当给予相应的补贴。

另一方面，民间资本需要根据基础设施的社会物品属性以及基础设施建设回报周期长的特点，转变投资意愿，从短频快转向利润较低但可持续的投入方向。同时转变观念，在算经济账的同时算社会账，对于基础设施建设的社会效益能够为自身带来的无形财富有更加清醒的认识。

（二）做好基础设施建设规划工作，实现更加合理的项目布局

2021 年末青海人口统计数据表明：青海省的城镇化过程仍在持续，并呈现人口主要向西宁、海东两市流动的趋势。基础设施归根结底是提供公共服务，因此基础设施建设需要持续关注人口变动情况，做好实施规划。

一是对城镇化的持续及程度的深化要有明确的认识的同时做好两方面的工作。其一，新增基础设施的建设，增加城镇对新增人口的吸纳能力。其二，城镇化即是人口的流动。人口流向城镇意味着乡村人口的流出。对于人口流失形成的人口塌陷区，基础设施还需不需要继续投入、如何投入、力度如何需要纳入基础设施建设的规划当中。二是锚定人口流动趋势，对于人口日益密集地区的基础设施的服务能力做到心中有数，做好新增人口对于基础设施的种类、数量需求的精准预测，以此作为今后基础设施建设的重点。另外，西宁、海东两市的基础设施建设还涉及文化生态保护区，因此还需要在改扩建的同时，对如何保护传统村落、保存既有面貌做好提前规划。

（三）加强社会效益的宣传，强化基础设施建设“稳定器”作用

基础设施提供的公共服务在满足人民群众生产生活需要的同时，能够有效提升人民群众对于基础设施建设、运营、管理主体的认同。因此，基础设施的社会效应需要引起足够的重视并妥善加以利用，以此来增强人民群众对于党和国家的认同。

一是对基础设施尤其是建设过程引发的社会效应要有全方位、立体化的宣传。不仅描绘未来，也要着眼当下；不仅强调积极效果，也要说明不便影响。对于建设过程中对当前人民群众生产生活，如出行、饮水、用电造成的不便，以及这些影响会持续多长时间并且有哪些因素会对持续时间又产生影响都做出明确说明，比如在施工场所设立动态告示，通俗易懂地向人民群众说明项目实施进度等情况，达到“工地也有温度”的效果，而不是如“今天的不便是为了明天的方便”般口号式的宣传。二是更加充分地利用越来越便利、多样化的宣传手段。以青海省的公路建设为例，“要

想富先修路”是对基础设施建设最为朴素的认识。而公路建设取得的成就不应只停留在新闻稿、新闻图片当中。限于地理原因，对于青海省新建、修缮的道路，一般人不可能尽数亲身前往体会基础设施建设引发的今夕变化。对此，可以因地制宜地根据沿线景观及路途远近，邀请“网红”以直播的方式带着收看直播的人群亲身沿线走一走。扎碾公路的走红就是成功的案例。

B.12
2022年青海人才工作创新发展调查报告

董华朋*

摘　要： 人才是第一资源、第一要素，对于推进经济社会高质量发展起着重要支撑引领作用。2022 年，青海省上下深刻理解人才资源的重要性，在深化人才发展体制机制改革、加强人才创新平台建设、探索人才引育选用举措、优化人才发展环境等方面成绩显著，但同时也存在人才发展体制不活、人才引育投入不高、人才使用环境不佳、人才资源总量有限且结构不优等问题。鉴于此，本报告提出以五大发展理念引领人才治理、优化人才结构、厚植人才沃土、激荡人才活水、释放人才红利的对策建议，持续推动青海人才工作创新发展，更好地为建设现代化新青海提供有力人才支撑。

关键词： 人才工作　人才资源　青海省

2021 年，习近平总书记在中央人才工作会议上作出全方位培养、引进、使用人才的重大部署，为我国人才工作创新发展指明了方向、擘画了蓝图。2022 年，青海省上下深刻领会习近平总书记关于人才工作重大决策部署的核心要义，客观把握人才队伍建设的相关状况，把人才工作作为“国之大者”抓紧抓好，取得了明显成效，但仍存在一些亟待解决的问题，必须遵

* 董华朋，青海省社会科学院中国特色社会主义理论体系研究中心助理研究员，研究方向为党的建设。

循人才发展规律和特点，结合时代发展主题主线的要求，采取有效举措深入推进人才工作高质量发展。

一 青海人才队伍建设的相关情况

人才资源是指人力资源中素质层次较高的一部分人，主要包括企业经营管理、专业技术、高技能、农牧区实用和社会工作等不同类型人才。截至2020年底，青海省人才资源总量达到50.09万人，相比“十二五”末增长32.62%。其中，专业技术人才总量为18.05万人，相比“十二五”末增长6%。本报告将着重以青海省专业技术人才队伍结构分布的有关状况为例进行分析。

（一）国有企业、事业单位各类专业技术人才结构分布状况

截至2020年底，青海省国有企业、事业单位各类专业技术人才总量为131449人，占专业技术人才总量的72.82%。其中，国有企业19189人，事业单位112260人（见图1）；农林牧渔业9224人，制造业5464人，交通运输仓储邮政业7720人，科学研究技术服务地质勘查业4579人，水利环境和公共设施管理业3304人，教育63110人，卫生社会保障和社会福利业22835人，文化体育和娱乐业4356人，公共管理和社会组织3645人，其他行业7212人（见图2）。从人才单位性质占比情况来看，各类专业技术人才主要集中在事业单位。从人才行业分布情况来看，各类专业技术人才主要集中在教育、卫生行业。

（二）教育卫生领域专业技术人才结构分布状况

截至2020年底，青海省专任教师（幼师）总量为75457人，占专业技术人才总量的41.80%。其中，高等教育4883人，中等职业教育2301人，普通中学27219人，小学28798人，幼儿教育12256人（见图3）；西宁市28604人，海东市17647人，海北州3715人，黄南州4236人，海南州6219人，果洛州2969人，玉树州5825人，海西州6242人（见图4）。青海省卫生技术人员为48970人，占专业技术人才总量的27.13%。其中，执业医师

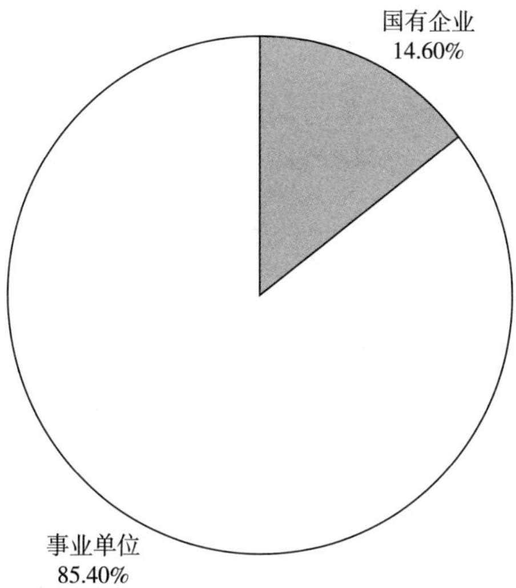

图 1　全省国有企业和事业单位各类专业技术人才资源比例

资料来源：根据《青海统计年鉴（2021）》整理。

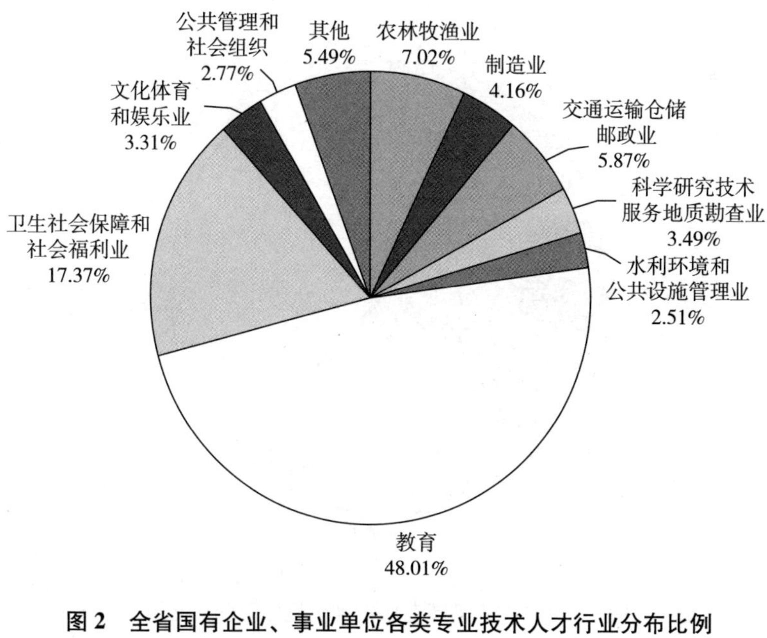

图 2　全省国有企业、事业单位各类专业技术人才行业分布比例

资料来源：根据《青海统计年鉴（2021）》整理。

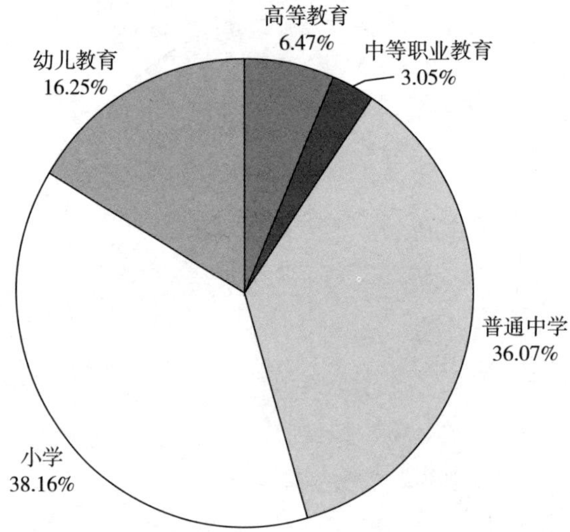

图 3　全省教育领域专业技术人员在不同教育阶段的分布比例

资料来源：根据《青海统计年鉴（2021）》整理。

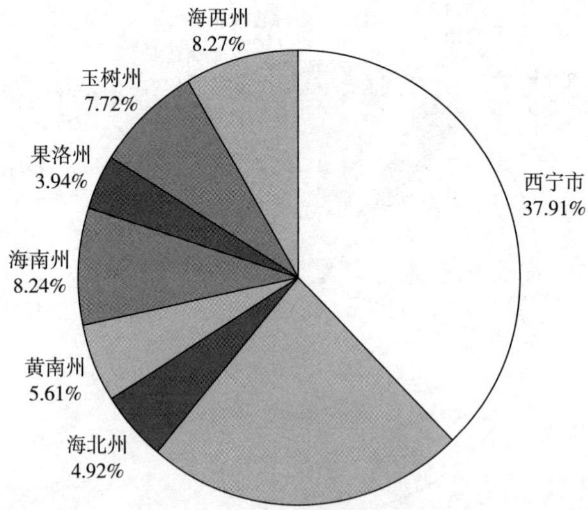

图 4　全省教育领域专业技术人员地区分布比例

资料来源：根据《青海统计年鉴（2021）》整理。

15400 人，助理医师 2903 人，注册护士 19678 人，药剂人员 2528 人，技师（士）3128 人，其他 5333 人（见图 5）。从教育卫生领域专业技术人才数量和分布来看，占专业技术人才总量的比重较大，且多集中在西宁、海东两市。

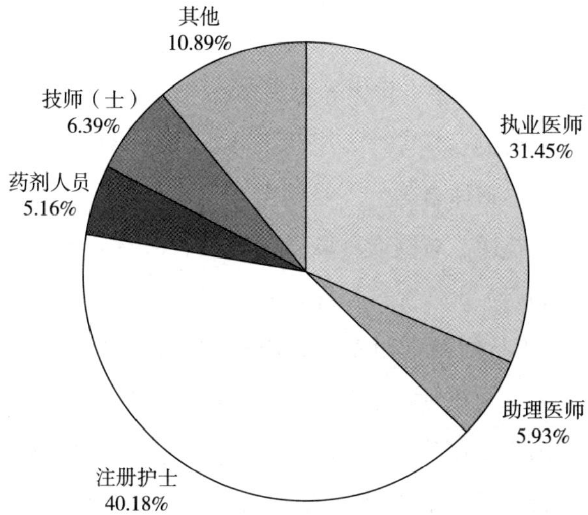

图 5　全省卫生领域专业技术人员等级分布比例

资料来源：根据《青海统计年鉴（2021）》整理。

二　2022年青海人才工作创新发展的主要做法与成效

2022 年，青海省围绕生态文明高地和产业“四地”建设，大力推进人才强省战略，注重人才制度和政策创新，探索人才发展新举措新模式，营造“近悦远来”人才生态，接续推动人才工作提质增效，人才制度优势进一步彰显，人才创新平台作用日益显现，人才发展举措更加精准务实，人才发展环境持续优化。

（一）深化体制机制改革，夯实人才工作根基

青海省各级党委政府和人才主管部门针对人才工作发展需要，研究制定一系列具有可操作性的措施办法，不断释放制度引领作用，切实推动人才工作走深走实。一是完善党管人才制度。加强党对人才工作的领导，高质量召开省委人才工作领导小组第一次全体会议，制定完善《省委人才工作领导小组工作规则》《省委人才工作领导小组 2022 年工作要点》，落实人才工作年度述职评议考核机制，压实“一把手”抓“第一资源”政治责任，进一步增强了党管人才的整体合力。二是健全人才政策体系。整合优势资源，强化制度供给，省科技厅、省财政厅联合印发《青海省“帅才科学家负责制”项目管理细则（暂行）》，省科技厅制定出台《青海省“十四五”科技人才发展规划》，省人社厅制定印发《青海省职称评审管理办法》，省农业农村厅、省人社厅、省文旅厅联合印发《青海省农牧民职称评定管理办法》，省委组织部、省国资委制定实施《青海省省属出资企业外部董事选聘和管理办法》等，加强人才引育管用工作，完善健全人才评价机制，畅通人才合理流动渠道，推动了人才政策系统集成、迭代升级。三是市（州）县结合自身人才工作特点，制定人才发展规划，进一步健全人才发展体制机制。例如：果洛州编制出台《果洛州“十四五”人才发展规划》，全方位加强人才队伍建设，打造富有特色的人才高地；祁连县印发《关于进一步加强新时代祁连人才工作的二十条措施》，科学构建“引才、育才、用才、留才”一体化机制，为本地区人才工作高质量发展奠定了坚实基础。

（二）注重创新平台建设，保障人才工作需要

青海省各级党委政府和人才主管部门通过举办人才项目洽谈会、加强专家工作站建设、深化跨区域人才合作交流等，为人才引进培养和施展才华搭建平台，充分发挥人才的价值作用。一是举办第三届“智汇三江源·助力新青海”人才项目洽谈会。8 个市州 20 家单位共成功对接人才项目 469 个，直接或柔性引进人才 1333 名，预计带动投资 133.7 亿元，为青海未来“绿

色”发展夯实了人才基础。二是召开“院士专家在青海”座谈会。14位两院院士和300余名专家学者、优秀企业家，围绕青藏高原生态保护和高质量发展等问题，为青海打造生态文明高地、建设产业“四地”提出了务实举措。三是举行“项目+人才+平台”科技引才专场签约活动。签约国内科技合作项目8项，引进科技人才20余人，为建设青藏高原科技创新高地提供了重要科技人才支撑。四是建设省级专家服务基地。确定涵盖8个市州盐湖资源开发、生态环保、高原特色农牧业、数字经济等重点领域的9个省级专家服务基地和配套技术需求项目，对接不同领域的64名优秀专家人才，持续推动了知识、技术等要素向基层流动。五是推进西宁—海东都市圈人才一体化建设。西宁、海东两市围绕搭建党政人才体悟实训平台、开展乡村振兴人才联合培养行动、建立人才活动联办机制等7个方面展开全方位合作，以人才融合发展助力两地一体协同发展。

（三）坚持引育选用并举，提升人才工作质效

青海省各级人才主管部门和用人单位坚持走出去、引进来相结合的引育选用人才方针，全方位培养引进用好人才。一是协同推进人才引进。大力实施人才回流工程，举办2022年度省外校园引才专场网络招聘会，积极引进高层优秀人才助推青海经济社会发展。创新开展“组团式”人才结对帮扶，全面接收第五批援青干部人才，充分用好援青干部人才的资源优势。统筹推进“昆仑英才”行动计划，精准引进在清洁能源、盐湖资源和农牧业等领域发挥显著引领作用的高层次人才，全力对接青海发展需要。二是深度推进人才培养。拓宽人才培养渠道，各级人才主管部门通过举办各类专题研修班、选派各方面人才赴内地访学研修等方式，进一步提升人才队伍的综合能力素质，加快推进人才强省战略。加强乡土人才和基层人才培养工作，省农业农村厅和省人社厅分别组织实施乡村产业振兴带头人培育“头雁”项目和涉藏州县少数民族专技人才特培计划，选派基层优秀人才、少数民族专技骨干人才开展针对性培养锻炼，为促进民族交流交融、推动经济社会发展提前做好人才储备。深入实施东西部高校协作和对口支援，省属3所高校高规

格召开对口支援工作会议，推动青海在人才培养、学科建设、科学研究等方面实现高质量发展。三是统筹用好各方面人才。打造人才互动培养和智力资源共享模式，从全省各地各单位选派 50 名年轻干部，组建 5 个团队，首次以组团方式赴基层一线挂职锻炼。坚持和深化新时代科技特派员制度，选派 1000 名科技特派员深入基层开展科技精准服务，用科技带动涉农产业振兴。健全用人机制，面向社会公开招聘 12 名聘任制公务员，进一步满足了机关吸引和使用优秀人才的需求。连续开展“京青专家服务活动”，选派 55 名省内外专家赴基层一线开展短期智力服务，有效解决了一批青海经济社会发展中的疑难问题。

（四）持续优化发展环境，汇聚人才工作合力

面对艰苦的自然环境、有限的物质待遇，青海省各级党委政府和人才主管部门坚持强化人才联系服务工作，坚决落实关心关爱人才举措，不断创造留人用人的优良环境，最大限度尊重和实现人才价值。一是强化精神凝心聚才作用。举办传承“两弹一星”精神中国青年英才论坛，大力弘扬伟大的“两弹一星”精神和科学家精神，引领激励广大人才扎根青海、奉献青海，为建设现代化新青海注入强劲动力。二是推进党委联系服务专家工作常态化。定期开展与专家人才谈话活动，了解掌握专家人才工作生活、思想动态情况，广泛听取专家人才意见建议，积极营造出关心爱护人才的良好氛围。三是解决人才住房安置问题。认真落实《关于引进高端创新人才住房保障的意见（试行）》，向第二批省级引进人才交付使用 103 套保障住房，保障人才在青海安居乐业。四是放宽科研项目经费使用自主权。实施《青海省省级财政科技专项资金管理办法》，帮助科研人员卸掉经费使用“紧箍咒”，进一步提高资金使用效益，激发全社会科技创新活力，促进创新驱动发展战略落地见效。五是持续推进职称改革。卫生、新闻等行业印发专业技术人员职称制度改革实施方案，明确职称制度改革方向，进一步打通职称晋级渠道，不断激发人才创新创业活力。

三 青海人才工作创新发展面临的主要问题与挑战

当前，青海省在推动人才工作发展中，仍然面临着多方面的制约因素和实际困难，人才工作体制机制不健全的问题依然存在，各类人才引不进、留不住、用不好的现象还比较突出和普遍，造成人才总量不足且结构不尽合理，与加快建设现代化新青海步伐不相适应。

（一）人才发展体制不活，工作机制有待健全

2022 年，青海省在人才发展体制机制改革方面进行了有益探索，但体制机制改革“最后一公里”不畅、政策措施精准化程度不高等问题，仍然制约着人才的发展。由于人才市场发育不够成熟，人才政策举措往往难以适应市场经济体制要求，充满活力、开放程度高的人才工作体制尚未建立，影响着人才资源的合理、有效配置。现行人事管理体制存有界限，在很大程度上阻碍着不同体制间人才的身份转换和合理流动。社会化、多元化的人才投入机制尚未完全形成，引才、育才、留才的难度较大且动力不足。选人用人与激励评价的机制缺乏创新，人员能进能出、待遇能高能低、岗位能上能下的模式尚未完全运行，狭隘的人才观念仍未彻底消除。人才脱颖而出机制尚未完全建立，“干好干坏、干多干少都一样”现象依然存在，人才成长瓶颈问题较为突出。市场化配置人才机制尚未真正建立，个别单位在落实用人自主权、激励评价人才等方面表现不灵活，运用市场方法留人用人举措不够扎实有力。

（二）人才引育投入不高，留人力度有待加强

2022 年，青海省在引才、育才、留才方面的投入力度持续加大，但与经济发达地区相比仍有较大差距，影响着人才在青海的工作热情。由于青海处于社会主义初级阶段的较低层次，发展的动力不足且不平衡不充分问题较突出，给予人才的待遇不高，对人才的吸引力不强，人才引进依旧存在

“没有梧桐，难引凤凰”的问题，造成人才流动的不平衡不充分。人才资源开发在很大程度上依赖于政府的推动，引用人才的企事业单位受到编制限制、资金短缺等因素影响，在人力资本投入上相对欠缺。在人才培养投入上，不仅培训经费较为短缺，而且培训任务呈现条块化，难以实现资源共享、集中发力，重复性培训多、精准性培训少，使有限的经费没有发挥应有作用。青海地处青藏高原深处，自然环境较差，工作条件相对艰苦，再加上地方财政的拮据，对于人才工作的软硬件投入偏低，服务保障水平也不高，即便出台了一系列优惠政策，在人才竞争中仍处于劣势，一些紧缺高端人才引不进、留不住。

（三）人才使用环境不佳，用人效能有待提升

2022 年，青海省在使用人才上虽有新的认识，但受各方面因素的制约，用人的环境和效能仍不够理想，给予人才的发展空间比较有限。在把握引育人才和使用人才的关系上不够好，存在重使用、轻培养的现象。现有人才学非所用、专业不对口的问题在一定程度上依然存在，尚未完全做到人尽其才、才尽其用、人岗相适，不利于人才作用的充分发挥。全社会对人才特别是创新创业人才的众扶力度、众投强度不够，留住人才、提升用人效能的动力尚需进一步提高。个别企业在使用人才上普遍存在重学历、轻技能的问题，用工阶段薪酬待遇与大中专学生存有较大差距，技能人才发展环境有待优化。一些单位和部门存在重资历身份、轻能力实干的现象，阻碍着年轻人才的成长和晋升。个别领导干部缺少伯乐之心，不仅对人才难识别、难发现，而且对人才不关心、不尽责，更是对现有人才看不上、不放心，难以真正做到用好人才，影响着人才能力和作用的发挥。

（四）人才资源总量不足，队伍结构有待完善

近年来，青海省持续加大人才工作力度，人才队伍得到蓬勃发展，但总量不足与结构失衡问题仍然存在，影响着全省经济社会的整体发展。青海人才资源总量约占全省总人口的 8.43%，远低于全国人才资源总量占全国人

口总数的比例，在31个省份中排倒数第二位，人才总量与人口基数不成正比。专业技术人才主要集中在卫生、教育等传统行业，新兴产业分布占比相对较低，人才与经济发展融合度、契合度不高，需要进一步提升人才质量。截至2022年4月，全省高层次人才为3611人，总量远低于广东、江苏等发达省份，人才队伍发展层次偏低，高端创新型、领军型等人才相对短缺；技能人才为37.7万人，虽较2012年增长26.5%，但仍存在约50万人的缺口，尤其是缺少高技能人才，人才与产业匹配度不够高。人才分布不均衡，西宁市、海东市以及省直部门单位现有各类人才在30万人以上，占全省人才总数的一半以上，涉藏六州不仅人才匮乏，而且存在人才不断外流的现象。

四　进一步做好青海人才工作的对策建议

人才在经济社会发展中具有重要的支撑和引领作用，做好人才工作必须坚持问题导向、聚焦短板弱项，把“创新、协调、绿色、开放、共享”的五大发展理念贯穿到推动人才工作接续发展的全过程，以聚集更多优秀人才服务现代化新青海建设。

（一）坚持以创新引领人才治理，推动人才工作跨越发展

推进人才治理的现代化，必须坚持以创新发展理念为指引，注重创新人才工作的理念、制度和政策，不断为人才工作跨越式发展提供坚强支撑。一是创新人才发展工作理念。牢固树立人才是第一资源理念，勇于突破思想观念障碍，坚持用战略思维、发展视野来谋划和部署人才工作，切实以“求贤若渴寻才、不拘一格用才”的态度，积淀人才资源和人才优势。二是创新人才工作领导体制。全面加强党对人才工作的领导，努力形成组织部门牵头抓总，各职能部门相互配合、各管其职，全社会积极参与的人才工作发展新格局。坚持把人才工作纳入党建工作考核和各级领导班子考核的重要内容，进一步推动人才工作目标责任制落地见效。三是创新人才工作运行机制。建立健全人才发展投入、人才激励考评、市场配置人才和人才成长等机

制，不断加大人力资本投入力度，着力创建科学透明的人才评价体系，充分发挥市场对人才配置的决定性作用，有效调动人才的积极性和主动性，帮助人才早日脱颖而出。四是创新人才发展工作政策。坚持内培与外引相结合，进一步完善人才培养引进政策体系，在实践中不断发现、聚集和使用人才，奋力开创人才工作新局面。

（二）坚持以协调优化人才结构，推动人才工作综合发展

青海省人才资源总体有限且结构不优，更需要坚持用协调发展理念推进人才资源整体开发，不断实现人才工作的综合发展。一是坚持协调总量和结构的关系。根据全省发展实际和人才成长规律，既要稳步扩大人才规模，又要全面优化人才结构，着力造就一支数量充足、结构合理的高素质人才队伍，实现数量和质量双提升，推动人才发展与经济社会发展良性互动、互利共赢。二是以精准引进外部人才提高增量。充分运用对口援青平台，引进和接收各类优秀人才，持续巩固对口支援帮扶成果。进一步创新人才引进渠道，通过直接引才、项目引才等方式，柔性引进一批行业、产业、学科领军人才，使人才发展适应经济社会发展的需要。三是以深度培养本土人才盘活存量。加大人才培养成本投入，健全全链条、全方位培育体系，统筹推进本土人才培养工作。深化“订单”培养模式，注重阶梯式人才培养，持续引燃本土人才内生动力，确保各项事业发展所需人才薪火相传。四是以统筹区域人才协调发展促进合理分布。面对涉藏六州人才紧缺现象，必须注重加大在政策保障、资金投入、项目实施等方面的倾斜力度，依托昆仑英才、“三支一扶”、选调生招录等各类人才项目，进一步鼓励引导各类人才向艰苦边远地区和基层一线流动。

（三）坚持以绿色厚植人才沃土，推动人才工作融合发展

按照绿色发展理念要求，营造良好和谐环境，构建人文生态体系，推动人才工作与发展主题相融合，为青海省打造生态文明高地、建设产业“四地”提供重要人才支撑。一是持续细化人才服务保障。强化“一把手”抓

人才工作的责任，健全领导干部直接联系服务人才机制，完善高层次人才急难愁盼事情速办机制，推行特殊人才个性化服务，开辟“绿色通道”着重解决人才在待遇、编制、住房以及配偶子女就业就学等方面的问题，加快形成全链式优质服务体系，进一步优化“近悦远来”人才生态，让广大人才更加舒心、更有信心地服务青海发展大局。二是接续优化人才成长环境。邀请专家人才列席党委和政府重要会议，推荐优秀人才担任“两代表一委员”，为各类人才建言献计服务青海搭建平台，不断强化人才成长的政治引领力。加强情感沟通，增加人才资金投入，加大人才创新创业扶持力度，营造学有所用、人尽其才的成长氛围和价值导向，让人才在青海大有可为的生动局面更加深入人心。三是加大人才表彰奖励力度。注重挖掘各行各业优秀人才的先进事迹，积极宣传人才工作的新做法、新成效和新经验，对作出突出贡献的人才及时表扬和委以重任，不断激发人才奉献青海、建设青海的创造热情和创新活力。

（四）坚持以开放激荡人才活水，推动人才工作优化发展

青海省素有“海纳百川”的宽阔胸襟，在全面深化开放背景下，更需要把握住人才发展机遇，在更大范围内充分调动各类资源，激发人才创新创业活力，以实现人才工作优化发展。一是营造开放包容的敬才氛围。坚持以昆仑山的境界、三江源的胸怀，大力弘扬优秀人才精神，积极引导全社会形成真心爱才、护才、惜才、用才的风气，真正做到对人才的关心、支持和信任，以更加开明的姿态为人才更好发展搭建广阔舞台。二是改善对内开放环境。破除人才政策障碍，厘清人才工作法规政策体系，减少人才发展环节中的行政审批事项，打通人才流动、使用的通道。破除内部体制壁垒，推动职能部门进一步简政放权，督促各地区、各单位认真落实用人自主权，逐步建立人才合理流动、优化配置的基础。三是加大对外开放支持力度。大力实施更加积极、更加开放、更加有效的人才政策，持续搭建人才发展平台，深入开展面向全国的“人才+产业+项目”对接及签约活动，注重加强重大科技创新平台布局，加快建设一批产学研融合的

人才培养基地，以更加开放的政策和措施优化人才工作格局，调动全国各类人才资源建设现代化新青海。

（五）坚持以共享释放人才红利，推动人才工作包容发展

人才发展创造的人才红利，是促进经济发展和民生改善的强大动力，要以共享发展理念尽最大限度让人才工作的各方分享人才红利，才能够推进人才事业做强做大，实现人才工作的包容发展。一是激活人才创造红利引擎。面对制约人才发展的瓶颈，在人才资源配置中既要发挥市场的决定性作用，又要发挥政府的引导作用，更要推动市场和政府的有机衔接，积极探索人才共享模式，推进人才在服务、信息和成果等方面的共享，让广大人才在建设青海的生动实践中不断释放出更多人才红利。二是优化人才发展支持政策。打破“四唯”现象，创新人才评价新导向，完善人才合理分享创新成果收益政策，推动人才创造出更多融合产业、市场发展的新成果，让各类人才在创造价值中真切感受到有含金量的支持，切实获得更多事业成就感。三是健全人才服务民生机制。深入实施人才惠及民生项目，积极开展专家人才服务基层活动，用人才的专业技能帮助广大群众发展产业实现富裕、消除病痛健康生活，有力释放人才的价值助推基层各项事业发展，让广大群众拥有更多的获得感、幸福感。

参考文献

崔志云：《充分发挥人才第一资源作用》，《青海日报》2022 年 6 月 27 日，第 7 版。

薛军、莫昌伟：《省委人才工作会议召开》，《青海日报》2021 年 12 月 28 日，第 1 版。

信长星：《以科技创新助推青海生态保护和高质量发展》，《光明日报》2022 年 7 月 6 日，第 4 版。

中共青海省委人才工作领导小组办公室：《奋力谱写新时代人才强国战略的新青海篇章》，《青海日报》2022 年 2 月 15 日，第 8 版。

B.13

青海省党员队伍的发展现状、比较分析及未来展望

——以党员队伍的规模和结构为视角

崔耀鹏*

摘　要： 报告从量的视角把握青海省党员队伍和党组织的发展现状，从“站在青海看青海”的纵向历史维度、“跳出青海看青海”的横向比较维度、“站在全国看青海”的国家视野维度对青海省党员队伍规模和结构的特点进行了多维比较分析。认为青海省党员队伍经历了一个从无到有、从小到大、由弱到强的发展过程，其结构呈现性别结构均衡化、民族结构不断优化、学历结构持续升级、年龄结构合理化、职业结构科学化的特点。与西部民族地区其他省区相比，青海省党员队伍规模和结构均表现出“两个中游”的特点；与全国党员队伍相比，青海省党员队伍规模和结构分别具有“一快一高”“两高两低一同”的特点。结合影响青海省党员队伍发展的主要因素，本报告展望了青海省党员队伍规模和结构未来发展的光明前景，主要表现为：党员队伍总量将继续合理增长，基层党组织数量和在基层一线发展党员数量将继续保持增长态势，女党员规模将继续稳定增加，少数民族党员规模将继续稳定增加，党员队伍的学历程度将持续提升，工人党员、农牧民党员和党政机关党员队伍将保持基本稳定。

关键词： 党员队伍　党组织　青海省

* 崔耀鹏，青海省社会科学院中国特色社会主义理论体系研究中心助理研究员，研究方向为党史党建。

党员队伍是党的建设的基础性工程，而党员队伍的规模和结构是加强和改进党员队伍建设必须把握的两个重要因素。保持合理的党员队伍规模和优良的党员队伍结构是锻造一支听党号令、信念坚定、素质优良、纪律严明、作用突出的党员队伍的重要前提，也是始终保持中国共产党时代先锋、民族脊梁政治地位的重要基础。青海省党员队伍既是全国党员队伍的重要组成部分，也具有自身特点。本报告从“站在青海看青海”的纵向历史维度、“跳出青海看青海”的横向比较维度、“站在全国看青海”的国家视野维度对青海省党员队伍规模和结构的特点进行了比较分析，结合影响青海省党员队伍发展的主要因素，展望了青海省党员队伍规模和结构的未来发展前景。

一　青海省党员队伍和党组织的发展现状

根据中共青海省委组织部于 2021 年 7 月 1 日发布的《2021 年青海省党内统计公报》[①]，截至 2021 年 6 月 5 日，全省共有党员 42.53 万名，有党的基层组织 2.16 万个。

（一）全省党员队伍的现状

从性别看，全省女党员有 12.19 万名，占 28.7%；全省男党员有 30.34 万名，占 71.3%。从民族情况看，全省少数民族党员有 14.34 万名，占 33.7%；全省汉族党员有 28.19 万名，占 66.3%。从文化程度看，全省大专及以上学历党员有 21.49 万名，占 50.5%；全省高中（中专）及以下学历党员有 21.04 万名，占 49.5%。从年龄看，全省 35 岁及以下党员有 9.95 万名，占 23.4%；36~60 岁党员有 24.14 万名，占 56.8%；61 岁及以上党员有 8.44 万名，占 19.8%（见图 1）。从职业看，全省工人（工勤技能人员）党员有 2.44 万名，农牧民党员有 13.71 万名，学生党员有 0.61 万名，离退休人员党员有 7.66 万名。

① 中共青海省委组织部：《2021 年青海省党内统计公报》，《青海日报》2021 年 7 月 1 日，第 4 版。

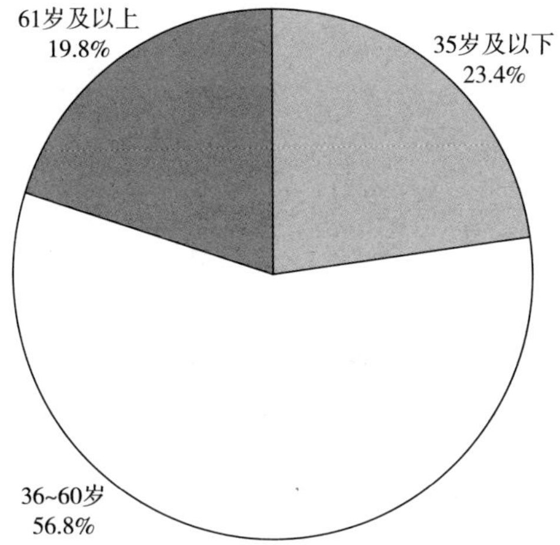

图1　2021年6月青海省党员队伍的年龄分布

资料来源：根据《2021年青海省党内统计公报》整理。

（二）全省申请入党和发展党员的现状

截至2021年6月5日，全省入党申请人5.53万名，入党积极分子3.43万名。2020年1月1日至2021年6月5日共发展党员2.83万名，其中：2020年1月1日至12月31日发展党员1.73万名，2021年1月1日至6月5日发展党员1.1万名。发展女党员1.16万名，发展少数民族党员1.06万名，发展35岁及以下党员2.23万名，发展具有大专及以上学历的党员1.81万名，在生产、工作一线发展党员1.91万名。近年来，青海省发展党员数量呈增加趋势，从2014年发展党员0.96万名增加到2020年的1.73万名（见图2）。

（三）全省党组织的现状

截至2021年6月5日，全省共有党的各级地方委员会53个，其中：省委1个、市（州）委8个、县（市、区）委44个。另有县级行委1个。全省38个城市街道、366个乡镇、515个社区（居委会）、4149个行政村已建立党组织，覆盖率达100%。近年来，全省基层党组织数量呈稳步增加之

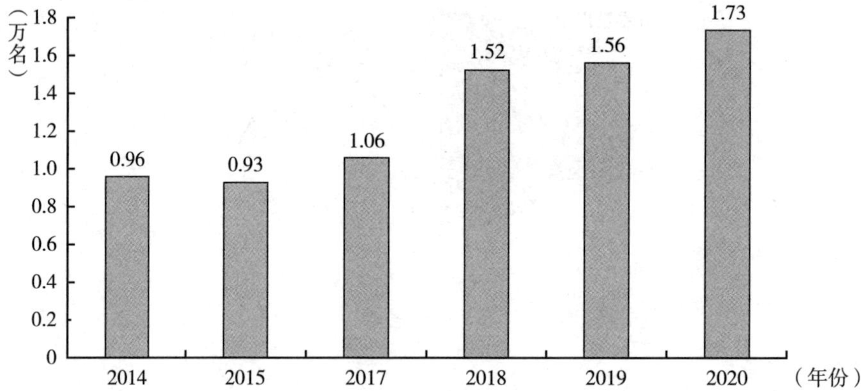

图2 2014~2020年青海省年度发展党员数量

资料来源：根据《青海省党内统计公报》整理。

势，其中：2018年基层党组织有2.08万个，2019年增加至2.10万个。截至2021年6月，全省共有党的基层组织2.15万个。从基层党组织类型看，全省有基层党委0.15万个、党总支0.07万个、党支部1.93万个（见图3）；从基层党组织分布看，全省共有机关基层党组织0.52万个，事业单位

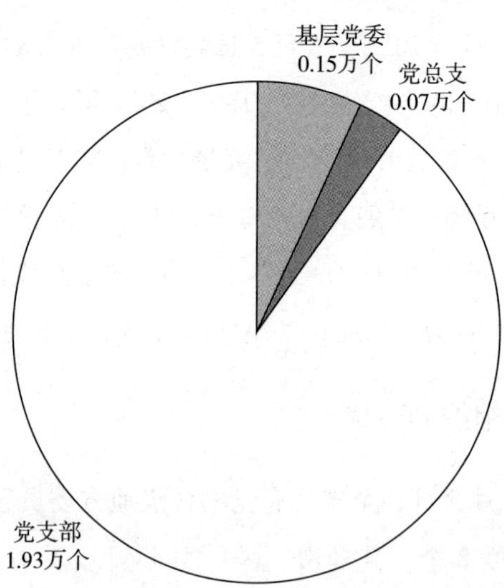

图3 2021年6月青海省党的基层组织类型的数量分布

资料来源：根据《2021年青海省党内统计公报》整理。

基层党组织 0.42 万个，企业基层党组织 0.52 万个，社会组织基层党组织 0.06 万个，基本实现应建尽建。

二　青海省党员队伍的多维比较分析

深刻认识青海省党员队伍规模和结构的特点，既要从“站在青海看青海”的纵向历史角度进行总结梳理，也要从“跳出青海看青海”的横向地理空间进行对比分析，还要从“站在全国看青海”的全局性视野下进行宏观把握。

（一）“站在青海看青海”：青海省党员队伍规模和结构的历史变化

1. 青海省党员队伍规模的历史变化

青海解放前党始终未能在青海地区建立组织，但是寇从善、余光等少数青海籍先进分子在省外加入了中国共产党，这成为青海党员队伍建立和发展的先声。青海省解放后，中共青海省委及各级各类党组织陆续建立起来，党员队伍开始走上不断发展壮大的道路。1950 年全省仅有党员 1384 名，占总人口的比例不足 0.1%。这些党员主要来自省外，本地党员数量极少。截至 2021 年 6 月，全省党员共有 42.53 万名，约占人口总数的 7%（见图 4）。

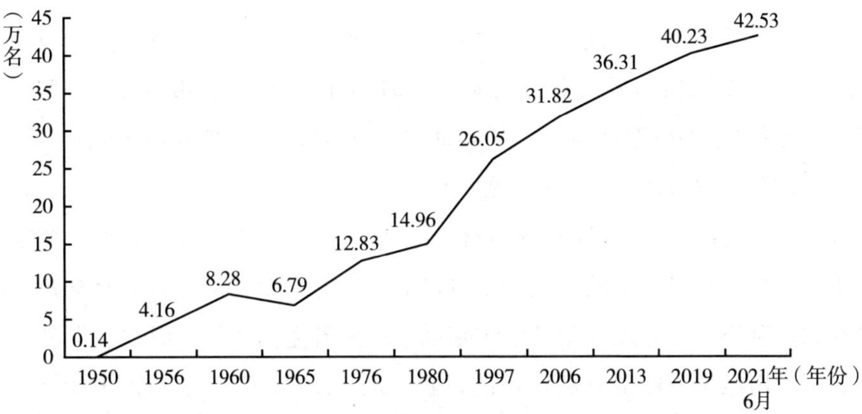

图 4　1950 年以来青海省主要年份党员数量

资料来源：根据《中国共产党青海地方组织志》《青海省志·共产党志（1991-2006）》《青海省党内统计公报》（历年）整理。

2. 青海省党员队伍结构的历史变化

青海省党员队伍数量规模在经历几何式爆炸性增长的同时，其结构也实现了不断优化升级的历史性跨越。

一是性别结构均衡化。青海解放后女党员队伍得以建立和发展，且数量呈不断增加之势。1951 年全省女党员仅有 117 名，占党员总数的 5. 2%。截至 2021 年 6 月，全省女党员达 12. 19 万名，占比上升至 28. 66%（见图 5）。

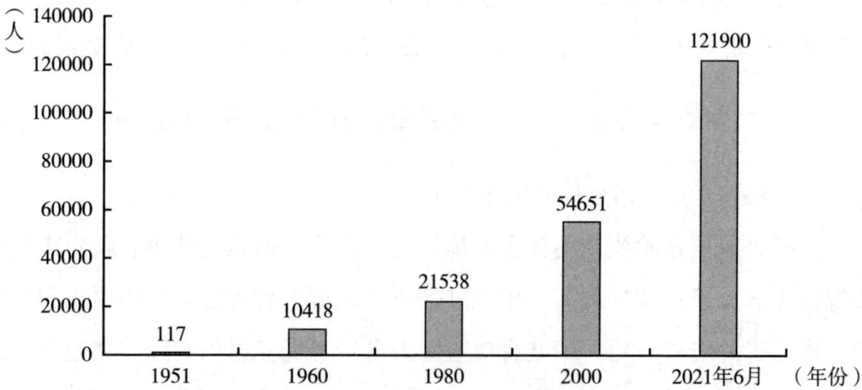

图 5　青海解放以来女党员数量变化

资料来源：根据《中国共产党青海地方组织志》《青海省志·共产党志（1991－2006）》《青海省党内统计公报》（历年）整理。

二是民族结构不断优化。青海省注意吸收少数民族中的积极分子入党，少数民族党员队伍呈发展壮大态势。1951 年青海省西宁市有党员 152 名，其中少数民族党员仅 11 人。[①] 截至 2021 年 6 月，全省少数民族党员 14. 34 万名，占党员总数的 33. 71%（见图 6）。

三是学历结构持续升级。在较长的历史时期内，由于青海省教育文化事业落后，全省党员队伍的文化程度也较低。青海省教育事业的不断发展，为提升党员队伍文化程度奠定了坚实基础。青海省党员队伍建设的过程也是党员队伍学历结构不断提升和优化的过程。截至 2021 年 6 月，全省大专及以上学历党员 21. 49 万名，占党员总数的 50. 52%。

① 西宁市地方志编纂委员会编《西宁市志·中国共产党志》，青海人民出版社，2015，第 264 页。

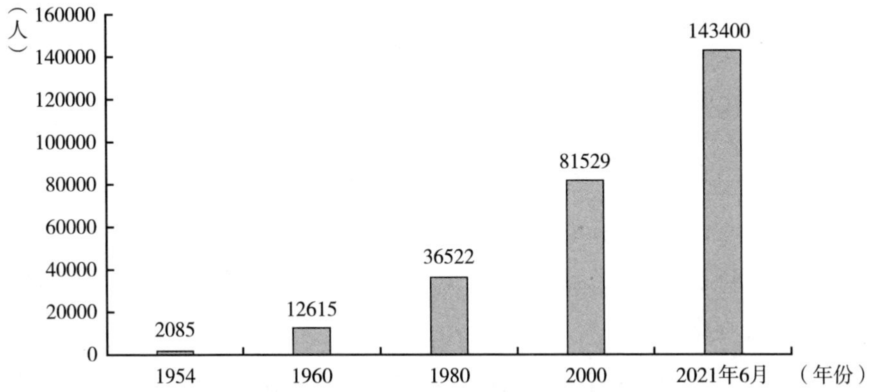

图 6　青海解放以来全省少数民族党员数量变化

资料来源：根据《中国共产党青海地方组织志》《青海省志·共产党志（1991－2006）》《青海省党内统计公报》（历年）整理。

四是年龄结构合理化。青海省党员队伍在建立和发展的过程中始终注意吸收青年先进分子，是一支代表全省各族人民根本利益且充满朝气与活力的先锋队。近年来，面对社会老龄化程度加深的新形势，青海省重视发展青年党员工作，党员队伍老龄化发展态势得到一定减缓（见表 1）。

表 1　青海省 61 岁及以上党员数量及比例

单位：万人，%

年份	61 岁及以上党员数量	61 岁及以上党员占比
2019 年 12 月	8.15	20.26
2021 年 6 月	8.44	19.84

资料来源：根据《青海省党内统计公报》整理。

五是职业结构科学化。青海解放初期党员队伍的职业以干部职工为主，职业结构较为单一。在社会主义革命、改革和建设的进程中，青海省党员队伍行业领域覆盖面不断扩大，特别是注重在生产和工作一线发展党员，党员队伍职业结构分布朝着科学化方向发展。例如，2020 年全省在生产和工作一线发展党员 11984 名，占全年发展党员总数的 69.1%。

（二）“跳出青海看青海”：青海省党员队伍规模和结构状况与其他省（区）的比较分析

青海是中国西北内陆的一个省份，它融合西部地区、民族地区和高原地区的特点于一身，这种省情实际对党员队伍规模和结构产生重要影响。与西部民族地区其他省（区）相比，青海省党员队伍规模和结构状况均表现出“两个中游”的特点。

1. 青海省党员数量占全省人口的比例在西部民族地区省份中处于“中游”水平

青海是全国各省（区市）中党员数量最少的一个省，这是由于全省人口总量较少。截至 2021 年 6 月 5 日，西藏自治区有党员 42.6 万名，青海省为 42.53 万名，西藏自治区党员数量规模与青海基本相当。但是，从党员数量占全省（区）人口比例的角度看，青海在西部民族地区省份中处于“中游”水平（见表 2）。

表 2　2021 年 6 月青海省党员数量及占人口比例与其他省区比较

单位：万人，%

序号	省区	党员数量	党员占人口比例
1	西藏自治区	42.6	11.7
2	甘肃省	188.0	7.5
3	青海省	42.53	7.2
4	广西壮族自治区	249.4	7.1
5	内蒙古自治区	169.7	5.0

资料来源：根据《青海省党内统计公报》《西藏自治区党内统计公报》《甘肃省党内统计公报》《广西壮族自治区党内统计公报》《内蒙古自治区党内统计公报》及相关资料整理。

2. 青海省党员队伍结构状况在西部民族地区各省（区）中处于“中游”水平

一是青海省党员队伍的民族结构状况在西部民族地区各省（区）中处于“中游”水平。青海省虽然属于西部民族地区，但是少数民族党员结构还不能很好地适应少数民族人口结构特点，突出表现在少数民族党员数量占比低于其他一些民族地区（见表3）。

表3　2021年6月青海省少数民族党员数量及比例与其他省区比较

单位：万人，%

序号	省区	少数民族党员数量	少数民族党员占比
1	西藏自治区	34.4	80.4
2	广西壮族自治区	89.7	36.0
3	青海省	14.34	33.7
4	内蒙古自治区	41.5	24.4
5	甘肃省	13.2	7.0

资料来源：根据《青海省党内统计公报》《西藏自治区党内统计公报》《甘肃省党内统计公报》《广西壮族自治区党内统计公报》《内蒙古自治区党内统计公报》整理。

二是青海省党员队伍的年龄结构状况在西部民族地区各省（区）中处于“中游”水平（见表4）。因此，青海省青年党员发展有较大的提升空间。

表4　2021年6月青海省35岁及以下年龄青年党员数量及比例与其他省区比较

单位：万人，%

序号	省区	35岁及以下党员数量	35岁及以下党员占比
1	西藏自治区	21.5	50.5
2	甘肃省	47.8	25.4
3	青海省	9.95	23.4
4	内蒙古自治区	38.1	22.5

资料来源：根据《青海省党内统计公报》《西藏自治区党内统计公报》《甘肃省党内统计公报》《内蒙古自治区党内统计公报》整理。

三是青海省党员队伍的学历结构状况在西部民族地区各省（区）中处于“中游”水平，大专及以上党员数量所占比例无显著优势（见表5）。

表 5　2021 年 6 月青海省大专及以上学历党员数量及比例与其他省区比较

单位：万人，%

序号	省区	大专及以上党员数量	大专及以上党员占比
1	内蒙古自治区	97.4	57.5
2	青海省	21.49	50.5
3	甘肃省	92.7	49.3
4	广西壮族自治区	116.8	46.8
5	西藏自治区	16.8	39.3

资料来源：根据《青海省党内统计公报》《西藏自治区党内统计公报》《甘肃省党内统计公报》《广西壮族自治区党内统计公报》《内蒙古自治区党内统计公报》整理。

四是青海省党员队伍的性别结构状况在西部民族地区各省（区）中处于“中游”水平（见表6）。

表 6　2021 年 6 月青海省女党员数量及比例与其他省区比较

单位：万人，%

序号	省区	女党员数量	女党员占比
1	广西壮族自治区	79.9	32.0
2	内蒙古自治区	52.4	30.9
3	西藏自治区	12.6	29.4
4	青海省	12.2	28.7
5	甘肃省	50.6	26.9

资料来源：根据《青海省党内统计公报》《西藏自治区党内统计公报》《甘肃省党内统计公报》《广西壮族自治区党内统计公报》《内蒙古自治区党内统计公报》整理。

由此可见，与西部民族地区其他省（区）相比，青海省党员队伍在民族结构、年龄结构、学历结构和性别结构等方面没有显著的优势，其党员队伍状况总体上处于“中游”水平。

（三）“站在全国看青海”：全国视野下青海省党员队伍规模和结构状况的比较分析

1. 全国视野下青海省党员队伍规模具有“一快一高”两个特点

一是党员数量增速快。党的十八大以来，青海省党员队伍规模延续以往持续扩大的态势，增幅远快于全国平均水平（见表7）。

表 7　青海省与全国党员数量及增幅比较

单位：万人，%

年份	青海省		全国	
	党员数量	增幅	党员数量	增幅
2013 年底	36.3	—	8668.6	—
2021 年 6 月	42.53	17.2	9514.8	9.8

资料来源：根据《青海省党内统计公报》《中国共产党党内统计公报》整理。

二是在生产和工作一线发展党员所占比例高。党的十八大以来，青海在生产和工作一线发展党员数量不断增多，占比高于全国平均水平（见表 8）。

表 8　青海省与全国在生产工作一线发展党员数量及占比比较

单位：万人，%

年份	青海		全国	
	在生产工作一线发展党员数量	占比	在生产工作一线发展党员数量	占比
2019 年底	1.05	67.3	122.2	52.1
2020 年 1 月至 2021 年 6 月	2.83	67.5	473.9	52.1

资料来源：根据《青海省党内统计公报》《中国共产党党内统计公报》整理。

2. 全国视野下青海省党员队伍结构具有“两高两低一同”的特点

一是女党员所占的比例高。党的十八大以来，青海省女党员数量保持稳定增加态势，且女党员占比经历了从略高于全国平均水平到与全国平均水平基本持平的过程（见表 9）。

表 9　青海省与全国女党员数量及占比分析

单位：万人，%

年份	青海省		全国	
	女党员数量	占比	女党员数量	占比
2013 年底	8.9	24.6	2109.0	24.3
2014 年底	9.1	24.9	2167.2	24.7

续表

年份	青海省		全国	
	女党员数量	占比	女党员数量	占比
2019 年底	11.13	26.7	2559.9	27.9
2021 年 6 月	12.19	28.7	2745.0	28.8

资料来源：根据《青海省党内统计公报》《中国共产党党内统计公报》整理。

二是少数民族所占比例高。青海省少数民族党员数量保持稳定增加态势（见表 10）。并且，青海省少数民族党员占全省党员总数的比例明显高于全国平均水平，这是由于青海省是较为明显的民族地区。

表 10　青海省与全国少数民族党员的数量及占比分析

单位：万人，%

年份	青海省		全国	
	少数民族党员	占比	少数民族党员	占比
2013 年底	11.5	31.7	595.4	6.9
2014 年底	11.7	31.8	605.1	6.9
2019 年底	13.4	33.3	680.3	7.4
2021 年 6 月	14.3	33.7	713.5	7.5

资料来源：根据《青海省党内统计公报》《中国共产党党内统计公报》整理。

三是老龄化程度低。青海省党员队伍老龄化程度低于全国平均水平。但是，青海省年龄在 35 岁及以下的青年党员占比却低于全国平均水平（见表 11）。

表 11　青海省与全国党员队伍年龄结构比较

单位：%

年份	地区	35 岁及以下党员占比	61 岁及以上党员占比
2014 年底	青海省	20.52	19.80
	全国	25.60	26.10
2019 年底	青海省	21.85	26.1
	全国	24.22	28.92

资料来源：根据《青海省党内统计公报》《中国共产党党内统计公报》整理。

四是学历水平较低。青海省和全国的党员队伍文化结构均延续高学历化趋势，文化程度不断提高。青海省党员队伍文化程度低于全国平均水平，但与全国平均水平的差距在逐渐缩小（见表 12）。

表 12　青海省与全国大专及以上学历党员数量及占比分析

单位：万人，%

年份	青海省		全国	
	大专及以上党员数量	占比	大专及以上党员数量	占比
2013 年底	14.07	38.8	3606.8	41.6
2019 年底	19.46	48.4	4661.5	50.7
2021 年 6 月	21.49	50.5	4951.3	52.0

资料来源：根据《青海省党内统计公报》《中国共产党党内统计公报》整理。

五是职业结构变化趋同。青海省党员队伍的职业结构变化与全国党员队伍的职业结构变化呈同步同向发展态势（见表 13）。主要表现在：青海省与全国农牧民党员数量保持基本稳定，占比均不断下降；青海省与全国学生党员数量均表现出增加态势，占比均上升；青海省与全国离退休党员数量均不断增加，占比均整体上升。

表 13　青海省与全国党员队伍职业结构的比较分析

单位：万人，%

年份	农牧民党员				学生党员				离退休党员			
	青海省		全国		青海省		全国		青海省		全国	
	数量	占比	数量	占比	数量	占比	数量	占比	数量	占比	数量	占比
2014 年底	12.52	34.13	2593.7	29.54	0.49	1.34	224.7	2.56	6.14	16.73	1621.6	18.47
2019 年底	13.19	32.79	2556.1	27.81	0.45	1.12	196.0	2.13	7.21	17.92	1866.1	20.30
2021 年 6 月	13.71	32.24	2581.7	27.13	0.61	1.43	306.7	3.22	7.66	18.01	1911.8	20.09

资料来源：根据《青海省党内统计公报》《中国共产党党内统计公报》整理。

三　青海省党员队伍的未来发展展望

青海省党员队伍规模和结构的未来发展状况如何，离不开两个重要因素的影响：一方面，离不开中国共产党整体发展状况的影响。青海省党员队伍是中共党员队伍的重要组成部分。新时代的中国共产党将是“始终走在时代前列、人民衷心拥护、勇于自我革命、经得起各种风浪考验、朝气蓬勃的马克思主义执政党”①。中国共产党党员队伍建设将坚持控制规模和优化结构并举，做到有控、有保、有减、有增，实现均衡发展，党员队伍必将展现出新气象和新面貌。另一方面，离不开新时代青海省改革、发展和建设的影响。青海省党员队伍建设既要遵守新时代党的建设总要求，也要服务于全省经济社会的重大发展战略。2022 年 5 月，青海省第十四次党代会作出加快建设绿色发展、生态友好、创新开放、文明和谐、人民幸福、政治清明的现代化新青海，奋力谱写全面建设社会主义现代化国家的青海篇章的重大决定，未来青海省党员队伍规模和结构的发展必然要服务于“六个现代化新青海”这个重大决定。

具体而言，未来青海省党员队伍规模和结构的发展状况呈现以下趋势。

一是全省党员队伍总量将继续合理增长。与青海解放初期相比，当前全省党员队伍规模实现翻天覆地的变化，但是党员队伍总量不可能无限膨胀下去。党的十八大以来，中央确定“控制总量”的基调在未来青海省党员队伍建设中将得到体现。当然，在新时代现代化新青海建设的征程上，青海省党员队伍规模将以完成所担负的任务和使命为依据继续保持合理增长。

二是全省基层党组织数量和在基层一线发展党员数量将继续保持增长态势。基层党组织是党的全部工作和战斗力的基础，注重抓基层打基础是党的优良传统和独特优势。随着新时代党的自我革命和社会革命的深入推进，基层党组织规模将继续保持增长趋势，并将更加牢固地扎根于各地区、行业和

① 习近平：《习近平谈治国理政》（第三卷），外文出版社，2020，第 48 页。

领域之中，成为实现国家治理体系和治理能力现代化不可替代的基层领导力量。同时，在生产和工作一线发展党员的导向将更加鲜明，党员干部与人民群众的联系将更加紧密，党员队伍将展现更加良好的自身形象和精神风貌。

三是全省女党员规模将继续稳定增加。女党员是中国共产党党员队伍的重要组成部分，在革命、建设和改革的征程中发挥着不可替代的重要作用。党的历史和实践证明，重视发挥女党员和妇女群众的特殊作用是我们党的优良传统和独特优势。面对女党员占比长期低于女性人口比例的情况，在实现建设现代化新青海目标的征程中，发展女党员的力度将继续保持，全省女党员的规模将继续稳定增加，全省女党员占比将进一步提高。

四是全省少数民族党员规模将继续稳定增加。青海省改革、发展和建设取得的重大成就离不开少数民族党员的独特贡献。少数民族党员是中国共产党党员队伍的重要组成部分，是党在民族地区执政的骨干力量，关乎中华民族大团结、关乎广大民族地区的社会稳定、关乎国家长治久安和中华民族伟大复兴。全省少数民族党员规模将以快于少数民族人口增长率的速度继续增加，全省少数民族党员占比也将进一步提高。

五是全省党员队伍的高学历化程度将持续提升。《中共中央关于党的百年奋斗重大成就和历史经验的决议》总结了党领导人民进行伟大奋斗的十条历史经验，其中有两条历史经验都提到“创新”，即“坚持理论创新”和“坚持开拓创新”[①]，由此可见“创新”在党的百年奋斗史中的特殊地位与作用。创新是中国共产党过去成功和未来继续成功的内在密码，而知识、文化和专业技能则是进行理论创新和开拓创新的基本前提。实现建设现代化新青海的目标，需要更多拥有知识、文化和专业技能的高素质人才，全省在高学历社会群体中发展党员的力度将进一步加大，全省党员队伍的高学历化、高知识化和高专业化程度将持续提高。

六是全省工人党员、农牧民党员和党政机关党员队伍将保持基本稳定。

---

① 《中共中央关于党的百年奋斗重大成就和历史经验的决议》，《人民日报》2021 年 11 月 17 日，第 8 版。

青海省党员队伍在发生历史性变革的同时，将保持工人党员、农牧民党员和党政机关党员队伍的基本稳定。从阶级基础看，中国共产党是工人阶级的政党，面对工人党员队伍萎缩的形势，在工人群众中发展党员的力度将加大，党的阶级基础将得到增强。从发展目标看，建设现代化新青海，农业农村仍然是最大的短板，保持农牧民党员队伍规模的基本稳定是实现乡村振兴、民族复兴的内在需要。从政治属性看，中国共产党是马克思主义执政党，保持一支基本稳定的党政机关党员队伍是实现长期执政的必然要求，也是把党中央战略决策在青海大地贯彻落实的重要保证。

参考文献

信长星：《坚定不移沿着习近平总书记指引的方向前进 奋力谱写全面建设社会主义现代化国家的青海篇章——在中国共产党青海省第十四次代表大会上的报告（2022 年 5 月 23 日）》，《青海日报》2022 年 6 月 6 日。

孙应帅：《十八大以来党员数量结构不断优化》，《前线》2014 年第 9 期。

满其旺：《党员规模控制研究述评》，《贵阳市委党校学报》2014 年第 6 期。

刘筱勤、程建军：《关于党员队伍规模的考察与反思》，《理论视野》2014 年第 5 期。

赵乐际：《在全国发展党员和党员管理工作座谈会上的讲话》，《党建研究》2013 年第 10 期。

王丽娟：《90 年来中国共产党党员队伍结构的变化与发展》，《学校党建与思想教育》2012 年第 7 期。

程建军、徐姣：《中国共产党党员队伍结构、规模现状及改善》，《江苏行政学院学报》2005 年第 2 期。

B.14
2022~2023年青海社会治理发展报告

张立群　娄海玲*

摘　要： 社会治理是进入新发展阶段的时代重任，是奋力推进社会主义现代化国家建设的应有之义，也是在更高起点上实现社会治理规范化、有序化和有效化的内在要求。结合青海省省情的特殊性、治理的广泛性和群众的能动性，青海要实现社会治理的有序发展，需要在党建引领、制度建构、法治方式和能力提升上着力，从而形成具有地方特色的社会治理体系。

关键词： 社会治理　党建引领　青海省

2022 年，党的二十大提出了一系列新思想、新理念、新要求，为建设社会主义现代化提供了根本遵循，也为社会治理指明方向和实现路径。青海在踏上新征程、奋进新时代的进程中，2023 年社会治理能够更加有效地激发社会活力，在更高起点上推进社会全面发展与进步。

一　2022年青海社会治理的亮点及基本经验

青海积极推进社会治理模式创新，在推广“班玛经验”和玉树“村寺并联”基层社会治理模式的基础上，总结出具有青海特色的“三种类型、四个层级”社会治理模式，形成了坚持党的领导、健全制度机制、依靠群

* 张立群，青海省社会科学院政法所所长，教授，研究方向为地方法治建设；娄海玲，青海省社会科学院政法所副研究员，研究方向为法社会学。

众、依法治理的社会治理经验，走出了一条具有青海特色的社会治理创新之路，社会治理的系统功能和整体效能持续增强。

（一）坚持党的领导是青海社会治理的政治保证

习近平总书记在党的二十大报告中指出“全面加强党的领导，确保党中央权威和集中统一领导，确保党发挥总揽全局、协调各方的领导核心作用”。“治理好我们这个世界上最大的政党和人口最多的国家，必须坚持党的全面领导特别是党中央集中统一领导。”① 因而，青海社会治理必须坚持和加强党的全面领导，以党建为引领，把党的领导落实到社会治理的各方面各环节，积极推进社会治理能力与治理水平现代化进程。

1. 充分发挥党组织在社会治理中的领导核心作用

青海积极探索党组织发挥作用的有效途径，在建强建优基层党组织的基础上，聚焦主责主业抓党建、抓治理、抓服务，充分发挥党组织在社会治理中的领导核心作用。无论是果洛州“班玛经验”还是玉树州的“村寺并联”都是在加强基层党组织建设基础上，建强建优基层党组织和党员队伍，从而发挥基层党组织在全面推进社会治理中的战斗堡垒作用。调查显示，认为基层党组织领导核心作用发挥“好”和“较好”的受访者分别为 51.46%和 39.81%。

2. 探索“党建+社会治理”模式

青海积极探索基层“党建+社会治理”模式，以党建引领社会治理，将党建工作与社会治理有机结合，坚持把加强基层党的建设贯穿于社会治理的方方面面，各级党委政府将社会治理工作纳入重要议事日程，完善党委领导、政府主导，相关部门密切配合，社会力量广泛参与的社会治理工作机制。全面建立市（州）、区（县、市）、街道（乡镇）、社区（村）四级党组织联动机制，强化“战斗堡垒”聚合作用，进一步压实社会治理主体责

① 《中共中央关于党的百年奋斗重大成就和历史经验的决议》，中华人民共和国中央人民政府网，2021 年 11 月 16 日，http：//www. gov. cn/xinwen/2021－11/16/content_ 5651269. htm，最后检索时间：2022 年 12 月 8 日。

任。通过党建提升社会治理效能，推动社会各项事业协调发展，探索出了“党建+社会治理”的社会治理经验。

3. 提升党务工作精细化水平

党建与网格化服务管理有机结合，不断提升党组织和党员服务群众的精细化水平。如海东市平安区创新实施“党建点亮网格”工程，全面开启“党建引领、网格呼叫、党员双报到”工作新模式，构建起“乡镇党委—村（社区）党组织—楼院（社组）党小组—党员中心户—基层党建网格员”为基本框架的五级党建网格体系，以楼栋、社组为单位建立网格党小组，形成了网格党小组与城市管理、乡村综合治理等各类网格“多网融合、一网统筹”的一体式、全覆盖、服务型党建网格。同时，在网格党小组以下调整划分党员中心户和党员家庭户并分别挂牌，开展党员亮身份、党员联户、家庭互助等活动。

（二）健全制度机制是青海社会治理的重要基础

制度是提升青海社会治理水平的基础，党的十九大报告提出，要“加强社会治理制度建设”，推进社会治理的精细化。青海在长期的社会治理实践中，构建起一套较完备的制度机制体系，为创新社会治理发展提供了重要基础。

1. 法规规章为保障

“良法促进善治”，法律制度是提升社会治理效能的重要保障。青海各级立法机关及时订立涉及社会治理的相关内容的地方性法规规章和单行条例，为社会治理现代化提供了强有力的法治保障。省级层面先后出台了《青海省人民调解工作条例》《青海省社会治安综合治理条例》《青海省宗教事务条例》《青海省法制宣传教育条例》《青海省促进民族团结进步条例》等地方性法规；同时，青海省委、省政府出台了《关于建立重大事项社会稳定风险评估机制的指导意见》《关于加强和完善城乡社区治理的实施意见》等地方规章。有立法权的市州层面，普遍制定了与社会治理内容相关的单行条例，如涉及促进民族团结进步、藏传佛教事务管理、社会治安综合治理等内容的单行条例。尤其是海东市制定的全国首部移风易俗地方性法规《海东市移风易俗促进条例》，以法治方式推动了地方社会治理的现代化，开启了青海基层社会治理地方立法的新篇章。

2. 制度设计为先导

青海省委、省政府及其相关部门相继出台了一批重要的社会治理方面的政策性文件，对地方社会治理起到了支撑和指导的作用。2017 年出台了《关于加强和完善城乡社区治理的实施意见》，对推动城乡基层社会治理法治化具有重要指导意义。2019 年出台的《关于进一步健全完善村规民约居民公约的实施意见》，为切实发挥村规民约、居民公约在基层社会治理中的引领约束作用，推动完善自治法治德治相结合的乡村治理体系起到了重要作用。尤其是 2020 年出台的《中共青海省委关于贯彻党的十九届四中全会精神推进地方治理制度创新和治理能力建设的意见》，以突出创新地方治理关键性制度为主线，着力构建系统完备、科学规范、运行有效的地方治理制度体系，开创了新时代青海地方治理制度建设的新高度。此外还有《关于印发推进乡村有效治理的若干措施的通知》《关于建立村级民主议事规则的指导意见》《关于建立完善矛盾纠纷多元化解机制的意见》《关于加强城乡社区协商的指导意见》等，对推动青海社会治理起到了政策支撑的作用。

3. 市州配套措施为关键

青海各市州县积极探索和实践，在贯彻落实国家和省级社会治理相关法律法规政策的同时，积极制定配套措施和实施意见，形成了各具特色的地方治理之制。如黄南州出台的《突出党建引领深化“一核三治”打造地方治理“黄南模式”的实施意见》，将基层社会治理的总要求、目标任务、重点工作、实施步骤等予以明确；海北州制定的《关于推进全州综治中心建设的实施意见》，通过设立综治工作站，推动基层社会治理的有效开展；海南州制定的《“有事好商量”协商议事平台建设实施意见》，将“有事好商量”协商议事平台建设作为基层社会治理的创新载体。市州层面制定的配套措施，搭建起了青海社会治理制度体系的框架，有力地助推了青海基层的社会治理。

（三）依靠群众是青海社会治理的根本保证

群众是社会治理的主体，依靠群众是社会治理的根本保证。只有坚持以“人民为中心”，把改善民生、完善基础设施、提升公共服务水平与维护群众根本利益结合起来，让全体人民共享发展成果，才能增强青海社会治理的活力，也才能为推进社会治理创造良好社会环境和坚实物质基础。

1. 民生是社会治理之本

青海各级党委政府始终把改善民生作为创新社会治理、促进社会长治久安的治本之策，坚定地走“小财政、大民生”之路，保基本、兜底线、织密网，全力稳就业促增收，不断完善社会保障体系，促进教育均衡发展，提升公共服务均等化水平，寓服务于治理之中，完善政府购买服务机制，引导社会组织积极提供社会化服务。各族群众的幸福感持续上升。青海牧区牧业合作的“拉格日模式”、高海拔移民搬迁“德吉村模式”、生态管护公益性岗位一岗多责制度等已成为惠民生促稳定的成功经验，民生持续得到改善。

2. 基础设施建设是社会治理之要

青海各级党委政府在社会治理中积极落实“平安与振兴工程”决策部署，结合“三基”建设，不断夯实基层稳定基础。在推进平安与振兴项目的基础上，建立边界维稳检查站，积极推进各地基础设施建设，加强村级综合办公服务中心建设、加强寺院综合服务中心建设。同时，推进各地法律服务机构建设，在乡镇设立司法所，在村（社）设立“村警”和“法律顾问”等各项基础保障设施，为社会治理提供必要的基础保障。

3. 群众参与是社会治理之基

群众参与是促进社会治理发展的内在要求，也是体现自治功能的重要标志。青海各地积极拓宽群众参与社会治理的渠道，发挥群众主体作用，调动各族人民群众参与社会治理的积极性、主动性，并出台《城乡社区协商实施办法》，对民主协商议事决策制度进行详细的规定，提高了群众参与社会治理的能动性，从而夯实青海社会治理的群众基础。

（四）依法治理是青海社会治理的重要前提

法治是实现社会治理现代化的重要保障，习近平总书记指出，社会治理要“坚持依法治理，加强法治保障，运用法治思维和法治方式化解社会矛盾”，破解社会治理难题，提升社会治理的法治化水平。

1. 加大矛盾纠纷调解力度

青海探索建立第三方参与化解矛盾纠纷机制，修改完善村规民约、寺规僧约，开展群众说事、民情恳谈、百姓议事等民主协商活动，集中解决社会治理中不完善不规范不科学的问题与短板，各族群众的获得感大幅提升。一是加大对矛盾纠纷的排查，按照“底数清楚、重在化解，矛盾不上交”的要求，全方位、多层面地深入开展摸底排查梳理工作。“截至 2022 年 5 月底，全省开展矛盾纠纷排查 13.9 万余次，调解矛盾纠纷 9239 件，调解成功 9051 件，调解成功率 97.96%。”[①] 二是开展矛盾纠纷排查化解工作。对涉及农牧民群众切身利益而引发的社会矛盾和突出上访问题，切实做好排查梳理化解工作，有效防止“民转刑”案件的发生。三是加强调解组织规范管理，加强对行业性、专业性调解组织的建设，遴选各个行业调解委员会的调解员，提升基层人民调解组织依法办事的能力。

2. 推动网格化服务管理水平

一是积极探索建立符合青海社会治理实际的网格服务治理新模式。为提升青海社会治理现代化水平，实行“网格管理、组团服务”，建立片区+网格+网点+住户层级管理新模式，实现乡镇、村网格管理覆盖面达到 100%。二是充分发挥网格员的作用。网格员通过“走、听、建、解”[②] 四步服务流程，在社情民意收集、政策法规宣传、平安巡控、社会治安综合治理、排查

① 《深刻认识“三新一高”全面服务“高地”“四地”为建设现代化新青海注入司法行政力量》，青海司法行政网，2022 年 6 月 27 日，http：//sft. qinghai. gov. cn/ub/qhsfxzw/sfxzyw/sfxzyw/p202206/t20220627_ 91552. htm，最后检索时间：2022 年 12 月 8 日。

② 走，入户走访；听，关注群众诉求；建，建立服务管理台账、表、卡；解，排查化解社会不稳定因素。

调处矛盾纠纷、关爱服务等方面深入推进精细化管理，有效提升了对群众规范化、精细化、人性化服务水平和群众自我管理、自我教育、自我监督的能力。三是提升网格服务水平。“全省共划分网格 22428 个，配备专兼职网格员 58771 名，乡镇（街道）网格化服务覆盖率达 100%，村（社区）覆盖率达 98%。”[①] 网格化服务的覆盖，为提升社会治理的精细化水平，发挥基层依法治理效能具有重要的实践价值。

3. 加强综治中心建设

青海积极推进州县乡村四级综治中心实体化建设和规范化运行，目前“共建成市（州）级综治中心 8 个、县（市、区）级 45 个、乡镇级 414 个、村（社区）级 4486 个，各级综治中心挂牌率达 100%”。[②] 积极探索基层综治中心与便民服务有机结合、相互融合，整合多种服务管理功能于一身，城乡综合便民服务设施基本实现了全覆盖。

二 2022年青海社会治理存在的困难及挑战

青海社会治理取得了一定的成效，部分市州县形成了自己的治理特色和经验，但由于青海社会化步伐的加快、群众自治意识的提升，传统治理模式和手段在客观上已不能适应当前社会发展需要，青海社会治理还存在诸多困难和制约因素。

（一）部分地区党建核心领导作用发挥力逐层减弱，社会治理效能逐级弱化

区域化党建格局是形成社会治理的基本单元，也是夯实党建基础的有力举措。但有少数基层党组织仍然“大而不强”，少数党组织在社会治理中的核心领导作用有待进一步增强，尤其是在组织动员单位、社会组织和群众共

① 闫柏：《奋力打造市域社会治理现代化青海样板》，《青海日报》2021 年 10 月 14 日，第 7 版。
② 李雪萌：《描绘基层社会治理新画卷》，《青海日报》2020 年 1 月 8 日，第 5 版。

同参与社会治理上的号召力、凝聚力和向心力还有待进一步提升。一些偏远地区部分“两委”班子“双带”能力不强，导致主动发展思路不清、愿望不强，班子服务群众和社会的能力有待提升，间接削弱了基层党组织的服务能力。

（二）社会治理职责权限不够明确，治理水平有待提升

社会治理是系统性、多层次、全方位的整体治理工程，涉及社会的各个方面，需要各部门、各层级的相互配合，才能产生实际效果。但在实践中，青海社会治理还未真正形成全方位多层次的有效合力，少数地方社会治理处于条块分割、各自为政、定位不清的状态；甚至有少数群众性自治组织被当作一些部门的附属部门，使个别基层自治组织出现行政化倾向，同时，有的自治组织忙于各类行政事务，自治能力水平得不到提高，群众的自治需求也不能得到全面满足，治理效能未能得到有效发挥，社会治理的系统性、全面性和动态性还有些欠缺。

（三）法治思维和法治方式不强，依法治理体系尚未形成

青海由于特殊的自然环境和历史条件，经济社会发展相对滞后，群众受教育程度不高，依法治理的意识不强。在社会治理实践中，依法治理的基础、能力、环境和效果与新形势还存在一定的差距，运用法治思维和法治方式推动社会治理、化解矛盾纠纷、维护社会稳定的理念还未真正完全形成，一些地方和部门对依法治理的认识不够，运用法治思维和法治方式推动社会治理的能力有待提升。少数基层干部在社会治理中习惯运用传统思维和行政手段进行管理，对依法治理的目标要求、方式方法还未理解，依法治理能力有待全面提升。

（四）社会治理主体单一，共建共治共享机制尚待健全

青海少数村（牧）民委员会的独立性、自治性不高，基层自治组织能力不强，群众参与社会治理的积极性不高，共建共治共享机制尚未形成，影

响社会治理效果。一是部分群众参与社会治理的积极性不高。由于文化水平的不同，群众思维方式、价值取向出现较大差异性、多变性、模糊性，部分群众对参与社会治理的平台程序、内容和方式了解有限，参与社会治理的意识和意愿也不高。二是青海有些偏远地区参与社会治理的人口绝对数减少。随着城镇化、工业化的快速推进，农牧区人口尤其是青壮年劳动力加速向省内外经济发展较好的城市转移，少数自然条件艰苦的村社出现“空壳村”“老龄村”现象，参与社会治理的人口绝对数正在减少，留下的大多是老弱病残幼，参与社会治理的积极性也不高。三是一些社会组织参与社会治理的意愿不强。由于基层社会治理中普遍存在靠行政推动力来整合社会治理的方式很难吸引社会组织的自觉参与，而青海各类社会组织自身力量又比较薄弱，因此，形成社会组织全面自觉地参与社会治理的局面有一定的难度。

（五）宗教事务管理不够规范，社会治理能力有待强化

青海是多民族聚居、多宗教并存、多文化交汇的地区，如何发挥宗教信仰与社会治理在不同领域中和不同层次上的作用是提升社会治理水平、维护社会和谐稳定的关键。当前，青海少数地方和部门在宗教事务的管理手段和方式上还存在一定的随意性，相关职能部门的管理职能和作用发挥还不够充分；寺院社会管理体制机制与目标要求还存在一定差距，寺院日常管理协调机制还不够完善，遵循和实施规章制度方面还不完全到位。同时，寺院基础设施建设和公共服务等政策落实还有待进一步提升；宗教领域自我管理和约束能力有待进一步增强，宗教教职人员队伍素质也有待提高。

三　2023年推进青海社会治理的对策建议

社会治理是进入新发展阶段的时代重任，是奋力推进社会主义现代化国家建设的应有之义，也是在更高起点上实现社会治理规范化、有序化和有效

化的内在要求。结合省情的特殊性、治理的广泛性和群众的能动性，实现社会治理的有序发展，需要在党建引领、制度建构、法治方式和能力提升上着力，形成具有地方特色的社会治理。

（一）加强党在社会治理中的作用

党的建设是政治建设的集中体现，是实现社会治理的根本保障。党的领导是中国特色社会主义制度的重要体现，各级党委在社会治理中的全面领导和协调联动是社会治理的组织保障，能够实现在统筹协调过程中贯彻党的路线方针政策，沿着中国特色社会主义社会治理的道路推进。

1. 明确党的领导是社会治理的重要保障

体现党中央关于社会治理的政治立场、政治方向、政治原则和政治道路，在社会治理中具有“管方向、管大局、管落实”的作用。各级党委政府应当始终贯彻落实习近平新时代中国特色社会主义思想和习近平总书记关于社会治理的重要论述，认真执行党中央对社会治理决策部署，不断形成“总揽全局、协调各方、明确职责”的领导体制，充分发挥全省各级党委的领导与统筹，全面加强对社会治理的领导。

2. 强化党委政府社会治理的政治责任

各级党委政府应当始终将社会治理作为一项民心工程来落实，关系社会的发展与进步、关系社会和谐稳定、关系人民安居乐业，将实现社会治理的共建共治共享作为重要立足点，紧扣目标要求，明确职责任务，形成党政主要负责同志为社会治理的第一责任人，发挥牵头牵总的作用，定期研究与部属相关问题，准确分析与研判社会治理的疑难问题，明确责任与要求。

3. 发挥基层党建引导社会治理的重要作用

基层党建是社会治理的重心与基础，具有夯实基础、筑牢社会治理根基的功能。充分发挥基层党组织在社会治理中的凝聚力、号召力和战斗力，重视基层党组织在基层治理中的政治引导作用，最大限度地调动群众的积极性、主动性和创造性，将社会治理的各项社会事务纳入共建共治共享的目标中，采取切实有效的措施着力解决政治、经济、文化、社会、生态等相关问题，以解决问题为导向，形成“基层党建+社会治理”模式，使社会治理能够稳步推进和取得实际效果。

（二）完善社会治理制度体系

社会治理制度体系是形成社会治理的重要前提条件，也是加强顶层设计和相关规定的有效形式。

1. 加强社会治理的制度建设

制度建设是社会治理的根本和基础，具有总揽全局的作用。在制度建设上需要从两个方面构建，在纵向上，应当明确各行业的工作定位和职责要求，突出系统指导和管理内容，体现出强化职责、明确要求、精准施策的功能，以科学合理的整体架构为社会治理提供制度形态。在横向上，应当重点体现出各相关部门协调配合的整体合力，各负其责、各司其职，使社会治理环环相扣、整体联动、共同推进。

2. 形成社会参与机制

根据“党委领导、政府负责、群团助推、社会协同、公众参与”的要求，实现“人人有责、人人尽责、人人享有”的社会治理，需要结合地方实际，使之有形化。应当形成省市县乡村“五级”指挥联动，建立网上矛盾纠纷调处平台、“石榴籽家园”社区治理一体化平台，打通群众参与社会治理的线上通道，发挥大数据在“善政”“慧民”“兴业”等方面的作用，不断提高群众的主动性和积极性。

3. 落实群众自治制度

基层群众自治制度是中国特色政治制度的重要组成部分和集中体现，也是进入新征程人民管理社会事务的具体体现。应当建立健全基层群众自治制度的相关规定，细化自治制度的有关要求、明确自治制度的管理范围与具体事项，使群众自治制度在社会治理的面上得到覆盖和在社会治理的点上得到体现，实现两者的有效结合。形成以党组织为领导、村（居）委会为主导、人民群众为主体的基层社会治理格局，明确自治权限，完善村规民约、居民公约、寺规僧约等群众自治规定，做到“群众的事群众议、群众的事群众办、群众的事群众管”有效运行制度，使自治制度能够发挥“软实力”作用。

（三）培育社会治理法治方式

社会治理现代化需要法治保障，明确划分公权力与私权利的界限，按照法律的规范性要求，为社会治理的多领域、多主体、多事项提供法律依据，形成各级干部的法治思维和法治方式，强化各级政府和公共服务行业的主管部门加强依法行政的能力建设。

1. 健全社会治理法治体系

法治是行为准则，也是社会治理内在要求。牢牢把握高质量发展主题，立足新征程、贯彻新理念、融入新格局，深入推进全面依法治省，巩固和拓展法治社会创建成果。重点突出生态环境保护、城市治理、平安建设等领域，形成社会治理的地方特色和治理亮点。进一步完善涉及治理的规范性文件报备，在社会治理过程中要认真落实执法全过程记录制度、执法公示制度和重大执法决定法制审核等制度规定，用严格、规范、公正、文明的法治理念推进社会治理，强化行政执法人员在社会治理中的监督管理力度。

2. 强化社会治理法律服务

社会治理需要提升服务功能和服务质量，统筹推进律师、公证、法律援助、普法、司法鉴定工作，巩固拓展教育、社保、医疗等民生领域法律服务，推动法律服务力量下沉、重心下移，打通社会治理法律服务“最后一公里”，推动社会治理向基层延伸。

3. 建立基层社会治理的法治基础

应当筑牢管控防线，创新社会力量参与社区矫正模式，完善信息管理平台，形成社会力量广泛参与、社会舆论普遍支持的社区矫正安置帮教工作体系。高质量推进“枫桥经验”，加快构建人民调解、行业性调解、司法调解协调联动的大调解格局。创新重点人群管理模式，提高基层社会治理的质量与效果，用法治思维和法治方式推进社会治理，形成社会治理的效能，确保社会治理在理念、行为、方式等方面形成法治化的运行方式与途径，使社会治理依法依规有序推进。

（四）提高社会治理认知能力

能力建设关系工作理念、方式方法手段与社会治理的要求，要引导社会主体有序参与社会治理公共事务，重视民主协商，全力破解社会治理遇到的各种问题与难题，通过能力建设体现出社会治理的最大效能。

1. 形成社会治理的系统思维

明确新时代新征程社会治理的价值定位，一方面打基础、谋长远，另一方面保发展、促稳定，不断提升群众的安全感、幸福感和满意度，针对人民群众的新期待、新期盼、新要求，需要在系统治理、依法治理、综合治理、源头治理上提升能力建设，体现为统筹谋划、沟通协调、创新发展、解决问题、依法打击和舆论控制能力，实现在更高层次、更高水准、更高目标上得到体现。

2. 强化社会治理的观念

明确社会主体的不同定位，对公民的不同要求，政府要做到简政放权，依法行使公共权力、做到依法行政，充分保障人民的合法权益；社会需要体现自治、自主、能动的力量，发挥市场主体、社会组织的能动性；公民需要主动作为、积极参与，在政府与社会的有机契合上实现政府治理与社会调节、居民自治良性互动，形成社会治理共同体。

3. 提升社会治理的精准化水平

在社会治理现代化中人是不可缺少的重要因素，要求各级干部应当按照政治强、作风实、懂法律、善管理和对党忠诚、敢于担当、敬业奉献、廉洁正派的要求，造就一支在政治上过硬的同时，又具备一定本领的社会治理队伍。以加快转变工作方法手段体现社会治理的实效，应当始终以人民为中心，关注各种社会问题，明确治理的思路与对策，着力从预防化解矛盾纠纷向基层转变，从传统的人防和物防向“传统与智能”相融合转变，采取资源共享和部门联动的方式，有效提升运用大数据等科技信息手段提高预防处理各类矛盾的风险能力。

（五）规范宗教事务治理工作

宗教事务是一项社会性和群众性工作，治理效果决定着社会和谐稳定与党的宗教政策的落实，关系坚持宗教的中国化方向，宗教事务治理是民族地区社会治理的重要工作。

1. 形成宗教事务治理机构

做好宗教事务工作应当形成“完善党委统一领导、党政齐抓共管、宗教工作部门综合协调、相关部门各司其职、社会各方共同参与”的格局，建立健全宗教工作协调沟通机制，及时解决现实中存在的有关问题。同时，加大理论研究，更好地指导实践。

2. 提高宗教事务工作人员治理能力

宗教事务部门要定期采取岗位培训、普法考试、宣传教育等方式方法，有效解决宗教事务治理中的“短板”与“弱项”问题，深入理解与运用党的宗教政策、熟悉宗教方面的行政法规和地方性法规，对青海省新修订的《宗教事务条例》做到全面掌握与理解，既能对照执行，又能在规定的范围内结合地方实际加以运用，切实增强依法处理宗教事务的能力与水平，做到“业务精、法律明、事项清”，解决“不敢管、不会管、不愿管”的问题，防止出现越权和滥用权力的行为，使宗教事务治理在依法依规依据的基础上，体现治理的有效化。

3. 树立宗教事务执法人员法治意识

着力提升宗教执法队伍的整体素质，鉴于宗教问题的特殊复杂性，在一定程度上易与社会问题相联系，宗教事务部门的工作人员应当对国家制定的宗教方面的方针政策进行及时学习与跟进，不断提高正确、及时、稳妥地处理宗教问题的意识与能力，体现出宗教工作会议上习近平总书记对宗教提出“导”的要求，做到“导”之有效、有力、有方。

四 2023年青海社会治理的预测与展望

党的二十大提出“以中国式现代化全面推进中华民族伟大复兴”，青海也处于全面建设社会主义现代化国家、向第二个百年奋斗目标进军新征程的关键时期，社会治理是中国式现代化的生动实践，是贯彻新发展理念的现实写照，以习近平新时代中国特色社会主义思想为指导，坚持党的全面领导，贯彻新发展理念，完善社会治理的制度体制机制建设，使社会治理在新的起点上与青海省提出的高质量发展“相协调、相一致、相促进”，发挥社会治理的重要作用。

2023 年青海社会治理必将更加突出党建在社会治理中的作用。要提升党的组织力、领导力、战斗力，明确社会治理的总体要求与基本原则，进一步落实治理环节与推进治理步骤，以“党建+”的新思路和新举措引领社会治理，形成社会治理的大格局。党的建设在社会治理中也能得到充分发挥与体现，在落实社会治理的相关规定与要求中各级党委组织协调能力将更加重要。同时，青海也将高度重视基层党组织在社会治理中的政治优势、组织优势以及领导优势，在提升基层党组织的组织力、激发社会治理内生动力上，也会形成共建共治共享的社会氛围，体现出坚持一切工作落实到支部，把广大基层党员和群众的思想、行动、力量和智慧凝聚在社会治理中，使基层党组织成为团结群众的核心力量、教育党员的阵地、攻坚克难的堡垒，不断激发广大党员与群众促进社会治理。2023 年，青海也将积极探索党建引领社会治理新模式，采取民主协商、共商共议、共同解决的思路与办法将社会治理形成规范化和制度化的运行，充分发挥党的凝心聚力的作用。

2023 年，青海社会治理将进一步贯彻落实涉及社会治理的地方性法规，各地结合地方实际，出台完备的配套规范性文件，使社会治理具体化、细致化与衔接化，明确各职能部门的权限，理清社会治理的事项。同时也将制定社会治理的相关机制，重点将矛盾纠纷排查化解机制规范化，构建集预防、发现、受理、调处、化解功能于一体的矛盾纠纷排查化解工作平台，使矛盾纠纷排查化解经常化、规范化、制度化，把影响社会和谐稳定、民族团结进步、经济社会发展的纠纷解决在基层、解决在萌芽状态，切实做到及时发现与有效解决。同时，也将建立社会治理考核激励机制，签订社会治理责任书，并纳入年度考核范围，激励先进、处罚失职，使社会治理的效果成为评判各级干部的业绩。

2023 年，青海社会治理的法治化水平将进一步提升。突出重点领域立法，如生态环境的治理与保护、国家公园群的建设、经济社会发展与进步、民族文化传承与保护、民族团结进步等地方性法规将进一步完善与细化。将建立健全相关规定，强化法治意识在社会治理中的体现，进一步规范行政行为，避免出现以非制度化的方式处理与解决社会问题，形成社会治理规范化要求的行为规则，充分发挥制度导向作用，形成遵循法治的社会治理。

B.15

2022年青海基层社会治理调查报告

娄海玲*

摘　要： 青海基层社会治理在长期的实践探索中，取得了较好的成效，但由于社会化步伐的加快、群众自治意识的提升，传统治理模式和手段在客观上已不能适应当前社会发展需要。为进一步提升基层社会治理能力，必须坚持以习近平新时代中国特色社会主义思想为指导，坚持和加强党的全面领导，坚持以人民为中心的发展思想，不断完善社会治理体系与制度建设，提升社会治理效能，从而实现基层社会治理的有序发展，形成具有地方特色的基层社会治理模式。

关键词： 基层社会治理　地方特色　青海省

习近平总书记指出："'十四五'时期，要在加强基层基础工作、提高基层治理能力上下更大功夫。"① 推进社会治理体系和治理能力现代化，基层社会治理是极其重要的组成部分。在长期的探索实践中，青海通过强化政治引领，依靠群众、依托平台、依法治理，健全完善自治、法治、德治相结合的城乡基层治理体系，在基层社会治理中形成了"三种类型、四个层级"② 社

* 娄海玲，青海省社会科学院政法所副研究员，研究方向为法社会学。

① 《习近平在基层代表座谈会上强调　把加强顶层设计和坚持问计于民统一起来　推动"十四五"规划编制符合人民所思所盼》，新华网，2020 年 9 月 19 日，http://jhsjk.people.cn/article/31867857，最后检索时间：2022 年 11 月 9 日。

② "三种类型、四个层级"即"城区、农村、牧区"三种类型，州（市）综合治理指挥调度平台、县（区）行政服务中心"一站式"服务、乡镇（街道）综合服务大厅、社区网格化管理服务四个层级。

会治理模式，走出了一条具有青海特色的基层社会治理创新之路，基层社会治理能力和水平不断提升。

一　青海基层社会治理的基本经验

青海在基层社会治理创新过程中，积极推进“枫桥经验”本土化，在推广果洛“班玛经验”、玉树“村寺并联”、海南“同德模式”和藏传佛教寺院管理“三种模式”等基层社会治理模式的基础上，探索出具有青海特色的“三种类型、四个层级”社会治理模式，形成了坚持党建引领、坚持以人民为中心、发展基层民主、依法治理的基层社会治理经验，创新了具有青海特色的基层社会治理之路，基层社会治理的系统功能和整体效能持续提升。

（一）坚持党建引领，确保基层社会治理正确方向

青海各地推进基层社会治理，最根本的就是始终把党建引领摆在首位，在党的坚强领导下持续稳妥推进各项工作。一是始终把党的建设贯穿于基层社会治理工作中，强化党建引领基层社会治理，整合基层社会治理组织领导力量，推动建立以社区党组织为统领的共驻共建机制，发挥党员在社会治理中的先锋模范作用。二是基层社会治理组织和领导体系不断健全，初步形成以社区为依托的区域化党建新格局。青海建立了市（州）、区（县、市）、街道（乡镇）、社区（村）四级基层党组织联动机制，将基层党建工作与网格化管理结合起来，形成“党建引领+”基层社会治理新格局，基层治理主体责任进一步压实，基层党员和党组织的“战斗堡垒”聚合作用进一步强化。三是加强党的基层建设，充分发挥基层党组织组织群众、宣传群众、凝聚群众、服务群众作用，协调基层各方力量，增强了基层社会治理的合力。

（二）坚持以人民为中心，夯实基层社会治理的群众基础

群众既是基层社会治理的对象，也是基层社会治理的主体，依靠群众是

推进基层社会治理的关键。一是坚持以人民为中心，不断提高基层群众参与社会治理的积极性和主动性。积极创新群众参与社会治理的方式，拓宽群众参与基层社会治理的渠道，推动形成了西宁市的“邻里牵手”、海东市的“群众说事点”、海北州的“一核四治四微”、果洛州的“牧长制”等基层群众参与社会治理的经验模式，充分体现了人民群众在基层社会治理中的主体地位。二是健全和完善基层协商制度，让全体人民共享发展成果。青海省委办公厅、省政府办公厅印发了《关于加强城乡社区协商的指导意见》，对城乡社区协商工作做出全面部署，还制定出台了《城乡社区协商实施办法》，进一步细化协商内容、主体、形式、载体、程序和协商成果，对涉及城乡村（居）民公共利益的重大决策事项和关乎村（居）民群众切身利益的实际问题，都要开展议事协调，形成议事机制、提高议事能力。三是全面落实“四议两公开”“五个民主”等制度，切实保障基层群众的合法权益。有效整合基层各方资源，实现对基层社会事务的全方位管理，形成了“大事共商、资源共享、活动共办、实事共做、共驻共建、共同发展”的基层社会治理新格局。如创建“居民议事厅”“院落议事会”等基层群众参与共享的组织，增强基层社会治理的活力，为推进基层社会治理，保障群众合法权益创造了良好的氛围。

（三）坚持发展基层民主，充分激发基层社会治理的活力

自治是基层社会运行的重要方式和依托，加强和创新基层社会治理，必须充分发挥基层群众自治的积极作用。一是基层自治机制进一步完善和落实。制定规范基层自治相关政策措施，保证广大基层群众依法直接行使参与权、知情权、监督权等民主权利，引导村民积极参与社会治理，进一步完善了村民自治机制，尤其是全省基层贯彻落实村民自治的规定，全省基层社区行政村基本全部订立、修改、完善了《居民公约》《村规民约》，强化了村（居）民自治，推动了基层事务的有效治理。二是建立了村民自治组织机构。青海各村（社区）在基层党组织的带领下，根据自身实际，健全村（居）民议事会、事务理事会、村（居）务监督委员会等自治组织，对基层

社会事务进行治理，有效解决了群众在政策宣传、矛盾调解、安全生产、疫情防控等社会事务方面的自治管理，不断激发了群众参与基层治理的内生动力，确保党的各项工作落实在基层。如海北州刚察县建立的“德瓦尕宝”[①]等各类村务组织机构，极大地提升了村民自治水平和村级社会治理能力。三是创新基层联防联治工作机制，激发了群众参与社会治理的积极性。截至2022年9月，“青海省各地共建立治保会6584个、专兼职治安联防组织6042支，参与治安联防人员超过10万人”。[②]

（四）坚持依法治理，提升基层社会治理的能力

法治是推进基层社会治理的重要保障，在提升基层社会治理水平方面发挥着极其重要的作用。一是积极搭建镇（街道）、村（居）矛盾纠纷化解平台，探索建立第三方参与化解矛盾纠纷机制。在镇（街道）依托综治中心建立社会矛盾纠纷联调中心，有效整合资源，完善联动机制，实行“一体化”管理、“一条龙”办理、“一站式”服务，形成了西宁市“1496”矛盾调处驿站、平安区“群众说事点”、乐都区“民情沟通日”、海南藏族自治州“三五小区建设”、黄南藏族自治州“同仁做法”等一批“枫桥经验”青海化实践的典型样板。[③] 青海已经建立5800多个基层调解组织，“截至2022年5月底，全省各级司法行政机关和各类人民调解组织开展矛盾纠纷排查13.9万余次，排查发现纠纷5030件，预防纠纷1036件，调解矛盾纠纷9239件，调解成功9051件，调解成功率97.96%”。[④] 各族群众的获得感大幅提升。二是积极推进州县乡村四级综治中心实体化建设和规范化运行。

---

① 德瓦尕宝，藏语，即有威望、有影响力的老村干部、老党员、老模范和“双带”能力较强的党员。

② 于瑞荣：《高原大地奏响共建共治共享和谐乐章》，《青海日报》2022年9月29日，第7版。

③ 《探索出基层社会治理的“青海模式”》，搜狐网，2020年9月19日，https：//www.sohu.com/a/419422893_114731，最后检索时间：2022年12月8日。

④ 《深刻认识“三新一高”全面服务“高地”“四地”为建设现代化新青海注入司法行政力量》，青海司法行政网，2022年6月27日，http：//sft.qinghai.gov.cn/ub/qhsfxzw/sfxzyw/sfxzyw/p202206/t20220627_91552.htm，最后检索时间：2022年12月8日。

青海已“建成市（州）级综治中心8个、县（市、区）级45个、乡镇级414个、村（社区）级4486个，各级综治中心挂牌率达100%；部分地区基本实现了综治信息系统和综治视联网系统州、县、乡镇、村（社区）四级纵向贯通”。[①] 充分发挥了综治中心在基层社会治理中联系群众、服务群众、方便群众的枢纽作用。三是提升网格化服务水平。各地采取“定格、定人、定责”，通过“属地管理、分级负责”和“谁主管，谁负责”的方式，细化站、所、校、村、社、寺综治网格化值班巡逻任务，并将社队干部、草管员、护林员等纳入综治网格员队伍，充分发挥好“五员”作用，大力提升基层社会治理和公共服务水平。“全省共划分网格22428个，配备专兼职网格员58771名，乡镇（街道）网格化服务覆盖率达100%，村（社区）覆盖率达98%”。[②] 网格化服务的覆盖，为提升社会治理的精细化水平，发挥基层依法治理效能具有重要的实践价值。

（五）坚持精神文明建设，增强基层社会治理的动力

德治教化在基层社会治理中起着思想引领的作用。一是青海各地积极培育和践行社会主义核心价值观，大力弘扬崇德向善、诚实守信等传统美德，激发德治建设在社会治理中的引领作用，通过身边榜样示范、乡规民约约束，引导群众明是非、辨善恶、守诚信、知荣辱，不断提高群众的道德修养和文明素质。二是为切实发挥村规民约、居民公约在基层社会治理中的引领约束作用，2019年青海出台了《关于进一步健全完善村规民约居民公约的实施意见》，为推动基层社会治理现代化凝聚强大精神力量。三是全面推行移风易俗。2020年海东市颁布了全国首部移风易俗地方性法规《海东市移风易俗促进条例》，积极转变群众观念，推动移风易俗，树立乡风文明，以德法并用的方式推动基层社会治理的现代化。四是充分发挥基层文化建设主阵地作用，利用基层文化广场、农家书屋等文化站点，深入挖掘优秀乡土文

---

① 李雪萌：《描绘基层社会治理新画卷》，《青海日报》2020年1月8日，第5版。

② 闫柏：《奋力打造市域社会治理现代化青海样板》，《青海日报》2021年10月14日，第7版。

化资源，大力弘扬中华传统美德，积极开展健康向上的文化活动，增强基层文化建设的活力，提高基层社会文明程度，丰富广大群众的精神文化生活。

二　2022年青海社会治理存在的困难及挑战

青海经过长期探索实践，虽然在基层社会治理中形成了一些具有青海特色的基层社会治理模式和经验，但在实践中还存在一些需要破解的难题。因而，找准“短板”，才能真正实现青海基层共建共治共享的社会治理格局。

（一）党建引领基层社会治理水平有待进一步提升

政治建设是党的根本性建设，是各项事业的“灵魂”和“根基”。但从实践发展看，随着基层社会治理的不断深化，一些基层党组织在资源整合、发挥整体合力等方面明显跟不上形势的发展，青海少数基层党组织在社会治理中的政治引领作用有待进一步增强。部分基层党组织在组织动员单位、社会组织和群众共同参与社会治理上的号召力、凝聚力和向心力还有进一步提升的空间，尤其是少数偏远地区“两委”班子重经济社会发展、轻党建，党建在基层社会治理中打造的特色品牌和示范作用还不够有力、服务群众的能力有待进一步提升。同时，由于有些群众参与基层社会治理的积极性不高，社会治理的末梢神经有待全面激活。

（二）基层共建共治共享机制有待规范

共建共治共享是推进基层社会治理、提升治理能力水平的重要方式方法。但在青海基层社会治理的实践中，多方参与、共同治理的基层社会治理服务机制尚未全面形成。一方面，社会组织自觉参与社会治理的局面尚未全面形成。青海基层各类社会组织力量不强，提供社会服务的能力有限、服务面窄，不能完全满足基层群众多元化、多层次服务需求，社会组织自觉自愿、积极主动参与社会治理意识也不够明显，共建共治共享的局面还尚未形成。另一方面，群众参与社会治理的方式和渠道有待进一步挖掘，既有不会的“尴尬”，也有不能的“瓶颈”。由于一些群众对参与社会治理的平台程序和内容及方式了解有限，便捷和直接参与社会治理的渠道还有待进一步创新，群众参与社会治理的意愿不强，共建共治共享意识有待进一步提升。

（三）基层依法治理能力有待进一步强化

依法治理是青海基层社会治理的基础。但青海集西部地区、民族地区、高原地区和经济欠发达地区的所有特点和困难，基层依法治理水平仍比较复杂、滞后，部分群众对依法治理的目标要求、方式方法还未完全理解，基层派出所、司法所、综治中心等直接维护基层社会稳定的人员配备不充分，少数兼职网格管理员工作履职不到位、少数村务监督委员会职能还不够明确，基层群众用法治方式和思维解决问题、维护合法权益的理念尚未完全形成。因而，依法治理在推动基层社会治理能力的积极作用有待全面提升。

（四）基层社会治理效能有待进一步增强

基层社会治理效能的高低是基层实现更高层次发展、提升社会治理现代化水平的重要因素，但基层更重视产业经济发展，对治理效能的认识不够，基层社会治理还未真正形成有效合力，治理效能不能充分发挥，社会治理的潜力、活力也未完全挖掘和激活，甚至一些自治组织忙于各类行政事务，履行基层群众自治组织的职责以及服务群众的时间和精力就受到影响，基层社会治理的系统性、全面性和动态性还有待进一步完善，基层自治能力和服务水平有待提升。

（五）精神文明建设有待进一步完善

精神文明建设是提升公众素质和社会文明程度的有效途径，也是基层社会治理的重要载体和有效抓手。由于基层文化挖掘力度不够，具有基层特色的文化活动和作品不能完全满足人民群众日益增长的文化需求，一些不健康的精神垃圾对基层群众产生一定的影响，社会主义核心价值观和公民道德建设有待加强。群众性精神文化生活单一，用先进文化占领农村思想阵地方面有待加强，精神文明建设活动载体也有待进一步丰富。基层精神文明建设为社会治理提供道德支撑的作用还有待增强，文化激发基层社会治理的内生动力不足。

三 青海基层社会治理的展望

青海基层社会治理的新实践，必将在习近平新时代中国特色社会主义思想指导下，按照党的二十大的全面部署，坚持和加强党的全面领导，坚持以人民为中心的发展思想，不断完善社会治理体系，不断健全共建共治共享的社会治理制度，不断提升社会治理效能，形成具有青海特色的地方治理新模式。

（一）党的领导将在基层社会治理中得到进一步加强

党的二十大报告指出："坚决维护党中央权威和集中统一领导，把党的领导落实到党和国家事业各领域各方面各环节。"坚持中国共产党的领导必将是青海基层社会治理的根本遵循，青海基层社会治理也必将在党的领导下进行，必须将党的领导贯穿于经济、政治、文化、社会、生态建设的全过程和各环节，保证党的大政方针、政策、计划覆盖社会各领域、各层面。只有在中国共产党的领导下，青海基层社会治理的实践才能取得更多创新，也才能保持正确的政治方向。

（二）以人民为中心的发展思想将在基层社会治理得到进一步彰显

党的二十大报告指出："发展壮大群防群治力量，建设人人有责、人人尽责、人人享有的社会治理共同体。""不断实现发展为了人民、发展依靠人民、发展成果由人民共享，让现代化建设成果更多更公平惠及全体人民。"青海省第七次人口普查数据显示，全省常住人口共5923957人，这是基层社会治理的核心和主体，也是推动基层社会治理现代化发展的力量源泉，因而，只有紧紧依靠人民，调动基层群众参与社会治理的主动性、积极性，才能增强群众的获得感、幸福感、安全感，最终实现群众共享社会治理的成果。

（三）基层治理体系和治理能力现代化将在法治轨道上得到进一步推进

习近平总书记强调："坚持在法治轨道上推进国家治理体系和治理能力现代化，是实现良法善治的必由之路。"基层社会治理秩序必将运用法治途径和相关法律进行规范，青海也必将建构依托法治为基础的治理体系和治理能力，这是青海基层社会治理的目标要求，也是实现善治的关键。因而，进一步增强依法管理各项行政事务，将社会各项事务纳入法治轨道，全面提高运用法治思维和法治方式的能力，引导社会主体形成自觉守法、遇事求法、依法解决问题的良好风气，进而推进基层治理体系和治理能力现代化。

（四）宗教事务的管理将得到进一步加强

习近平总书记在中央统战工作会议上提出："要提高宗教工作法治化水平，用法律规范政府管理宗教事务的行为，用法律调节涉及宗教的各种社会关系。"① 青海基层社会治理必将进一步加强对宗教事务管理，将宗教事务管理纳入共建共治共享的社会治理格局中，引导宗教与社会主义社会相适应，更多地发挥宗教促进社会治理的积极作用。同时，也将进一步加强宗教领域自我管理和约束能力，建立宗教事务治理体系，让宗教活动规范有序地进行。

---

① 习近平：《依法治藏富民兴藏长期建藏　加快西藏全面建成小康社会步伐》，《人民日报》2015年8月26日，第1版。

四　进一步推进青海基层社会治理的对策建议

基层治理主体的多元化，决定了治理方式的多样化。要按照系统治理、依法治理、综合治理、源头治理的理念，创新基层社会治理方式，提高基层社会治理水平。结合青海省情的特殊性，需要在党建引领、制度建构、法治方式和能力提升上着力，从而实现基层社会治理的有序发展，形成具有地方特色的社会治理体系。

（一）强化基层党组织政治建设

习近平总书记强调："要强化政治引领，发挥党的群众工作优势和党员先锋模范作用，引领基层各类组织自觉贯彻党的主张，确保基层治理正确方向。"党的二十大报告提出："加强城市社区党建工作，推进以党建引领基层治理，持续整顿软弱涣散基层党组织，把基层党组织建设成为有效实现党的领导的坚强战斗堡垒。"一要坚持和加强党对基层社会治理的全面领导，发挥党组织的政治优势、组织优势以及领导核心作用，为基层社会治理提供政治保证。二要坚持党建引领基层社会治理，提升基层党组织在群众中的号召力，进一步完善服务型党组织功能，发挥基层治理最大效能。三要发挥基层党组织治理核心作用。建立完善村级党员群众服务中心，把广大基层党员与群众的思想、行动、力量和智慧凝聚起来，使农牧区基层党组织成为团结群众的核心、教育党员的学校、攻坚克难的堡垒，提高基层党员干部的治理能力和水平。

（二）创新基层社会治理体制机制

习近平总书记强调："加强和创新社会治理，关键在体制创新，核心是人，只有人与人和谐相处，社会才会安定有序。"创新青海基层社会治理体制是加强基层治理的根本保证和重要遵循，要充分发挥制度在社会治理中的导向作用和约束功能。一要健全党组织领导下的村（居）民自治机制，推进基层有效治理。探索开展多元化的村（居）民自治模式，以自然村（社区）为基本单元的村（居）民自治试点，整合治理资源，充分发挥各类组织参与基层社会事务的能动性，逐步形成民事民议、民事民办、民事民管的基层议事协商制度，引导和推动群众积极参与社会治理。二要完善社会组织和群众参与机制。加强服务性、公益性、互助性社会组织培育，强化社会组织的协同配合，充分发挥好各类社会组织在调处民间纠纷、规范群众行为、公共服务、应急应变、协助维护治安等方面的功能作用，从而形成自治合力。引导和推动群众充分参与社会治理，实现由治理“对象”向治理“主体”的转变，同时，在完善村规民约和居民公约的基础上，弘扬公序良俗，用好村规民约和居民公约这个“无形之手”，真正让群众在基层治理中形成共享参与新机制。三要建立社会稳定风险评估工作机制。强化矛盾纠纷源头预防，建立健全市（州）县乡三级重大事项社会稳定风险评估工作机制，全面落实决策风险源头管控责任制，建立健全风险监测防控平台，完善风险识别、预警、监测机制，实现对风险的防范、控制与有效化解，将重大决策社会稳定风险评估纳入基层领导班子和领导干部考核体系。四要建立督导检查制度。健全完善督导检查制度，持续开展常规巡查和专项巡察，加强基层各项社会事务的有效监督，严肃查处不公开、假公开、公开不到位等问题，推进基层党务、政务、财务“三务”公开，真正实现青海基层社会治理民主化、公开化。

（三）全面提升基层社会治理法治化水平

党的二十大报告提出：“推进多层次多领域依法治理，提升社会治理法治化水平。”习近平总书记指出：“人类社会发展的事实证明，依法治理是最可靠、最稳定的治理。”引导群众依法有序参与社会事务治理，关键要依靠法治方式、畅通法治渠道，全面提高基层依法治理水平。一要牢固树立法治理念。深入实施乡村“法律明白人”培养工程，不断提高运用法治思维和法治方式解决基层社会治理难题的能力。强化法律在维护群众利益、化解社会矛盾中的权威地位，畅通为广大群众和基层组织提供法律咨询服务的渠道，引导群众形成办事依法、遇事找法、解决问题用法、化解矛盾靠法的良好社会氛围，使遵法守规、循法而行成为群众的自觉行为。二要打造基层人民调解品牌。加强基层人民调解工作，健全人民调解组织，加大人民调解员队伍建设力度，培育一批有社会影响力的基层调解服务团队，为群众提供面对面、点对点、个性化、精细化的优质服务，实现基层矛盾纠纷不上交，发挥人民调解在社会治理中的积极作用。三要增强法治宣传教育在基层社会治理中的作用。以"八五"普法和"法律七进"为载体，搭建多层次、全方位媒体普法平台，强化法治文化与优秀传统文化、法治教育与道德教育相结合的方式，不断扩大法治宣传教育的覆盖面，从而提升群众的法律意识，为基层依法治理奠定良好的法治基础。四要依法加强宗教事务管理。将宗教事务管理纳入基层社会治理格局中，使宗教活动规范有序地进行，强化宗教自我管理和约束能力，引导宗教与社会主义社会相适应，提高宗教事务管理的法治化水平。

（四）增强德治引领作用

习近平总书记强调："法律是成文的道德，道德是内心的法律，法律和道德都具有规范社会行为、维护社会秩序的作用。"党的二十大报告提出："实施公民道德建设工程，弘扬中华传统美德，加强家庭家教家风建设，推动明大德、守公德、严私德，提高人民道德水准和文明素养。"道德建设是基层社会治理的一个重要着力点。强化德治载体建设，一要以社会主义核心价值观为引领，以爱国主义教育、民族团结进步创建和法治宣传教育为重点，大力弘扬传统民族精神，持续打造精神新高地，不断强化群众的社会责任意识、规则意识、集体意识和主人翁意识。二要深入挖掘基层社会蕴含的道德力量，推动社会主义核心价值观与村规民约（居民公约）、群众文化活动、基层思想文化阵地融合，使中华传统美德和优秀乡土文化结合，引导群众树立正确的价值观，提升精神文明建设水平。三要持续实施公民道德工程。通过道德模范的榜样示范，引导群众爱党爱国、孝老爱亲、重义守信、勤俭持家，使群众用正确的价值规范进行自我约束，逐步形成不同层次人群相互影响、相互带动、相互引导的良好局面。四要将社会主义核心价值观教育融入基层精神文明建设全过程，引导群众移风易俗、破除封建迷信，崇尚科学，树立与现代文明相适应的思想观念和生活方式，全面提升群众思想道德素质和现代文明素养，为基层社会治理提供精神动力和道德支撑。五要在基层社会治理中借力文化软实力。“文化建设在实现以德树人、以文化人、优化社会治理等方面发挥着重要作用。”① 把文化建设与基层社会治理有机结合起来，激发社会治理内生机制，从而实现社会治理的现代化。

（五）健全基层科技智能建设

党的二十大报告提出：“完善网格化管理、精细化服务、信息化支撑的基层治理平台。”青海基层社会治理要充分发挥智能化在实现基层治理的重要作用，在智治提技上着力。一要强化数字赋能，提升智治水平。利用高原大数据服务中心、警务云计算中心系统、物联网、人工智能、视频图像信息交换系统及社会信用体系建设等新信息平台载体，强化共享渠道、推动信息互通，形成数字化管理，提高治理效率，提升智治水平。二要构建“全域全网全时全程”基层社会治理“天网”。依托“雪亮工程”，整合区域视频监控资源，加快现有监控设备智能化改造，全面加强公共安全视频资源联网建设，积极推进视频监控资源与数据挖掘、人脸识别、人像追踪、车牌比对、智能预警、行为判断、地理信息等融合对接，构建“全域全网全时全程”基层治理“天网”，以增强基层治理区域跨协同能力，推动形成智治的强大合力。三要积极探索互联网+社会服务管理创新机制。建设基层社会治理大数据平台，建成综合指挥调度中心，依托治安防控、生态监测、灾害预警、智慧党建、智慧旅游等各部门数据库资源，构建跨部门、跨层级、跨区域的基层治理智慧体系。

---

① 晗宁：《发挥文化的社会治理功能》，《中国文化报》2015 年 8 月 17 日。

参考文献

《习近平法治思想概论》编写组：《习近平法治思想概论》，高等教育出版社，2021。

《党的二十大报告辅导读本》，人民出版社，2022。

卓泽渊：《习近平法治思想的理论体系》，《行政管理改革》2021 年第 7 期。

闫柏：《奋力打造市域社会治理现代化青海样板》，《法治日报》2020 年 12 月 18 日。

卓泽渊：《习近平法治思想要义的法理解读》，《中国法学》2021 年第 1 期。

张立群、高永宏、娄海玲：《习近平总书记关于法治工作重要论述在青海的实践与启示（上）》，《青海日报》2019 年 1 月 21 日。

B.16

2022年青海提升民族事务治理水平调查报告

张立群*

摘　要： 进入社会主义现代化建设新征程、奋力谱写青海新篇章、努力提高民族事务治理水平是实现社会治理体系和治理能力现代化的重要体现。本文就青海省民族事务治理水平进行调研，为进一步提升民族事务治理水平提出建议，以期在中国式现代化进程中推进民族事务治理。

关键词： 民族事务　社会治理　青海省

民族事务治理水平是实现高质量发展的内在要求，也是实现中华民族伟大复兴的时代重任。提高民族事务治理水平有利于全面贯彻党的民族政策，有利于准确理解习近平总书记关于民族工作的重要论述，有利于打造青海民族团结进步示范省建设，在新的征程上奋力谱写全面建设社会主义现代化国家的青海篇章具有十分重要的现实意义。

一　民族事务治理的做法与取得的成效

民族事务治理是政府、社会、公民等社会主体就民族事务管理中产生的各种社会关系而形成的制度与措施。民族事务治理事关少数民族合法权益保

* 张立群，青海省社会科学院政法所所长，教授，研究方向为地方法治建设。

障，事关民族区域自治法的贯彻落实，事关实现各民族共同繁荣发展进步。民族事务治理始终坚持以习近平中国特色社会主义思想为指导，以中央民族会议精神为根本遵循，以省情、州情、县情为出发点，立足民族事务的阶段性特征，采取切实有效的做法，民族事务治理取得了显著的成效。

（一）加强党的领导，保证民族事务治理的政治方向

党的领导主要体现为在社会治理体系的完善和治理能力的提高上，充分发挥党的政治领导力、思想引领力、群众组织力、社会号召力的作用，用习近平新时代中国特色社会主义思想指导民族事务治理，用社会主义核心价值观统领民族事务治理，用党的组织保证推动民族事务治理，把握民族事务治理的政治方向，实现“善治”的最终目标。

1. 实行党对民族事务的领导

党的领导是中国特色社会主义社会的本质特征，是民族事务治理的重要体现。坚持把党的领导贯穿于民族事务治理始终，青海省委成立了领导小组，由书记、省长任双组长，常委和副省长任副组长，突出政治引领、加强党建引领、实行党政同责，形成社会同治的工作局面。

2. 民族事务治理纳入党的建设

党的建设是一项全方位工作，涉及政治、思想、组织、纪律、作风建设各个方面，民族事务治理已成为党的建设的重要组成部分，体现在政治考察、巡视巡查、政绩考核、目标绩效考核等各个方面，确保民族事务治理在具体工作中能够得到充分体现和全面考量。

3. 建立民族事务治理工作机制

青海省委、省政府研究起草《关于以筑牢中华民族共同体意识为主线推进新时代青海民族工作高质量发展的实施意见》，形成了党委统一领导、政府依法管理、统战部门牵头协调的民族事务治理工作格局。针对不同要求，先后建立 26 套相关机制，使民族事务治理工作形象化、具体化和程序化，民族事务治理“有方向、有步骤、有载体”，实现了“管根本、管长远、管事项”的根本保障。

（二）筑牢中华民族共同体意识，形成民族事务治理的共同认知

民族事务治理的共同认知是中华民族共同体意识、是各民族共同团结奋斗的根本动力、是各民族情感相系的精神家园，具有凝魂聚气和强基固本的作用。省委省政府坚持依靠两种力量，“一种是物质力量、一种是精神力量”，加大物质支撑与精神培育，强化“民生工程”与“民心工程”共同推进，把民生改善作为民族事务治理的首要任务，把思想教育作为民族事务治理的认同工作，形成春风化雨式的民族事务治理。

1. 强化铸牢中华民族共同体意识

共同体意识是一个民族、一个国家发展的不竭动力，也是各民族的精神家园。人类社会发展史表明，在国家的发展进程中，最持久和最深层的力量是各民族认同感。中华民族在认识、改造自然和社会的过程中产生了与这个国家历史文化相契合的共同思想，是引领国家发展进步的精神坐标。如根据调研海北州多年来民生支出占财政支出比例达 80%，全州行政村 100%实现了通水、通电、通路、通信。“民生工程”得到有效解决，中华民族共同体意识有了坚实的根基，不断增强各族群众“五个认同”，通过本地区发生的显著变化，以润物细无声的方式筑牢中华民族共同体意识。

2. 形成社会治理的思想认同

在社会治理中以民族团结进步为切入点，深入推进民族团结创建“八进”活动。全方位开展民族团结进步创建工作，广泛开展“不同领域、不同层级、不同主体”的活动，创新开展创建工作全覆盖和无盲区。根据调研，全省已实现进社区、进学校、进国有企业、进寺院、进机关、进乡镇、进农村、进军营、进家庭。通过不同领域、不同部门与不同群体的创建活动，将社会治理融入具体行动中，体现出各族群众幸福感、获得感和安全感。

3. 开展思想宣传教育工作

广泛开展全民教育活动，将“大宣传、大学习、大培训、大调研”纳入干部教育、国民教育全过程，从全方位、多视角、多维度进行广泛宣传教

育，通过鲜活的素材展现民族团结进步取得的显著成效。如西宁市在创建活动中重点做到“六个一”活动，倡导创建献一策、办一件实事、进行一次视察考察、组织一次深度调研、举办一次联谊、践行一次服务，以促进联动互动，形成全社会共创共建共享的社会治理氛围。

（三）突出地方特色，推进民族事务治理体系和治理能力建设

民族事务治理是运用先进的理念、实行科学的制度、采取合理的方式，实现民族工作的规范化管理。民族事务工作部门认真贯彻落实党中央、国务院决策部署，坚持与保障各民族合法权益，加强对少数民族的服务与管理，全面化、规范化、准确化和精细化。

1.明确民族事务治理的价值定位

民族事务治理不仅要有制度的顶层设计，还要有微观的具体要求，对于民族事务的治理有不同的观点与认识，有的学者认为民族事务治理就是体现着现代化的过程、需要全方位地推进，明确社会多元主体共同参与形成共治共建的过程，体现出权力运行制度化、事务治理规范化、治理过程民主化、治理运行法治化和治理结构一体化的特征，使民族事务得到有效规范。

2.创新基层民族事务治理

全省各地不断探索符合地方实际的治理模式。如西宁市建立的联动机制，由“社区党委+小区党支部+业委会+物业”共同组成的社会治理合力、海东市组建的在省外从事拉面行业成立的综合党委、玉树州探索的“强村带寺”治理模式、果洛州形成的“班玛经验”治理范式、海西州推出的“五查五看”村两委班子引领治理方式、海南州创新的“党支部+企业+合作社+农户”的治理经验、海北州打造的红色教育党建示范点和黄南州积累的“一核三治”等多种基层治理方式，使民族事务治理呈现为地方化、特色化和品牌化，实现治理过程民主决策、治理主体广泛参与和治理效果成效显著。

3.加强依法管理宗教事务

民族事务治理与宗教事务治理具有内在的联系性，宗教领域和谐有利于

民族事务治理的健康发展。为充分发挥宗教界在促进民族团结进步、维护社会和谐稳定中的积极作用，结合“寺院法治宣传月”和法律进宗教场所等活动，深入创建和谐寺观教堂。同时，持续巩固“清真”概念泛化治理成果。在做好常态化监督检查的同时，联合市场监管等相关部门在春节、“五一”等重要节点开展清真食品生产经营秩序、执法监督检查，妥善处理涉及民族领域群众举报及网络舆情的相关问题。

（四）建立健全民族事务治理机制，体现治理的有序化

民族事务治理是范围广泛的一项工作，既有规范性要求，还有动态化管理，按照制度要求稳步推进治理与结合实际有效体现治理是相辅相成的关系，结合民族事务的多样性和复杂性，根据有关规定先后建立有关机制，实现民族事务治理的科学性和准确性。

1. 建立处置民族事务隐患机制

由统战部门牵头，民宗、公安、安全、教育、网信等相关部门参与的协调处置民族领域风险隐患机制，提升涉民族因素突发事件应急体系科学化、规范化、精细化水平，构建和谐民族关系。如西宁市每年 3 月深入开展矛盾纠纷排查化解活动，健全“网格员+楼栋长单元长”治理模式，努力把问题和隐患化解在萌芽状态，群众安全感和满意度进一步提升，形成民族事务共建共治共享的社会治理格局。

2. 完善重大事项稳定风险评估机制

健全民族事务治理重大事项，制定社会稳定风险前期评估、前期预防、前期化解工作机制，明确评估事项与范围，落实责任主体和责任追究制度。对涉及少数民族群众合法权益、社会稳定工作的重大事项进行预警性“风险评估”，切实防止因决策失误、执行不当引发的社会矛盾，实现发展与稳定的相互促进。

3. 制定群体性事件预防与应急机制

科学制定应急预案，对民族事务管理中出现的群体性事件，做到统一指挥、反应灵敏、协调有序、运转高效、责任明确的要求，预先动员和整合力

量，及时解决，确保在第一时间、第一现场、第一接访中依法果断处置突发事件。同时，将应急机制与目标考核激励机制相结合，签订责任书，实行民族事务治理目标考核，并纳入年度考核范围，对不履职尽职的严肃追究责任人的责任，对成绩突出的给予激励。

二　民族事务治理面临的困难与存在的问题

2022年，青海正处于全面建设社会主义现代化国家的关键时期，在全国发展的战略地位日益凸显，既面临着诸多挑战，又蕴含着各种机遇。民族事务治理在新的时代背景下积极探索的同时，与进入新征程的要求相比，还存在一些问题。

（一）民族事务治理理念有待强化

民族事务治理是一项基础性群众性工作。根据调研反映出各地区各部门工作人员在思想认识上对民族事务治理的社会主体多元化还缺乏深刻的认知，习惯于政府管理的思维模式，对民族地区少数民族的“自治、法治、德治”还缺乏全面的理解，对民族事务治理的整体性、互动性、联动性认识不够到位，对民族事务治理的特点、规律、要求、功能与价值等还不够清晰与准确，相应地对群众基础的重要性重视程度不够，治理工作的特点未得到充分体现，治理范围与治理事项梳理不够清晰与明确，对民族领域的一些深层次问题认识欠缺等。

（二）民族事务治理工作有待明确

民族事务治理工作是公共事务的重要体现。部分党员干部在一些重大问题上认识不一致，在如何处理民族问题上出现认识分歧，对民族事务领域的制度设计理解不够到位，工作措施与要求体现得不够充分。有的领导干部、党员、工作人员对党的民族理论、国家政策、法律法规缺乏深入的思考与认识。根据调研各地在落实中央、省委省政府关于民族政策法律还不平衡，对与民族问题密切相关的宗教和教职人员管理等还存在“不深、不力、不细”的问题，有的地区对民族事务工作缺乏前瞻性、预见性和连续性，难以做到与民族事务治理要求相衔接。

（三）民族交往交流交融有待深入

随着城市化进程加快，人口流动迁移加大，民族间往来交流频繁。如内地汉族群众到青海省打工、就业、经商等比较普遍，同时，青海省民族地区和省内东部地区，如回族、撒拉族、土族等聚居地的少数民族群众也大量进入内地寻求经济发展机遇与条件，无形中民族间经济发展的差距以及要求加快本民族发展，维护本民族形象，落实法律规定的各项合法权益日益增多，希望本民族在政治上有更多的参与权和话语权，反映出民族意识的不断增强，这些要求有利于树立民族自信心和对本民族发展与进步的关心，与此同时，产生了在利益表达中重视个性、忽视共性，影响民族之间的交流交往交融，给民族事务治理带来一定的负面性。

（四）矛盾排查化解能力有待提高

目前，民族聚居区打破了以往传统的民族格局，形成新的城镇民族聚居区，民族成分趋于多元与多样，在增加民族之间交流与合作的同时，也不可避免地产生一些摩擦与纠纷，影响民族事务治理的社会问题。对民族事务治理的社会化、法治化、智能化、专业化未得到有效体现；对依法行政的要求还不够准确，“公权力”与“私权利”的法律界限不清；一些历史遗留问题还没有彻底解决，相关问题还不可避免地存在。此外，基于青海生态地位的特殊性，涉及生态保护、草山地界划界、征地拆迁补偿、执法司法公信力等问题都不同程度地影响民族事务治理的效果。

三 提升民族事务治理水平的思考与建议

2022年，青海民族事务工作在新的起点上有新的要求，提升民族事务治理水平是中国式现代化的重要体现，是用现代化要素改造传统要素，使传统要素不断现代化的过程，也是不断推进民族工作高质量发展的内在需求，2023 年青海民族事务治理水平需要在新的起点上有新的定位。

（一）进一步强化民族事务治理的思想认同

民族事务治理要以习近平新时代中国特色社会主义思想为指导，在理念、能力、要求和解决问题上着力，实现民族事务治理的实效性，使民族事务治理迈上新台阶、取得新进步，形成新局面。

1. 以筑牢中华民族共同体意识为主线

贯彻落实党的十八大以来关于民族事务治理工作的要求，深刻领会党的二十大形成的一系列新思想、新观点、新要求，全面贯彻落实省十四次党代会精神，突出以文化互鉴与共促，在更广的范围上促进各民族交往交流交融，切实增强中华民族共同体意识，共筑各民族共有精神家园，实现最大同心圆。

2. 强化民族事务治理的共建理念

进入社会转型时期，民族事务治理需要全方位地创新与推动，在政府层面上，政府管理部门需要转变职能，在管理中寓于服务，在服务中体现管理；在社会层面上，要形成以民为本的社会，突出公民的自主意识，积极组织公民参与治理，表达自己的真实意愿，扩大与拓展参与社会治理的途径与方式，了解制定的民族事务方面的制度与政策，形成依法依规地参与民族事务治理。

3. 坚持宗教中国化方向

切实解决寺院发展中存在的深层次问题，坚持动态管理、动态调整和动态治理的原则，规范三种寺院管理的转化提升工作，共创和谐寺院的良好局面。加强伊斯兰教事务管理工作，进一步落实“依法管理、防范极端、化解矛盾、维护团结”的要求，坚持问题导向，树立法治思维，提高依法管理的能力与水平。此外，在法治轨道上进一步规范道教、基督教、天主教宗教活动。

（二）进一步形成民族事务治理工作载体

民族事务治理工作是一项宏观与微观相结合的工作，具有整体协调与相互联动的特点，在不同方面、不同范围、不同主体有不同的要求，只有在制度上规范、机制上运行、措施上落实才能形成民族事务治理的工作格局，也才能在明确思路、科学谋划、真抓实干上持久和深入地推进民族事务治理工作。

1. 突出民族事务基层治理

民族事务治理具有广泛性、社会性和复杂性的特点，将治理“体现在基层、力量下沉在基层、问题解决在基层”，通过乡贤评理堂、圆桌议事会、邻里牵手、社区治理恳谈会、村（社区）协调议事会等形式研究讨论民族事务热点、难点、疑点问题，以共商共议的形式切实加以解决，充分调动群众的主动性和积极性，形成民族事务治理有载体、有内容、有举措，形成社会主体都有参与治理的义务。

2. 提升窗口服务单位的服务质量

重点解决民族事务工作在落实方面存在的薄弱环节，以制度之治形成治理效果，推动民族事务治理工作取得新进展，全面提升城市民族事务服务能力，让少数民族更好地融入城市，做好城市民族工作，使其“进得来”和“融得好”。支持少数民族跨行业、跨区域有序流动，解决好流动人口与民族团结进步教育同步跟进的社会目标。突出青海民族地区的特殊性。此外，持续巩固“清真”概念泛化治理成果，完善清真食品日常管理、监督检查、网络舆情管控等机制，加强清真食品监督检查执法力量，强化各部门联合协调机制，进一步规范清真食品生产经营活动。

3. 提高少数民族流动人口服务管理

少数民族流动人口管理是形成民族事务治理的重要内容，也是少数民族合法权益得到保障的重要体现。建立健全跨地区联动机制，应当做好省内外、各州县流入地与流出地两头对接，健全协作共管工作体系，不断加强和规范全市流动人口服务管理。应当采取以社区为依托，完善流动人口居住管理、权益保障、公共服务等功能，推进流动人口公共服务均等化，及时掌握流动人口生产生活状况，大力开展“警民共建、党建共享、联点帮扶”等活动。

（三）进一步提高民族事务治理工作本领

民族事务工作是做人的工作，解决民族问题提高工作本领至关重要，政治、政策、法治需要深刻领会，这不仅是民族事务工作的根本，也是民族事务治理工作的要求，不断丰富民族事务治理的理论与实践，提高民族事务治理工作。

1. 明确民族事务治理的时代要求

民族事务治理要以新的理念、新的方法和新的思路作为治理工作的重点，走中国特色社会主义科学治理的道路，明确社会主体多元参与，让各族群众在治理中感受到合法权利能够正确表达、诉求能够得到解决，社会和谐有序。同时，要将党委领导落到实处、政府负责得到体现、社会协同形成合力、公众参与得到实现、法治保障得到强化，重视用“中华民族共同体意识”引领民族团结进步，用法律、制度、规范促进民族事务治理。

2. 落实民族事务法规政策

在中国特色社会主义现代化建设的进程中，将法规政策体现在“共同团结奋斗、共同繁荣发展”的民族工作中，对民族自治地方取得的显著成就，民生水平的改善和民族文化事业的繁荣发展要通过多种形式进行展示，使法律具体化，通过已建成的 8 个主题教育展馆中的鲜活故事，特别是在“疫情”期间，“中华民族一家亲”得到生动的体现，使法律法规在实际生活中得到再现。

3. 提高处理民族事务依法行政能力

随着时代的发展与进步，民族事务呈现出新特点，在机构、职能、权限、程序、责任等方面，执法人员应当树立“法无授权不可为”的理念，按照法律规定，依据执法程序，厘清社会主体的权利与义务，以法治思维实现法治治理。同时，辅助于相关制度建设，使执法的能力在有效解决矛盾纠纷、分析研判难点等问题上有所体现，按照不同领域、不同层次、不同对象细化治理要求，全方位拓展治理范围，提高依法管理民族事务治理的能力与水平。

生 态 篇

Ecology Chapters

B.17
2022~2023年青海生态文明高地建设形势分析与预测

毛江晖　郭 斌　魏 琼*

摘　要： 习近平总书记用“三个最大”凸显了生态对于青海的重要性，并明确要求把青藏高原打造成为全国乃至国际生态文明高地。本文系统梳理了自2021年10月以来青海生态文明高地建设的总体情况和面临的主要困难，在分析预测未来新形势的基础上，结合党的二十大确定的战略部署，对于2023年乃至更长时期青海生态文明高地建设提出了政策建议。

关键词： 生态文明高地　区域协同　青海省

* 毛江晖，青海省社会科学院生态环境研究所所长，副研究员，研究方向为自然保护地发展、环境规制、生态经济；郭斌，青海省社会科学院政法研究所助理研究员，研究方向为地方法治、生态治理；魏琼，青海大学财经学院硕士研究生。

一　2021~2022年青海生态文明高地建设总体情况

近年来，青海省认真贯彻落实习近平总书记的重要讲话和指示精神，青海省委印发《关于加快把青藏高原打造成为全国乃至国际生态文明高地的行动方案》①，坚定不移地筑牢我国生态安全屏障，如火如荼地建设起生态文明高地，在生态安全屏障功能、污染防治攻坚战、绿色发展基础、生态文明制度改革、生态环境治理能力等方面取得显著成效。

（一）生态安全屏障功能持续稳固

基于推动三江源二期、祁连山山水林田湖草生态保护修复试点项目等，并针对区域生物多样性进行科学严谨的调查评估，全省重点生态功能区范围内的生态系统开始逐步恢复，服务功能日益完善。黄河、澜沧江等水体的径流量也相对稳定，千湖美景再次呈现于眼前，与此同时，青海湖水域也在不断扩张中，湿地面积处于我国第一位，不仅如此，珍稀野生动物的种群量开始逐渐恢复，湿地保护率为64.31%②，全省范围内的蓝绿空间③所占比例也高于70%。“绿盾”行动全方位推行后，青海省十分关注自然保护区的管理，并开展了综合评估。湟源县、河南县被评为国家生态文明建设示范县，此外，还有多达543个村成为示范村。

青海省政府编制印发《中华水塔水生态保护规划》《关于进一步加强生物多样性保护的实施意见》，切实推进森林、湿地荒漠生态系统的保护修复，达到综合化的治理效果。先后启动实施秋冬季候鸟迁徙安全、保护野生动物专项执法行动、国内首个普氏原羚保护通道等一系列项目，实施黑土滩

① 中共青海省委印发《关于加快把青藏高原打造成为全国乃至国际生态文明高地的行动方案》，《青海日报》2021年8月30日，第1版。

② 资料来源：《2022年青海省国土绿化状况公报》。

③ 蓝绿空间通常指城市中水体和绿地两种生态元素的总称，就是加强对山体湖泊、河流湿地、基本农田等自然生态本底的保护，建设“湖光山色入城，蓝绿活力交织”的田园都市。

综合整治、退化草场改良、沙化土地治理、水源涵养等生态保护修复工程。截至2022年9月，全面建立省、市、县、乡、村五级林长制、湖长制组织体系和运行机制；全省共设立各级林长6467人，其中省级总林长5名、市级总林长32名、县级总林长255名、乡级总林长1245名、村级林长4930名；设置森林、草原、湿地生态管护公益岗位14.51万个，新增国家湿地公园4个，生态安全屏障更加坚固。

（二）污染防治攻坚战取得阶段性胜利

青海省打响蓝天保卫、黑臭水体治理等多项战役，在“蓝天保卫战”等考核结果中一向突出。2021年，全省范围内的环境空气质量优良天数比例为97.2%，不仅如此，细颗粒物的平均浓度也减少至21μg/m³。长江以及澜沧江等干流水质常年保持在Ⅰ类，黄河则保持在Ⅱ类。青海省现已超额完成了总量减排任务，四大污染物依次降低了11.9%、23.5%、17.4%、15.9%。① 与此同时，青海省还对土壤污染情况进行了详细调查，特别是农用地的详细调查结果已经接受国家审定，相关数据也已经共享。值得一提的是，青海省还专门针对重金属污染场地进行了修复，安全利用率为100%，相关耕地则超过了98%。另外青海省还专门开展了“无废城市”建设试点活动，全省范围内针对危险废物的集中处理能力有了大幅提高，核准经营规模达到了190万吨/年。除此之外，青海省还针对农村地域的水环境问题进行了专项治理，取得了初步成效。

青海省积极推动农村地区的环境综合治理，治理村庄与相关的游牧民定居点已经达到了4462个。这一集中治理与建设多样化基础设施的活动，可进一步推进青海省范围内的城乡生活垃圾治理。直至今日，全省的城乡生活垃圾无害化处理率达98.08%，覆盖城市、县城、乡镇、村庄的生活垃圾收集、转运、处理体系初步建立。全省加大基础设施建设力度，补齐短板弱项，按照“宜运则运、宜烧则烧、宜填则填”的原则，积极推广“打破行

① 根据青海省生态环境厅、发展改革委员会统计数据整理。

政区划边界，共建共享处理设施”的生活垃圾处理新模式。西宁市累计投入资金3.5亿元，积极推进生活垃圾分类收运体系、再生利用体系和终端处置体系建设，覆盖居民达到30.4万户，生活垃圾回收利用率达到37%，生活垃圾无害化处理率达100%，基本建成生活垃圾分类处理系统，初步形成可复制、可推广的生活垃圾分类模式。

（三）绿色发展基础不断夯实

青海省政府编制完成了《青海省实施“三线一单”[①] 生态环境分区管控工作方案》，在该方案中提及14条工作内容，积极推动“三线一单”生态环境分区管控的举措。2021年底，青海省完成了天峻、祁连、刚察、海晏、门源、互助6县以及19077.22平方公里生态保护红线、1061个红线斑块的红线校核及勘界工作，共埋设界桩942个、标识牌8个，布设县乡级生态保护红线分布图35个。

充分发挥生态环境保护督察监察机制，积极推进产业结构的转型与升级，打造绿色产业布局，切实提升青海省的绿色发展水平，尽可能在我国范围内树立标杆。构建污染源监测数据管理信息系统，降低相关污染物所对应的排放总量，对新增污染物排放进行科学有效的精准控制，全面推进372项减排治污工程，同时，优化燃煤小锅炉3000余蒸吨[②]，这有助于促进青海省范围内的经济发展。扩充了不少的环境容量空间。对农业面源污染进行全方位管控，减少农药化肥的施用量，以有效为准则，对黄河谷地、各限养区等进行治理，值得一提的是，青海省对畜禽粪污资源化的实际利用率超过了81.5%。近年来，青海省立志成为国家清洁能源示范省，倡导使用清洁能源，该类能源相较一次能源的消费比例达到了65%，从单位GDP方面来看，CO_2的排放强度已经减少了43%，此外排放总量减少了25%。

① “三线一单”是指生态保护红线、环境质量底线、资源利用上线和生态环境准入清单，是推进生态环境保护精细化管理、强化国土空间环境管控、推进绿色发展高质量发展的一项重要工作。

② 蒸吨是指锅炉的供热水平，一般用t/h来表示。

（四）生态文明制度改革取得重大突破

《关于加快把青藏高原打造成为全国乃至国际生态文明高地的行动方案》指出，必须坚定不移地落实生态系统保护工作，并应对其及时修复。现如今，青海省范围内生态系统质量逐年改善，碳汇增量也有了显著提高，并建立了科学完善的自然保护地体系。随后，生态保护与修复相关制度办法相继出台。如在森林、草原生态系统保护与修复方面，出台了《青海省打造生态文明新高地林草行动方案》《青海省全面推行林（草）长制实施方案》等多个制度办法，明确了打造林草新高地建设的各项具体行动和举措。在流域生态系统保护方面，印发了《黄河青海流域生态保护和高质量发展规划》《中华水塔水生态保护规划》《2022 年度青海重点渔业水域生态环境监测工作方案》等，为促进水治理体系和治理能力现代化提供了制度保障。

为尽快让青海省成为我国范围内的自然保护地体系示范省、加强自然保护地制度建设、提升管理水平、构建自然保护地高效运行新机制，2021 年 12 月，国家公园示范省建设工作领导小组办公室制定印发了《青海以国家公园为主体的自然保护地体系建设十八项制度办法（试行）》，主要包括《青海省自然保护地分级管理办法》《青海省自然保护地范围和区划调整办法》《青海省自然保护地边界勘定管理办法》《青海省自然保护地管理评估考核办法》等。这十八项制度办法的正式印发与实施，将为青海建立以国家公园为主体的自然保护地体系提供技术支撑和决策依据，使青海省在自然保护地整合优化、边界勘定、管理评估、行政执法、管理体制、调研评价、总规编制、区划调整、社会捐赠、文化遗产保护、生态体验和自然教育等方面做到有法可依、有章可循。将对加快推进青海建立以国家公园为主体的自然保护地体系示范省发挥重要作用。

（五）生态环境治理能力显著提升

习近平同志视察青海时曾经提道：“如果想要保护生态环境，必须先了解动态，构建科学有效的生态环境监测网络”。尽可能提升生态环境监管能力，并持续优化现有的“天空地一体化”[①] 体系，不断优化“青海生态之窗”，在青海省范围内构建科学有效的监测监管平台。截至 2022 年 9 月，已累计建成远程监控系统观测点位 76 个，实现了全省主要生态区域的全覆盖。在长江流域建成 11 个综合站点和草地、森林、沙化土地、湿地等地面监测点 319 个。青海湖流域共设置 276 个生态监测地面定位监测站点（包括草地、森林、湿地、沙化土地、水土保持、生物多样性、水文水资源、气象、环境质量等），其中，综合监测站 2 个、专项定位监测点 207 个和工程项目跟踪监测点 67 个，覆盖青海湖流域的生态监测站点体系、监测与评估指标体系、生态环境数据服务平台和项目档案信息化管理系统等。祁连山国家公园（青海片区）覆盖国家公园全境、可以实现天空地一体化监测管控的大数据管理平台已初步建成。

建立生态环境治理体系过程中，青海省十分重视监测监察联动，为让监管更为细致，切实提高建设标准化水平。针对重点生态区域以及工业园区等特定区域，专门构建三级环境监管网格，网格划分全面公开。另外，2021 年 10 月，青海在我国范围内第一个构建了有害气体预警监测体系，改进了监测监察执法过程中遵循的管理制度，构建出“1+4”的督察工作体系。不仅如此，青海省还优化了原有环评管理方式，让环评更为精简且有效，展开了项目环评联动，并对所有项目进行了事中事后的监督管理，还制定了“三同时”（建设项目中环境保护设施必须与主体工程同步设计、同时施工、同时投产使用）等比较完善的管理机制。

二　当前青海生态文明高地建设面临的主要困难

近年来，在党和国家的扶持下，青海生态文明高地建设工作已经取得了

① “天空地一体化”是指新型系统性生态环境监测网络。“天”是利用各种卫星提供的数据筛查环境事件，发现环境问题存在的可能性；“空”主要是用无人机遥感确认环境事件；“地”是在地面采用多种监测手段，实现精细化的综合监测。

明显的效果，但也面临着生态系统修复、环境改善、生态体制机制等诸多方面的种种困境。

（一）生态系统修复任重道远

经过长期不懈的生态保护和建设，青海生态系统退化趋势已经得到缓解，区域生态环境整体退化的趋势得到有效遏制，但是生态环境质量改善的基础不牢固，生态系统抗干扰能力弱，工程区外还有大面积的荒漠化、沙化和鼠虫害退化草地，局部地区水土流失依然严重，冰川面积仍在萎缩，草地和湿地退化速率仅呈小幅减缓趋势，生态环境保护和建设任务的长期性、艰巨性和复杂性仍然存在。

（二）生态安全风险依然存在

受全球气候变化影响，青藏高原变暖现象明显早于我国其他地区及全球，气温的变暖幅度是同期全球平均值的2倍，极端天气气候事件增多，气象灾害影响日趋严重，特别是气候变暖导致冰川退缩、冻土消融、局部湿地退化、病虫害加剧、荒漠化等生态环境问题突出。气候变暖引起的降水空间差异变大，水资源供需季节性不平衡问题突出。

（三）环境持续改善压力较大

随着我国生态文明建设进入新时代，国家对环境保护的要求更加严格，用水、用地及节能减排降碳等约束性指标管控力度持续加大，加之青海省长期发展过程中产生的压缩性、复合性、累积性生态环境问题尚未全面解决，环境欠账多、保护难度大，生态环境压力仍然处于高位。特别是进入“十四五”时期，全省城镇化、工业化步伐加快，影响生态环境质量改善的不确定因素持续增加，打好污染防治攻坚战面临的形势较为严峻。

（四）产业转型发展任务艰巨

全省产业总体上仍处于价值链中低端，产业链条偏短，技术水平低，创新能力弱，低端供给过剩与中高端供给不足并存。主要工业产品大多为初级产品，能源高耗型公司以及资源依赖型公司，大约占据了65%的比例。新兴产业总体仍处于培育阶段，规模小、起点低，产业链条不完整，特别是新材料、节能环保、生物医药、大数据等高新技术产业仍处于起步发展阶段，新旧动能转换的需求非常急迫。生态农牧业龙头企业较少，高质量绿色农畜产品精深加工不足，生态旅游与其他产业融合发展不足，生态旅游产品供给能力需持续优化，产业链条有待进一步延伸。

（五）生态体制机制仍需深化

当前，全省生态文明体制改革正逐步由“四梁八柱”构建向纵深化系统化迈进，改革中遇到的问题正逐步显现，主要表现为：当前改革任务大多呈现单一或少数部门推进的工作局面，部分涉及多领域多部门的改革措施，尚未建立联动机制，没能形成制度“组合拳”，亟须构建涉及自然资源、生态环境、林业草原、农业农村、发展改革等多部门的联动机制，实现统筹衔接、梯次接续，发挥改革的集成效应。同时，生态产品价值实现机制尚处在研究阶段，绿水青山向金山银山转变的实现方式还未打通，群众在生态保护过程中丧失的机会成本并未得到有效补偿，一定程度上制约了基层干部群众维护生态安全的积极性和内生动力，亟待建立覆盖全领域的生态综合补偿体系。

三　2023年青海生态文明高地建设形势分析与预测

2023年乃至整个“十四五”时期，以减少二氧化碳排放量为首要目标，并在此基础上降低各类污染物的排放，达到协同增效的效果，让社会全面转型，确保生态环境质量得到优化，从本来的量变逐步过渡至质变，这将是全国生态文明建设的“主色调”。从青海省的具体实际出发，生态文明高地建设将面临以下新形势。

（一）人与自然和谐共生的现代化建设为青海带来重大机遇

党的二十大报告提出，中国式现代化的一大特征就是人与自然和谐共生的现代化。这一新指向将促进坚持生态优先、绿色发展，扎扎实实推进生态保护和高质量发展不断取得新成就，坚定不移打造生态文明高地；牢固树立和践行绿水青山就是金山银山、冰天雪地也是金山银山理念①，统筹山水林田湖草沙冰一体化保护和系统治理②；编制好落实好《青海省国土空间规划（2021—2035年）》，实施重要生态系统保护和修复重大工程，推进生物多样性保护重大工程；加快构建青藏高原国家公园群，在建立以国家公园为主体的自然保护地体系上走在前列；积极稳妥在实现碳达峰方面先行先试，着力打造新型电力系统和零碳产业园，开展绿色低碳社会行动示范创建，积极构建人与自然生命共同体。

（二）习近平总书记系列指示带来了政策机遇

2016年，习近平同志对青海省进行了考察，并指出“青海最大的价值在生态、最大的责任在生态、最大的潜力也在生态”。这彰显了青海的省情定位，是习近平生态文明思想的青海体现。2021年3月，在参与青海代表团审议过程中，习近平同志指出：“把高质量发展同满足人民美好生活需要紧密结合起来，推动坚持生态优先、推动高质量发展、创造高品质生活有机结合、相得益彰。”2021年6月，习近平同志又对青海进行了考察，并且强调保护好青海生态环境是“国之大者”。要牢固树立绿水青山就是金山银山理念，切实保护好地球第三极生态。③ 要把三江源保护作为青海生态文明建设的重中之重④，承担好维护生态安全、保护三江源、保护“中华水塔”的重大使命。⑤

① 王君正：《坚持以习近平新时代中国特色社会主义思想为指导　全面贯彻新时代党的治藏方略　为建设团结富裕文明和谐美丽的社会主义现代化新西藏而努力奋斗》，《新西藏（汉文版）》2021年第12期，第12~15页。

② 王瑞：《摸清家底，交出国有自然资源资产明白账》，《青海国土经略》2022年第2期，第9~10页。

③ 《坚定不移打造生态文明高地》，《青海日报》2022年5月30日，第1版。

④ 《习近平在青海考察时强调　坚持以人民为中心深化改革开放　深入推进青藏高原生态保护和高质量发展》，《中国环境监察》2021年第6期，第10~12页。

⑤ 王水明：《找准服务大局为民司法的切入点和结合点》，《检察风云》2022年第3期，第32~33页。

党的二十大报告中提出，推动绿色发展，提升生态系统多样性、稳定性、持续性。这一系列指示、精神传递了一个明显信号，筑牢国家生态安全屏障，实现节约集约的绿色发展将成为青海经济社会发展的主旋律，给青海生态文明建设提供了新的方位，有利于青海省明确前进方向，在更高起点、更高层次、更高目标上推进生态文明工作。

（三）实现“双碳”目标必将为推进现代化新青海建设带来重大发展机遇

“双碳”目标的推进将进一步深化“三个最大”省情认识，深化“一优两高”战略，完善生态文明体系，有利于巩固碳汇盈余优势，进一步增加青海的生态价值，使青海在全国乃至全世界生态屏障的重要地位得到持续提升。青海作为排放总量低、绿色转型发展效率高、“双碳”目标实现基础好的省份，必然在生态环保、清洁能源发展、新型电力系统构建、工业流程重塑等领域争取到更早、更多的项目和投资，获取强劲的经济发展动力。作为国家重要的清洁能源资源富集省份，青海已经初步具备了实现碳中和的理想能源结构，清洁能源供给能力将极大提升，青海在国家能源安全战略中的保障作用必将更加凸显。“双碳”目标将有利于青海在生态保护的前提下承接国家重大发展项目，引进、转移发达地区产业，提升本省工业化水平，促进产业融合发展，培育新经济增长点和新就业机会，推动青海实现跨越式发展。“双碳”目标的设立有利于青海推动传统产业转型升级，推动战略性新兴产业、高技术产业、现代服务业进步，拉动绿色金融投资，加快建设以生态、循环、数字和平台“四种经济形态”为引领的具有青海特色的现代化经济体系。

（四）深度融入国家和区域重大战略注入了发展动力

党的十九大以来，党中央国务院密集出台了构建西部大开发生态保护和高质量发展等区城重大战略，为青海“扛起源头责任，发挥干流担当”，推进生态保护和可持续发展创造了良好条件。党的二十大报告中提出，着力推进城乡融合和区域协调发展，推动经济实现质的有效提升和量的合理增长。当前，青海省正处于由全面建成小康社会向基本实现社会主义现代化迈进的关键时期，构建产业生态化、生态产业化的生态经济体系将成为全省2023年乃至整个“十四五”时期奋斗的重要方向，深度融入国家战略，将为全省绿色发展提供强有力的技术支撑和发展空间。

（五）全面打造生态文明高地指明了发展方向

长期以来，青海省委省政府高度重视生态文明建设工作，认真贯彻党中央决策部署，坚持以生态保护优先、绿色低碳发展为导向，在成为生态文明先行示范区的前提下，切实推进自身发展，坚定不移秉持新发展理念，竭尽全力打造新发展格局，提出了打造全国乃至国际生态文明高地的总目标，进一步明确了建设美丽青海，推动生态环境高水平保护和经济社会高质量发展的重要路径。党的二十大报告中提出，必须牢固树立和践行绿水青山就是金山银山的理念，站在人与自然和谐共生的高度谋划发展。2023年乃至整个“十四五”时期，全省上下将牢固树立国家生态安全观，树立和践行绿水青山就是金山银山的理念，维护生态系统的完整性、稳定性和功能性，确保生态系统的良性循环，妥善处理好涉及生态环境的重大问题，青海的生态价值必然得到充分体现，青海的发展之路必将越走越宽越走越顺。

四　推进青海生态文明高地建设的建议

2023年，青海需要按照党的二十大确定的战略方向和具体部署，从提升空间开发保护水平、打造坚实的生态安全屏障、全方位提高当前生态经济质量、尽可能避免不必要的资源浪费达到综合治理的效果，并推进生态制度改革等方面促进生态文明高地建设。

（一）推进碳达峰碳中和建设

一要调整优化产业结构。大力发展绿色有机农牧业，促进农业固碳增效。改造提升盐湖化工、有色金属、能源化工和建材等传统产业，开展钢铁、煤炭去产能“回头看”，巩固去产能成果。推行产品绿色设计，加快推进工业领域低碳工艺革新和数字化转型，提高产品技术、工艺装备、能效环保及信息化水平。发展新一代信息技术、生物技术、新能源、新材料、锂电、节能环保、高端装备制造、新能源汽车等战略新兴产业。推动互联网、大数据、云计算、人工智能、第五代移动通信（5G）等新兴技术与绿色低碳产业深度融合。加快商贸流通、文化旅游、信息服务等绿色转型，提升服务业低碳发展水平。二要协同推进节能降碳。坚持节能优先的能源发展战略，全面落实国家节能降碳约束性指标，严格控制能耗和二氧化碳排放强度，合理控制能源消费总量，探索建立二氧化碳排放总量控制制度。新增可再生能源和原料用能不纳入能源消费总量控制。将能耗双控贯穿于产业布局、结构调整、节能审查、减污降碳等各个环节，将节能降碳目标分解落实到相关重点地区，严格考核程序，健全奖惩机制，对节能降碳目标完成形势严峻的地区实行项目缓批限批、能耗等量或减量替代。强化节能监察和执法，加强能耗及二氧化碳排放控制目标分析预警，严格责任落实和评价考核。加强甲烷等非二氧化碳温室气体管控。三要提升能源资源利用效率。把节能降碳贯穿于经济社会发展全过程和全领域，持续深化工业、建筑、交通、商贸、农业农村、公共机构等重点领域节能。实施节能降碳重点工程，推动电力、钢铁、有色、石化、化工、建材等行业节能降碳改造升级①，开展能效“领跑者”行动，提升重点用能单位能效利用和低碳发展水平。大力发展循环经济，推进资源节约集约利用，构建资源循环型产业体系和废旧物资循环利用体系②，加大垃圾资源化利用力度，全面提高资源利用效率。提升新型基础设施能效水平。

---

① 《国家发展改革委关于发布〈高耗能行业重点领域节能降碳改造升级实施指南（2022 年版）〉》，《中国轮胎资源综合利用》2022 年第 3 期，第 8 页。

② 《广东省循环经济发展实施方案（2022—2025 年）》（粤发改资环〔2022〕390 号），广东省发展和改革委员会网站，2022 年 11 月 3 日，http://drc.gd.gov.cn/gkmlpt/content/4/4037/mpost_4037251.html#4146，最后检索时间：2022 年 12 月 7 日。

（二）提升空间开发保护水平

一要构建空间发展格局。坚持把建设国家生态安全屏障、发挥大江大河水源涵养和调节气候功能作为完善全省安全格局的首要任务，严控河湖、林草、湿地、荒漠、戈壁生态空间用途管制，竭力保护三江源草原草甸湿地生态区，对其开展多方位的综合治理，确保南部生态屏障的牢固性，与此同时，需保护祁连山冰川等，保证北部生态屏障不受影响，并建立河湟谷地、柴达木盆地等综合治理区，构筑全省生态安全网络，促进各主要生态系统实现良性循环。二要统筹划定落实三条控制线。将全省具有重要水源涵养、生物多样性维护、防风固沙、水土保持、水土流失、土地沙化等生态功能极重要和生态极敏感脆弱区域，以及其他经评估目前虽不能确定但具有潜在重要生态价值的区域纳入生态保护红线进行管理。在严守耕地红线基础上，按照一定比例，将达到质量要求的耕地，按国家出台的相关法律，尽数划入永久基本农田，同时切实保障这些农田保护面积不得缩减、质量不得下滑，确保布局稳定。以城镇开发建设现状为基础，综合考虑资源环境承载能力、国土空间开发适宜性、人口分布、经济布局、城乡统筹、城镇发展阶段和发展潜力，框定总量、限定容量，防止城镇无序蔓延。三要科学有序统筹布局三类空间。对于三江源及青南高原、祁连山和环青海湖地区、东部丘陵地区等重要生态功能区，要按照生态保护红线和一般生态空间两级进行管控，并进行适度开发利用和结构布局调整；对于河湟谷地及周边地区、环青海湖地区以及畜牧业聚集区，建议允许开展以农牧业生产、农牧生活为主的开发性、生产性建设活动；城镇空间内可以集中进行城镇开发建设，城镇空间外不宜进行城镇集中建设，不得设立各类开发区和城镇新区。四要全面推动“三线一单”落地实施。筑起全省范围内的生态保护红线同时严守环境质量底线、坚定不移的秉承资源利用上线同时切实推进相关的生态环境准入清单，建立较为完善的生态环境分区管理体系，在地方制定法律抑或相关政策时应科学规划，在执法监管过程中必须严守底线，不可以拉低标准，必须以标准为主，唯有如此，才可保障青海省范围内的生态环境质量持续改善。

（三）坚决筑牢生态安全屏障

一要提升水源涵养功能。全面落实长江经济带以及黄河流域生态保护和高质量发展战略要求，实施中华水塔保护行动纲要，科学确定“中华水塔”保护范围和空间布局，加强江河正源保护，构建水源涵养立体保护格局，全面维护天然生态系统的稳定性和完整性。以黄河、长江、澜沧江三大干流为重点，坚持水域陆域兼顾、源头流域协调的原则，实施雪山冰川河湖湿地保护、水环境污染防治、水生态空间管控、河湖生态流量维持、水资源高效利用和水利保障水平提升等工程，确保“中华水塔”丰沛兼顾、水质清洁。二要加快构建自然保护地体系。扎实推进自然保护地优化整合，重构分类必须科学、布局也应当合理，对围绕国家公园而建立的自然保护地体系进行科学有效的统筹管理，切实保障青海省范围内的重要自然生态系统、生物多样性均被全方位保护。此外，还应当积极推动自然保护地范围的规划，合理得当地调节区域规模，落实自然保护地分区管控政策，对原自然保护区按照“三区变两区”要求进行调整。并构建科学完善的调查监测体系，结合生态资产及其相应的生态服务价值，制定客观有效的考核评估指标体系。开展自然保护地勘界立标，制定自然保护地边界勘定方案，确认程序和标识系统，构建相应的矢量数据库，使其紧密契合于已有的生态保护红线，在关键部位还需设立界桩以及醒目的标识牌。三要扎实推进山水林田湖草沙冰综合治理。坚持自然恢复与系统治理并举，健全生态保护和修复制度，巩固和扩大生态安全屏障建设成果，实施新一轮生态功能提升行动，以修复重大工程为引领，扎实地推进重点区域生态保护综合治理，谋划打造全国山水林田湖草沙冰综合治理样板区。按照全省地理环境和生态系统特性，以继续筑牢国家生态安全屏障为重点，统筹推进重点生态板块保护修复工程，全面提升草地、森林、湿地、冰川、河湖、荒漠等自然生态系统稳定性和生态功能。坚持山水林田湖草沙冰生命共同体理念，统筹考虑各类生态要素，深入推进全域综合治理，形成综合保护格局，全面提高社会—经济—自然符合生态系统弹性。

（四）加快提升生态经济质量

一要全面提升应对气候变化能力。综合考虑全省生态保护、经济转型、能源发展、环境约束等各项基础条件，对全省“十四五”期间降碳目标进行综合评估和判断，明确路线图及实现路径、配套措施，扎实推进全国碳达峰碳中和先行区创建工作。二要积极发展高原地区的特色产业。依赖于高原得天独厚的优势资源，尽可能培育有价值的新兴产业，并切实推进全球范围内首屈一指的盐湖产业基地建设，逐步壮大生态型产业新优势，夯实绿色发展产业基础。三要培育壮大战略性新兴产业。加快发展壮大新材料、生物医药、高端装备制造等战略性新兴产业，在新领域中运用极具创新性的技术，研发有特色的新产品，打造全新业态，选用创新模式实现区域的迅猛发展，使新兴产业成为带动全省工业转型升级和创新发展的重要支撑。四要不断促进新型基础设施发展。充分挖掘数据资源作为关键战略资源的潜力，释放数据资源新价值、培育数字应用新业态激活实体经济新动能，加快数字产业化、产业数字化进程，促进数字产业与生态文明建设深度融合。

（五）着力强化资源节约利用

一要强化节能源头控制。坚持节能优先的能源发展战略，全面落实国家节能降碳约束性指标，对能耗与 CO_2 排放强度进行全方位把控，在能源消费总量上也应进行科学有效的精准控制，围绕 CO_2 排放总量制定合理得当的控制制度。实施固定资产投资项目节能审查制度，规范评审标准，充分发挥节能审查源头控制的作用。加大落后产能淘汰力度，严格控制高耗能、低水平项目重复建设和产能过剩行业盲目发展，对能耗不达标或生产、使用淘汰类产品的企业和产能，要依法依规有序退出。二要实施最严格水资源管理制度。全方位贯彻“四水四定”原则，强化用水指标刚性约束，加强重大规划和项目建设布局水资源论证，从严从紧核定许可水量。建立水资源承载能力预警机制，对开发利用接近或超过控制指标的地区限制或暂停新增取水许可。全面建立节水评价机制，建立健全科学合理的节水评价标准，严格审查审批，坚决走好水资源高效利用的集约发展之路。三要严格用地规模管控。按照严控增量、盘活存量、优化结构、提高效率的原则，加强土地利用的规划管控、市场调节、标准控制和考核监管，严格土地用途管制，推广应用节地技术和模式。实行城乡建设用地总量控制制度，强化县（市、区、行委）城乡建设用地规模刚性约束。严格执行经营性建设用地指标有偿使用制度和最严格的土地审查报批制度，积极开展批而未供和闲置土地集中审核工作，杜绝虚假和无效处置等现象发生。严格贯彻落实《青海省城镇低效用地再开发实施意见》，推动土地资源高效合理利用。严格建设用地使用标准审查，准确核实用地规模，对无土地使用标准或超标准的开展节地评价。

（六）持续深化综合环境整治

一要优化能源消费结构。全面实施冬季清洁取暖工程，加快天然气输配管网建设和农牧区电网升级改造进程，按照“宜电则电、宜气则气、宜煤则煤、宜热则热”的原则，稳妥推进“煤改气”和集中供热工程，对供热供气管网不能覆盖的地区，大力实施电能替代燃煤供热工程。深化燃煤污染治理，有序推进散煤治理和煤炭消费减量替代，进一步加大燃煤锅炉管控力度，全面淘汰县级以上建成区 10 蒸吨/时的燃煤设施，有效减少煤炭消费总量。二要严守水环境质量底线。进一步完善河湖长制度，深入推进“清四乱”行动，加快智慧河湖建设，突出排污口整治，统筹推进点源、面源治理，提升水环境质量。严格保障饮用水安全，巩固县级以上“划、立、治”成果，持续深化集中式饮用水水源环境保护专项行动，依法清理饮用水水源保护区内违法建筑和排污口。加快农村饮用水源调查评估和保护区划定。提升饮用水监测能力，定期发布县级以上集中式生活饮用水水源地水质信息，建立健全饮用水水源安全预警制度。加强饮用水水源风险防控体系建设，推进水源环境风险全过程管理，防范水源环境风险。三要实施重点污染源综合防控。大力推动工业园区土壤污染防控，全面排查园区土壤污染源，建立土壤污染风险防控机制，加大对污染企业的监督管理，最大限度防控土壤污染。深入推进重金属污染防控，推动铅蓄电池、电镀、制革、冶炼等行业清洁化生产，严格执行重金属污染物排放标准并落实总量控制指标，全面推动工业污染物达标排放。开展关闭搬迁企业或历史遗留污染源整治，尽快完成企业各项拆除及污染物治理任务。

（七）统筹推进生态制度改革

一要健全自然资源资产产权体系。加快推进自然资源资产产权改革，针对自然资源资产所有权及其使用权这两项权利彼此间的内在关系，进行了恰当的处理，创新出了全民所有权以及集体所有权。除此之外，青海省还推行农村地区的承包地“三权分置”制度，全面落实第二轮土地承包到期后再延长 30 年的政策，建立健全土地经营权依法自愿流转机制。完善全民所有自然资源资产收益管理制度，积极争取加大青海省收益分配比例，支持生态保护修复。积极明确农村地区集体全部的自然资源资产所有权归属，按国家出台的相关法律，确定农村地区集体经济组织所享有的特别法人地位，并对集体的全部自然资源资产进行科学有效的统筹管理，确保经营能力不受影响。二要加快创新生态保护补偿机制。深化生态保护补偿制度改革，完善重点领域补偿制度，加强补偿政策的协同联动，统筹各渠道补偿资金，实施综合性补偿，促进对生态环境的整体保护。申请中央对各区域独特的生态功能进行综合考量，并顾及支出成本的差别之处，以均衡性转移支付系数增长等有效方式，进一步提升功能区当前的转移支付力度。统筹中央和省级预算内投资，对重点生态功能区的基础设施建设予以倾斜，优先支持有益于保护生态环境的区域性项目。在对青海省的具体情况予以考量后，青海省推动省内重点流域和省际的长江、黄河流域（甘青段）横向生态保护补偿试点工作，探索形成流域上中下游利益共享、责任分担的生态保护补偿机制。三要构建生态产品价值实现体系。加快完善以各类自然资源、排污权、水权和碳排放权为重点的资源有偿使用制度，推动建立政府引导、市场运作、社会参与的多元化投融资机制，健全激励机制，吸引和撬动更多社会资本进入生态保护修复建设领域，鼓励和引导社会力量积极参与到生态文明建设领域。四要健全绿色绩效考核评价机制。探索制定全省 GEP 核算体系和高原 GEP 技术规范，率先在国内实行 GDP 和 GEP 协同增长评价考核体系，进一步增加生态修复和绿色发展在考评中的权重，将生态环境质量状况、清洁能源开发利用、主要污染物排放、资源能源消耗、控制温室气体、增加森林草原碳汇、绿色产业发展等指标纳入考核范围，根据不同区域主体功能定位，实行差别化考核。

参考文献

程波辉、彭向刚：《中国生态文明建设的治理框架及其检验》，《中国人口·资源与环境》2022 年第 8 期。

党锐锋、徐琛：《论生态文明建设与中国式现代化道路》，《决策与信息》2022 年 10 月 17 日。

叶帧、蒋婧博、张文进、楚春礼、邵超峰、鞠美庭：《中国省域生态文明建设进程区域差异化研究》，《生态学报》2023 年第 2 期。

韩幸：《新时代生态文明建设的实践路径探析》，《农村·农业·农民（B 版）》2022 年第 8 期。

B.18

2022～2023年青海三江源国家公园特色文化建设发展报告

张生寅　张　筠*

摘　要： 2022年，三江源国家公园特色文化建设稳中求进，在文化生态保护实验区建设、生态文明宣传教育、特色文化资源挖掘、文化遗产保护与传承、文旅融合发展与技能培训等方面成果显著、亮点突出。2023年，三江源国家公园特色文化建设将继续以习近平新时代中国特色社会主义思想为指导，牢固树立和践行绿水青山就是金山银山的理念，站在人与自然和谐共生的高度，把三江源国家公园特色文化建设与高质量发展作为重大责任与光荣使命，为奋力谱写全面建设社会主义现代化国家青海篇章贡献力量。

关键词： 三江源国家公园　特色文化　文化建设

2022年是三江源国家公园正式成立、国家公园示范省三年行动计划正式启动的第二年。在此关键历史时刻，三江源国家公园作为国内首个国家公园和全国生态文明高地，在特色文化建设中坚持习近平新时代中国特色社会主义思想，深入贯彻落实党的十九大和十九届历次全会精神，认真贯彻落实省委省政府各项决策部署，紧紧围绕“一优两高”战略部署和国家公园示范省建设战略布局，持续推进园区特色文化建设高质量发展。

---

* 张生寅，青海省社会科学院科研管理处处长，文史研究所负责人，研究方向为区域历史文化；张筠，青海省社会科学院文史研究所副研究员，研究方向为社会学、地方文化。

一 2022年三江源国家公园特色文化建设亮点

2022 年，三江源国家公园特色文化建设持续推进，呈现稳中求进的工作总基调，分别在文化生态保护实验区建设、生态文明宣传教育、特色文化资源挖掘、文化遗产保护与传承、文旅融合发展与技能培训等方面凸显新亮点、呈现新气象。

（一）文化生态保护实验区建设稳步推进，为园区特色文化建设提供基础保障

文化生态实验区建设始终坚持“科学保护、提高能力、弘扬价值、发展振兴”的工作思路，逐步实现“遗产丰富、氛围浓厚、特色鲜明、民众受益”的建设目标。

一是文化遗产项目保护工作扎实推进。一方面不断完善国家、省、州、县四级非物质文化遗产名录体系。以玉树州为例，国家级重点文物保护单位 7 处、省级文物保护单位 49 处；国家级传统村落 3 个、中国历史文化名村 2 个；国家级非物质文化遗产项目名录增至 12 项，省级非遗项目名录增至 43 项，州县级非物质文化遗产代表作名录 310 多项；建立四级名录及新发现资源档案 596 个，传承人及新发现传承人档案 730 个，各级各类非遗项目得到了有效保护和传承，存续情况总体良好。另一方面实现文化遗产的整体性保护。加强对玉树舞蹈、康巴服饰、藏族戏曲、藏族节庆民俗等非物质文化遗产项目的整体保护；通过文字记录、录音录像和数字化多媒体手段对濒临失传的藏族传统非物质文化遗产项目及传承人史料进行挖掘整理和抢救保护；实施“青海文化记忆工程”记录项目摄制工作，香达藏纸、玉树卓舞、仲达伊舞等项目陆续进入数字化档案记录工作，玉树武士舞（锅哇）入选中国民族舞蹈学术资源库。

二是实验区建设与乡村振兴有机结合。将传统文化资源与自然生态资源转化为各族民众的“金山银山”，让大家在生态保护、文化传承的过程中实

现生产与生活富裕。三江源国家公园对园区 12 个乡镇 53 个行政村 1.7 万牧户建立生态公益“一户一岗”机制，印发了关于生态管护员培训的各类双语教材，积极推进三江源国家公园网格化巡查，每户每年平均增收 21600 元。以派驻清华美院学习培训的 20 名当地优秀学员为依托，结合政府补助和企业自筹的形式，组建玉树州非物质文化遗产体验中心，选择 12 家发展潜力足的非遗传承相关企业入驻，通过企业自主经营管理、互相竞争合作的模式推动企业发展，并以此中心为试点，不断提升传统企业的竞争性、积极性和对政府统筹管理的协调性，实现文创产品整体发展与创收。

（二）宣传教育工作全面深入，为园区特色文化建设营造浓厚氛围

三江源国家公园是天然的生态文明教育场域，蕴含着丰富的生态文明教育内容，它是生态科普的自然宝库、是生态文化的物化载体、是生态文明教育的天然场所，并以其内含的丰富物种资源和文化资源，在科研和教育方面具有巨大的优势和潜力。

一是以各类纪念日为节点，营造宣传教育的浓厚社会氛围。三江源国家公园在第 6 个“文化和自然遗产日”开展了以“协同保护世界自然遗产，共建地球生命共同体”为主题的宣传活动，活动展示了可可西里冰川、雪山、沙地、草地等世界自然遗产地和藏羚羊、野牦牛、藏原羚、沙狐、藏狐、狼等野生动物珍贵照片，向民众讲解了可可西里遗产地自然环境、生态系统、保护价值和可可西里坚守精神、保护工作取得的成效。在“世界水日”和“中国水周”到来之际，为进一步贯彻“依法治水管水用水”理念，三江源国家公园黄河源园区举行了玛多县“节水主题公园”揭牌仪式，并开展了“世界水日”相关宣传活动。节水主题公园打造了“习近平总书记治水金句”“世界水日 · 中国水周系列主题展”等文化长廊，增设“国家节水标志”“节水吉祥物——霖霖”等景观雕塑，将节水科普知识与民族风情景观融为一体。活动中工作人员向广大民众发放了宣传资料，并用藏汉双语为广大民众讲解了我国水情、水法、水土保持、防

洪等政策知识。

二是以学校教育为抓手，夯实生态文明建设的受众基础。青少年是持续推进生态文明建设的后备力量，学校通过各类实践活动开展生态文明建设的宣传教育，不断筑牢青少年生态文明思想基础。玉树州通过形式多样的“生态文明进校园”活动，如“不浪费一滴水”“与白色垃圾说再见”“绿化校园在行动”“保护环境我先行”等系列活动，让生态文明教育成为各级各类学校的社会实践必修课，同时结合“净化、亮化、绿化”校园活动，让全体师生在相互帮助、共同进步中把生态文明建设推向深入。

三是结合网络数字平台，把宣传教育推向深入。利用微信微博、短视频等宣传媒体，创新宣传营销方式，多渠道宣传三江源国家公园独特的文化资源。玉树州通过数字平台重点推出新寨嘉那嘛呢石经城、勒巴沟文成公主庙、杂多昂赛地址公园、囊谦尕尔寺等实物景点资源，同时推介了唐蕃古道、藏族康巴文化、格萨尔王王妃珠姆故里、玉树赛马文化、格萨尔文化及水文化等历史人文资源，扩大了国内外各界对青海、对三江源的关注度，不断提高对外关注度和知名度。

（三）深入挖掘特色文化资源，为园区特色文化建设汇聚能量

一是以园区特色文化为亮点，推出一系列内容丰富、形式多样的节庆活动。比如玉树传统赛马节暨“第四届格萨尔艺术节和水文化艺术节”、世界杯“国际漂流赛事”、“中华水塔万人徒步越野赛”、“中国三江源冰沙嘛呢节”、“卓木齐糌粑祈福节”、三江源头圣水“会水”仪式、“中国青海玉树第三极马帮中国自驾大会”、中国青海玉树重返三江源途乐中国自驾大会、“尕觉沃”文化旅游节、“蕃巴秀”时装周、中国藏模大赛、“魅力中国城”城市展演等文化旅游宣传推介活动，不断提升三江源地区生态文化旅游品牌的知名度和美誉度。

二是依托丰富文化遗产，不断创新文旅融合性局面。玉树州依托贝大日如来佛石窟寺及勒巴沟摩崖、新寨嘉那嘛呢石经城、卓木齐格秀拉康藏式碉楼群、格萨尔王三十大将灵塔及达那寺、尕尔寺等历史文化史迹，逐步构建

了文化旅游产业“12345”① 发展布局，实现城市、乡村、生态产业、文化、旅游诸多功能的相互融合，并以“12345”产业布局为载体，打造了7条深度自驾旅游线路：黄河寻根溯源之旅、长江寻根溯源之旅、澜沧江寻根溯源之旅、唐蕃古道寻迹之旅、康巴风情文化之旅、可可西里探秘之旅、藏地十大圣山穿越之旅。

三是三江源特色文化产品的社会影响力和市场竞争力不断提升。进一步做精做强已有较高知名度的唐卡、石刻、泥塑、囊谦黑陶、安冲藏刀等特色文化产品，加强文化产业基础性工作，强化专项资金项目申报工作，帮助企业申报文化产业专项资金。对玉树州近百家工艺美术行业企业基本情况进行了摸底调查，并对重点企业进行挂牌指导。组织各类文化企业积极参加第12届中国北京国际文化创意产业博览会、第13届中国（深圳）国际文化产业博览交易会，其中玉树州28家文化企业参展，展出产品300余件，进一步拓宽玉树文化产业招商渠道。支持“安冲藏刀”“囊谦黑陶”“嘛呢石刻”“手工编织”“玉树泥塑”等生产企业建设传承基地，鼓励扶持企业开发特色文化旅游纪念品、延伸艺术品，加大对外宣传，通过展会等途径推动产业创新发展。

（四）文化遗产保护传承持续推进，不断凝聚园区特色文化建设的文化传统与发展动力

一是宣传力度持续增强。以各类宣传日为活动契机，如“文化遗产日”“博物馆宣传日”“法制宣传日”，积极开展系列宣传活动，进一步丰富广大民众的文化遗产知识，营造全民“热爱文物，热爱家园”的健康社会氛围，提高文化凝聚力和自信心，有效推动文化遗产保护的社会化进程。

---

① 1核：环结古新玉树旅游圈；2环：省内大环线（最美自驾214国道）、州内大环线（环三江源国家公园）；3带：黄河源寻根溯源带、长江源寻根溯源带、澜沧江源寻根溯源带；4廊道：康巴风情穿越之旅、藏地十大圣山穿越之旅、唐蕃古道穿越之旅、科考可可西里穿越之旅；5个重要目的地：沿通天河古村落探秘、达那寺生态观光区、澜沧江尕丁寺生态人文景区、昂赛丹霞地质公园、长江马蹄风景区。

二是持续推进项目申报与实施。玉树州投资近5600万元，积极组织申报10个国家级文物保护单位，开展第8批国家级文物保护单位、第10批省级文物保护单位申报工作，其中省级文物保护单位获批19个；玉树州文物部门组织申报的新寨嘉那嘛呢、贝大日如来佛石窟寺及勒巴沟摩崖石刻、格萨尔王三十大将灵塔及达那寺、贡萨寺旧址及宗喀巴大殿、藏娘佛塔及桑周寺等文化和遗产保护利用5项已通过审批，落实项目资金累计2494万元。

三是不断完善文物普查。玉树州完成“一市五县”可移动文物普查数据的纸质档案、光盘档案和电子档案汇编和制作工作，可移动文物普查调查登记国有单位468个，县级及县级以上文物保护单位130个，另增收藏单位10个，通过文物专家现场认定、测量、摄影、登记，登录造册的收藏单位99个，共调查登记5535件可移动文物。

四是加强教育培训，提升业务能力。积极选派州、市、县文博干部百余人次，分期分批参加国家文物局和省、州组织举办的各类业务培训班，不断提高文博干部队伍的整体素质和工作水平。

五是不断增强民间文物保护能力。建立起以国有博物馆为基础，民办博物馆为两翼的文博发展格局，完成赛巴寺博物馆、东仓大藏经博物馆场馆建设及展陈布置。落实部分资金邀请西藏布达拉宫管理处及西藏大学教授对冉举仓家族珍藏文物进行鉴定。另外，配合故宫博物院、省文物局开展了玉树州古壁画调研工作，相关调研成果由故宫博物院权威发布，并取得学术成果共享。

（五）文旅融合发展不断成熟，激活了园区特色文化建设的新动能

三江源国家公园紧紧依托丰厚的自然资源、浓郁的民族文化资源和固有的历史人文资源，突出区位优势，以产业化经营为主线，不断完善旅游基础设施和配套服务设施。采取多种形式，加大招商引资力度，扩宽融资渠道，多方面筹集资金加快文旅项目建设。同时，以重点项目和文化品牌为引领，通过以文化带旅游、以旅游促文化，为文化旅游产业提供更广阔的发展空间，实现文化产业与旅游产业良性共赢。

一是依托政策机遇和资源优势，秉持“以文塑旅、以旅彰文”的工作思路，以国家文化公园、文化生态保护区、国家文物保护单位为主要接口，融合公共文化、体育、广电、交通、农业等多领域，凸显文化魅力、提升文化价值、打造文旅产品，形成文化为灵魂、旅游为主体的全产业融合发展体系。

二是以文化资源为本底，以发展旅游和丰富人民精神文化生活为目的，组织举办各类文化节会。如格萨尔艺术节、玉树至拉萨徒步环保公益旅行等节庆赛事活动，切实提升了三江源国家公园文化旅游的知名度与美誉度。据统计，2019 年，仅玉树就接待国内外游客 147.8 万人次，比上年增长 32.32%，旅游总收入 9.4 亿元，比上年增长 28.77%。

三是创新文旅融合新模式。长江源园区的特许经营项目以全新模式亮相三江源头：为期 7 天的活动中 8 名生态体验者翻越昆仑山，进入可可西里东部地区进行荒野秘境的生态体验。在曲麻莱县境内“长江北源通天河第一湾”进行生态体验与环境教育；在曲麻莱县城郊外举行了极具民族特色的帐篷歌舞晚会；探访了中华民族“母亲河”——黄河源头；抵达黄河正源约古宗列曲后，生态体验者们庄严而有序地进行了向“母亲河”源头感恩、祈福、跪拜、转佛塔等民间传统仪式；在格萨尔王坐骑军乐诞生地、长江七渡口进行了民族文化宣讲和生态体验；抵达索南达杰保护站，参观了索南达杰保护站展厅，团队一路偶遇藏狐、大鵟、野牦牛、藏羚羊、藏野驴等野生动物。此次活动围绕“公众获得最佳享受、经营服务更加高效、保护能力得到提升”的目标，对园区内非消耗性资源利用活动开展生态体验和环境教育为主的特许经营项目。

（六）各类培训研习规范有序，为园区特色文化建设提供理论支撑与创新活力

一是科学技能培训提档升级。三江源国家公园生态监测信息中心举办了无人机监测应用培训班，旨在进一步构建完善“天空地一体化”生态监测体系，提升技术人员在“空”监测能力。实际操作层面，对大疆无人机御 2

行业进阶版、精灵4RTK型及经纬M300RTK、悟2型4种无人机进行了实操训练；理论学习层面，详细解读了无人机构造、参数设置、基础操作流程、保养维护等方面的知识。三江源国家公园管理局“UNDP-GEF三江源国家公园试点项目师资（TOT）培训班”通过理论案例授课、现场互动和答疑讨论等形式，学习了国家公园的概述、中国国家公园建设、国家公园特许经营制度的理论与实践、三江源国家公园的生态保护情况与管理实际等内容。

二是文化遗产类培训扎实推进。先后设立德昂洒智、掐丝唐卡、拉加藏鞋、藏银饰品等非物质文化遗产手工技艺工作室，新增省级青绣工坊1家，青绣培育企业5家；新增三级工艺美术大师3人、一级民间工艺师1人、二级民间工艺师45人；认证格萨尔说唱艺人78位，包括国家级说唱艺人11位、省级说唱艺人16位、州级说唱艺人30位。

三是民间手工艺技能培训涵盖面广。先后开设“三江源生态班”，招收三江源地区42名农牧民子弟在西宁第一职业学校开展为期三年的中职学历教育；对园区内外9040人次开展了民族手工艺品加工、民间艺术技能、农业技术、机械驾驶、汽车和摩托车维修、烹饪、农家乐、泥塑等技能培训，实现园区各族民众综合素质和经济收入的双提升。

二 2022年三江源国家公园特色文化建设存在的问题与短板

2022年，三江源国家公园在挖掘文化资源、推进特色发展中取得了一定成绩，但仍存在一些问题与短板。

一是文化资源本底调查不清。目前尚没有一套针对三江源国家公园文化资源的、系统完整的摸底调查统计资料全面介绍和展现三江源国家公园的历史人文，所以难以为文化保护传承和利用提供持久、全面的支撑。

二是文化价值转化为生态效益、经济效益和社会效益的力度不够。文化资源本身具有产品价值，但产品价值未能充分实现，生态公民在“文化人”和“经济人”的角色转换中随意性较强。

三是特色文化产业缺乏龙头企业的带动作用，产业发展链条较短，项目支撑作用不明显，加之商贸物流发展较为缓慢，呈现的局面是文化资源丰富，但文化产品输出略显单薄。

四是铸造国家品牌理念较为薄弱。国家公园首先是“国家所有”，要充分释放国家公园品牌力量，传递生态价值，体现全民公益。但现状是品牌能量发挥不起来，仍停留在地方层面。

五是文旅融合发展相对缓慢。缺乏数字化新业态发展的技术支撑，创新性文化资源的开发与应用不够深入，宣传推广的方式方法有待更新。

三　三江源国家公园特色文化建设形势预测

2022 年，青海省委省政府把国家公园建设作为贯彻落实习近平生态文明思想的重大实践，积极探索、大胆创新、全面推进，为全国生态文明建设提供“青海方案”、贡献“青海智慧”。展望 2023 年，三江源国家公园将在习近平新时代中国特色社会主义思想的指导下，持续推进生态文明示范省建设，开辟特色文化建设高质量发展新征程。

（一）文化的价值引领将持续深入

如果生态是三江源国家公园的生命，那么文化就是三江源国家公园的灵魂。三江源国家公园作为青海生态文明高地建设的战略支点，既承担地球生物基因库、环境指示器、自然博物馆、野外实验室和天然大课堂的重要角色，又是中华优秀传统文化、民族精神和自然文化遗产的发生地、保护地和传承地。习近平同志指出，中国正在建设全世界最大的国家公园体系。未来，三江源国家公园将继续以习近平新时代中国特色社会主义思想为引领，深入挖掘园区优秀传统文化，以文化为鲜活基因，不断“激发全民族文化创新创造活力，增强实现中华民族伟大复兴的精神力量。”

（二）为增强中华文明传播力蓄积能量

党的二十大报告指出要“增强中华文明传播力影响力，”“推动中华文化更好走向世界。”未来，在“一带一路”建设顺利实施过程中，三江源国家公园将持续推进特色文化建设，不断巩固文化自信与文化自强，不断增强文化软实力与文化影响力，在多民族深度融合中，使中华文明和中华文化得到自内而外的传播与延展，在实现民族相处、文化输出、经济交往的同时获得利益与共、生活相连、多民族共荣共生的繁荣局面，为增强中华文明传播力蓄积能量。

（三）特色文化建设将稳步推进

党的二十大报告指出“全面建设社会主义现代化国家，必须坚持中国特色社会主义文化发展道路”，未来，三江源国家公园将在持续推进国家公园示范省建设中稳步推进特色文化建设，分别在文化遗产保护与传承、特色文化资源挖掘、生态文明宣传教育、数字文旅融合发展、健全现代公共文化服务体系等方面取得更为亮眼的成绩。

（四）持续推进生态文明高地建设

党的二十大报告指出“必须牢固树立和践行绿水青山就是金山银山的理念，站在人与自然和谐共生的高度谋划发展”。未来，三江源国家公园将以习近平生态文明思想为引领，牢固树立绿水青山就是金山银山理念，深入贯彻落实省第十四次党代会精神，紧紧围绕生态友好的现代化新青海建设，继续走好集生态保护、绿色发展、民生改善、社会和谐、文化繁荣为一体的创新之路，为中国生态文明建设提供青海方案，为着力打造生态文明高地做出新贡献。

四　促进三江源国家公园特色文化建设的对策建议

（一）全面厘清国家公园文化资源底数，校准文化资源价值功能分类与规划

2020年10月1日，国家正式发布《国家公园资源调查与评价规范》

（LY/T3189-2020），其中设置了人文资源和游憩资源的专项调查，并提出了具体要求。三江源国家公园文化历史悠久、文化底蕴深厚，涵盖历史文化、民族文化、生态文化、宗教文化、民俗文化和红色文化等多样文化资源，通过专项调查系统、科学全面厘清三江源国家公园人文资源底数，不断实现保护、传承和弘扬三江源国家公园的文化传统，赋予文化新的时代精神和时代特征，形成特定文化体系，促进全民共享和人与自然和谐共生理念，以文化为核心塑造三江源国家公园精神，向全世界展示新时期三江源国家公园乃至中国国家公园的美好形象。在全面厘清园区文化资源底数的基础上，对其文化价值及功能的分类研究与规划精准施策。基于CIS空间特征分析与功能定位，对国家公园文化资源保护传承与开发利用分类施策。如对于科学保护主导型文化资源，重点梳理其保护理念及模式，在强调历史价值核心地位的同时，兼顾艺术和审美价值；对于开发利用主导型文化资源，重点聚焦文化资源的保护与利用经验。对于静态型文化资源保护和利用平衡绩效评估，提炼静态型文化资源保护开发经验；对于动态型文化资源，选取其开发利用绩效好、受众认可度高的文旅产品，审视其产品创意、生产、传播及消费的产业链模式，提炼适宜于舞台化的动态型文化资源艺术呈现经验；对于重塑型文化资源，梳理重塑型文化资源开发利用的主要做法，提炼其迁移经验，如体验化场景设计、建筑形制模拟、特色演出创意等。

（二）统筹大众传媒主渠道作用与新兴媒体及公共外交独特功能，开展常态化宣传与推介活动

三江源国家公园特色文化要开展常态化宣传与推介，充分发挥大众传媒主渠道作用与新兴媒体及公共外交的独特功能。

一是以各级文化主管部门为主体，以各项理论研究成果为基础，出版非物质文化遗产项目系列学术性和普及性图书著作、音像光盘、学术期刊、成果汇编等多种读物，增强公园社区内外群众和广大学者对园区非物质文化遗产项目的认知。

二是设立公园社区文化建设专题网站和微信公众号。对各项工作进展、

阶段性成果、未来工作计划和文化遗产项目等相关内容实施网络同步和微信公众号持续推送。

三是实现非遗进社区。深入推进非遗进社区活动的开展，让广大群众了解非遗项目、掌握非遗知识，形成保护传承非遗的共识。激发民众在生态实践和文化传承中的主观能动性，积极投身于国家公园社区的生态管护、环境治理、教育宣传、文创活动、志愿服务等各项工作。

四是实现非遗数字化。通过开设电视专栏、拍摄玉树歌舞影像作品、制作民间技艺纪录片等方式，以央视频道和藏语频道、影音播放平台、短视频社交平台为主要渠道进行播放和发布，加快建设“青藏高原大自然保护展示和生态文化传承区”，向全世界展示新时期三江源国家公园乃至中国国家公园的美好形象。

五是通过公共外交途径，利用外交活动及有组织的国际活动，援助、护航、慈善等公共产品供给，社会各行业和专业的国际合作等多种途径传播国家公园具象文化产品，特别是以空间生产、文化扩散为主的在线产品，如影视、文学、动画、游戏等，提升国家公园所蕴含的主流价值观对外传播的效能。

（三）铸造国家品牌，凝练三江源国家公园的中华文化精神力量与中华文化价值精髓

国家公园首先是“国家所有”，这就要求国家公园品牌成为展现国家形象的窗口。发挥其传承生态价值、彰显全民公益、增加全球社会影响、提高中华民族荣誉感的品牌效力。

一是多种方式发掘三江源国家公园的历史内涵和文化传统。进一步系统整合园区优秀传统文化资源，深刻发现其文化价值，实现文化认同。在强化统计、分析、评价的基础上制订文化遗产保护管理目录，形成权威、系统、动态的国家公园文化遗产资料库。建立重点研究基地、学习园地和纪念馆，使其成为承载优秀传统文化的物化载体。构建国家公园融媒体网络宣传系统，使其系统性、标准化、强互动的特点促进文化传播与交流。

二是坚持保护利用协调发展，促进文化多元共生共荣。深入挖掘文化资源的基础上发挥好国家公园服务功能，巩固其与周边区域的基础设施、服务环境的优化升级，不断提升公众文化空间品位。始终坚持共建共治共享原则，不断激发国家公园各族民众在生态实践和文化传承中的主观能动性，积极投身于国家公园的生态管护、环境治理、教育宣传、文创活动等各项工作，把园区各族民众凝聚到园区治理、文化传承和高标准建设中。

三是创新文化发展新路径，使其不断适应人民美好生活需求。集成优势旅游资源，把文化内涵与民众体验深度融合，创立具有三江源国家公园特色的文化形态，比如，把人文资源与观光游览、研学服务、探险猎奇、极限挑战、文艺作品等载体有机结合，形成国家公园现代业态系统。把握国家新基建发展契机，积极与5G、沉浸式服务、互联网科技、人工智能等新前沿技术结合，不断创新文化展示、服务与旅游产品，适应数字化时代广大民众对智能化、多元化与快捷化的业态服务需求。促进文化旅游产业与地方特色产业、小城镇建设、现代农业、传统产业、运动健康等行业的深度融合，实现地方传统文化产业和文化旅游产业对地方产业转型和周边乡村振兴发展的重要推动，建立区域发展新方式。①

四是以铸造国家品牌转变发展方式。立足国家公园品牌，牢固树立“绿水青山就是金山银山”的发展理念，发挥国家公园生态优势与研学价值，科学创新驱动生态生产力全面发展，依托国家公园生态禀赋，优化产业结构、转变投入方式、创建绿色生态经济，不断推进生态资源公共配置与使用模式改革，充分发挥国家公园生态教化与启智功效。

（四）拓宽国家公园文化价值实现渠道，激发高质量发展的创新驱动

有效带动三江源地区生态文化协调发展，不断拓宽国家公园文化价值的实现渠道，为青海省打造国际生态旅游目的地助力。

---

① 范周：《高质量推进国家文化公园建设》，《时事报告》2021年第3期。

一是加大政策支持和制度建设力度。制定公园长短期发展规划，并将其制度化、法制化，持续完善和强化三江源生态补偿、生态资产产权、生态产品有偿使用、绿色信用和绿色认证、文化遗产传承等相关制度。

二是拓宽融资渠道。提供金融信贷政策倾斜，特别是针对生态文化产业信贷，应创新信贷业务、优化审批流程、开辟“绿色通道”，建立生态文化企业融资资源储备库，为项目设立、审批、资金发放提供支持。①

三是巩固基础设施建设。遵循低碳环保、可持续发展原则，建设高标准配套设施，营造法制化、市场化、国际化营商环境，不断提高文旅服务水平，持续推进文旅人才培养。

四是健全文化产业体系。建立健全以生态旅游环线、旅游景区景点、旅游风景道为主线的生态旅游产业体系和以生态旅游目的地品牌、产品品牌、企业品牌为主线的生态旅游品牌体系。

五是加大文化产业联动。积极培育自然教育、文创、共享牧场、生态研学、旅游装备制造等关联产业，形成具有广泛市场影响力和竞争力的生态产业体系，并积极推动与农牧业、林业、文化产业、商贸服务业、医疗卫生、金融服务等产业融合发展，在当地形成围绕生态旅游产业的新业态和新格局。

（五）发挥数字文旅融合新动能，焕活园区特色文化建设新生命

充分发挥数字文旅新动能是加快推进三江源国家公园特色文化建设的必由之路。

一是激活文化 IP。瞭望智库在《成就新时代的中国文化符号：2018—2019 年度文化 IP 评价报告》中指出：“文化符号，换成产业语言就是文化 IP。它集中体现了一个国家基于文化形象、文化产品而具有的凝聚力和生命力，以及由此产生的吸引力和影响力。”② 在国家国土空间格局中，三江源

① 毛江晖：《困难与出路：三江源国家公园从试点、设立到运行》，《新西部》2020 年 9 月合刊。

② 《北京文博会首发 IP“出海”报告腾讯新文创 IP 出海贡献多》，中国经济网，2019 年 6 月 5 日，http：//www.ce.cn/culture/whcyk/szdm/201906/05/t20190605 32280281.shtml，最后检索时间：2022 年 10 月 17 日。

具有重要战略地位，在中华民族优秀文化中，三江源为中华文化贡献了重要遗产。三江源国家公园是国家文化符号，激活三江源国家公园文化 IP，对于促进文旅融合发展、推进文化对外传播、铸牢国人文化自信、讲好中国故事具有重要意义。

二是推进文化 IP 战略。深入挖掘三江源国家公园文化元素，设立推广以“生态文化”“民族传统”为核心的系列 IP 产品，综合塑造“三江源国家公园”特有品牌，重视“粉丝效应”，坚持“品质至上”原则，充分发挥大国工匠精神，结合文化内涵，创新文化产品功能，贴近民众日常生活，不断提高文化产品市场活力。

三是创新发展文旅“云”业态。受新冠疫情影响，诸如“云旅游”“云论坛”“云演艺”“云展览”等新业态快速发展，激活了数字化技术创新文化发展的新模式。大数据、物联网、5G、虚拟现实等新一代信息技术以及数字创新产业在旅游业广为转化应用，颠覆性地改变了现有文旅产业的呈现方式和体验模式，加速推动了文旅融合的速度和深度，让旅游信息服务来得更透明便捷，游客的体验更新颖和放心。① 一要在理念上做文化与旅游的深度融合，特别是融入三江源国家公园建设保护规划。二要以区域发展为根基，在政策指引以及政府和当地民众的支持参与下，跟随科技脚步，开发培育品牌活动和创意产品，在文旅融合上走出自己的创新特色之路，不断弘扬挖掘文化遗产的时代新活力。三要通过精心采集的高精度文物数据，结合严谨的学术考证，把丰富的文物和深厚的历史文化积淀再现于数字世界中。②

（六）推进文化遗产的整体保护进程，为铸造国家品牌蓄积文化能量

《中华优秀传统文化传承发展工程“十四五”重点项目规划》明确了

① 彭东航：《长城艺术与河北文化创意产业发展策略》，载中国长征学会等编《长城国家文化建设推动区域经济发展专题论坛论文集》，燕山大学出版社，2021，第 311 页。

② 范周：《高质量推进国家文化公园建设》，《时事报告》2021 年第 3 期。

23个重点项目，并对原有重点项目进行了补充完善和调整[①]，充分体现了强化文化遗产保护力度的国家力量。三江源国家公园文化遗产资源丰厚，要推进文化遗产的整体保护进程，进而实现文化遗产的传承和发展。

一是持续完善非物质文化遗产四级名录体系。持续优化四级名录的类别结构，提高四级名录体系对代表性传统文化的涵盖力，将姓氏文化、地名文化、山水文化以及农牧区生产生活礼俗纳入非物质文化遗产保护体系，针对四级名录体系中认证项目数量较少的非遗类别开展调查和申报认证工作。

二是不断强化传承人群保护。对代表性传承人的保护，要及时发放传承人传习活动补助，强化传承人基本生活保障和鼓励传承人的能力提升。对优秀艺人的保护采取分类保护原则，对年龄较大群体开展抢救性保护，在免费体检和医疗保障制度方面享受同代表性传承人相同待遇并给予部分生活补助；对青壮年群体，由各级文化主管部门负责组织开展代表性传承人评审和认定工作，将其纳入非遗代表性传承人名录，以代表性传承人的身份实现对民间优秀艺人的系统保护。对传承群体保护探索团体传习模式，设立扶持专项资金，完善团体专项管理。

三是优化非遗项目系统化保护。参照《国家级非物质文化遗产代表性传承人抢救性记录工作规范（试行稿）》，设立示范单位，将实验区内现已形成一定生产规模和市场基础的各类非遗相关优秀企业列为重点扶持对象，并设为生产性保护示范单位，建立生产园区，坚持传统技艺的系统性与原真性，在生产性保护成果凸显、手工技艺发展较为集中的地区建立非物质文化遗产产业园区，结合非遗项目传承方式、生产方式、区域人口以及相关资源分布等特点，推进生产性保护不断创新发展模式，因地制宜采取“项目+传承人+基地”“传承人+协会”“公司+农户”“公司+学校”以及园区代销等多种方式实现突破式发展。

四是创新发展数字化保护。建设数据档案系统，利用数字技术手段建立

① 《中宣部印发中华优秀传统文化传承发展工程“十四五”重点项目规划》，中国文联文艺研修院网，2021年4月20日，http：//www. alac. org. cn/content/details4950249. html，最后检索时间：2022年10月17日。

非物质文化遗产数据库，全面吸收各非物质文化遗产项目的数字化记录成果，为非物质文化遗产的后续传承与合理利用提供服务。开展文化生态活力动态监测，组织专家从文化生态系统构成要素出发设计文化生态监测指标体系，定期开展指标数据采集，进行年度文化生态活力指数研究，建立指数结果对外发布机制。依据中国非物质文化遗产数字化保护中心的相关标准，通过数字化平台建设、VR 技术开发等多种方式，建成集非遗多媒体记录成果、非遗艺术创作、非遗存续空间、非遗分布空间展示和非遗理论研究等多功能于一体的数字信息系统。

（七）积极打造国际生态文明高地，提档“两山”理论的文化实践

党的二十大报告指出“尊重自然、顺应自然、保护自然，是全面建设社会主义现代化国家的内在要求。必须牢固树立和践行绿水青山就是金山银山的理念，站在人与自然和谐共生的高度谋划发展”。打造国际生态文明高地，实现“绿水青山”向“金山银山”的转化，是三江源生态产品价值实现的重要指导思想和行动纲领。一是不断提升生态公民对习近平新时代生态文明思想和“两山”理念的认知。二是持续弘扬中华民族优秀传统文化中的生态文明思想，尊重少数民族传统文化，提高生态公民生态文明意识和水平，正确树立人与自然生命共同体理念。三是整合文旅资源，建立联合机制，加大宣传力度，综合运用新媒体技术，激活省内外旅游市场。四是实现文旅产品提档升级。推出世界级生态旅游精品线路，打造重点生态旅游景区，推进智慧旅游景区建设，发展线上数字化文旅体验产品。五是实现文旅深度融合发展。支持非遗进景区，鼓励非遗特色景区发展，全面展示三江源历史文化景观和文化生态价值。六是推进生态文化产业发展培育工程。发挥国内知名文旅企业的龙头作用，在品牌培育、渠道建设、市场推广等方面给予支持，鼓励建设效能集聚的文化产业园区，支持重点文化产业园区创建国家级示范园区。七是强化人才队伍建设。在培育懂生态会经营生态旅游产业人才的同时，注重培育本土生态文化和旅游能人，夯实基层力量。

B.19
2022年青海打造国际生态旅游目的地调查报告

解占录*

摘　要： 2022年，青海以构建生态旅游目的地体系和品牌标准为突破口，在面向国际上聚焦聚力，努力丰富旅游产品供给、打造特色旅游品牌、扩大对外开放合作，不断推进文旅融合发展，推动旅游产业转型升级；在突出旅游生态性上聚焦聚力，推进生态旅游集约化、低碳化、绿色化发展，完善生态旅游机制、彰显生态资源价值；在构建国际生态旅游目的地体系上聚焦聚力，完善旅游服务体系、数字旅游体系、富民共享旅游体系，不断增强生态旅游的经济价值和社会价值，推动国际生态旅游目的地建设取得较大进展。2023年，在党的二十大精神的指导下，青海国际生态旅游目的地建设将持续推进，创建新的发展格局。

关键词： 生态　旅游目的地　青海省

2022年，青海以构建生态旅游布局体系和品牌标准为突破口，在面向国际上聚焦聚力，丰富旅游产品供给、打造特色旅游品牌、扩大对外开放合作，不断推进文旅融合发展，推动旅游产业转型升级；在突出旅游生态性上聚焦聚力，推进生态旅游集约化、低碳化、绿色化发展，完善生态旅游机制、彰显生态资源价值；在构建国际生态旅游目的地体系上聚焦聚

* 解占录，青海省社会科学院文史研究所副研究员，研究方向为青海历史与文化。

力，完善旅游服务体系、数字旅游体系、富民共享旅游体系，不断增强生态旅游的经济价值和社会价值，推动国际生态旅游目的地建设取得较大进展。

一 青海在国际生态旅游目的地建设方面的做法和成就

2022 年以来，为确保“十四五”文旅规划有序实施，推动国际生态旅游目的地建设落地见效，青海在强化了旅游顶层设计，在旅游产品供给、非遗赋能旅游发展、旅游人才培养、旅游宣传合作、数字技术发展等方面做了一系列积极努力，国际生态旅游目的地体系建设呈现出较好的发展势头。

（一）重视顶层设计，强化了对国际生态旅游目的地建设的政策引领

2022 年初，青海召开全省文化和旅游局长会议，要求全省文旅围绕“1+3+5+10”的发展布局，坚持以打造国际生态旅游目的地为重点，深刻把握旅游业发展的本质内涵和文旅融合发展的战略要求，积极推动社会文明提升、抓好文艺创作生产、提高公共文化服务水平、加强文化遗产保护传承利用、提升产业发展质量效益、促进旅游业高质量发展、强化文旅市场培育监管、扩大对外开放交流与合作、加强文旅领域治理体系和治理能力、全面落实常态化疫情防控等重点工作，优化生态旅游发展布局，促进转型升级，提高供给质量，推动“大美青海 生态旅游”品牌走向世界。全省文旅行业以此次会议为契机，上下联动、左右协同、开拓创新、奋发进取、狠抓落实，努力开创了青海国际生态旅游目的地建设的新局面。青海还制定、印发、实施了《长城国家文化公园（青海段）建设保护规划》《河湟文化（海东）生态保护区规划纲要》《关于推进文化文物单位文化创意产品开发实施方案》等一批规划，使国际生态旅游目的地建设有了凭依。

（二）丰富旅游产品供给，夯实了国际生态旅游目的地建设基础

2022 年，青海新增 6 个全域旅游示范区，2 家省级五星级乡村旅游接待点，31 家省级四星级乡村旅游接待点，有效推动了青海旅游提质升级；举办了“2022 青海省旅游商品文化创意大赛”，筛选出一批有原创性、新颖性、工艺性、实用性、市场性、示范性等特点的旅游商品，推动地方优秀文化和旅游商品进景区、进公共文化场所、进商场、进购物街区，进一步提升青海文旅商产品的市场转化率；成立了全省红色旅游联盟，为红色旅游经典景区、爱国主义教育基地、革命文物保护单位等搭建交流平台。打造了互助班彦村、湟源小高陵村等一批红色旅游景点，总结出“党建+文化+旅游”的发展模式。制定出台了《全省红色旅游联盟工作机制》等规章制度，加强了红色资源有效保护和合理利用，提升了红色旅游开发和管理水平，推动了红色旅游高质量发展；力盟商业巷步行街入选第二批国家级夜间文化和旅游消费集聚区名单，使融合文化、旅游、商业、娱乐等多业态的沉浸式夜间文旅市场主体不断壮大，为促进夜间文旅消费提供了有力支撑；随着“生态+”“旅游+”“交通+”等的发展，推动了青海生态环境、文化遗产、旅游游憩、道路建设之间的深度融合，打造了扎碾公路、国道 315 生态旅游景观廊道、黄河生态旅游风景道、祁连山生态旅游景观道等一批生态旅游风景道，使其成为山清水秀的“生态道”、灿烂多彩的“文化道”、兴业富民的“产业道”。

（三）加强非遗传承弘扬，提升了国际生态旅游目的地的内涵和魅力

2022 年，青海在非遗传承弘扬方面亮点纷呈：实施了《青海省非物质文化遗产条例》《“青绣”三年提升行动计划（2021—2023 年）》《关于进一步加强非物质文化遗产保护工作的若干措施》《青海省非物质文化遗产代表性传承人认定管理办法》等一系列制度规范和专项政策，将非遗传承保护彻底纳入法治化管理体系；完善了以国家级项目为龙头，省级项目为骨

干，市州、县（区）级项目为基础的四级名录保护体系；举办了全省基层非遗保护传承队伍、传承人及“青绣”工坊、重点非遗企业负责人培训班，加强非遗队伍建设；实施“国家非遗记录工程”“青海文化记忆工程”，对国家级非遗代表性传承人、省级非遗代表性项目开展记录工作，提高了保护传承水平；利用文化馆（站）、图书馆、博物馆和综合性非物质文化遗产展示场馆、传习所、非遗工坊等公共文化设施和场所，组织开展一系列阵地宣传活动，推动非遗进学校、进乡村、进社区、进企业、进单位，有效践行了非遗“见人见物见生活”的保护理念；举办并参与“生态旅游喜迎冬奥”、“非遗过大年文化进万家”、文化与自然遗产日、“非遗购物节”、非遗宣传月、2022 年“青绣”创意研发设计大赛、2022 年“中国旅游日，青海在行动”活动、锦绣世界·海口首届非遗织绣印染技艺精品展、青海文化旅游节及热贡六月会、格萨尔文化旅游节、玉树传统赛马节等地方节庆活动，线上线下组织开展丰富多彩、特色鲜明的非遗主题宣传活动和“云上”非遗影像展、非遗宣传短视频，宣传推介一批非遗主题旅游线路；以第十九届西北五省（区）“花儿”演唱会为契机，推动非遗进景区活动，提升了青海生态旅游的内涵和魅力。

（四）推动宣传合作，提高了国际生态旅游目的地的知名度和影响力

2022 年，青海在宣传、推介、合作方面做了大量的工作，提高了青海生态旅游的可见度、知名度和影响力，有力地推动了国际生态旅游目的地建设。一是举办了“摄影家与青海——聚焦国际生态旅游目的地”摄影图片展、“世界屋脊上的长城”——青海明长城主题摄影展、“寻访高原风情　传播文化瑰宝”摄影师采风展，宣传青海生态文化。二是投放“大美青海　生态旅游”广告，在“相约北京”奥林匹克文化周暨第 22 届“相约北京”国际艺术节“青海文化周”，通过北京奥组委官网、新华网、央视网、央视频等 20 余家媒体平台，播放《大美青海　生态之旅》等文旅宣传片，播放量达 9448451 次，北京冬奥会官网视频页面总浏览量 34956 次，学习强国平台点

赞量达 12910 人次；围绕“国际生态旅游目的地”，精选三江源国家公园、梦幻青海湖、天空之镜茶卡盐湖、天下黄河贵德清、天境祁连等 5 个生态旅游画面，在北京、上海、杭州、广州、南京、济南、天津、深圳的地铁、公交候车亭灯箱广告宣传，覆盖 341 个城市商圈，掀起了打造国际生态旅游目的地热潮；以大美青海最优质生态资源、旅游资源、人文资源为主题，在北京首都国际机场投放了“大美青海　生态旅游”文旅宣传片，给旅客留下深刻印象；在央广总台《朝闻天下》《晚间新闻》节目中及《新闻 30 分》节目前等黄金时段播放青海文化旅游宣传片，为打造国际生态旅游目的地发声助力；在青洽会举行“天蓝水碧好生态，大美青海新风情——打造国际生态旅游目的地展”，展示了 200 多条打造国际生态旅游目的地精品旅游环线。三是沿用“走出去、请进来”的办法，加强省内外的交流与合作。所谓“走出去”，就是青海组织文旅部门、企业到省外参与、举办“沿着黄河遇见海”中国旅游新媒体推广联合体宣传主题活动、2022“丝绸之路周”、2022 中国国际旅游交易会、“情系三江源·大美青海情”——两岸文化和旅游联谊行活动等活动，宣传青海生态旅游；所谓“请进来”，就是举办“歪果仁带你游青海”活动、2022“发现中国之旅”活动，扩大青海文旅交流“朋友圈”，聚焦国际生态旅游目的地，展示推广青海优质的生态文化旅游资源，提高“大美青海　生态旅游”品牌影响力和美誉度。

（五）注重人才培养，助力国际生态旅游目的地建设稳步推进

2022 年，青海以习近平总书记关于新时代人才工作的新理念为指导，立足青海文旅行业人才队伍建设实际，聚焦打造国际生态旅游目的地，积极培养和打造文旅人才队伍，助力国际生态旅游目的地建设稳步发展。一是推进“订单式”人才援助培训。文化和旅游部以项目为依托，选派中国旅游研究院、中国东方演艺集团有限公司、国家图书馆、中国国家博物馆 4 名同志到青海开展援助工作，帮助旅游景区开展策划和市场营销，提升青海艺术创作生产水平和公共文化服务质量。青海也选派专业技术人员赴中国歌剧舞剧院、故宫博物院、国家图书馆跟班（团）学习。二是积极推动 2 人入选

2021~2022 年度青海省“昆仑英才”行动计划，分别获得“昆仑英才·文化名家”暨“四个一批”拔尖人才和“昆仑英才·文化名家”暨“四个一批”优秀人才称号。三是组织实施新时代基层干部主题培训行动计划和万名乡村人才素质提升培训计划，多层次、大规模开展省级非遗代表性传承人、旅游星级饭店专业人才、导游人员、“青绣”产品创意研发设计、全国红色旅游五好讲解员、青海民族歌剧人才、全省旅游星级饭店服务质量暨标准化建设、乡村文化和旅游从业人员、青海博物馆联盟讲解员、星级旅游接待点经营管理人才、青海公共文化云建设、全省生态旅游推广人员等培训班，不断夯实基层人才队伍，为青海国际生态旅游目的地建设蓄势赋能。

（六）数字技术赋能，推动国际生态旅游目的地建设高质量发展

2022 年，青海认真落实《关于推进实施国家文化数字化战略的意见》，深入推进数字文旅建设三年行动方案落地，初步完成了“青海文旅云”建设，构建了青海“数字文旅”大数据平台暨应急指挥中心“一朵云、一张网、一中心”总体数据架构和“一主、四辅、八平台、N 应用”数字文旅体系，并以网络为载体，通过数字技术和信息通信技术推动文旅深度融合，直观地展示文化形态和旅游行为，为政府、大众、企业提供数字服务，逐渐成为青海文旅发展的新引擎。青海文旅云为全省文旅行业数字化建设提供超过 100 款云产品，满足了文旅类数字化建设全场景资源需求。利用“云端”体验吸引更多人参与，通过公众微信号及抖音、快手、微博等新媒体平台推出“大美青海冬春欢乐季”“共话青海情”等栏目，以云展演、云推广、云展播等形式，推送文艺晚会、音乐、戏曲、舞剧、刺绣、唐卡、藏毯、景区、景点、美食等文旅资源，有力地推动了青海国际生态旅游目的地建设。

（七）强化标准化工作，推动国际生态旅游目的地建设高标准发展

2022 年，青海成立文化和旅游标准化工作领导小组，统筹推进全省文化和旅游标准化工作，形成“政府主导、部门合作、多级联动、企业主体”的文化和旅游标准化工作机制，以全省文化和旅游标准体系研究为主题，系

统梳理了254项文旅标准，其中，国家标准72项、行业标准166项、地方标准16项，建立由国家标准、行业标准、地方标准和企业标准共同组成的四级文旅标准框架体系，形成结构合理、覆盖全面、定位准确、相互衔接的青海省文化旅游标准体系；以推动乡村旅游、生态旅游、智慧旅游、研学旅游、公共服务标准化为重点，立项《生态旅游产品设计与开发指南》《生态旅游解说服务质量规范》等6项地方标准，制定了《智慧旅游景区建设指南》等3项地方标准，构建了多元文化旅游标准体系，提高了生态旅游的服务质量，高标准推进青海国际生态旅游目的地建设。

（八）加强市场综合整治，营造了和谐规范的生态旅游环境

2022年，青海紧紧围绕旅游市场秩序监管、新冠疫情防控等领域，通过开会布置、集中执法、督导调研、明察暗访、以案施训等方式，有针对性地整治旅游市场各类违法违规行为，为奋力推进国际生态旅游目的地建设蓄力赋能。尤其是在春节、五一、端午等节假日和旅游旺季，进一步加大了市场安全执法检查力度，紧盯重点地区、重点领域和重点企业，抓安全、抓专项、抓协同、抓提升，大力推进执法监督理念创新、方法创新，不断净化旅游市场环境，营造了和谐规范安全的生态旅游环境。

二　青海在国际生态旅游目的地建设方面存在的问题

通过一年来的努力，青海在国际生态旅游目的地建设方面取得了一定的成绩，但还存在一些问题和短板。

（一）国家公园在国际生态旅游目的地体系中的作用有待进一步提升

以三江源国家公园、祁连山国家公园青海片区为主体的各类自然保护地的建设与青海打造国际生态旅游目的地体系各自为战，二者没有得到完美的结合、没有起到相互促进的作用。国家公园在生态旅游中的经济效益和社会

效益没有得到充分展现，国家公园建设的科普教育场所和生态文化体验基地大多形同虚设，没有充分利用应有生态场景、互动体验以及现代科技展示手段，不能向游客、群众、学生普及生态环境科普知识，无法让大众在生态文化熏陶、生态环保体验中提升生态文明意识和观念。

（二）非遗赋能国际生态旅游目的地建设有待进一步强化

在青海，非遗活态形式生存环境日趋恶化。由于保护工作远远不敷时代发展的要求，青海少数民族非遗普遍存在消失、濒危、变异等情况。大多数民族使用本民族语言传承的口传文学已处于濒危状态。农牧区用黄土夯筑的庄廓、精雕细刻的花槽以及牧区的黑牛毛帐篷等，已被砖混结构、钢筋水泥结构的房屋取代，传统村落负载的文化记忆和文化场景正在逐渐消失。由于人们生活方式的变化，传统的信仰、祭祀活动、婚俗葬俗等民间礼仪开始逐渐变异。现代文化、市场经济也对传统文化造成了冲击。旅游业发展导致地方文化、民族民俗文化遭到盲目、过分、歪曲甚至破坏性的开发，多种非遗已变得面目皆非。非遗与旅游的融合不够紧密和深入，非遗进景区还存在很大的提升空间，目前全省还没有独具特色的非遗研学游、非遗体验游等旅游新业态，也没有完全非遗主题的精品旅游线路，非遗街区、非遗村镇的建设也毫无头绪，非遗产品种类不多、品牌不响亮、市场化的程度不高。

（三）数字技术对国际生态旅游目的地建设的推动有待进一步提升

目前青海数字文旅大数据平台的建设只具雏形，只能给文旅部门提供政务方面的数据支撑，还不能为生态旅游市场主体、游客提供足够的文旅数字服务，还不能完全开展门票预约、住宿预订、分时游览、客流监测、智能导览、游客分析等智慧化服务，无法彻底落实“限量、预约、错峰”的旅游要求。青海数字文旅大数据平台没有联通气象、交通、卫生、应急、公安等相关平台，不能在全省范围内实现数据互联共享，不能提供旅游安全预警服务。青海数字文旅建设和运用呈现出较大的差异性，海北州、海南州在这方面初具规模，西宁、海东市、黄南州正在建设中，而玉树州、果洛州还没有起步。

（四）生态旅游人才队伍的培养有待进一步加强

青海生态旅游人才队伍总体水平较低，还不能适应国际生态旅游目的地建设的需求，主要体现在人才总量偏少、结构布局不尽合理，非遗等领域存在传承人断层，出现了人才青黄不接的现象。高层次和行业领军人才紧缺，在景区营运、文化传承、环境保护、科普教育、展览策划设计、文化创意产品研发设计、文物保护修复、生态旅游规划、环保技术运用、生态资源经营管理等工作中，缺乏学历高、能力强、一专多能的复合型人才。导游队伍人才薄弱，现有导游多是本地人，普通话、外语服务水平不高，熟悉行业管理、国际习惯、国际标准和国际礼仪的导游奇缺。研究型、管理型、服务型、技术型人才普遍匮乏，生态旅游产业发展的人才制约比较明显。以公共数字文化建设为例，公共文化服务体系的建设完善对于提高群众的文化素质、增进国家的文化竞争力至关重要。但相对于全国日趋完善的公共数字文化建设体系，青海基层乡镇公共数字文化建设水平参差不齐，很多地方还处于起步阶段，负责大数据平台建设、数字资源制作的专业技术人员严重不足。

（五）生态旅游宣传交流合作的深度和广度有待进一步扩大

2022 年青海在生态旅游宣传交流合作侧重在国内，由于新冠疫情的影响等，在国外的宣传交流合作力度较小，仅有“中国最美四季”大型海外旅游推广活动、“大美青海　生态旅游”亮相 2020 迪拜世博会、“歪果仁带你游青海”活动、2022“发现中国之旅”活动等寥寥几项。这几项活动也是以宣传、推介青海生态旅游资源为主，没有与国外进行大规模的生态旅游方面的交流和合作。青海打造国际生态旅游目的地，一定要开拓各种类型、各种层级的国外市场，内容也不能局限于宣传，而要考虑生态旅游、生态文明的交流和合作。

（六）生态旅游市场的综合整治有待持续推进

旅游市场的综合整治是老生常谈的问题，文旅部门、市场监管部门一旦有所松懈，旅游市场就会出现不规范经营，旅游市场内“黑车黑店黑旅行社黑导游”、“低价游”、文旅商品“以次充好”“价格虚高”“坑蒙拐骗”、假藏医等各种失范现象就会死灰复燃、卷土重来，对文旅市场的健康有序发展造成冲击，给当地旅游业发展带来危害。

三　2023年青海打造国际生态旅游目的地形势与预测

通过一年的努力，青海在防疫常态化的背景下，在国际生态旅游目的地建设上积累了一定的经验。展望2023年，青海将在习近平新时代中国特色社会主义思想的指导下，全面贯彻落实党的二十大精神，深入实施《青海打造国际生态旅游目的地行动方案》和《青海省“十四五”文化和旅游规划》，推动国际生态旅游目的地建设行稳致远。

（一）青海国际生态旅游目的地建设形势预测

2023年，新冠疫情、俄乌冲突等依然使世界经济形势复杂严峻，但青海疫情应该基本可控，且随着俄乌冲突的白热化程度下降，对青海国际生态旅游目的地建设的影响也会有所降低，《青海打造国际生态旅游目的地行动方案》将得到有效推进，这使得青海国际生态旅游目的地建设面临挑战和机遇并存的局面。

1. 国际生态旅游目的地建设的国际环境不佳

2022年世界经济总体形势欠佳。主要是全球经济缺乏增长驱动，国际旅游开放和交流合作受到较大的限制。随着奥密克戎变异株快速传播，我国周边国家和地区疫情上升明显，形势依然严峻，尤其是丝路沿线国家、东盟以及日本、韩国等国防疫的压力较大，旅游发展受到较大阻碍。青海与我国周边地区、国家之间的旅游交流合作受到一定程度的限制，给青海国际生态旅游目的地建设带来一定影响。

2. 国际生态旅游目的地建设的国内环境较为乐观

2022 年，受新冠疫情的影响，国内旅游受到较大的冲击。据文化和旅游部的抽样调查，2022 年前三季度，国内旅游总人次 20.94 亿，比 2021 年同期减少 5.95 亿人次，同比下降 22.1%。国内旅游收入（旅游总消费）1.72 万亿元，比上年减少 0.65 万亿元，同比下降 27.2%。[①] 2023 年，我国的旅游将面临挑战和机遇并存的局面。挑战主要是新冠疫情将会继续影响世界旅游业的发展。机遇一是随着我国政府新颁布的“第九版防控方案”“二十条防疫”新规在防疫上更为精准，加上新冠疫苗接种的普及、新冠特效药物的面世和使用，将会大幅减轻新冠疫情对旅游业影响的程度。机遇二是我国非常重视生态环境保护，党的二十大报告提出：“必须牢固树立和践行绿水青山就是金山银山的理念，站在人与自然和谐共生的高度谋划发展。”中国生态旅游的发展，将会得到更多的国家政策、制度支持。

3. 国际生态旅游目的地建设和青海生态旅游发展的省内环境将会保持积极的态势

随着《青海省“十四五”文化和旅游规划》《青海打造国际生态旅游目的地行动方案》的持续实施，青海的生态旅游将会有较大的发展。另外，青海三江源国家公园、祁连山国家公园以及青海湖国家公园、昆仑山国家公园和黄河、长江、长征、长城国家文化公园建设的持续推进，也必将对青海国际生态旅游目的地建设、青海生态旅游的发展起到积极的推动作用。

（二）青海国际生态旅游目的地建设的前景预测

展望 2023 年，青海国际生态旅游目的地建设将稳步推进，生态旅游对青海经济的发展起到较大的推动作用。

---

① 《2022 年前三季度国内旅游数据情况》，中华人民共和国文化和旅游部官网，https://zwgk.mct.gov.cn/zfxxgkml/tjxx/202210/t20221025_936951.html，最后检索时间：2022 年 12 月 8 日。

1. 国际生态旅游目的地建设进度明显增强

2022 年，在新冠肺炎疫情的影响下，青海国际生态旅游目的地建设一度停止，生态旅游的发展提速较缓。随着新冠病毒奥密克戎的毒性进一步降低，加上新冠疫苗接种工作的推进、新的防疫措施的推行，青海生态旅游将迎来较好的发展环境，生态旅游发展的政策和措施将得到有效的实施和实践，国际生态旅游目的地建设将明显得到提速。

2. 生态旅游对青海经济的贡献将大幅提升

随着旅游业发展环境的向好，生态旅游将进一步发展，旅游收入将稳步恢复并在一段时间后超过疫情前的水平，生态旅游有望成为青海经济的增速器，对青海经济的贡献将大幅提升。

四　加快青海国际生态旅游目的地建设的对策措施

青海应该在以下几个方面着力，加快国际生态旅游目的地建设。

（一）推动产业深度融合，丰富生态旅游产品

持续推动旅游业与相关产业行业深度融合，打造一批具有青海特色的生态旅游产品，丰富青海生态旅游产品体系。加强国家公园建设力度，使国家公园建设与生态旅游发展相融合，在以国家公园为主体的世界自然遗产地、国家公园、自然保护区、自然公园、湿地公园、人文生态区等内适合旅游开发的区域，打造一批国际生态旅游景区；推动旅游业与生态保护相融合，以山水林田湖草沙冰等生态资源为依托，完善景区景点内观景摄影平台、自驾车营地、自行车绿道等综合服务区，打造一批生态旅游景区景点；推动旅游与交通建设融合，依托国、省交通干道，以多民族文化资源为重点，整合沿线生态旅游资源，打造如大通河生态旅游风景道、青海丝路风景道、“神奇天路”生态旅游风景道、唐蕃古道风景道、环玉树生态旅游风景道等一批生态旅游风景道；推动生态旅游与红色文化建设相融合，以党建引领，红色经典旅游为主引擎，打造一批红色旅游、党员干部培训为主的红色研学旅游

景点、线路；优化空间布局，推动生态旅游与乡村振兴相融合，加快乡村旅游接待点建设，打造一批集农业观光、花卉销售、餐饮、观赏、游乐、摄影、采摘为内容的沉浸式旅游景点；推动生态旅游与藏医药开发、民族传统体育等相融合，打造一批具有民族特点的康养、体育等体验式旅游景点和项目。

（二）强化非遗传承保护，提升生态旅游魅力

加强非遗主题和非遗精品旅游线路宣传推广，结合生态旅游景区景点，盘活当地的非遗文化资源，持续推动非遗进景区活动，在景区景点增加非遗展示及体验项目，开展非遗研学游、体验游等，不断丰富景区景点的文化内涵；加大非遗产品研发力度，拓展非遗文创产品、传统工艺品种类，支持非遗工坊、非遗企业等生产经营主体生产个性化、定制化的产品，增强自身的活力和创造力。培育非遗特色品牌，支持非遗工坊、企业培育具有地域和民族特色的自主品牌，提升品牌知名度和影响力。加强知识产权保护力度，鼓励各地依法依规申请设立传统工艺类商标；加快非遗街区、非遗村镇建设，在传统工艺集中地区设立一批经济效益明显的传统工艺类非遗工坊、特色非遗村镇等，带动周边群众增收致富，助力乡村振兴；依托“文化和自然遗产日”“非遗购物节”“文化旅游节”等文化品牌和传统节庆活动，持续开展非遗商品展示展销活动，有效激活假日消费市场；提高旅游景区、旅游休闲街区、夜间文化和旅游消费集聚区、乡村旅游重点村镇的非遗传统工艺产品供给，为非遗传承人、项目、产品创新搭建销售渠道和平台，通过线上线下相结合的方式销售推广传统工艺产品，增强非遗商品的市场活力。

（三）加强数字文旅建设，催生生态旅游新业态

完善数字文旅大数据平台建设，连通气象、交通、卫生、应急、公安等相关平台，建设景区景点、酒店餐饮、交通运行等文旅全产业链的运行监测、应急救援等的协同指挥平台，健全信息联合发布机制，实现数据互联共享，提供旅游安全预警服务；完善、优化数据分析模型，充分发挥大数据科

学预测、智能分析优势，通过提升数据有效性与利用率，进一步提高分析结果供给与实际业务需求匹配度，实现为政府科学管理决策提供参考依据、为企业提供智力支撑、为公众提供智慧服务的数字化功能；推动 5G、交互式虚拟现实等数字技术在生态旅游领域的融合应用。推动生态旅游从内容到形式、从技术到商业模式的全链条创新，围绕红色文化赋能、文物活化等重点领域和项目，开发沉浸式、体验式文旅 IP、数字消费产品及文创产品；充分运用微博、微信等数字技术，创新文旅宣传、消费场景，发展云演艺、数字艺术、网络视听、文化电商、沉浸式体验等新业态，培育云旅游、云直播、云娱乐、云展览等新的旅游消费增长极；鼓励生态旅游企业开展在线服务、网络营销、网上预订等业务，打造“一机游青海”的综合性旅游服务平台，为游客提供方便快捷的智能化服务，落实“限量、预约、错峰”要求；加强旅游电商服务，提高旅游在线交易水平和交易量。

（四）加大人才培养力度，助力生态旅游高质量发展

开展文旅领域人才需求研究，充分了解青海生态旅游行业的人才存量、不同类型人才的供需缺口和人才培养中存在的各类问题，据此对行业人才培养提出明确的导向需求；深入挖掘和收集文旅领域选人用人需求，发布人才需求目录，多渠道开展线上线下引进人才活动，大力引进急需紧缺人才，提升引才政策的针对性与实效性；创新建立联合人才培养机制。根据工作实际，与高校、研究机构、非遗传承人联合，培养生态旅游研究、历史文化保护、环保技术运用等领域的人才队伍，推进生态旅游人才队伍的专业化；探索“项目+人才”培养模式，通过完成研究项目，以老带新、以强带弱，培养年轻人在专业上取得进步；持续举办各种类型的培训班，尤其是导游培训班，加强对专业技能、行业管理、国际礼仪、语言等方面的培训，充实基层和一线人才队伍。

（五）深化对外宣传交流合作，拓宽生态旅游发展的广度

生态旅游的宣传要有国际视野。积极参与文化和旅游部国际交流与合作

局、中国旅游海外推广网、文化和旅游部驻海外文化中心和旅游办事处组织的海外宣传、推广生态旅游资源的活动，推出多语种视频、广告，全方位宣传、推介“大美青海—生态旅游”；进一步提升青洽会、环湖赛、生态博览会等节庆赛事的国际影响力，通过这些节庆赛事活动，宣传推介青海生态旅游资源，提高青海生态旅游的国际传播度；用好“中国旅游日”“丝绸之路周”“澜湄万里行”等活动，利用新媒体，积极向东南亚、南亚、丝路沿线国家宣传、推介青海生态旅游，拓展国际旅游市场；继续采用“走出去，请进来”的办法，通过参加世博会，推进“歪果仁带你游青海”“发现中国之旅”等活动，扩大与各国间的相互交流和文明互鉴，开展生态旅游合作。

（六）加强监管和综合整治，构建规范有序的生态旅游市场

依法依规整治生态旅游市场，规范市场秩序。推动生态旅游市场监管和综合整治不放松、不断档。文旅部门要加强与相关职能部门的有机联动，形成综合整治的有效机制和长效机制。坚持问题导向，重点打击旅游市场“黑车黑店黑旅行社黑导游”“以次充好”“价格虚高”“坑蒙拐骗”等不法机构和非法行为，为生态旅游发展提供健康规范的环境。强化文旅市场信用体系建设，打造以信用监管为基础，持续推动以“双随机、一公开”监管为形式、以重点监管为补充的新型监管机制，构建信用奖惩体系，严惩信用恶劣的机构和个人；分级分类落实旅游行业常态化疫情精准防控政策，确保生态旅游市场安全运行。

B.20
2022年青海省创建国家公园示范省报告

李婧梅　赵仲茜*

摘　要： 2019年以来，青海率先在全国启动国家公园示范省建设，在生态保护、社区发展、体制机制等方面开展统一、规范、高效管理。截至2022年，青海国家公园示范省建设保护和管理效能显著提升，为全国建设以国家公园为主体的自然保护地体系事业积累了“青海经验”、探索出了“青海方案”、做出了“青海贡献”。

关键词： 国家公园示范省　体制试点　青海省

2021年10月，我国首批正式设立了含三江源国家公园在内的5个国家公园，涉及处于中国生态安全战略格局的关键区域的10个省份，保护面积达23万平方公里，涵盖了陆地上近30%的国家重点保护野生动植物种类，取得了显著的保护成效，为应对全球气候变暖和生物多样性丧失做出了巨大贡献。青海省按照习近平总书记“以国家公园为主体的自然保护地体系走在前头”的要求创建国家公园示范省。多年来，青海在国家公园管理体制创新、严格生态保护、社区融合发展等方面积极探索、积累经验，走出了具有中国特色、青海特点的国家公园建设道路，为我国以国家公园为主体的自然保护地体系建设提供了宝贵经验。

* 李婧梅，青海省社会科学院生态与环境研究所助理研究员，在读博士研究生，研究方向为生态与环境保护、生态经济；赵仲茜，青海投资项目监测评价中心高级工程师，研究方向为生态环境保护。

一　青海创建国家公园示范省的由来及进展

（一）青海创建国家公园示范省的由来

青海省于2016年、2017年相继开启了三江源国家公园、祁连山国家公园体制试点，是当时中国首个承担双国家公园体制试点的省份。2019年，青海作为先行先试的省份，提出在生态修复、人与自然和谐共生、保护地建设、生态文化传承等方面发力，为自然保护地体系事业积累“青海经验”、探索“青海方案”、做出“青海贡献”。同年6月，青海省政府与国家林业和草原局共同启动以国家公园为主体的自然保护地体系示范省建设。

（二）青海创建国家公园示范省建设的进展

2019年8月，第一届国家公园论坛在青海西宁召开，习近平总书记专门发来贺信，论坛发布了《国家公园论坛西宁共识》，向国际社会传播了习近平生态文明思想，推介了三江源国家公园、祁连山国家公园，进一步促进了青海走向世界，为参与共同保护地球美丽家园、维护全球生态安全作出贡献。[①] 2020年，《青海建立以国家公园为主体的自然保护地体系示范省建设三年行动计划（2020—2022年）》印发实施，以此为行动指南，青海省在自然保护地空间布局优化、分级管理新体制创新、规划标准体系建设、自然保护地管理能力提升、人与自然和谐共生等方面，确定30项工作任务，并细化落实到相关部门，为在2025年全面完成国家公园示范省建设打下坚实基础。2021年10月12日，我国正式设立第一批国家公园，三江源国家公园位列其中，并排在首位，是面积最大的国家公园，象征三江源国家公园从体制试点走向正式建设阶段，从打好基础向提升发展质量转变、从制度建立转变为巩固完善，体现了中国国家公园适应自然、政治和社会环境的建设

① 三江源国家公园管理局：《三江源国家公园体制试点公报》，2022年10月13日。

路径。

2022年，祁连山国家公园圆满通过了国家评估验收，在多年的体制试点过程中，祁连山国家公园探索出了“1+2+9”工作格局：一套规范完备统一的管理机构，推行综合执法和“村两委+”两项工作模式，建立规划体系、科研监测等九大支撑体系，全面完成各项体制试点任务，为正式设园夯实了基础。同时青海湖国家公园创建工作正式获国家批复。至此，青海成为全国唯一的3个国家公园同时在建的省份，将为青藏高原国家公园群建设做出重要贡献。青海省全力推进以国家公园为主体的自然保护地体系建设，以国家公园为主体的新型自然保护地体系基本成型。[①]

二 青海建设国家公园示范省的现实基础

多年来，在国家各类政策的支持下，青海通过自然保护区的建设、重大生态工程的实施，践行生态文明之路，开展国家公园试点，探索国家公园建设，国家公园已成为青海省的亮丽名片。建设国家公园，对于青海省来说，是摸着石头过河，但生态文明理念及建设在青海践行多年，在其基础之上，国家公园示范省建设具有较高的起点和明显的后发优势。

（一）国家顶层设计的逐步加强

习近平主席亲自领导和推动国家公园建设，他明确指出：“要着力建设国家公园，保护自然生态系统的原真性和完整性，给子孙后代留下一些自然遗产。要整合设立国家公园，更好保护珍稀濒危动物。”党的十八届三中全会通过的《中共中央关于全面深化改革若干重大问题的决定》提出建立国家公园体制，中央以及相关部门从政策、法规等方面全面积极推进国家公园发展，将国家公园体制列为全面深化改革的组成部分，由此开启了自然保护

① 宋明慧：《青海：以国家公园为主体的新型自然保护地体系基本成型　国家公园占自然保护地面积的77.17%》，《青海日报》2022年9月19日，第1、6版。

地领域的系统性、重构性的变革。2017 年 9 月，中办、国办印发了《建立国家公园体制总体方案》，陆续开展了三江源、祁连山、武夷山等 10 个国家公园试点建设。2017 年 10 月，党的十九大报告提出建立以国家公园为主体的自然保护地体系。2019 年，中共中央办公厅　国务院办公厅印发《关于建立以国家公园为主体的自然保护地体系的指导意见》，进一步明确了国家公园在自然保护地体系中的主体地位，对加快建立以国家公园为主体的自然保护地体系、建设美丽中国起到了极大的促进作用。2022 年 6 月，国家林业和草原局发布《国家公园管理暂行办法》，对国家公园规划建设、保护管理、监督执法等相关内容作出了具体规定。

这些顶层设计的逐步搭建标志着中国的自然保护事业进入了新时代，是美丽中国建设的具体行动，是构建国土空间安全屏障的重大举措，是确保中华民族永续发展的千年大计，更是青海建设国家公园示范省的行动指南和根本遵循，具有重大的现实意义和深远的历史意义。

（二）数十年自然保护地建设的经验

早在 20 世纪 70 年代中期，青海省就建立了第一个以湿地水禽候鸟为保护对象的省级自然区——青海湖自然保护区。随后又相继建立了多处自然保护区，覆盖了青海三江源地区、青海湖流域、祁连山地区、柴达木盆地和河湟地区五大板块。这些自然保护区与省内各级森林公园、湿地公园、地质公园等相辅相成构成坚实有力的保护网，对省内自然生态系统、自然遗迹、自然景观及其所承载的自然资源、生态功能和文化价值发挥了积极的保护作用，为维护国家生态安全和实现经济社会可持续发展筑牢了基石。进入 21 世纪以来，更是将生态保护作为青海立省之本，全省上下明确了“生态保护优先”是未来青海发展的基本底色，全力构筑生态安全屏障。

经过多年努力，以国家公园为主体、自然保护区为基础、各类自然公园为补充的自然保护地管理体系在青海初步搭建。一是优化调整功能分区和范围，重要野生动物栖息地全部纳入核心保护区，三江源国家公园区域面积由试点期间的 12. 31 万平方公里调增为 19. 07 万平方公里。二是率先完成自然保护地调查评估和整合优化，全省 109 处各级各类自然保护地整合优化到 79 处，总面积达 26.52 万平方公里，占国土面积的 38.42%，较整合优化前提升 3.85%，高于全国平均水平 20 个百分点，其中国家公园占自然保护地面积的 77.17%①，全省 64.3%的湿地、30.7%的森林、85%的野生动物栖息地纳入自然保护地管理②，濒危珍稀动物种群数量明显增加。三是自然保护地管理机构职级设置取得了实质性进展，成立了专门的国家公园管理局。3 个国家公园均设立了专门的管理机构。

（三）生态文明先行示范区建设成效明显

为筑牢“中华水塔”，确保“一江清水向东流”，青海省自 20 世纪 90 年代以来，相继启动实施了天然林资源保护、“三北”防护林及长江流域防护林体系建设、退牧还草、退耕还林等工程。在青海“五大生态板块”开展生态保护与建设工程，筑牢青藏高原生态屏障，全面提升草原、森林、湿地、冰川、河湖、荒漠等自然生态系统稳定性。

多年的生态保护和建设，三江源区湿地面积扩大了 1.1 万平方公里，三江源头再现消失半个世纪的千湖竞流景观。2022 年青海湖水体面积达到 4625.6 平方公里，较 2017 年增大 2.9%；青海湖裸鲤资源蕴藏量较 2017 年增加 33.6%，达到 10.85 万吨；栖息水鸟数量较 2017 年增加 69.9%，达到 57.1 万只；普氏原羚数量较 2017 年增加 120.5%，达到 2800 余只；草地综合植被盖度达 60%、湿地保护率达 69%、珍稀濒危物种保护率达 90%以上，水质状况为优的比例达 100%。③

2022 年，三江源国家公园和青海省祁连山国家公园顺利完成自然资源确权登记试点工作，首次交出了全省国有自然资源资产的明白账。实施森林生态效益补偿、三江源生态补偿、草原生态补奖和湿地生态效益补偿试点，

① 宋明慧：《青海：以国家公园为主体的新型自然保护地体系基本成型　国家公园占自然保护地面积的 77.17%》，《青海日报》2022 年 9 月 19 日，第 1、6 版。

② 施翔：《国家公园建设实现重大突破取得阶段性成效》，《西宁晚报》2022 年 5 月 25 日。

③ 资料来源：青海湖景区保护利用管理局。

全省7441万亩公益林、5517万亩天然林、4.74亿亩草原被纳入生态补偿范围。

（四）高质量发展为国家公园示范省建设注入力量

青海积极推动省内经济绿色、循环、低碳发展，在加强保护的同时注重高质量发展，为国家公园建设注入力量。西宁经济技术开发区、柴达木循环经济试验区、海东工业园区循环经济占比达60%以上。自2017年以来，青海连续6年成功实施绿电创新实践，开辟了新能源发展的新路径。6年来，绿电创新实践累计实现清洁供电351.36亿千瓦时，节约燃煤1596.4万吨，减排二氧化碳2874.1万吨。[①] 2022年6月25日至7月29日，青海全域连续35天开展“绿电5周”，清洁能源发电量达到99.75亿千瓦时，占全省用电量的110%，相当于减少燃煤453.4万吨，减排二氧化碳816.1万吨。[②] 可再生能源的装机和发电量居全国首位，清洁能源供电创世界纪录。截至2022年9月，青海电网总装机达4348万千瓦，其中，清洁能源装机3956.5万千瓦，是2012年的3倍，占比为90.9%，新能源装机2694万千瓦，占比为61.8%，达到了2012年前的20倍。

国家清洁能源示范省、绿色有机农畜产品示范省、高原美丽城镇示范省、民族团结进步示范省建设联合发力，以绿色发展推动青海经济社会发展，为国家公园示范省发展提供有力支撑。

三　青海建设国家公园示范省的经验与启示

青海从其生态地位、生态保护成效等方面在国家生态文明布局中起着至关重要的作用，开展国家公园示范省建设将会对其他地区自然保护地建设起

① 胡婧、王娟：《非凡十年 · 青海丨大美三江之源　涌动强劲绿电》，《电网头条》2022年7月24日。

② 张蕴、李文琴：《35天100%“绿电”供应　青海再创世界纪录》，《科技日报》2022年7月24日。

到示范带动作用。在管理体制、共生模式等方面，青海省国家公园示范省取得了显著成效，为中国全面建设国家公园提供有效的经验指引。

（一）理顺体制机制是关键

三江源国家公园作为我国“第一个吃螃蟹的人”，逐步搭建了州县、乡村全覆盖的国家公园管理体制，建立了行政管理体系，整合 4 县农、林、牧、土等部门职责，在 3 个园区分别设立生态环境和自然资源管理局，解决了自然资源执法监管碎片化问题；设立生态保护管理站，在乡镇政府增挂保护管理站牌，全面建立了保护管理和执法机制，有效破解了“九龙治水”和监管碎片化难题。

祁连山国家公园形成了中央与地方共同管理模式。依托国家林业和草原局驻西安森林资源监督专员办事处组建祁连山国家公园管理局，在甘肃省林业和草原局、青海省林业和草原局分别加挂省级管理局牌子，由中央和省级政府共同管理。祁连山国家公园青海省管理局下设祁连山国家公园青海省管理局办公室和祁连山国家公园青海服务保障中心，以及德令哈、天峻、祁连、门源四县市管理分局，建立 9 个管护中心和 40 个管护站点。

开展国家公园体制试点的初衷是要打破部门利益固化藩篱，突破已有体制框架，实现高效统一的山水林田湖草沙冰一体化管理体制。国家公园体制试点通过整合各类保护地，实现“两个统一行使”，确保国家公园的自然资源资产“国家所有，全民共享，世代传承”。三江源国家公园、祁连山国家公园管理体制趋于完善，机构运行日益顺畅，治理水平不断提升。

（二）坚持以人民为中心

国家公园“国家所有，全民共享、世代传承”的建设目标使得三江源国家公园、祁连山国家公园在开展生态保护与建设的基础上，坚持全民公益性，努力提高共有比例，增强共建能力，提升共享水平，积极建构具有青海特色的共有共建共享国家公园管理模式。

在生态保护与民生改善统筹发展方面，设置生态管护员岗位，将当地牧民作为公园保护与建设的关键变量，探索人与自然和谐共生模式，减少了因过度放牧引发的一系列矛盾，激发了牧民保护生态的内生动力，牧民正逐渐由草原利用者转变为生态保护者与红利共享者。青海省设置草原、森林、湿地生态保护公益岗位 14.51 万个，其中生态扶贫管护公益岗位 4.99 万个；尤其是三江源国家公园实现园区“一户一岗”，17211 名生态管护员持证上岗，仅此一项人均年收入就增加了 2.16 万元，有力带动小康水平稳步提升。同时，三江源国家公园积极开展特许经营试点，将严格保护、牧民普惠和经济发展融为一个共生整体目标，并渗透到特许经营多元主体角色之中，最终孕育出 NGO 特许模式和企业主导模式等共生合作组织模式，促进人与自然和谐共生。

在农牧民能力提升方面，三江源国家公园通过成立村一级生态保护专业协会，发挥农牧民生态保护主体和前哨作用。安排农牧民子女到西宁接受职业技术教育，提升农牧民文化水平，多渠道打开当地群众与外界沟通的通道。进一步完善当地生态畜牧业合作经营机制，加快生态畜牧业高质量发展，促使牧民在参与生态保护、公园管理中获得稳定的收益。

在国家公园社区共建共享方面，祁连山国家公园青海片区在全国首创建立“村两委+社区参与”工作机制，以国家公园内社区村两委为依托，以社区群众为主体，建立巡护、宣传两支队伍，推动生态保护效益加快转化成社区发展和民生效益，国家公园治理不再是政府单方面的行为，非政府组织、企业、社区、社会各界积极探索生态保护与民生改善协调发展的新路径。

（三）用最严格的法律制度捍卫国家公园净土

三江源国家公园试点开展以来，出台了《三江源国家公园条例（试行）》，建立了统一的资源环境综合执法队伍、行政执法和刑事司法高效联动机制以及与毗邻省份横向联合综合执法机制。一方面设立资源环境执法局，整合园区内四县国土、环境、草原、渔政等部门的执法机构，开展县域集中资源环境综合行政执法，解决了政出多门、标准不一、职能交叉、推诿扯皮、保护合力不强等问题。另一方面与毗邻省份各相邻保护区管理机构合作，对生态探险游、非法穿越保护区等行为进行联合监管，查处生态环境资源类案件，打击盗采、盗猎等违法犯罪活动。

2017 年以来，青海省环保、林草、生态环境、自然资源等 7 个部门联合行动，开展“绿盾”等专项行动，加强自然保护地监管，形成台账管理、清单管理、销号管理工作方法，不断完善自然保护地监管体系。截至 2022 年 10 月，全省自然保护地被列入“绿盾”问题 295 个、完成整改 291 个，整改完成率 98. 6%。

四　进一步促进青海国家公园示范省建设的建议

（一）建设人与自然和谐共生的国家公园

特许经营、自然教育是国家公园人与自然和谐共生的重要体现，目前青海省国家公园建设在这两方面仍需进一步稳步推进。受近期新冠肺炎疫情影响，青海省国家公园自然教育活动多是通过展馆、线上讲座等方式开展，受众多为中小学生。在公众教育方面，排期少、内容和形式单一，且多以野生动植物观察为主，自然教育活动范围较小，体验式和互动式的环境活动开展较少，难以形成访客规模，达到自然教育目的。建议推动建立自然教育认证机制，严格规范自然教育活动的组织，使国家公园管理者积极加强与政府、学校、自然教育商业机构、社会组织等的横向合作，构建多样化的自然教育发展模式，增强市场抗风险能力。特许经营工作方面，三江源、祁连山国家公园均出台了专门的法规（规章），但在产业安排、制度创新、社区绿色发展等方面需要进一步推进与规范。总之，在国家公园建设中，需进一步理顺人与自然的关系，实现人类活动和自然环境的可持续发展。注重利益共享和协调发展机制的建立，进一步实现生态保护与经济社会高质量发展。

（二）国家公园建设与生态文化传承弘扬相辅相成

青海是多民族多元文化共存共荣发展地区，受当地自然环境、宗教、民俗的影响，三江源国家公园、祁连山国家公园、青海湖国家公园的生态文化是数千年来当地群众与自然互动过程中，在了解自然到认识自然、利用自然、保护自然过程中创造的丰富物质财富和精神财富，它们相互联系又各具特色，是国家公园实现人与自然和谐共生、为国家公园“铸根培魂”的重要支撑。

作为全国唯一有 3 个国家公园的省份，国家公园示范省建设将成为弘扬、传播青海生态文化重要的载体，同时也为提升国家公园生态文化价值助力。因此，应高度重视国家公园生态文化的挖掘与创新。一是深度挖掘、梳理国家公园内生态文化资源的赋存状况。二是将国家公园中的生态文化进一步延伸和扩展，取其精华去其糟粕，将博大精深的生态文化植入国家公园原真性、完整性保护与发展的实践之中。三是生态文化的创新与发展。国家公园建设、发展过程中人们对生态环境保护的态度、认识等，都将是生态文化的有益补充。因此，生态文化对国家公园建设的协调与适应研究应及时开展，确保以国家公园建设传承与弘扬生态文化，以生态文化促进国家公园建设。

（三）绿水青山转化为金山银山

国家公园的生态价值转化与实现是其绿色发展的有效途径，是“绿水青山转化为金山银山”的必然要求，是国家公园公益性、全民共享的主要形式。国家公园的生态价值实现机制构建应着力于建立价值评估标准体系、促进生态资源资本化、探索实现路径。应加快构建国家公园的生态环境与经济综合核算体系，按照公共性生态产品、经营性生态产品和准公共性生态产品的特征有的放矢、分类施策，促进生态价值转化。国家公园生态产品价值的实现，是充分建立在山水林田湖草沙冰统一保护和恢复基础上的，意味着比起一般区域的生态产品价值转化，国家公园需要有更长远的考虑和不同的发展模式，将以更加严格和有效的形式利用自然资源。生态产业化是生态产品价值实现的主要形式。国家公园的生态产业化，需要体系化和制度化的机制创新，构建各方利益共同体，促进保护管理、社区发展、科普宣教、特许经营等方面相互支撑、相互融合，推动生态文明体制建设迈向新台阶。

参考文献

青海省林业和草原局：《完善制度体系推动国家公园示范省建设》，《中国绿色时报》2019 年 12 月 31 日。

王建军：《建设国家公园示范省促进人与自然和谐共生》，《青海党的生活》2020 年第 1 期。

青海省人民政府：《青海以国家公园为主体的自然保护地体系示范省建设白皮书（2019）》。

金崑：《祁连山国家公园体制试点经验》，《生物多样性》2021 年第 3 期。

苏红巧、王楠、苏杨：《三江源国家公园执法体制改革经验及其可复制性》，《生物多样性》2021 年第 3 期。

刘宁：《牢牢把握“三个最大”省情定位为中华民族永续发展作出青海贡献》，《学习时报》2020 年 4 月。

李博炎、朱彦鹏、刘伟玮等：《中国国家公园体制试点进展、问题及对策建议》，《生物多样性》2021 年第 3 期。

B.21

2022年青海省生态补偿机制建设的问题及对策建议*

郭　婧**

摘　要： 青海省作为西部地区重要的生态屏障，生态补偿机制建设既是生态保护的有效手段，也是实现生态文明与社会经济发展相互促进的重要途径。本报告在梳理青海生态补偿机制实践历程的基础上，针对当前生态补偿存在的诸多问题，从科学确定生态补偿主体、实行生态补偿机制多元化、明确补偿资金用途、建立生态补偿机制管理平台等方面提出了对策建议，以期为实现多元化生态补偿机制的构建提供参考。

关键词： 生态补偿机制　补偿方式　青海省

生态环境问题是一个涉及国民经济发展、影响人民生活的重大问题，从根本上说，它是一个决定着整个世界未来的重要议题。党的二十大明确指出"我们坚持绿水青山就是金山银山的理念，坚持山水林田湖草沙一体化保护和系统治理，全方位、全地域、全过程加强生态环境保护，生态文明制度体系更加健全"①。随着我国社会的迅速发展，生态环境的和谐发展已成为人们

* 本文为青海省社科规划办年度项目"黄河青海流域横向生态补偿机制研究"（项目编号为22Y011）的阶段性研究成果。

** 郭婧，博士，青海省社会科学院生态环境研究所助理研究员，研究方向为生态经济、恢复生态学。

① 《习近平：高举中国特色社会主义伟大旗帜　为全面建设社会主义现代化国家而团结奋斗——在中国共产党第二十次全国代表大会上的报告》，《人民日报》2022年10月26日，第1版。

普遍关心的问题，而生态补偿则是实现区域与生态保护的“绿金之道”。生态补偿是调动各方积极性、保护生态环境的一项关键措施。同时也是一种新的资源和环保的治理手段，它将促进青海在打造生态文明高地上迈出新的步伐。

2016年，中央全面深化改革领导小组审议通过了《关于健全生态保护补偿机制的意见》，标志着针对生态环境的补偿机制正在不断健全，指导全国各领域的生态补偿实践走深走实。① 2021年9月，中共中央办公厅国务院办公厅印发了《关于深化生态保护补偿制度改革的意见》，标志着我国生态补偿又迈出了关键性的一步。② 从青海省来看，2010年10月10日，青海省人民政府印发了《关于探索建立三江源生态补偿机制的若干意见》（青政〔2010〕90号）。该意见在内容上分为充分认识建立生态补偿机制的重要意义、明确建立生态补偿机制的指导思想和基本原则、科学确定生态补偿的范围及重点、多渠道筹措生态补偿资金四部分。但是，目前我国生态补偿机制并没有广泛应用，机制也存在很大漏洞。③ 因此要想全面落实地区生态补偿机制、实现可持续发展，就需要将相关机制进行完善，同时构建横向补偿机制，从而促进生态环境的健康发展④，为实现生态建设与经济社会发展相互促进提供助力。

一 青海实施生态补偿的重要意义与生态补偿类型

（一）青海实施生态补偿的重要意义

生态补偿是一种以生态环境保护与可持续发展为主要目标，以经济手段调整生态保护主体与受惠方的利益，从而推动生态建设活动，调动生态保护

---

① 王金南、刘桂环、文一惠：《构建中国生态保护补偿制度创新路线图——关于健全生态保护补偿机制的意见解读》，《环境保护》2016年第10期，第14~15页。

② 《中共中央办公厅、国务院办公厅：关于深化生态保护补偿制度改革的意见》，新华社，2021年9月12日，http：//www.gov.cn/zhengce/2021-09/12/content_5636905.htm. 最后检索时间：2022年10月31日。

③ 魏同洋、徐磊、靳乐山：《多元化生态补偿机制研究进展及实践》，《农业展望》2021年第9期，第39页。

④ 刘文婷、江颖、刘炯志：《流域生态补偿对农户生态保护行为影响研究》，《中国集体经济》2022年第14期，第82~84页。

主体的积极性。[①] 党的十九大报告提出，要“加大生态系统保护力度”“建立市场化、多元化生态补偿机制”，为更好满足人民日益增长的优美生态环境需要指出了现实路径。目前，由于人类的行为所带来的环境问题，常常会产生跨区域的生态问题，为了更好地进行生态治理和保护，就必须加强各行政区域的协调配合，共同构建生态文明建设来保护生态系统。以生态建设为支撑，以流域、功能区、城市为主体的生态建设与共享体系，是实现协调发展战略、推动生态文明建设的关键。在此背景下，人们对生态系统的开发和对生态系统的需求进行了分析，并提出了一种基于“可持续发展”的生态补偿制度。因此，有必要对生态建设与区域进行合理的生态补偿。

青海省作为西部地区重要的生态屏障，建立科学的生态补偿机制是全省加快推进“五位一体”、建设生态文明的重要手段。“十四五”期间，青海省进一步探索建立科学合理的生态补偿机制以体现生态服务的实际价值和效用，是保障区域公平和代际公平的手段。厘清生态补偿及生态补偿机制的源流，认识生态补偿机制建设的必要性和紧迫性，完善青海省生态保护补偿机制的基本原则和框架，也对在乡村振兴过程中开展生态保护补偿尤为必要。

（二）青海省生态补偿机制的类型

1. 森林、草地生态系统补偿

生态系统，它不仅为人们提供生产和生活的原料必需品，更重要的是为人类提供生态系统服务。但由于未进入市场，生态系统的大部分价值都被掩盖了。要增强生态系统的可持续经营能力必须采取相应的对策，使其外部经济利益内部化，并使其局部或完全地发挥其作用。森林、草原、湿地等多种形式的生态系统，其稳定性和可持续的生态服务供应是维护生态系统的基本保障，也是实现区域可持续发展的关键。目前，关于生态补偿内容的研究中，学者们对森林生态系统补偿进行了探讨，同时也为其他地区和类型的

① 胡若晨、夏琼、杨锋、王大伟：《我国流域治理进程中流域生态补偿机制的问题与对策》，《中国国情国力》2022 年第 7 期，第 58~62 页。

生态补偿机制建设提供了借鉴。我国出台了《森林生态效益补偿基金管理办法》，对我国实施天然林保护和退耕还林工作具有一定的借鉴意义。为此，必须综合现行多个补偿制度，根据不同的林地类别，考虑森林生态系统的服务功能，因地制宜，逐步构建森林生态系统补偿的标准。草地生态系统补偿标准应需在考虑当地经济发展水平的基础上，科学划定生态补偿标准范围。

2. 流域横向补偿

为了保证流域的生态安全和可持续利用，多数上游地区都在环境保护方面投入了大量的人力、物力和资金的开发和维护。然而，大部分的河流上游，因其地理位置、地势、运输等，都位于相对贫困、生态脆弱的地区，经济状况相对较差，因而亟待解决。通过构建流域的横向生态补偿制度，实现由中央和下游受益区域向上游区域提供补偿，既能加速区域的经济发展，又能有效地维持上游的生态环境，进而推动整个区域的社会和经济发展。流域生态补偿是生态保护治理的重要组成部分，流域生态补偿机制建设是生态补偿的关键性制度。中共中央、国务院印发的《黄河流域生态保护和高质量发展规划纲要》以及财政部等四部门印发的《支持引导黄河全流域建立横向生态补偿机制试点实施方案》中提出，我国将用 3 年时间，在沿黄九省区探索建立黄河全流域生态补偿机制，构建上中下游齐治、干支流共治、左右岸同治的格局。通过《支持引导黄河全流域建立横向生态补偿机制试点实施方案》逐步建立黄河青海流域生态补偿机制，实现流域生态环境治理体系和治理能力进一步完善和提升，河湖、湿地生态功能逐步恢复，水源涵养、水土保持等生态功能增强。

二　青海省生态补偿机制的主要实践

（一）青海省共建共管机制全面建立

截至 2022 年上半年，青海省全面加强森林、草原、湿地、荒漠生态系统保护修复和生物多样性保护，统筹山水林田湖草沙冰一体化保护和系统治理。全面推行林长制，设立 6467 名林长，建立省、市、县、乡、村五级林长制组织体系和运行机制。林草资源得到严格保护。森林覆盖率、林草综合植被覆盖度分别提高到 7.50%、57.80%，野生动物种群数量明显增加。荒漠化土地、沙化土地“双缩减”，湿地保护率 64.32%，高于全国平均 12% 的水平。全省共设置森林、草原、湿地生态管护公益岗位 14.51 万个，年均为群众直补森林、湿地、退耕还林还草等各类生态补偿资金 10 亿元以上①，重要生态功能区的农牧民吃上了“生态饭”。科学利用生态资源，因地制宜发展特色经济林、生态旅游、林下经济、林草种苗、汉藏药材、草产业等，推动形成了人与自然和谐发展新格局。

（二）青海省西宁市加快推进南川河流域水环境生态补偿机制改革

2018 年 12 月，西宁市制定了《西宁市南川河流域水环境生态补偿方案》，为国内首创以县区级横向补偿为主的水量、水质一体式生态补偿机制。一是明确生态补偿标准，以各断面每月达标情况作为补偿依据，有效提高各责任主体开展河道保护治理工作的积极性和主动性。二是在开展水质横向补偿的基础上，探索提出水库水量补偿制度。根据每年供水量对大南川水库补偿，激励大南川水库每年向南川河稳定供水，在枯水期多向南川河补水。三是构建起党政主导、部门联动、责任明确、协调有序的组织体系。建立绩效考核综合考评机制，通过补罚分明的奖惩机制，激发各责任主体自觉增强水污染治理的主动性，促进南川河流域水环境的长效治理。该方案实施以来，生态效益逐步显现，经济效益得到保障，2021 年，总计发放补偿资金 1056.05 万元。大南川水库全年向南川河供水 681.22 万方，超过目标供水量 441.22 万方，南川河水量得到充分保障，为改善河道生态环境质量发挥了重要作用。各补偿主体全面完成水量水质考核要求，将专项用于各责任主体持

① 岳焕宽：《锚定走在前　坚持高质量　青海国家公园示范省建设成效显著》，《青海党的生活》2022 年第 8 期，第 15 页。

续推进水环境治理，进一步激发了各单位实施流域水环境治理的积极性，促进了南川河流域水环境的长效治理。同时，构建起党政主导、部门联动、责任明确、协调有序的组织体系，推动形成协同治理南川河水环境的良好氛围。建立绩效考核综合考评机制，通过补罚分明的奖惩机制，激发各责任主体自觉增强水污染治理的主动性，促进南川河流域水环境的长效治理，并逐步带动流域生态农业、休闲旅游业发展，推动实现生态惠民、利民、为民。

（三）青海探索建立高原湿地生态补偿机制

青海是湿地大省，湿地面积居全国第一，有510万公顷，占全国湿地总面积的21.80%。2021年7月，青海探索建立了湿地生态效益补偿机制政策，完善退牧还湿政策措施和湿地生态效益补偿政策措施。[①] 目前，青海省共有6种湿地生态补偿模式：以禁牧、休牧、轮牧和协议保护为主要措施的高原沼泽湿地封育修复补偿模式；因候鸟迁飞、保护野生动物给农牧民生产生活造成损失的鸟类迁飞耕地补偿模式；因青海湖等重要湖泊水位上涨淹没草场给农牧民生产生活造成损失的补偿模式；补助草原禁牧、休牧和草畜平衡奖励为主的草畜平衡补偿模式；重要湿地区域内搬迁补偿模式；三江源国家生态保护综合试验区内设立的湿地生态管护员制度管护生态模式。但是，青海省的湿地生态补偿资金大部分来源于中央财政，且投入的规模较少、实施面较窄，难以满足实际补偿需求。2022年7月5日，青海隆宝国家级自然保护区湿地生态效益补偿、社区共管和自然教育项目正式启动，为践行生态文明理念，以保护为前提促进社区发展，最终实现人与自然和谐共生。

三　青海生态补偿机制存在的问题

（一）生态补偿制度框架有待完善

目前，生态补偿的权威统一界定尚待形成。生态补偿与经济、法学等诸

① 《青海省将探索建立湿地生态补偿机制　建设小微湿地保护小区》，中国民族广播网，2021年2月2日，http：//www. cnrmz. cn/，最后检索时间：2022年10月20日。

多方面存在交叉，但尚未形成统一的权威概念，现行的相关概念只能从间接的视角来说明。不完善的生态补偿制度框架将会阻碍青海省生态补偿制度体系的建设。此外，有关法规条例的系统性和完整性还需要进一步提升。当前，有关生态补偿的一些法律条文还分散在各种单一的资源单行法中，造成了该制度的系统化和完整性缺失，使得政府的补偿基金在很大程度上影响了其有效性利用。此外，还应进一步厘清生态补偿的法律主体。早在“十一五”规划中，就已经将“谁开发谁保护、谁受益谁补偿”作为基本的生态补偿理念。但实际实施过程中，涉及的各方利益关系十分复杂，致使其主体与对象之间存在较大矛盾。例如，在流域生态补偿中，一般都会将下游视为受益方的利益方，但究竟应该由政府、企业还是居民来负担，尚不清楚；从长期来看，由于生态环境的改善，上游地区也同样受益，应该承担相应的补偿义务。

（二）生态补偿机制不健全

目前，青海省生态补偿机制不健全，这将影响生态环境保护的成效。虽然，在现有生态补偿方案的推动下农牧民生计和环境保护都得到了提升，但在生态系统的大环境和保护下这仅仅是取得了一定的短期效益，生态补偿的持续性仍需增强。往往在强调生态保护的前提下，忽略了对生态效益的关注；尽管青海省的政府职能已经完全发挥，但是，却没有形成足够的社会和市场的合力。此外，高原湿地补偿机制方面还面临着补偿范围不明确、补偿标准不科学、补偿模式单一、资金来源不足、政策法规体系的建设缓慢等问题。同时，在省内实行的土地开发和土地利用政策还存在诸多问题：直接物质补偿和资金补偿较多，产业支持和生产方式改善不足；生态项目亟须能源结构的优化。为此，就需要构建和完善合理的生态补偿制度。

（三）构建高原湿地生态补偿法律机制方面存在问题

首先，生态环境损害赔偿的对象不明。生态补偿是一种权利、义务和责任重新调整的进程，它是多个不同的利益群体（利益相关者）的权利、义务和责任。生态环境损害赔偿的实现，必须先厘清各方的身份与作用，并厘清各自的权利义务与责任。然而，由于现行的生态补偿对象尚不清楚，各方在生态环境中的权利义务关系难以确定。其次，由于生态环境保护措施的单一性，“生态补偿”在环境资源法律体系中的表现形式较为单一，其中最具代表性的是中央财政的直接支付，而当地政府支出则相对较小。目前的生态环境保护基金大多依赖于政府的财政拨款，且有限的生态补偿经费零散分布在不同的区域，导致资源利用效率低下、资源浪费，很难保证生态环境的可持续发展。最后，生态功能区划与其他地区之间存在不清晰的边界地区。在实际操作中，由于区域经济发展，必然会对区域内的生态环境产生一定的影响。在生态功能区划与其他地区的生态价值、生态修复活动的关系上存在差异，因此，在生态修复过程中，各方都采用了不同的对策。在公共福利与地方民众的利益较量中，生态效益的受益方势必要在生态修复中担负起一定的赔偿义务。生态功能区的发展和维护存在诸多问题，如生态功能区的资源配置不平衡、生态功能区的多种价值和生态功能区总体效益不均衡等。

（四）生态补偿依据和标准确定难，价值核算体系有待健全

在制度上，目前还没有建立生态补偿的基础与标准。然而，就生态补偿的标准和依据而言，如何界定则是目前世界各国面临的一个重大问题。一方面，各个生态补偿方案所采用的测度指标与观测背景差别很大，甚至同一类型的工程，因地域因素而难以采用同一评价方法。而另一方面在软硬件技术上，由于缺乏足够的技术支持，因此，建立的评价模式及定量的资料也不能作为一个行之有效的参考，这也限制了当地的生态补偿标准的制定。同时，自然资源的价值核算为生态环境保护体系提供了依据和保证。但仍然存在一些难题：一是难以获得准确数据资料。生态系统价值评估是对一个完整的生态系统进行评价，它需要的资料必须是持续性的，这大大提高了获得资料的难度。若要核算 GEP 必须要有生态物质产品、调节服务产品、文化服务产品等一系列的科学、完备的评价指标，以提高资料的使用效率，这就增加了 GEP 的收集与统计工作的困难。二是缺乏统一的标准规范。虽然各行业相

继出台了一批新的技术、产业标准，但尚未建立起一个完整的系统。而在实践中，需要多学科、多领域的专业人士共同协作。目前，尚不存在一个统一的标准和一致的生态环境评价体系。

（五）监管体系不完善，公众参与力度不足

目前存在的制度缺陷主要表现在制度的顶层设计上以及对市场主体的参与度较差。在制度的顶层设计上，由于缺少完善的法律制度，而最有力的政策手段就是立法的保证，除了《宪法》没有涉及生态补偿制度之外，《中华人民共和国环境保护法》也没有就此问题进行过深入而具体的论述。构建一种行之有效的生态环境保护制度，是目前的一项重大课题。而在社会参与方面，主要表现在实施生态补偿的过程中，由于地方各级政府权力不清、组织领导力不强，政府自身参与落实生态补偿机制的程度难以深入。此外，单纯靠政府在生态补偿过程中发挥力量还远远不够，同时，公众参与力度低也会给国家带来巨大的经济负担。虽然生态环境所有权归国家所有，但它受益人群是所有人，为了保护环境，实现环境的可持续发展，公众必须积极投入生态补偿工作之中，从而推动经济的稳定和快速发展。

四　完善青海省生态补偿机制的对策建议

（一）科学确定青海生态补偿主体

青海作为中国的重要的生态安全屏障，目前共有 217 个自然保护地，约占全省土地面积的 35.00%。根据青海省科技厅重大科技专项《青海生态环境价值评估及大生态产业发展综合研究》的项目成果，青海省 2000~2018 年，每年产生 3.8 万亿元的生态系统服务价值（其中水资源量含土壤水、冻土中的水、地表水、地下水等）。2018 年青海省与水相关的生态系统服务价值达 3.2 万亿元，占全部生态系统服务价值的 76.30%。2000~2018 年青海省生态系统区域外溢出的水资源达每年 670 亿多立方米，价值达每年 0.2

万亿元。从事权支出责任角度看，青海省作为亚洲水塔的地位非常突出，对保障中下游水资源安全具有重要作用。为此，多项数据显示，青海省生态系统服务价值总量呈逐年增长趋势。2021 年测量的最新青海省生态系统服务价值是已有测算结果的 3.05~12.09 倍，达 4.1 万亿元；生态价值合计约为 36.2 万亿元。由此可见，青海最大的价值在生态名副其实，国家应作为补偿主体，给予青海支持和补偿。

（二）实行生态补偿机制的多元化

现行的生态补偿制度主要是政府的财政转移支付，涉及地方政府的财力、能力、效率和交易费用，如果完全依靠政府来完成，那么地方政府的财力和对经济的调控就会产生很大的影响。多元化生态补偿是青海省补偿机制建设方向，逐步推进政府主导向市场发挥作用，调动各相关方积极性和主动性。一是建立生态资源权益交易市场，提高生态产品的供应。推进生态环境权益交易建设，探索排污权交易、碳排放权、生态建设配额交易等市场化的生态补偿。二是多手段多方式地实行生态补偿协同推进。探索建立在资金补偿基础上的产业补偿、人才培训补偿、技术援助补偿和飞地共建补偿机制。对绿色产业、生态农业、生态农业等给予财政补贴，鼓励农户开展生态农业，或探索实施委托代理、规模化生态农业等。三是研究建立省区内生态补偿基金。在实施生态补偿制度时，既要重视当地的生态建设，又要合理地补偿相应的生态保护区，使区域内的生态环境得到改善，实现社会与自然的和谐共存。生态补偿机制既要兼顾经济效率公平，又要实现生态管护等社会目标；在保持原有的服务与供应理念的前提下，构建多样化的、具有鲜明特点的生态补偿制度。最终实现人类和资源之间的均衡关系，进而实现对多种生态补偿途径的构建。

（三）明确生态补偿资金用途

探索“国家补偿为主，地方补偿为辅，全社会共同努力”的生态补偿模式。形成以青海与全国人均 GDP 差距为衡量指标的生态补偿机制，其本质在于，要以青海地区的特殊生态环境保护与发展为基础，建立符合青海现实的经济体制为目的的科学发展模式，从而实现由产业转型升级带来的红利反哺生态保护与建设。积极响应广大各族群众的美好生活需求，着力解决青海省基本公共服务总体水平不高、群众创业创新水平低等问题，从扶贫、基本公共服务、教育、就业、收入、社保、住房、医疗健康、便捷出行等方面进一步加大民生领域投入力度。同时，要注重可持续发展，以推动循环经济建设先行示范区，加速建立适应青海省情的可持续发展的绿色、低碳循环产业系统。

（四）建立青海省生态补偿机制管理平台

一是充分利用现有成果，统筹整合相关数据，服务于机制建设，与有关部门和地方的其他信息系统充分衔接，汇总集成青海省森林、草原、湿地、湖泊、生态流量、水土流失治理、生态环境质量、污染排放，以及经济社会发展等情况。各部门间的相互沟通和全力合作，实现部门联系、上下联动。二是探索开展生态产品价值核算计量，逐步推进综合生态补偿标准化、实用化，为市场化、多元化生态补偿机制建设提供有力支撑。目前是采用生态系统生产总值（GEP）法核算生态产品价值，建议 GEP 核算与 GDP 核算方式一样，构建企业调查、城市调查和农村调查三类体系，同时构建第三方调查监测的生态监测体系。三是建设大数据信息监测平台。建议充分利用现有信息化资源，采用虚拟化和云计算技术，建设一个省级云基础数据中心及省、市、县三级应用平台，包含 PC 端和手机端的集约化信息化综合管理系统。以全省的电子化地图为基础，综合展现山水林田湖草沙冰基础信息、保护管理突出问题等信息。

参考文献

胡若晨、夏琼、杨锋、王大伟：《我国流域治理进程中流域生态补偿机制的问题与对策》,《中国国情国力》2022 年第 7 期。

魏同洋、徐磊、靳乐山:《多元化生态补偿机制研究进展及实践》,《农业展望》2021 年第 9 期。

刘文婷、江颖、刘炯志:《流域生态补偿对农户生态保护行为影响研究》,《中国集体经济》2022 年第 14 期。

彭文英、何晓瑶:《探索跨地区生态补偿的有效机制》,《经济日报》2019 年 11 月 28 日。

董战峰、郝春旭、璩爱玉、梁朱明、贾晰茹:《黄河流域生态补偿机制建设的思路与重点》,《生态经济》2020 年第 2 期。

岳焕宽:《锚定走在前　坚持高质量　青海国家公园示范省建设成效显著》,《青海党的生活》2022 年第 8 期。

民族宗教篇

Ethnic Religion Chapters

B.22

2022～2023年青海民族工作形势分析与预测

鄂崇荣　朱奕瑾*

摘　要： 2022年，青海全面贯彻落实青海省民族工作会议精神，在社会发展建设各个环节中融入铸牢中华民族共同体意识工作，有效防范化解民族领域风险隐患，全省民族事务依法治理能力和水平显著提升。2023年，青海将不断深入学习贯彻落实党的二十大精神和习近平总书记两次在青海考察调研时的重要指示精神，始终坚持以铸牢中华民族共同体意识为主线，进一步把握增进共同性、尊重和包容差异性的重要原则，推动青海民族工作高质量发展。

关键词： 民族工作　铸牢中华民族共同体意识　高质量发展　青海省

* 鄂崇荣，博士，青海省社会科学院副院长，研究员，研究方向为民族学；朱奕瑾，青海省社会科学院民族与宗教研究所助理研究员，研究方向为民族伦理学、民族生态文化学。

2022 年，青海严格遵循习近平总书记“在青海不谋民族工作，不足以谋全局”的殷殷嘱托，以青海省第十四次党代会提出的“在铸牢中华民族共同体意识上继续走在前列”为目标，推动铸牢中华民族共同体意识工作融入政治、经济、文化、社会、生态文明建设全过程，平等、团结、互助、和谐的社会主义民族关系得到进一步巩固和发展。2022 年，青海在全国率先实现所有市州、70%县（市、区）成为全国民族团结进步的示范省[①]，有效防范化解民族领域风险隐患，全省民族事务依法治理能力和水平显著提升。2023 年，在党的二十大精神指引下，青海将持续在推进民族团结进步示范省建设上走在前列，推动各民族为谱写中国式现代化青海篇章凝心聚力、勇毅前行。

一　2022年青海民族工作取得的主要成绩

青海作为一个多民族聚居地区，民族工作始终是全省工作的重中之重。2022 年，青海全省上下认真学习习近平总书记关于加强和改进民族工作重要思想，深入贯彻落实青海省委民族工作会议精神，坚持铸牢中华民族共同体意识这一党的民族工作主线，完善民族工作机制，推动各民族不断交往交流交融。

（一）坚持民族工作主线，将铸牢中华民族共同体意识工作贯穿各个方面

2022 年，青海各级党委政府始终紧抓铸牢中华民族共同体意识这一党的民族工作主线，将其教育贯穿于各项工作之中。一是发挥党委统一战线领导小组牵头协调作用，健全完善民委委员制、民族工作协调机制，及时调整成立省委铸牢中华民族共同体意识暨省民族团结进步事业工作领导小组，建

① 《奋力写好民族团结进步的新篇章　青海省推进新时代民族工作高质量发展综述》，中国民族网，2022 年 2 月 25 日，https：//www. 56-china. com. cn/show-case-5631. html，最后检索时间：2022 年 12 月 8 日。

立省委书记、省长“双组长”制的工作领导机构，不断充实成员单位，确保创建工作始终高位推进。① 二是充分利用与国家民委签署建设民族团结进步大省战略合作协议的平台，采取多项创新性思路、举措，持续将铸牢中华民族共同体意识教育贯穿于各项工作、各级群众之中，进一步深化省部共建工作。三是进一步完善民族团结进步专项考核机制，将铸牢中华民族共同体意识工作纳入党的建设和意识形态工作责任制，建立健全组织制度体系和工作机制，推动形成政治引领、党建统领、党政同责、社会同创、全民共建的工作格局。四是成立铸牢中华民族共同体意识相关研究机构和宣传基地。2022 年，为扎实推进铸牢中华民族共同体意识研究体系建设，青海省委统战部、民委联合社科院、各高校成立铸牢中华民族共同体意识研究中心、基地；海南州建立“铸牢中华民族共同体意识”主题展馆；海东市通过青海农村干部学院、河湟文化博物馆、高职院校等积极推进铸牢中华民族共同体意识培训基地、教育基地和实践基地建设，推动了青海铸牢中华民族共同意识工作在理论研究、宣传教育等多层面有形、有感、有效。

（二）深入开展宣传教育，各民族交往交流交融不断深入

2022 年，在青海省委省政府推进民族团结有力举措下，青海各民族交往交流交融不断加深，各族群众共居、共学、共事、共乐的生活格局日益成熟，和谐民族关系更加巩固。一是启动实施各族青少年交流计划、各族群众互嵌式发展计划等促进各民族交往交流交融计划，开展“红石榴就业行动”，有效组织开展少数民族参观团、青少年夏（冬）令营等交流活动，加强少数民族流出地和流入地跨区域协作，鼓励引导外地群众到青海省投资兴业、工作生活，畅通各民族流动融居渠道。二是成立《中华民族交往交流交融史料汇编·青海卷》工作领导小组和编委会，正式启动编纂工作，辑录不同历史时期青海各民族交往交流交融的史料，引导各族干部群众树立正

① 《奋力写好民族团结进步的新篇章　青海省推进新时代民族工作高质量发展综述》，中国民族网，2022 年 2 月 25 日，https：//www.56-china.com.cn/show-case-5631.html，最后检索时间：2022 年 12 月 8 日。

确的中华民族史观，共居共学、相互包容，共建共享、团结进步，共事共乐、守望相助。三是启动涉藏州县少数民族专技人才特培计划，选派生态环境、卫生医疗、农牧农业等多领域的专业技术人才进行特殊培养，在推动涉藏州县少数民族专业技术人员拓宽视野、提高能力、加强知识的基础上，为推动涉藏州县经济社会发展、各民族交往交流交融创造了有利条件。四是青海各族干部群众在共同抗击新冠肺炎疫情中，交往交流交融程度不断加深。2022 年，新一轮新冠疫情发生后，在各级党委的坚强领导下，青海各族干部群众为共同抗击新冠疫情共同担当、主动作为，发挥各自行业优势，同心同向绘就出民族团结“同心圆”，进一步增强了“五个认同”。

（三）推进优秀民族文化保护传承，实施中华文化符号构建行动

2022 年，青海持续打造具有青海特色的文化品牌符号，不断实施中华文化符号构建行动。一是保护、传承、弘扬中华民族优秀传统文化。青海省扎实推进藏族文化（玉树）、热贡文化（黄南）、格萨尔文化（果洛）、土族文化（互助）、撒拉族文化（循化）等国家级和省级文化生态保护区建设①，助推优秀民族文化创造性转化、创新性发展，促进文化交流互鉴，不断增强文化自信，铸牢中华民族共同体意识。二是有力推动昆仑文化、河湟文化、格萨尔文化、热贡文化等青海文化名片，进入中华文化符号与标识体系，不断加深加大品牌影响力，夯实了铸牢中华民族共同体意识的文化基础。三是持续推动青绣、藏毯等民族特色文化产业做大做强，打造青海特色文化品牌，探索传统手工艺与时代元素、消费需求和审美取向融合的新路径，塑造青海亮丽的文化新名片，不断提高影响力。四是青海省委铸牢中华民族共同体意识暨省民族团结进步事业工作领导小组办公室，经向多方征求意见建议，委托专业设计团队设计制作出青海各民族共享的民族团结进步形象标识（LOGO），将广泛应用于各类民族团结进步创建及相关宣传文化活动中。

---

① 《奋力写好民族团结进步的新篇章　青海省推进新时代民族工作高质量发展综述》，中国民族网，2022 年 2 月 25 日，https://www.56-china.com.cn/show-case-5631.html，最后检索时间：2022 年 12 月 8 日。

（四）探索基层社会治理“青海模式”，民族事务依法治理能力持续提升

2022 年，青海持续探索基层社会治理的“青海模式”，不断提升民族事务依法治理能力，着力推进社会治安防控体系建设，深入探索青海基层社会治理的创新路径。一是持续推进治理能力现代化。青海各级党委政府在推进社会治理的过程中始终秉持“关键在党、重心在基层”的指导思想，坚持加强以党建引领提升基层社会治理能力，不断深化“党建引领+”体系建设，在全国开创党委总揽创建的先例，积极创新管理模式和方法，开展法律宣传教育，在为依法治理民族事务提供法治保障的基础上，不断推进青海民族地区治理能力和水平现代化。二是着力强化基层治理水平。青海大力推进“一站式”矛盾调解纠纷中心，截至 2022 年 8 月，已建成 21 个“矛调中心”，并计划在年内 33 个县（市、区）建成覆盖率达到 69%。[①] 同时，积极推进“多网合一”，将各村、社区管理服务与基层党组织相结合，使得基层党组织建在网格上，让基层治理更加科学，基层组织体系也日趋规范，基层治理水平不断提高。三是打造共建共治共享社会治理新格局。以打造全省各族群众共有共享生活为己任，将民族工作纳入社区工作之中，在各社区建立少数民族服务窗口、活动室、阅览室、民族宣传室等，不断强化公共服务，筑牢各民族和睦共处的有力根基，持续完善社会治安防控体系建设，打造“综治中心+网格化+综治业务信息化+雪亮工程”基层社会治理模式，夯实基层社区治理的基础保障。四是坚决防范民族领域重大风险隐患。青海全面落实国家安全观，不断加强忧患意识，增强底线思维，把坚决防范民族领域重大风险隐患扼杀在萌芽阶段，严厉打击各种试图侵害渗透破坏民族团结的思想行为，切实发挥好青海在稳藏固疆的重要作用。

---

① 于瑞荣：《青海大力推进“一站式”矛盾纠纷调解中心建设　已建成“一站式”矛调中心 21 个》，《青海日报》2022 年 8 月 15 日，第 1 版。

（五）着力增强民生福祉，加快推动民族地区的高质量发展

2022年，青海深入贯彻落实习近平总书记在参加青海代表团审议时提出的“坚定不移走高质量发展之路，坚定不移增进民生福祉”的科学要求，始终将着力增强民生福祉放在一切工作的首位，并结合自身实际情况，因地制宜地探索青海民族地区高质量发展的正确途径。一是各级党委政府坚守人民情怀，从人民群众关心的就医、就业、就学、养老等实际问题出发，持续加大民生投入，截至2022年9月，共发放各类社保待遇197.46亿元，坚持兜住民生底线，加强民生保障，为各族群众织密了民生网、幸福网。[①] 二是做好乡村振兴，助力各族群众走向共同富裕，不断深化改革，牢牢巩固脱贫攻坚成果，紧紧围绕乡村振兴要求，以高质高效促进农牧业发展、打造宜居宜业乡村生活、推动农牧民富裕自足为目标，实现高原城镇与乡村美美共荣。三是坚持良好的生态环境就是最大的民生福祉，始终坚持维护生态安全，坚决扛起保护三江源、保护好地球第三极的重大责任。2022年，三江源国家公园正式设园满一年，祁连山国家公园已完成试点任务，青海湖国家公园创建已启动，昆仑山国家公园创建前期工作取得阶段性成效。[②] 四是坚持走具有地方特色的高质量发展之路。始终贯彻落实习近平总书记在视察青海时做出的“坚持绿色低碳发展，走出一条具有地方特色的高质量发展之路”的重要指示，充分利用自身风能、光资源及清洁能源优势，持续深化“放管服”，发展碳纤维、锂电、清洁能源产业、绿色有机农业、民族手工业等具有青海高原特色产业，持续推动青海民族地区走向高质量发展道路。

（六）发挥社区主阵地作用，持续推进建设“石榴籽家园”

2022年，青海积极探索民族团结进步创建的新路径，充分重视社区在

① 《青海197.46亿元保障资金暖民心》，青海新闻网，2022年9月13日，http：//www.qhnews.com/newscenter/system/2022/09/12/013631949.shtml，最后检索时间：2022年12月8日。

② 《青藏高原国家公园群：修复生态、智慧建园保护“地球第三极”》，中国新闻网，2022年10月11日，https：//baijiahao.baidu.com/s? id=1746356085182586376&wfr=spider&for=pc，最后检索时间：2022年12月8日。

铸牢中华民族共同体意识中的主阵地作用，深入打造“石榴籽家园”建设，全省共打造社区“石榴籽家园”272个（市州级38个，县区级234个），全方位创建民族团结，助推民族团结进步事业提档升级。① 一是以党建引领社区创新民族团结创建工作。以党委引领为核心，打造“党建+社区石榴籽家园建设”的民族创建工作新格局，成立以社区党委书记为第一负责人的领导小组，把民族团结创建工作任务指标纳入基层党建和社区网格化管理及党建考核范围之中，让民族团结创建工作落在基层、落在实处。二是充分发挥社区在铸牢中华民族共同体意识教育中的作用。在各社区通过网络、重要节点、节日主题、党日专题等形式，在寺院、小区、群众中进行铸牢中华民族共同体意识、民族法律法规、民族团结等宣传，不定时组织各族群众开展传统手工艺品、书法摄影比赛、体育运动等交流活动，利用报纸、微信公众号、短视频、小区告示牌、电梯广告牌等大力宣传民族团结典型事迹，将中华民族共同体意识、民族团结渗入群众生活的点点滴滴中，形成耳濡目染的熏陶氛围。三是持续推进建设特色“石榴籽家园”。青海各地充分发挥社区化作用，挖掘社区民族特色，打造了一批具有区域特色的“石榴籽”一条街、书屋、文化广场等工作品牌，成立了“石榴籽志愿服务队”“石榴籽便民服务站”等促进各民族群众交往交流交融，搭建“机关党员进社区”等服务平台，为群众提供便利的服务，充分发挥社区作为铸牢中华民族共同体意识的重要阵地的作用，持续推动各族群众共居、共学、共事、共乐。

二　2023年青海民族工作形势分析与预测

2023年，青海各级党委政府将深入贯彻落实中央民族工作会议、中央统战工作会议以及中国共产党青海省第十四次代表大会等会议精神，全面加

① 《我省各地打造272个社区“石榴籽家园”》，青海省民族宗教委员会网站，2022年9月16日，http://mzw.qinghai.gov.cn/index.php/mzwdt/2405.html，最后检索时间：2022年12月8日。

强民族工作，但受地域、城镇化、新冠疫情、境外势力破坏等因素影响，青海民族工作仍面临许多新的问题与困难。

（一）青海民族工作面临的问题与困难

1. 铸牢中华民族共同体意识工作有待进一步提升

铸牢中华民族共同体意识工作是促进民族工作繁荣发展的主线。目前，青海在铸牢中华民族共同体意识方面仍存在一些亟待解决的问题。比如，在宣传铸牢中华民族共同体意识上，部分地区仍存在流于表面的特点，宣传形式仅局限于会议学习、媒体宣传等单一形式，在推进铸牢中华民族共同体工作深入各个阶层方面仍然不够，特别是群众参与度仍然较低，许多群众对铸牢中华民族共同体意识的深层含义仍然理解不够深入，有部分地方在进行相关工作时根据上级政策照本宣科，未能从本地区本部门实际情况出发寻找合适的工作方法，未能将铸牢工作落在细处、落在实处。

2. 构建互嵌互融的社会结构和社区环境仍需不断加强

构建互嵌互融的社会结构和社区环境是推动民族团结的重要平台，是加强中华民族大团结的社会基础。青海持续推进“石榴籽家园”打造，着力构建互嵌互融的社会结构和社会环境，取得了一定的成绩。但部分地区还未能将尊重差异、包容多样的原则落在嵌入式社区的细处、实处，未能根据各地区、各社区的实际情况制定适合自身的构建方式，有些地区在打造嵌入式社区结构和环境时按照国家相关政策“照本宣科”，不注重创新，呈现出千篇一律的现象。随着城市少数民族流动人口增多，各民族间的交往交流不断深入，经济合作和利益竞争并存，各民族之间在互帮互助互济的同时，文化排斥和误解也有所凸显，甚至个别地区发生摩擦与冲突，在少数群众心理上造成了一定误解和隔阂。一些民族流动人口存在对城市生活适应能力不强、市民意识不强、遵守秩序较差、融入嵌入式社区结构和环境难等问题。

3. 不同地区发展不平衡不充分特征仍较明显

尽管青海在党中央国务院支持和对口援青省份的帮助下，将特色资源禀赋和特殊优势转化产业优势和发展效能，有力推动民族地区经济社会高质量发展，但由于地域、环境、交通等因素的影响，青海省与中东部省份的发展存在较大差距的同时，省内东部城市与青南地区区域发展也存在不同差距，在民生、就业、教育、医疗、人才等方面的不平衡也是长期存在的短板，特别是不同地区平等共享同一水平医疗和教育资源等问题在短期难以得到根本性解决。一些进入城镇的流动人口由于受教育水平低、专业技能差、语言沟通障碍、民族风俗习惯等原因，多从事技术含量低、收入水平低、工作量大、稳定性差的工作，极少数人因此产生心理失衡，萌生出不公平感、无归属感等情绪。

4. 依法管理和服务的能力有待提升

随着城市少数民族人口快速增长，部分流动人口虽然在城市生活了很长时间，但由于受语言、文化、观念、经济等因素影响，全方位适应和融入城市能力还存在差异。同时，由于一些街道办事处和社区承担的社会事务性工作日益繁重，往往对少数民族流动人口服务管理用力不足，精准施策不够，在面对涉及民族宗教因素的矛盾纠纷时，仍存在不愿管、不会管、不敢管的现象。一些社区由于人员配置不足、工作力量薄弱，具有扎实民族宗教和社会治理知识的基层工作人员较匮乏，未能将民族事务治理完全纳入共建共治共享的社会治理格局。

（二）2023年青海民族工作形势预测

1. 铸牢中华民族共同体意识将持续加强

铸牢中华民族共同体意识是新时代党的民族工作的主线，也是青海民族工作的总指引和总抓手。2023 年，青海将深入学习宣传贯彻党的二十大精神，在推动民族工作时坚持铸牢中华民族共同体意识这一主线，充分发挥各研究基地优势，充分发挥专家学术优势，并注重理论成果的实践转化，在深入挖掘研究青海传统文化中铸牢中华民族共同体意识的经验教训基础上，不断探索新时代机遇中青海全面推进建设中华民族共有精神家园的有效路径，增强各族群众对中华民族的认同，将铸牢中华民族共同体意识融会贯通到各个阶层生产生活的细枝末节中，使之成为各族群众生活中不可或缺的一部分。

2. 各民族交往交流交融程度将不断加深

2023年，青海省委、省政府将继续坚持采取有效措施，注重标本兼治，着力解决影响经济发展的突出问题，充分发挥各族群众团结一心、共同奋斗的巨大合力，各民族在深入交往交流交融进程中持续铸牢中华民族共同体意识。同时，将借助文化旅游节、艺术节、青洽会等交流平台，紧抓党的二十大、中央统战工作会议、中央民族工作会议等带来的良好发展机遇，乘势而上，不断提升民族地区基础设施，拓展对外开放空间，不断完善相互嵌入的社区结构和社区环境构建，着力推动青海各族人民像石榴籽一样紧紧抱在一起，为推动中国式现代化建设青海篇章不懈奋斗。

3. 民族地区依法治理和服务力度将不断加大

2023年，在青海省委、省政府的坚强领导下，青海各民族地区将始终保持高站位谋划、高起点推动、高质量发展，做好城市“接纳”和少数民族群众“融入”工作，加强少数民族流动人口管理与服务工作，不断增强法律意识，继续推动治理体系和治理能力现代化，依法治理和服务力度将不断加大，示范社区打造将更加完善，各族群众共居、共学、共事、共乐的社会条件将更加成熟，各民族唇齿相依的命运共同体将更加牢固。

4. 各族群众美好生活需要将不断得到满足

青海始终把保障和改善各族群众生产生活水平作为一切民族团结进步工作的出发点和落脚点，将增进民生福祉放在一切工作的首位。2023年，青海省委省政府将继续全面开展民生保障工作，做好“六稳”工作、落实“六保”任务，借助乡村振兴、城镇化建设、兰西城市群建设等契机，持续加大民族地区基础设施建设，均等化水平稳步提高，民族文化产业、生态旅游业不断创新与发展，群众收入水平不断提升，城乡差距持续缩小，医疗、教育、养老等现代化水平将显著提升，各族群众美好生活需要将不断得到满足。

5. 民族地区生态环境保护力度将不断增大

随着习近平总书记视察青海重要讲话精神在青海各地落地生根，2023年，青海始终坚持遵循生态保护优先原则，紧紧围绕“三个最大”省情定位，进一步借鉴三江源国家公园设立中的成功经验，有序推进祁连山国家公园建设，有力推动青海湖国家公园创建工作和昆仑山国家公园创建前期工作，可可西里世界遗产地保护工作也得到进一步加强，青藏高原国家公园群格局特色不断凸显，青海在国家生态安全屏障中重要地位将更加牢固。

三　2023年推进青海民族工作高质量发展的对策思考

2023 年，青海将不断深入学习贯彻落实党的二十大精神和习近平总书记重要讲话精神，以铸牢中华民族共同体意识为主线，进一步把握增进共同性、尊重和包容差异性的重要原则，推动青海民族工作高质量发展。

（一）始终坚持党的领导，不断推动民族工作助力“六个现代化新青海”建设

坚持好党的集中统一领导是做好民族工作的基石，聚焦铸牢中华民族共同体意识这个“纲”，着力助推“六个现代化新青海”建设。一是全面学习贯彻党的二十大精神，进一步贯彻落实好中央民族工作会议、中央统战工作会议、习近平总书记视察青海重要讲话精神等，时刻牢记铸牢中华民族共同体意识是党的民族工作的“纲”和“魂”，将铸牢中华民族共同体意识如同“芯片”一样“嵌入”青海工作各个方面、各个领域。二是不断完善民族工作体制机制，强化各级党委主体责任，持续加强基层党组织和基层政权建设，始终坚持“三个特别”标准①，以“共同团结进步、共同繁荣发展”为时代主题，引导各族人民牢固树立共同体理念，砥砺奋进、顽强拼搏。三是坚持把铸牢中华民族共同体意识作为推进民族团结进步示范省建设根本要求，科学、精准、有效做好民族领域各项工作。

① “三个特别”标准：明辨大是大非立场特别清醒、维护民族团结行动特别坚定、热爱各族群众感情特别真挚。

（二）久久为功，全方位推进铸牢中华民族共同体意识工作

青海省第十四次党代会提出青海要“全面推进民族团结进步示范省建设，在铸牢中华民族共同体意识上继续走在前列”。[①] 青海各级党委政府需久久为功、接续奋斗，不断从实际出发，探索全面推进铸牢中华民族共同体意识工作的新途径。一是不断扩大铸牢中华民族共同体意识的宣传教育覆盖面，做到“润物细无声”“精准滴灌”，让中华民族共同体意识步入各行各业、走进千家万户。二是围绕铸牢中华民族共同体意识、加强中华民族共同体建设、增进共同性方向，深入实施中华民族视觉形象工程，推进中华民族共同体意识宣传教育实体化、群众化、人文化、落地化，结合各地特色打造铸牢中华民族共同体意识教育、示范基地，编纂典型宣传书籍手册，打造或提升铸牢中华民族共同体意识主题公园、文化长廊、主题街等，将铸牢工作与民族团结进步创建融入各族干部群众工作生活每一处。三是进一步加强“互联网+铸牢中华民族共同体意识”交流共享平台建设，充分利用短视频、微信公众号、微博超话等新型网络平台宣传与推广铸牢中华民族共同体意识。

（三）落实各族群众互嵌式发展计划，构筑好中华民族共有精神家园

一是立足“相互嵌入”，坚持增进共同性的方向，强调民族团结重在交心，逐步推进各民族实现空间、文化、经济、社会、心理等方面的全方位嵌入[②]，在交往交流交融中增进彼此间感情，实现文化交融。二是进一步完善东西部协作和对口援青机制，推动两地党委政府及所属部门之间、市场主体

① 信长星：《坚定不移沿着习近平总书记指引的方向前进　奋力谱写全面建设社会主义现代化国家的青海篇章——在中国共产党青海省第十四次代表大会上的报告》，《青海日报》2022年6月6日，第1版。

② 信长星：《坚定不移沿着习近平总书记指引的方向前进　奋力谱写全面建设社会主义现代化国家的青海篇章——在中国共产党青海省第十四次代表大会上的报告》，《青海日报》2022年6月6日，第1版。

之间、学校与学校、学校与企业进行对接，发挥各自优势，整合社会资源，协同推进，积极动员社会力量参与。三是不断弘扬马家窑文化、河湟文化等青海特有的优秀传统文化，持续挖掘文化价值，打造独具青海特点的文化符号，增强各族群众的文化自信，进一步增进各族群众的文化认同。四是深入挖掘梳理和总结各民族相互嵌入发展的好经验、好做法，推动各族群众不断深化“五个认同”与“四个与共”共同体理念，不断铸牢中华民族共同体意识。

（四）强化依法共建共治能力，着力稳步提升青海民族地区社会治理能力和服务水平

青海作为多民族地区，要始终坚持强化依法共建共治能力，将稳步提供社会治理能力和服务水平作为一项重要工作稳抓不懈。一是要根据青海省情，根据新形势下出现的新问题，尽快制定符合青海实际的民族法律法规，不断提升青海依法共建和共治能力现代化水平，完善社会治理能力和服务水平相关体制机制，积极探索民族地区社会治理和服务水平的“青海模式”。二是不断总结如“班玛经验”“同德模式”等社会治理成功经验，并根据新的时代要求做出及时调整与创新，不断打造民族地区社会治理和服务水平的“青海样板”。三是要坚持德法并治，不断营造和谐社会氛围，要坚持把加强和创新社会治理作为推进社会建设的重要任务，努力营造和谐和睦和顺的社会环境，团结社会各民族、各阶层群众，不断为国家提升民族地区社会治理和服务水平做出“青海贡献”。

（五）不断提升民族地区经济社会高质量发展水平，最大限度满足各族群众对美好生活的需要

习近平总书记强调：“增强民族团结的核心问题，就是要积极创造条件，千方百计加快少数民族和民族地区经济社会发展，促进各民族共同繁荣发展”，推动民族地区高质量发展，是做好民族工作的重要经济保障，只有不断提升民族地区经济社会高质量发展水平，才能最大限度满足各族群众对美好生活的需要，才能真正做到一切为了人民。一是要坚定不移地抓住发展

第一要务永不放松，不断夯实推动民族团结进步事业发展的物质基础，深度融入新时代推进西部大开发形成新格局、推动共建“一带一路”高质量发展、黄河流域生态保护和高质量发展、对口支援和东西部协作等重大战略部署，持续推动兰西城市群建设、“六个现代化新青海”提档升级，持续发展民族地区经济社会事业。二是要在坚持全面扶持的基础上重点扶持少数民族龙头企业，充分发挥龙头企业优势，示范带动当地经济发展。三是要坚持以人为本、民生优先，大力推动民族地区教育、医疗、养老等基础服务均等化，不断改善各族群众的生产生活条件，缩小地区差异，推动全省共同发展，最终达到共同富裕。四是要深入学习落实习近平生态文明重要思想精神，坚持“绿水青山就是金山银山”的科学思想，加大推动生态文明高地和产业“四地”建设，以国家公园为主体，建设完善的生态保护体系，在健全生态文明建设体制机制的基础上，实施“双碳”行动，培育绿色产业集群发展生态旅游、畜牧加工、民族手工业等产业，实现生态保护与发展产业双赢。

（六）时刻保持高度警醒，坚决防范化解民族领域风险隐患

一是加强青海民族地区意识形态阵地建设和管理，维护好意识形态安全，坚定不移做好新时代意识形态工作，牢牢掌握领导权，充分发挥意识形态在创建民族团结进步工作中的引领作用，共同构筑中华民族共有精神家园。二是坚持底线思维，对一切故意操作、破坏、影响民族团结的民族纠纷或民族矛盾，要依法严惩，公安等执法部门在处理涉及民族关系的相关案件时要注重工作方式方法，坚持文明执法，并引导各族群众学法、守法、用法。三是加强在微博、短视频、社交平台上传递民族团结正能量、弘扬中华民族共同体主旋律。进一步加强互联网监督，让各族群众明白网络不是法外之地，及时查处封堵境内外破坏祖国统一、民族团结、社会稳定的有害信息，及时发布权威消息，有效遏制谣言扩散。四是加强信息情报的收集、分析、研判工作，完善防范化解民族领域风险隐患的预防和处置机制，始终坚持未雨绸缪、防微杜渐，尽可能从源头上预防和减少问题的发生。

B.23

2022年青海省铸牢中华民族共同体意识的实践探索与前景展望

于晓陆 *

摘　要： 铸牢中华民族共同体意识是青海民族工作的主线，是“纲”和“魂”，也是青海深化民族团结进步示范省建设的必然要求。2022 年，青海省紧扣“中华民族一家亲，同心共筑中国梦”的总目标，聚全省之力在铸牢中华民族共同体意识上结合地区实际先行先试、探索实践，为创建全国民族团结进步示范省奠定了坚实的基础。新时代新征程中，青海省将团结带领各族群众，在更高起点、更深层次、更广领域、更大范围上全面深入持久推进铸牢中华民族共同体意识走在前列，打造“青海样板”“青海方案”，坚定不移推进青海民族工作高质量发展。

关键词： 中华民族共同体意识　民族团结进步事业　青海省

青海省多民族聚居、多宗教共存、多元文化交织共融，有汉族、藏族、回族、土族、撒拉族、蒙古族等 56 个民族，少数民族人口占全省总人口的 49.47%，是“全国少数民族人口占比最高、民族区域自治面积最大的省份”①，也是“中华民族多元一体、团结融合的典型地区”②，全国民族工作

* 于晓陆，青海省社会科学院民族与宗教研究所助理研究员，研究方向为民族学。

① 魏爽：《民族团结共建大美青海　心手相牵共创美好未来》，《青海日报》2022 年 6 月 26 日，第 1 版。

② 信长星：《努力在铸牢中华民族共同体意识上走在前列》，《党建》2022 年第 10 期，第 6~9 页。

大省。2022 年是青海省“民族工作贯彻落实年”，这一年，青海省委、省政府坚持以铸牢中华民族共同体意识为主线，全面贯彻落实新时代党的民族政策、宗教工作基本方针和治藏方略，举全省之力、聚全省之智奋力推进青海民族工作高质量发展，民族团结进步事业走在了全国前列，也率先开启了创建全国民族团结进步示范省的新征程。

一　2022年青海省铸牢中华民族共同体意识的做法及成效

2022 年，青海省以政治引领、思想凝聚、“三交”促进、发展助力、法治保障铸牢中华民族共同体意识走向前，出实招、求实效、干实事，各民族手足相亲、守望相助，中华民族共同体意识铸得更牢、更加深入人心。

（一）加强党的全面领导，深化创建全国民族团结进步示范省

2022 年，青海省始终坚持把党的领导贯彻民族工作的各领域、各方面、各环节，强化主线意识、把牢主线方位、聚焦主线发力，深入学习宣传贯彻党的二十大精神、党关于加强和改进民族工作的重要思想以及习近平总书记两次考察青海、两次参加青海代表团审议时的重要讲话精神，中央民族、统战工作会议及全国宗教会议等精神。中国共产党青海省第十四次代表大会上，民族工作被高度重视，会议提出要“在铸牢中华民族共同体意识上继续走在前列”①，并对其作出全面部署。全省持续建立健全铸牢中华民族共同体意识工作机制和组织制度体系，充实成员单位，举办专题培训班助力专业化干部队伍建设，将铸牢工作纳入党建和意识形态工作责任制以及政绩考察、考核等，成立省督查组，多次赴各市州对贯彻执行党和国家民族政策法律法规及铸牢工作开展情况进行了实地督导检查。全省各级党委政府及时组

① 李欣：《中国共产党青海省第十四次代表大会隆重开幕——信长星代表中国共产党青海省第十三届委员会向大会作报告吴晓军主持大会》，《青海日报》2022 年 5 月 24 日，第 1 版。

织相关部门学习领会2020年青海省委、省政府印发的《关于率先创建全国民族团结进步示范省铸牢中华民族共同体意识的实施意见》《关于创建全国民族团结进步示范省的决定》以及2021年青海省委民族工作会议通过的《关于以铸牢中华民族共同体意识为主线推进新时代青海民族工作高质量发展的实施意见》精神，组织召开民族工作暨铸牢中华民族共同体意识工作动员会、推进会和专题会，并结合各地实际制定下发实施方案、工作要点、专题培训计划等，细化分工、明确职责，确保工作实效。面对新冠疫情防控和防汛抗洪“大考”，青海各族干部群众在各级党委的坚强领导下，积极落实任务，捐款捐物，凝聚命运共同体，用实际行动织筑“红色防护网”，守护共有幸福家园，阐释了中华民族一家亲的理念。

（二）深化宣传教育引导，全力构筑中华民族共有精神家园

2022年，青海省坚持以宣传教育“富脑子”“聚人心”，将民族团结进步教育纳入干部教育核心课程以及中小学教育、社会教育和文明建设的全过程，广泛深入开展铸牢中华民族共同体意识的大学习、大调研、大讨论和大实践。全省各市州相继举办骨干学习班、专题培训班、知识竞答活动，基本实现新时代基层干部主题培训行动计划全覆盖。2022年9月，各地围绕“铸牢中华民族共同体意识　喜迎党的二十大胜利召开”主题开展内容丰富、形式多样的全省民族团结进步宣传月活动，取得实效，各族群众进一步牢固树立了“四个与共”“五个认同”理念。强化中华民族共同体历史研究，以理论“正本清源”，分别在青海省社会科学院、青海民族大学以及青海师范大学挂牌成立青海省铸牢中华民族共同体意识研究中心、研究基地，扎实推进《中华民族交往交流交融史料汇编·青海卷》《中国少数民族文物图谱·青海卷》等编纂工作。打造对外宣传教育窗口，以示范引领“提质扩面”，积极推进省市（州）、县铸牢中华民族共同体意识体验馆、示范创建试点建设，全省首家铸牢中华民族共同体意识主题展馆在贵德县开馆，18个地方和单位被命名为第九批全国民族团结进步示范区示范单位。以文化创新“铸魂育人”，加大对少数民族古籍的保护和整理，做好国家级、省级文

化生态保护实验区验收和提档升级工作，定期举办少数民族传统体育运动会、展演，深入推进中华文明探源工程，精心打造多部彰显青海各民族悠久历史、文化内涵的系列文艺精品和“大美青海”“山宗水源”等文化符号，制作全国首部铸牢中华民族共同体意识实践纪录片，厚植了中华民族团结融合、多元一体的精神内涵。发布青海省民族团结进步形象标识，在高速公路沿线、城乡主干道等醒目位置打造了一批中华民族视觉形象工程，启动全面推广普及国家通用语言文字五年再提升行动，出版发行《现代汉语词典》（汉藏词汇对照），制作播出《跟我学普通话，喜迎党的二十大》电视教学节目等，营造了中华民族一家亲的浓厚氛围。

（三）推动“民族团结+”，大力促进各民族广泛交往交流交融

2022 年，青海省持续深化创建“十进”活动，促进各民族广泛交往、全面交流、深度交融，实施交往交流交融“三项计划”，推动各族群众在交往中互学、交流中互助、交融中互鉴，使铸牢中华民族共同体意识工作有感有形有效。编制发展规划，深入推进“民族团结+”融合发展专项行动，把民族团结与青海经济社会发展、改善民生、“四地”建设等战略及各自业务工作相融合，同频共振、互促共进，各地还相继制定实施方案，着力做好民族团结进步“融”字大文章，不断为铸牢中华民族共同体意识赋能。接续深入推进对口援青重大战略和东西部协作高质量发展，更加重视增强“造血”功能、智力帮扶，371 名第五批援青干部人才顺利抵青，人数比以往都要多。为推进全省各族群众跨区域流动、加快与发达地区城市相互交融和互相促进，青海省从 2022 年起开展“红石榴就业行动”，深化东西部协作交流，常态化开展少数民族参观团、青少年（夏）冬令营等交流研学活动，并启动了首批涉藏州县少数民族专技人才特培计划。持续强化少数民族务工人员跨区域服务管理，在促进各民族交往交流交融中进一步铸牢中华民族共同体意识。充分发挥城市重要平台作用，加强和改进城市民族工作，将社区作为铸牢中华民族共同体意识推进民族团结进步事业提档升级的主阵地，深化社区“石榴籽家园”建设，凸显特

色亮点品牌，着力构建互嵌式社会结构与社区环境，截至 2022 年 9 月，“全省各地共打造社区‘石榴籽家园’272 个”。[①]

（四）坚持以人民为中心，推动各民族共同走向社会主义现代化

2022 年，青海省将铸牢中华民族共同体意识工作贯穿推动民族地区高质量发展、促进各民族共同富裕中，全力以赴稳增长、调结构、抓生态、惠民生、促改革，以发展助力铸牢中华民族共同体意识。坚持以人民为中心的发展思想，坚定不移增进民生福祉，以小财政办大民生，坚持 75%以上财政支出用于民生建设，提高公共服务共建共享能力和水平，开展教育、社保、医疗、养老、托幼、住房等民生实事工程，老旧小区项目改造、社区配套基础设施建设、道路新建改造等一大批惠民举措相继落地。全面推进民族地区社会、教育、卫生、文化等领域事业，着力培育壮大彰显民族团结价值的青海民族特色优势产业，打造“指尖上的青绣”“舌尖上的拉面”等民族团结创建品牌、创建“全国高原藏毯产业”“全国热贡文化产业”等，推动各族群众“大增收”。研究制定《关于进一步推动拉面等特色劳务品牌发展稳定和扩大就业创业的实施方案》以推进特色劳务品牌可持续发展，进一步稳定和扩大城乡劳动者就业创业。依托青海省内文化旅游资源打造特色民族团结进步旅游路线和文化品牌，生态观光、高原养生、极地探险等民族地区特色旅游项目得到了大力发展。落实助企纾困政策，推行困难群众饮用低氟边销茶工作，2022 年 4 月 30 日起实施《青海省衔接推进乡村振兴补助资金绩效评价及考核办法》，持续推动用于改善各族群众生产生活条件、特色村寨保护与发展、补齐民族地区基础设施短板的少数民族发展资金和项目落地见效。当前，“居民人均可支配收入年均增长 9.5%，较十年前增长 126%”[②]，各族群众的获得感、幸福感、安全感显著增强。

---

① 资料来源：青海省民族宗教事务委员会。

② 李欣、莫昌伟：《中共青海省委举行“中国这十年·青海”主题新闻发布会》，《青海日报》2022 年 9 月 1 日，第 1 版。

（五）夯实法治保障基础，提升民族宗教事务治理水平和效能

2022 年，青海省认真贯彻落实“八五”普法规划，深化法治宣传教育，推进“法律七进”活动，各族群众法治观念普遍增强。始终坚持和完善民族区域自治制度，动态调整修订地方性法规，新修订的《循化撒拉族自治县自治条例》《化隆回族自治县自治条例》已于 2022 年 9 月 1 日、10 月 1 日颁布实施，充实了“铸牢中华民族共同体意识”等内容，护航铸牢工作行稳致远。全省各市州将民族事务纳入共建共治共享的社会治理格局，积极探索以民族团结进步为牵引的基层社会治理新模式，健全完善矛盾纠纷调处机制，“努力提高依法妥善处理涉民族因素问题的能力，大力化解潜在风险隐患”[①]，将每年 3 月定为“矛盾排查化解月”，把重心与资源下移基层，提升民族事务治理效能，基层“平安细胞”创建率和矛盾纠纷化解率不断提升，矛盾纠纷发生率、信访案件数量大幅下降。各地结合民族宗教工作实际，扎实开展国家安全宣传教育活动，牢固树立总体国家安全观，守好国家安全底线，持续开展反分裂斗争，抵御境外势力渗透，牢牢把握民族宗教领域意识形态斗争主动权。深入推进法治青海、平安青海建设，在青甘川三省交界地区持续实施“平安与振兴”工程，成效显著，“群众安全感满意度高达 92.87%”。[②] 紧扣宗教中国化青海实践，召开全省宗教工作会议，扎实做好新时代党的宗教工作，依法管理宗教事务，引导宗教界代表人士及信教群众牢固树立中华民族共同体理念。举办全省宗教政策法规培训班、开展青海省第二批“尊法学法守法用法示范寺观教堂”创建命名等工作，推进“法律进宗教活动场所”。进一步落实宗教领域安全工作大检查、互联网宗教信息服务管理工作，并召开工作协调会，为申请主体颁发《互联网宗教信息服务许可证》，依法规范了全省互联网宗教信息服务。

---

① 青海省委统战部：《奋力写好民族团结进步的新篇章　青海省推进新时代民族工作高质量发展综述》，《中国民族》2022 年第 2 期，第 14~18 页。

② 资料来源：青海省民族宗教事务委员会。

二　青海省铸牢中华民族共同体意识面临的挑战与前景展望

虽然2022年青海省铸牢中华民族共同体意识取得了阶段性成效，积累了“青海经验”，但进入新发展阶段，青海省铸牢工作面临新的风险挑战，迎来了新的发展前景。

（一）青海省铸牢中华民族共同体意识面临的挑战

青海省铸牢工作面临客观存在的风险和挑战，主要体现在：一是部分干部群众对青海省铸牢中华民族共同体意识的相关概念、科学内涵、理论渊源以及历史必然性认识不够深刻，各级各类机构的指导意见还未完全有效落实，统筹协调铸牢工作的长效体制机制还有待加强；二是学习教育和宣传引导的广度和深度还不够，特别是示范典型的选树上，典型事迹还不够丰富、对其深入挖掘的内涵还不够充分，利用新媒体宣传方式方法还有待创新；三是面向社会各族群众提供涉及各民族交往交流交融的各类文化资源与服务还存在内容不够系统、服务效能不够显著等问题；四是青海省与其他东部地区相比经济社会发展水平和速度仍相对滞后，人力、财力以及科技方面匮乏，整体上经济发展不充分、城乡经济发展不协调、新兴产业发展速度缓慢和基础薄弱，这些因素的存在会一定程度阻碍中华民族共同体意识的铸牢；五是“三股势力”、不确定和不安定因素等影响青海社会和谐稳定的隐患依然存在，涉及民族宗教的矛盾和摩擦偶有发生，涉民族因素的问题也出现了新阶段性特点，青海省铸牢中华民族共同体意识工作的主要任务更加艰巨。

（二）青海省铸牢中华民族共同体意识的前景展望

青海省全面开启了民族团结进步事业的新征程，各族群众会像石榴籽一样紧紧抱在一起，凝聚合力，团结友爱、亲如一家，“青海中华民族共同体意识将铸得更牢、坚如磐石”。①

1. 青海省铸牢中华民族共同体意识的政治基础更加夯实

推进铸牢中华民族共同体意识走在前列需要坚强有力的政治引领。青海省将持续加快谱写政治清明的现代化新篇章，坚定不移推动新时代党的民族工作。全面加强党对民族团结进步事业的领导，坚持中国特色解决民族问题的正确道路，贯彻实施民族区域自治制度，强化制度保障，将铸牢工作作为重大政治责任和首要任务，加强顶层设计，研究出台一系列指导性意见和配套文件，明确目标任务、细化工作分工，压实各级责任，加大机构、场地、队伍、经费投入，加强督查考核，巩固发展新时代党的民族工作新格局，使铸牢工作在更高站位、更有力的组织下开展，并落到实处。

2. 青海省铸牢中华民族共同体意识的思想基础更加牢固

青海省将以铸牢中华民族共同体意识为主线，高举思想旗帜，弘扬伟大民族精神和时代精神，持续增强社会主义核心价值观的引领力、浸透力，坚持不懈深化“五观”“五个认同”“四个与共”宣传教育，培育选树宣传先进典型，实施中华传统文化传承发展和中华民族视觉形象工程，繁荣各民族文化事业和产业，增强文化认同，把握舆论主动权和主导权，全力构筑各民族中华民族共有精神家园，汇聚各族群众团结奋斗的磅礴力量，中华民族共同体意识的思想基础将不断打牢。

3. 青海省铸牢中华民族共同体意识的物质基础更加坚实

坚定不移地推动高质量发展是建设人民幸福现代化新青海的重要基础。站在创造新生活的新起点，青海省将牢牢把握推动高质量发展、推进共同富裕的总要求，坚持以人民群众为中心的发展思想，紧贴民生，把各族群众的根本利益放在至高地位，优先发展农业农村，积极培育民族特色优势产业，

① 李欣：《中国共产党青海省第十四次代表大会隆重开幕——信长星代表中国共产党青海省第十三届委员会向大会作报告吴晓军主持大会》，《青海日报》2022年5月24日，第1版。

深入实施“八大行动”，持续巩固拓展脱贫攻坚成果，推动乡村全面振兴。做好重点群体就业创业服务，落实“扩中提低”政策，促进居民收入与经济社会发展同步增长，着力提高群众基本公共服务均衡性、可及性水平，健全医疗、养老、失业、工伤、生育等城乡多层次社会保障，务实推进城乡人居环境整治提升行动，不断夯实铸牢中华民族共同体意识的物质基础，使各民族在共享地区繁荣发展成果、实现高品质生活的过程中，不断增强各族群众的“五个认同”。

4. 青海省铸牢中华民族共同体意识的社会基础更加稳定

青海省将加快建设创新开放、文明和谐的现代化青海篇章，持续为铸牢中华民族共同体意识工作夯实社会基础、营造良好的社会氛围。积极推动各族群众有序流动、融入城市，鼓励青少年和农牧区群众跨区域就学就业，赴省外务工经商、安居，有效发挥社区“石榴籽家园”阵地延伸作用，加快推进各民族全方位嵌入，在开展好“三交”史料研究的基础上讲好民族团结故事，不断促进各族群众广泛交往交流交融。通过创新载体、丰富内涵、拓展外延，深化民族团结进步创建“十进”活动，完善宣教体系、增强宣教实效性，推动“民族团结+”融合发展，使铸牢工作更加有形、有感、有效，持续深化民族团结进步示范省建设。

5. 青海省铸牢中华民族共同体意识的法治基础更加完善

充分发挥法治保障作用铸牢中华民族共同体意识。青海省将加快推进法治青海建设，巩固发展最广泛的爱国统一战线，增进包容性，坚持依法保障各族群众的合法权益，并依法管理宗教事务、处理民族问题，全面加强立法工作并对地方性法规进行动态调整、修改完善，健全民族宗教工作体制机制，构建具有青海特点的民族宗教事务法治化治理体系。秉持“大治理”“大平安”理念，建设更高水平的平安青海，建立健全多领域一体化的国家安全体系和运行机制，创新社会治理理念、体制和方式，打造“雪亮工程”升级版，提升用网治网能力和水平，有效预防化解民族领域风险隐患，保障各族群众公共安全，夯实铸牢中华民族共同体意识的法治基础和治理基础。

三　进一步加强青海省铸牢中华民族共同体意识的对策建议

铸牢中华民族共同体意识是新时代青海“稳疆固藏”国家安全战略地位、多民族多宗教多元文化省情、深化全国民族团结进步示范省建设的必然要求。要不断用好系统性思维，立足新起点、探索新路径、打造新高地、展现新作为，奋力打造创建工作升级版，努力在铸牢中华民族共同体意识上走在前列。

（一）固本培元，在加强党对民族工作全面领导中铸牢中华民族共同体意识

深入学习宣传贯彻党的二十大精神，加强党对民族工作的全面领导、党中央集中统一领导，坚持走中国特色解决民族问题的正确道路，深刻领悟“两个确立”的重大意义，做到“两个维护”，弘扬伟大建党精神，强化基层组织和政权建设，夯实铸牢工作政治基础。以铸牢中华民族共同体意识为主线，推进新时代青海民族工作高质量发展，准确把握铸牢中华民族共同体意识的理论渊源和内涵，将其作为常态化、基础性工作，从政治和全局的高度抓紧抓实，与全省各项工作同推进、同落实，汇聚起建设现代化新青海的强大力量。健全铸牢工作体制机制，深化青海省委统一领导、省政府依法管理、统战民宗部门牵头协调、省委铸牢中华民族共同体意识暨省民族团结进步事业工作领导小组各成员单位通力合作、履职尽责以及全省各族群众共同参与的新时代党的铸牢工作大格局。坚持一级抓一级，把好方向、抓好工作、履行好职责，强化工作常态化开展的机构、指数、人员、车辆、经费等保障，落细落实巡察监督和考核责任，确保铸牢工作提质增效。

（二）培根铸魂，在构筑中华民族共有精神家园中铸牢中华民族共同体意识

做深做实做细思想宣传教育工作，明确“谁来宣教”“宣教什么”“怎

么宣教”，实行针对不同群体的分众化施教，开展系统性、实效性实践，构建宣传无盲区，国民、干部、社会教育全覆盖的常态化铸牢中华民族共同体意识大宣教格局。回头看、细寻思，进一步深入挖掘整理宣传青海省各民族交往交流交融的历史事实，搭建更多展示“窗口”“平台”“阵地”，编写一些集各民族优秀传统文化于一体的普通教育教材，继续创作一批接地气、贴近生活的短视频和优秀歌曲、电影文艺精品等，多层次、全方位、立体化地讲好共同体故事。将新兴媒体和传统传播渠道有机结合，开展线下线上融合宣教。大力宣传民族团结进步先进典型、英武和事迹，积极发挥榜样示范作用，打造创建工作升级版。依托青海省铸牢中华民族共同体意识研究中心和3个省级研究基地，实施高素质人才培养、党的民族宗教理论与政策高水平学术研究工程，并在省内相关市州县、企事业单位、社区等建立教育与实践研究基地，定期召开专题会议、观摩交流活动，并及时商讨研究，构建工作合力。积极宣传推广、专题解读青海省民族团结进步形象标识，并从青海地域风光、历史沿革、各民族优秀传统文化遗产和古籍文献、革命文化红色记忆、伟大杰出人物、文明生活习俗等中持续提炼、精心打造中华文化符号和视觉形象。

（三）本固邦宁，在推动各民族共同富裕中铸牢中华民族共同体意识

经济社会的发展、各族群众生活水平的提高和改善是铸牢中华民族共同体意识的根本保证和前提，也是“聚心工程”。要赋予青海经济社会发展以彰显中华民族共同体意识、改善民生、凝聚人心、维护统一的意义，将铸牢中华民族共同体意识工作纳入全省各地年度工作计划及中长期发展规划中，主动对接国家战略，谋划实施重大项目，用好文旅资源，推动绿色发展，培育绿色产业集群，积极引导和扶持返乡创业人员，打好青海特色产业牌，发挥统一战线作用，凝心聚力、团结奋进，以铸牢中华民族共同体意识最大限度凝聚起共同建设中国式现代化新青海的磅礴力量。深入贯彻以人民为中心的发展思想，着眼民生福祉、致力民生改善、绘就民心工程，打造更多的

“幸福路”“团结桥”“石榴园”，建设宜居宜业的幸福家园，更好地满足各族群众对美好生活的向往，在办好一件件操心事、烦心事中使各族群众获得感、幸福感和安全感更加充实、更有保障、更可持续，促进团结和进步双丰收，推动各民族走向共同富裕。

（四）团结互嵌，在促进各民族广泛交往交流交融中铸牢中华民族共同体意识

“民族团结进步创建工作是促进地方经济社会发展的助推器，是全国各族人民共同打造的一块金字招牌。”[①] 在建设全国民族团结进步示范省上持续发力，积极打造青海民族团结进步创建工作升级版，提升“民族团结+”融合发展水平，整改短板，深化创建内涵，创新创建方法，丰富创建载体、抓手和宣传方式。逐步健全完善民族团结进步事业工作体系，为全省铸牢中华民族共同体意识理论研究、实践创新、政策法规出台及宣传教育等工作做好支撑保障。创新城市民族工作的方法路径，深化社区、校园、社会互嵌的实践，延伸社区“石榴籽家园”建设，擦亮石榴籽民族工作品牌，打造“石榴籽驿站、教育基地、家庭”等，有序组织各族群众开展多形式的交流联谊活动，实现社区、企业、学校、家庭等“社会细胞”在内容、形式、资源、机制上的互嵌融合。推进对口援青工作高质量发展，加强与东西部协作省市的沟通联系，贯彻实施“三项计划”，为全省和东部地区各族群众全面交流搭建平台、提供载体，抓好干部示范带头工程、青少年“筑基”工程、宗教教职人员引导工程和农牧民群众强基工程等，在促进各族群众广泛交往交流交融中铸牢中华民族共同体意识。

（五）共建共治，在提升民族宗教事务治理效能中铸牢中华民族共同体意识

民族宗教事务法治化、规范化、制度化是铸牢中华民族共同体意识工作

① 王琦、范思翔：《新时代民族团结进步事业取得新的历史性成就“中国这十年”系列主题新闻发布会聚焦新时代民族团结进步事业成就与举措》，《中国民族》2022 年第 8 期，第 17 页。

的重要保障，也是依法保障各民族合法权益的根本途径。持续健全青海省民族工作法律法规体系，不断强化铸牢中华民族共同体意识的法治基础。有序推进相关法律法规的“废、改、立、释”，将实践中行之有效、有利于铸牢工作的经验做法以民族工作政策、法规条文等形式固定，并促进新修订的地方法治条例成果转化为推动地区民族团结进步、改革发展稳定的助推器和新动力。持续完善民族宗教事务依法治理的考评考核工作机制和体系，明确主体、内容、对象、程序和方式等。要抓紧抓实抓细疫情防控工作，全力做好防范化解民族宗教领域风险隐患工作，持续贯彻落实国家总体安全观，守牢意识形态阵地，开展国际反恐合作，引导各族群众筑牢思想防线、法律红线、政治底线。强化各族干部群众民族宗教政策法规的培训学习，提升各族人民以法治意识和素养协调民族宗教关系的自觉，引导各族群众在积极投身各项事业中铸牢中华民族共同体意识。

B.24

2022年伊斯兰教中国化的青海实践与前景分析

马文慧*

摘　要： 2022年在青海疫情严峻的态势下，青海伊斯兰教界以习近平新时代中国特色社会主义思想为指导，始终坚持中国化方向，强化爱党爱国爱社会主义主题教育，引领伊斯兰教界在政治上形成正向共识，树立大局意识，履行社会责任，凝心聚力共克疫情，以深入开展“崇俭戒奢”“教风年”活动为主要着力点，全面从严治教。在伊斯兰教中国化实践进程中，需不断增强青海伊斯兰教中国化的思想共识和自觉，激发青海伊斯兰教中国化的内生动力，发挥伊斯兰教协会坚持中国化方向的主体引领作用，强化内部治理推动伊斯兰教组织队伍建设的现代化。

关键词： 伊斯兰教中国化　中国特色社会主义思想　青海实践

2022年青海省伊斯兰教界以习近平新时代中国特色社会主义思想为指导，完整准确全面领会，并贯彻落实新时代党的宗教工作理论和方针政策，始终坚持伊斯兰教中国化方向，将伊斯兰教中国化在青海的实践中走深走实，积极促进青海伊斯兰教与社会主义社会相适应。

---

* 马文慧，青海省社会科学院民族与宗教研究所研究员，研究方向为宗教社会学、宗教学伊斯兰教研究。

一 伊斯兰教中国化的青海实践

2022年，在疫情严峻的态势下，青海伊斯兰教界始终坚持中国化方向，深入学习领会党的二十大精神、省第十四次党代会精神、中央统战工作会议精神、全省宗教工作会议精神，以社会主义核心价值观为引领，不断增进穆斯林群众对伟大祖国、中华民族、中华文化、中国共产党、中国特色社会主义的认同，持续推进伊斯兰教在政治上认同、文化上融合、社会上适应。

（一）强化爱党爱国爱社会主义主题教育，引领伊斯兰教界在政治上形成正向共识

全省伊斯兰教界深入学习习近平新时代中国特色社会主义思想，广泛开展爱党爱国爱社会主义主题教育，认真学习领会党的二十大、省第十四次党代会、全国“两会”、中央统战工作会议、全省民族、宗教工作会议、全国伊斯兰教第十一次全国代表会议精神，以伊协组织、省经学院为抓手，以“关键少数”先行一步、快学一步、学深一层，发挥带头引领示范作用。持续开展“四进”清真寺活动，学习遵守《互联网宗教信息服务管理办法》。深刻领会“两个确立”，不断增强“五个认同”，自觉做到“两个维护”，凝聚共识、汇聚力量，始终听党话、感党恩、跟党走，铸牢中华民族“休戚与共、荣辱与共、生死与共、命运与共”的共同体意识的政治自觉、思想自觉和行动自觉。

青海省伊协举办第二届“会通讲堂”“宗教的交流观与铸牢中华民族共同体意识”研讨会，以铸牢中华民族共同体意识为主线，政府、伊斯兰教界、理论界共同研讨如何推动伊斯兰教中国化工作；省经学院深入学习贯彻全国宗教工作会议精神，举办以“对我省伊斯兰教中国化的几点认识”为主题的专题讲座和“新时代民族团结的理论与实践”为主题的铸牢中华民族共同体意识系列讲座，以理论研讨、专题讲座等形式推动青海伊斯兰教界凝聚中华民族一家亲、同心共筑中国梦的思想共识。

（二）树立大局意识，履行社会责任，凝心聚力共克疫情

面对2022年严峻复杂的全省疫情防控形势，青海省伊斯兰教界保持与党和国家的同频共振，增强疫情防控责任意识，凝心聚力共克时艰。省、市伊斯兰教协会主动作为、正面发声，制定印发宣传“致全省广大穆斯林同胞的倡议书”“致全市广大穆斯林同胞的一封信”等，编写、宣讲疫情防控的新“卧尔兹”，各清真寺严格实行“双暂停”措施。

强化担当，积极履行社会责任，组织开展“善行斋月”公益活动，助力疫情防控，“循化县伊协组织动员全县清真寺和穆斯林群众捐款57万余元。湟中县回族群众赵贵良、赵秀梅夫妇苦干11个小时赶做800多个包子、300多个油饼，为西宁城东区防控一线送去爱心暖餐，赢得数百万网友点赞……部分清真餐饮企业停业不停厨，加班加点制作爱心餐为防控一线人员送去关爱和温暖……海东市化隆、循化县穆斯林群众筹集数十万元爱心物资驰援数千公里，运送到上海市相关区统战民宗部门和清真寺，统一发放给急需人员和拉面人。在上海经营拉面店的化隆县马成良组建一支500余人的‘青海拉面’上海志愿团队，分设17个志愿小分队，为滞沪拉面人送去40余万元的肉米果蔬等生活物资。”①

（三）以深入开展“崇俭戒奢”“教风年”活动为主要着力点，全面从严治教，促进伊斯兰教健康传承

青海伊斯兰教界认真深入学习习近平总书记关于“厉行节约、反对浪费”的系列重要指示批示精神，以及全国宗教界《关于崇俭戒奢的共同倡议》、中国伊协《关于深入开展崇俭戒奢学习教育活动的通知》和青海省《关于全省宗教界崇俭戒奢教育活动总体方案》，制定了《青海省伊斯兰教界开展崇俭戒奢教育活动实施方案》，通过深入挖掘教义教理，将经训与社

---

① 青海省民族宗教事务委员会《政务信息》民宗委动态，2022年4月26日《全省伊斯兰教界开展“斋月爱心”活动助力疫情防控》，http：//mzw. qinghai. gov. cn/index. php/mzwdt/1995. html，最后检索时间：2022年10月19日。

会主义核心价值观、与传统文化相结合进行阐释，宣讲崇俭戒奢主题的“卧尔兹”；在清真寺开设宣传专栏、黑板报，给穆斯林群众发放宣传材料，现场讲解、阐释教义；对教职人员进行集中培训，在教职人员和信教群众中营造崇尚节约、俭朴、环保、反对奢侈浪费的社会风气。发挥教职人员在宗教活动、行为方式上的示范和规范作用，用自身的嘉言善行抵制陈规陋习、不良思想和奢靡之风侵蚀的主动性和自觉性垂范乡里，引导穆斯林群众在清真寺修建、教长换届、进行宗教活动时反对、抵制相互攀比、大操大办、“天价彩礼”、铺张浪费的不良风气，让“节俭养德”的时代风尚和“中道有度”的伊斯兰教精神自觉融入日常工作和生活当中，树正信、端正行在宗教生活中深深扎根。

二　青海伊斯兰教坚持中国化方向实践面临的主要困境

（一）宣传引导有待加强

伊斯兰教界坚持伊斯兰教中国化方向的主动性、积极性和创造性是伊斯兰教中国化实践的关键，但目前宣传不够、引导不足，在信教群众中营造的氛围不浓，如在清真寺改造过程中信教群众存在不理解、有偏差等不良情绪，还没有充分认识到伊斯兰教中国化的重要性和必要性，在推进伊斯兰教中国化进程和用中华优秀传统文化浸润伊斯兰教的双向互动性、长期性认识不足，在教义教规的阐释宣讲上不充分不全面。

（二）高素质教职人员缺乏

新时代，推进青海伊斯兰教中国化的实践与发展，中国特色伊斯兰教经学思想人才培养是关键核心。综观中国伊斯兰教与青海伊斯兰教的传播发展历史、明清之际的“伊儒会通”、苏菲派在西北的兴起，都离不开经学人才的支撑，离不开主动适应时代、勇于自我革新的伊斯兰教的健康传承和发展。但青海伊斯兰教界比较偏重于宗教修持实践，教职人员汉语文化水平较低，全省伊斯兰教持证教职人员中，初中及以下文化程度占90%以上，加之现代经济社会的快速发展、阿訇职业吸引力的降低、满拉的断层、现有满拉生源的参差不齐、网络宗教知识学习方式渠道电子化和多元化的冲击，少数教职人员政策水平低、知识结构狭窄、解经能力弱，讲卧尔兹时随意、牵强附会等现象偶有出现，个别不同观点、认知、利益上升为矛盾冲突，进而影响到社会稳定，内、外形象受损。对深入挖掘伊斯兰教宗教文化思想、宗教伦理内容，做出既符合时代发展、符合当代中国发展进步要求、符合中华优秀传统文化、有利于坚持中国化方向，又符合宗教信仰精神的阐释不全面不透彻，解经工作仍需进一步加强。

（三）伊斯兰教中国化的历史性和时代性阐释思想不充分

宗教是人类社会发展到一定阶段的历史现象，宗教在历史发展中主要内涵之一就是其时代化特征，也就是我们常说的一种宗教或文化或运动的产生发展有其时代背景和特征。伊斯兰教在社会主义条件下存在和发展的基本条件，就是不能脱离我国基本国情，必须适应我国的社会制度和人文环境，逐步实现本土化；要适应当前我国的社会发展，就必须与我们国家的社会性质相适应，就要随着社会形态的变迁而进行改革调适；同社会主义社会相适应，走符合中国国情发展的道路，不断顺应时代要求，充实时代内涵，与新时代社会主义社会相适应，必须坚持以中国化作为自己的发展方向。因此，只有了解和熟悉中国历史、中国共产党党史、社会主义发展史、伊斯兰教史、在中国和青海的传播发展史，才能深刻认识伊斯兰教中国化的重要性、必要性和时代性，也才能坚定推进宗教中国化的历史自觉和文化自信，领悟伊斯兰教中国化的时代内涵。但就青海伊斯兰教界整体而言，在伊斯兰教中国化的教义、文化阐释等方面有所欠缺，在“深入信众、服务信众、引领信众”方面工作不到位，影响了伊斯兰教中国化道路的走深走实。

三 推进青海伊斯兰教中国化实践的前景分析

（一）青海伊斯兰教中国化的思想共识和自觉将不断增强

坚持伊斯兰教中国化方向是伊斯兰教生存发展的内在要求和爱国爱教的基本要求，是伊斯兰教健康发展的必由之路，必须坚持党的领导，坚持以习近平新时代中国特色社会主义思想为根本指引，强化宣传引导，突出思想政治引领主线，筑牢共同思想基础。思想政治引领是根基，只有从思想观念上加以转变，凝聚伊斯兰教中国化共识，结合青海省省情特点，才能持续有效推进伊斯兰教中国化的青海实践。

坚持宗教中国化方向，通过宗教内在因素——中国化的观念、思想和宗教感情、体验，以及外在因素——中国化的宗教行为、宗教活动、宗教组织和制度等，发挥宗教的凝聚力和整合力，增强对伟大祖国的认同，增强对中华民族的认同，牢固树立国家意识、中华民族共同体意识，深刻认识我们伟大祖国自古以来就是统一的多民族国家，中华民族多元一体，各民族是一个命运共同体，一荣俱荣、一损俱损，各民族人民共同开拓了辽阔的疆域，共同书写了悠久的历史，共同创造了灿烂的文化，共同培育了伟大的精神。①引领各民族穆斯林群众铸牢中华民族共同体意识，凝聚思想共识，促进中华民族共同体建设。

（二）青海伊斯兰教中国化的内生动力得以激发

伊斯兰教中国化的主体和内在动力是穆斯林群众，其中的关键是教职人员队伍建设。教职人员队伍的综合能力和素质直接影响着他们对《古兰经》与圣训等宗教理论内涵准确到位的解读和诠释，以及正确施教和带领穆斯林

① 习近平：《坚持共同团结奋斗共同繁荣发展　各民族共建美好家园共创美好未来》，《人民日报》2019 年 9 月 28 日。

群众过正常而健康的宗教生活，建立一支全面正面理解伊斯兰教教义教规、谨守中道、远离极端、不偏不倚、正信正行的教职人员力量是伊斯兰教中国化稳定健康发展的根本。伊斯兰教中国化最终要体现在伊斯兰教经学思想的中国化，只有从思想观念上加以转变，结合青海省省情特点，才能持续有效推进伊斯兰教中国化的青海实践，伊斯兰教思想文化观念层面的与时俱进是更为根本的中国化和相适应。面对经济的快速发展，社会的信息化、网络化，信教群众自身素质的提高，宗教需求的多元化，伊斯兰教也面临着前所未有的挑战，需要在宗教思想文化层面做出既符合宗教信仰精神又符合时代发展的回应，“在牢牢把握经学思想体系中国准绳和坚守中华文化立场的前提下”，从遵循经训原则、抵制遏制偏激观点、融入时代精神和内涵、贴近符合青海传统和穆斯林群众生活、防范境外宗教渗透等方面做好经学思想的阐释和宣讲，形成具有青海特色和风格的宗教思想和文化，在教义义理阐释、宗教礼仪、宗教建筑、宗教制度、宗教组织、宗教禁忌等方面，实现由内而外的全面中国化。

（三）伊斯兰教协会坚持中国化方向的主体引领作用切实发挥

在坚持伊斯兰教中国化进程中，青海伊斯兰教协会作为青海各民族穆斯林群众的爱国宗教团体和伊斯兰教教务组织，作为党和政府与各族穆斯林群众之间沟通的桥梁和纽带，从自身实际情况出发，主动发声、担当作为，有为才能有位，以历史使命感和时代责任感，不仅要在经学思想建设和解经工作、引导和规范经堂教育等方面引导青海伊斯兰教界在价值导向上契合于社会主义核心价值观、文化导向上浸润于中华传统优秀文化、教规教义解读上进行符合时代的阐释，还要弘扬正信正行、坚守中道、反对极端，在指导宗教教务、教职人员认定与管理、清真寺拱北等宗教活动场所的制度建设、服务社会等方面，主动作为，切实发挥坚持中国化方向的主体引领作用。

（四）以强化伊斯兰教内部治理推动组织队伍建设的现代化

注重伊斯兰教的自我治理、内部治理，激发自我治理和内部治理的自觉性、主动性，发挥教义教规制度在伊斯兰教自我治理中的作用，宗教教规制度必须符合国家的法律法规要求。不断推进宗教自我治理理念、内部组织机构、治理模式的现代化。加强寺（民）管会组织建设，建立宗教活动场所内部管理制度并认真落实，有效促进自身建设，让清真寺成为爱国爱教、宗教活动正常、内部管理规范、文明和谐的公共场所，不断规范教务活动、培养宗教教职人员、引导宗教界代表人士深入挖掘宗教文化思想、宗教伦理内容，做出既符合时代发展、符合当代中国发展进步要求、符合中华优秀传统文化，又符合宗教信仰精神，有利于坚持中国化方向的阐释和宣讲。

四　推进青海伊斯兰教中国化实践的对策建议

（一）持续深化中国特色社会主义和爱国主义教育，铸牢中华民族共同体意识

加强政治思想教育，紧密结合“四进”清真寺活动，学习、培育和践行社会主义核心价值观，弘扬爱国主义，不断强化爱国与爱教相统一思想，展现时代内涵，开展社会主义法治学习教育，加强对坚持伊斯兰教中国化方向的认知和认同，提升青海省伊斯兰教界和穆斯林群众对铸牢中华民族共同体意识的政治认同、文化认同，将民族宗教因素和区域因素有机结合，真正树立休戚与共、荣辱与共、生死与共、命运与共的共同体理念，在不断推进中华民族共同体建设、铸牢中华民族共同体意识的进程中，坚持伊斯兰教中国化方向，积极引导伊斯兰教与我国社会主义社会相适应，构筑中华民族共有精神家园。

（二）持续开展解经工作，深化经学思想文化建设

伊斯兰教中国化最终要体现在经学思想的中国化上，只有从思想观念上加以转变，结合青海省情特点，才能持续有效推进伊斯兰教中国化的青海实践。中国化伊斯兰思想文化建设是伊斯兰教中国化的落脚点，是青海

伊斯兰教中国化的根本，也是伊斯兰教自身健康传承、存续的根本。伊斯兰教传承发展的载体是各民族穆斯林，面对经济的快速发展，社会的信息化、网络化，穆斯林群众自身素质的提高，宗教需求的多元化，就需要在思想文化层面做出既符合伊斯兰教信仰精神又符合时代发展的回应，深入开展符合中华优秀传统文化、符合当代中国发展进步要求、信教群众乐于易于接受的经典教义阐释。在伊斯兰教教义义理阐释、宗教礼仪、宗教建筑、宗教制度、宗教组织、宗教禁忌等方面，实现由内而外的全面中国化。

（三）以社会主义核心价值观为引领，加强文化认同文化自信

社会主义核心价值观是我国优秀传统文化的高度凝练和集中表达，它凝聚着全社会的价值共识和中华民族的共同精神追求，加强伊斯兰教中国化最根本的、最深层次的文化认同，以社会主义核心价值观为引领，价值导向上契合于社会主义核心价值观、文化导向上浸润于中华传统优秀文化，在教义教规解读上进行符合时代的阐释，充实时代内容。结合新时代穆斯林群众对美好生活的向往，通过“中华人民共和国国旗、宪法和法律法规、社会主义核心价值观教育、中华优秀传统文化进寺院”、民族团结进步创建“十进”等宣传教育活动，以清真寺为文化宣传、教育主阵地，加大社会主义核心价值观的宣传力度，充分发挥阿訇在弘扬和践行社会主义核心价值观方面的重要作用，将社会主义核心价值观内容融入“卧尔兹”宣讲中，立足中华优秀传统文化，用中华优秀传统文化浸润伊斯兰教，深入挖掘、梳理伊斯兰教文化蕴含的思想观念、人文精神、道德规范，结合时代要求，对教义教规作出有利于社会和谐、民族团结、时代进步、健康文明、符合中华优秀传统文化的阐释，凸显和大力弘扬适应现代社会发展、与社会主义核心价值观相契合的内容，以此来教育团结信教群众，增进穆斯林群众对社会主义核心价值观、中华文化和中华民族精神的认识、理解与认同，增强中华民族的向心力和凝聚力，增强对中华优秀传统文化认同，增强中华文化自信，铸牢中华民族共同体意识。

（四）以“崇俭戒奢”教育活动为契机，持续推进全面从严治教

以宗教界开展的崇俭戒奢教育活动为契机，将教风建设贯穿于活动全过程。阿訇、各级伊协、民管会成员等对照各项要求，学经训、照镜子、找问题，守法遵规，倡导简朴、务实和潜心修持、中道中正信仰，反对攀比、奢华、铺张浪费等，不断加强自我教育、自我管理和自我约束。以开展崇俭戒奢教育、教风年等活动为切入点，健全完善清真寺社会治理制度，修订完善清真寺寺院民主评议、财务管理、教职人员管理等规章制度，以民族团结进步进寺院、四进清真寺、团结开寺、平安寺院建设等活动为抓手，建立寺院内部管理制度并认真落实，有效促进清真寺的自身建设，让清真寺成为爱国爱教、教务自办、宗教活动正常，内部管理规范，和谐、文明的公共场所，加强宗教自律，提升宗教修为，持续推进全面从严治教。

参考文献

代俊峰：《坚定不移深入推进伊斯兰教中国化的基层实践》，《中国宗教》2022 年第 8 期。

加润国：《宗教中国化的历史进程和时代内涵》，《中国宗教》2022 年第 8 期。

陈晓敏：《伊斯兰教中国化的湖北实践》，《中国民族报》2022 年 3 月 15 日。

杨冠军：《“五进”清真寺：北京伊斯兰教界坚持中国化方向的进一步探索》，《中国民族报》2022 年 2 月 15 日。

汪茂铸：《推动我国宗教中国化广州实践走深走实》，《中国民族报》2022 年 2 月 22 日。

王潇楠：《在民族复兴大业中推进宗教中国化》，《世界宗教文化》2021 年第 6 期。

马仲荣、张建芳：《伊斯兰教多元理念及其中国化实践》，《中国穆斯林》2019 年第 5 期。

王德才：《伊斯兰教经学思想建设探析》，《中国穆斯林》2015 年第 2 期。

B.25

青海宗教公益慈善事业发展状况调查报告

参看加*

摘　要： 宗教公益慈善事业是国家公益慈善事业重要组成部分。青海是个多宗教省份，发展宗教公益慈善事业具有一定的优势和潜力。青海鼓励支持和规范宗教界开展公益慈善活动，服务社会、利益人群、回报社会，促进了宗教与新时代中国特色社会主义社会相适应，提升了中国化水平。但青海宗教公益慈善事业整体发展水平较低、缺乏专业人才、财力有限，在充分调动和发挥宗教界参与公益慈善事业优势和潜力、积极学习境内外经验和做法、坚持正确公益慈善导向等方面还需要持续发力。

关键词： 宗教　公益慈善事业　青海省

宗教公益慈善事业是国家公益慈善事业重要组成部分。青海是个多宗教省份，宗教活动场所多，宗教教职人员多，宗教信众多，发展宗教公益慈善事业具有一定的优势和潜力。佛教、伊斯兰教、道教、基督教和天主教五大宗教齐全，其中藏传佛教和伊斯兰教历史悠久、影响广泛。藏族、回族、土族、撒拉族和蒙古族等世居民族几乎全民信教，宗教文化成为他们民族文化的重要组成部分。当前，青海省共有教职人员 5.2 万人，依法批准登记宗教活动场所有 2287 处，省级宗教爱国团体 5 个，省级宗教院校 2 所。近年来，

* 参看加，青海省社会科学院民族与宗教研究所研究员，研究方向为藏学、宗教社会学。

在党和政府的正确领导下，青海宗教界积极践行社会主义核心价值观，服务社会、利益人群，参与和开展各种公益慈善活动，促进了宗教关系的积极健康和社会和谐，提升了宗教的中国化水平，宗教与新时代中国特色社会主义社会相适应迈出了新步伐。

一　青海宗教公益慈善事业发展现状

宗教是慈善之母。我国五大宗教都有济世利人、扶危助困的信念和优良传统。在党和政府支持引导下，青海宗教界发挥自身优势，充分利用深厚信仰基础和较高的社会公信度，主动担当社会责任，积极开展公益慈善活动，服务社会，产生了较好的社会影响，树立了宗教界良好形象。

（一）深入挖掘教义教规中的公益慈善思想

我国五大宗教经典中都蕴含着丰富的公益慈善思想资源。佛陀曾说过“诸恶莫作，众善奉行，自净其意，是诸佛教。”积极主张止恶行善。大乘佛教主张只有舍己利人、拔苦与乐的才能成就正果。自利利他渡化众生令其觉悟的菩萨视为理想的人格，慈悲成为他们最主要的道德观念。佛教的福田思想认为，对贫困者布施比供养佛法僧更有意义。“敬主爱人”是伊斯兰教的核心价值观，也是其慈善理念的核心。“天课”是伊斯兰教法定施舍，是一种“奉主命而定”的宗教赋税，用于施舍贫困者和遇到困境的需求者。伊斯兰信教群众还有一种自愿履行的善行，称为“自愿的施舍”，即“散乜贴”，也为信教群众所遵循和实践。道教秉持“济世利人，欣乐太平”“积功累仁，祚流百世”等思想。基督教、天主教也要求人们从事公益慈善活动。认为“施比受更有福”，要求信徒“作光作盐”，通过公益慈善“荣神益人”。青海爱国宗教团体和宗教界代表人士深入挖掘阐释宣传宗教经典中的公益慈善思想，并做出符合时代进步要求的阐释，使其成为推动青海宗教公益慈善事业不断前进的重要原动力，为宗教界力所能及地持续开展公益慈善活动夯实了思想基础。

（二）积极开展“宗教慈善周”活动

2012 年 2 月，国家宗教事务局、中共中央统战部、国家发展和改革委员会、民政部、财政部、国家税务总局六部门联合印发《关于鼓励和规范宗教界从事公益慈善活动的意见》（以下简称《意见》），强调对宗教界从事公益慈善活动要“积极支持、平等对待”，为宗教界从事公益慈善活动创造了良好的政策环境。为贯彻落实《意见》精神，国家宗教局决定 2012 年 9 月第 3 周在全国宗教界开展以“慈爱人间・五教同行”为主题的“宗教慈善周”活动。青海各地组织宗教活动场所民主管理委员会、宗教教职人员和信教群众，通过召开动员会、座谈会等广泛宣传开展宗教慈善活动的重要意义，增强了宗教活动场所和宗教界人士开展“宗教慈善周”活动的积极性和主动性，取得积极成效，促进了宗教与社会主义社会相适应。此后，青海宗教界每年都开展“宗教慈善周”活动，服务社会、利益人群，成为引导宗教发挥积极作用的重要途径。2013 年，青海省宗教界围绕“扶贫、济困、助残、救灾、养老、助学、支教、义诊”等公益慈善主题开展了“宗教慈善周”活动。活动期间，宗教界共募捐善款 171.95 万元，面粉 1540 袋，义诊 122 人，药品 3144 元，受益群众达 6 万余人。[①] 2014 年，青海宗教界共募集善款 279 多万元，面粉 7000 斤，大米 200 斤，酥油 5 箱，物资折合人民币 17.5 万元。[②] 2018 年以来，随着我国五大宗教在各自的坚持中国化方向五年工作规划中，把积极开展公益慈善活动、服务社会作为提升宗教中国化水平的重要工作内容，青海宗教界也不以“宗教慈善周”活动来集中开展公益慈善活动，而是以社会需求和政府的号召开展活动的，为玉树和果洛雪灾、武汉新冠疫情和本地疫情防控等捐款捐物，“送温暖、献爱心”，赢得社会各界的好评。

---

① 《青海“宗教慈善周”活动成效明显　共募善款 171 余万元》，青海民宗委，https：//www.chinabuddhism.com.cn/xw/cs/2013-11-20/4318.html。

② 《青海省宗教界开展“宗教慈善周”活动取得明显成效》，青海民宗委，http：//www.fjnet.com/cssy/cssynr/201412/t20141226_ 226367.htm。

（三）积极参与公益慈善活动

青海各宗教团体和宗教活动场所响应党和政府号召，积极参与公益慈善活动。一是为重大自然灾害捐款捐物。据不完全统计，佛教界向汶川地震灾区捐款152.62万元，玉树抗震救灾捐款321.8万元，2013年为四川雅安地震捐款94.5万元，2019年果洛、玉树雪灾捐款捐物1370万元，2020年新冠疫情防控工作捐款捐物2350余万元。① 伊斯兰教界向汶川地震灾区捐款600多万元，玉树抗震救灾捐款77.54万元，2020年武汉新冠疫情捐款2112.39万元。玉树、果洛雪灾捐款108.78万元。② 青海基督教两会及所属堂点2010~2014年为玉树地震捐款捐物、救助项目实施总计1499.92万元，为四川雅安地震捐款7.6万元，2022年青海大通洪灾捐款8.18万元。③ 塔尔寺民管会和僧众为贫困僧人、残疾人、孤寡老人、病人、贫困学生等捐款1130万元。④ 西宁东关清真大寺向武汉疫情捐款100万元。2022年青海大通发生“8·18”洪灾后，西宁市各宗教团体第一时间联合向全市各宗教活动场所和广大宗教界人士发出为灾区群众献爱心的倡议，累计捐款捐物折资115.35万元（其中捐款113.48万元，捐物折资1.87万元），并通过大通县红十字会进行了捐赠。⑤ 二是捐资助学。海南州佛教协会从2018年起积极动员藏传佛教寺院和佛教界人士对贫困学生进行济困助学。2018年对10名符合条件的同学捐助6.067万元，2019年为15名贫困家庭学生发放助学金10.388万元，2021年为11名困难家庭学生发放助学金6.498万元，2022年已筛选确定困难家庭学生，筹措资助资金7.5万元，由于疫情还未发放。⑥ 基督教两会及所属堂点2010~2021年为西宁市湟源县、海东市平安区9名

① 资料来源：青海省佛教协会。

② 资料来源：青海省伊斯兰教协会。

③ 资料来源：青海省基督教两会。

④ 资料来源：青海省佛教协会。

⑤ 西宁民宗（微信公众号）：西宁市宗教界积极为大通县受灾群众献爱心，2022年8月27日。

⑥ 资料来源：青海省海南州佛教协会。

贫困学生发放“甘露助学资金”1.63万元。[①] 三是开展医疗卫生服务。塔尔寺协调李嘉诚基金会开展青海偏远地区免费医疗公益项目。自2005年起，在基金会的持续捐资支持下，塔尔寺藏医院每年到偏远地区义诊施药并进行民众健康宣传教育。同时，在藏医院为前来就诊的困难患者免费施药。四是扶贫助困。西宁东关清真大寺自2015年以来坚持在斋月里开展扶贫助困活动。让辖区办事处提供贫困户名单（东关清真大寺明确要求不分民族、不分宗教），提供面、米、油等，到2019年助困资金累计达136万元。2020年以后受疫情影响，大寺经济困难，还是坚持每年帮助困难群众50户，每户资助500元。[②]

（四）设立公益慈善项目

青海宗教团体和宗教活动场所设立公益慈善项目的较少。塔尔寺和李嘉诚基金会合作开展青海偏远地区免费医疗公益项目。基金会提供资金援助，塔尔寺藏医院负责其项目地点选取、路线规划及项目整体实地具体实施。其中香港李嘉诚基金会提供的资金捐助全部用于偏远地区义诊药品的费用；青海塔尔寺藏医院负责每次出诊医疗队的组织、车辆、医疗队队员管理，承担每次出诊的交通、食宿及药品以外的医疗队运作的一切费用。项目自2005年开展以来，截至2021年12月31日，基金会合计捐助金额达2838万元，塔尔寺藏医院累计为项目配套投入逾502万元，累计义诊施药遍及青海省内海北藏族自治州、海南藏族自治州、海西蒙古族藏族自治州、黄南藏族自治州、玉树藏族自治州、果洛藏族自治州、海东市、西藏自治区（2012年项目扩展至西藏）、四川省（2015年项目扩展至四川）等地偏远贫困地区，受惠之农牧民达223654人次（其中包括2010年玉树赈灾8904人次，2012~2020年西藏累计受惠20280人次），累计义工参与2510人次，义工服务830天，综合行程153504.3公里。僧医医疗队义诊施药并进行民众健康宣传教

① 资料来源：青海省基督教两会。

② 资料来源：西宁市东关清真大寺。

育；同时，在藏医院为前来就诊的困难患者免费施药。[1] 青海省基督教两会开展了关注留守儿童和老人、实施河道清理等项目（湟源县波航乡波航村）。青海省基督教两会还积极准备向基督教全国两会申请公益慈善项目。

（五）结合宗教实际和社会需求，进行特色服务

藏传佛教界在超度亡灵、驱邪镶灾、祈福纳祥等方面给困难信教群众主动上门服务，提供免费宗教服务。据不完全统计，近两年果洛、玉树两州佛教界免费提供宗教服务约达 3100 人次，基本上每个寺院都开展此项活动。海南州桑赤寺给低保户信教群众免除火葬所有费用。青海省基督教两会在西宁举办青海省教会社会服务培训班，60 多位牧者同工参加，旨在帮助青海教会建立专业化社会服务理念，提升其社会服务管理水平，践行“荣神益人”的信仰。

（六）成立公益慈善组织

青海至今还没有宗教团体和宗教活动场所在政府社会组织管理部门登记注册的公益慈善组织（青海省伊斯兰教协会内部设有慈善委员会），只有一些宗教人士成立的慈善组织。我们从青海省民政厅社会组织管理局、慈善事业促进和社会工作处，青海省民族宗教事务委员会各宗教团体了解到青海具有宗教背景的公益慈善组织有青海佛教慈善基金会、青海省雪域仁济慈善基金会、青海省心行慈善基金会、同仁市隆务大寺敬老院、青海雪域慈善救助会、青海省佛教文化艺术服务中心、黄南州飞腾公益基金会、青海省格萨尔公益基金会等 8 家，具有民族和宗教背景的有青海民慈救助会、青海省岗骏爱心慈善协会、青海回族撒拉族救助会、青海高远慈善帮扶救助会、西宁夏都公益志愿服务中心等 5 家（见表 1）。这些公益慈善组织虽然受到新冠疫情的影响，但都在开展一些活动。如黄南州飞腾公益基金会自 2008 年至 2022 年 4 月累计开展各类公益慈善活动的资金达 218 万余元。2020 年至

---

① 青海省塔尔寺藏医院，http：//www. teszyy. org/jijinhui/about. html。

2022年4月主要开展慰问疫情防控点工作人员、对贫困人员进行医疗救助、为吉美坚赞民族职业学校全体职工疫情期间生活进行资助等公益慈善活动。青海省佛教文化艺术服务中心2022年联合护生基金、深圳市德义爱心促进会在青海涉藏州县开展女性（尼姑）健康计划捐赠活动。对具有宗教背景的公益慈善组织的宣传报道很少，不为人们所了解。这既不利于学界对宗教公益慈善活动的研究，也不利于社会对宗教公益慈善事业的了解。

表1　青海具有宗教背景和民族宗教背景的公益慈善组织

序号	名称	法定代表人	资金(万元)	成立日期
1	青海佛教慈善基金会	才昂嘉措	800	2011年8月8日
2	青海省雪域仁济慈善基金会	堪布多杰	200	2008年12月16日
3	青海省心行慈善基金会	竹巴	200	2010年5月26日
4	同仁市隆务大寺敬老院	更登昂秀	10	2005年6月24日
5	青海雪域慈善救助会	江永次成	15	2004年12月9日
6	青海省佛教文化艺术服务中心	成立尼玛	3	2004年7月23日
7	黄南州飞腾公益基金会	银交加(嘎藏加措)	200	2016年7月8日
8	青海省格萨尔公益基金会	曲包	318	2004年8月17日
9	青海民慈救助会	多才旦	3	2001年10月9日
10	青海省岗骏爱心慈善协会	周本加	3	2017年9月22日
11	青海回族撒拉族救助会	韩文科	3	2004年6月1日
12	青海高远慈善帮扶救助会	冶正虎	100	2008年12月16日
13	西宁夏都公益志愿服务中心	马建勋	3	2015年6月29日

资料来源：青海省社会组织信息网（https：//mzt. qinghai. gov. cn/qhsgj/index. html），社会组织查询系统。

二　青海宗教公益慈善事业发展面临的问题和困难

《意见》发布后，青海宗教公益慈善事业得到了一定的发展，发挥了积极的作用，社会效果显著。但由于各种主客观因素的限制，青海宗教公益慈善事业发展还面临一些问题和困难。

（一）整体发展水平较低

青海五大宗教俱全，信教人数众多，宗教影响广泛。宗教界和信教群众对公益慈善事业热情比较高，响应党和政府的号召为重大自然灾害、捐资助学、扶贫助困捐款捐物，资金数目也可观。但宗教公益慈善事业整体发展水平较低，从现代的慈善观念来看，青海宗教公益慈善事业除个别公益慈善项目外，大多数慈善活动具有个体性、随机性、封闭性、依赖或依附于官方的主导。宗教界缺乏规划、没有专业人才，开展现代公益慈善能力有待提高。宗教界成立的专业慈善机构相对很少，至今没有宗教团体和宗教活动场所成立的公益慈善组织。多数活动尚处于自发自愿、分散的状态，并非是专业化的组织来实施。一些宗教人士设立的慈善组织，注册资金少、组织规模小，开展的活动也不多、影响不大。

（二）缺乏专业人才

国家六部门联合印发《意见》后，有力促进了青海宗教公益慈善活动的发展，也对宗教公益慈善提出了“规范科学运作，提高管理水平”“接受指导监督，注重诚信公信”[①] 等要求，对宗教公益慈善从业者的专业能力和素养提出了较高要求，从业者要充分了解公益慈善行业基本知识、公益慈善组织及其内部治理，特别是宗教界从事公益慈善活动的政策法规，以保证公益慈善发展的正确方向，要具有较高的社会动员与组织协调能力、良好的社会交往和沟通交际能力。缺乏专业人才成为困扰青海宗教公益慈善事业健康发展的瓶颈之一。特别是藏传佛教界虽然服务社会，开展公益慈善活动热情比较高，一些宗教人士也成立了慈善组织，但缺乏专业人才，缺乏通晓国家通用语言文字的人才，他们只能聘请或邀请内地的专业人员做一些专业的事情，与政府管理部门交流沟通日常工作等。

---

① 《关于鼓励和规范宗教界从事公益慈善活动的意见》（国宗发〔2012〕6 号），中华人民共和国中央人民政府网站，2012 年 2 月 27 日，http：//www.gov.cn/zwgk/2012 - 02/27/content_ 2077338.htm，最后检索时间：2022 年 12 月 9 日。

（三）财力有限

青海相对内地经济社会发展滞后，底子薄、任务重、发展不平衡不充分问题依然突出，信教群众的生活水平一般，脱贫攻坚成果巩固提升面临较大压力。特别是涉藏地区许多宗教活动场所的基础设施、宗教人员的生活条件相对较差，需要政府实施寺院“六大工程”等，让宗教界共享改革发展成果。青海除个别宗教活动场所，如西宁东关清真大寺、塔尔寺等外，寺院经济基础一般，响应党和政府的号召可以开展一些捐款捐物活动，但宗教活动场所、宗教人员和信教群众的财力有限，很难大规模、持续开展公益慈善活动。条件相对较好的西宁东关清真大寺从 2015 年开始在斋月期间开展的扶贫救助，受疫情等影响清真寺收入减少，只能缩小规模，从 2015 年的 500 户减少到 2020 年的 50 户。

三　青海宗教公益事业发展的未来前景

青海将全面贯彻新时代党的宗教工作理论和方针政策，积极引导宗教界人士和信教群众培育和践行社会主义核心价值观，发扬济世利人精神，充分调动优势、挖掘潜力，促进宗教公益事业健康发展。

（一）支持宗教界开展公益慈善活动成为引导宗教发挥积极作用的重要途径

宗教工作在青海工作大局中具有特殊重要性。青海准确把握宗教社会作用的两重性，发挥积极作用，抑制消极作用。开展公益慈善活动将得到各级党委、政府有关部门的有力支持和鼓励，使其成为引导宗教界和信教群众发挥积极作用的重要途径，具有良好的发展前景。

（二）积极开展公益慈善事业将为宗教界自身树立良好社会形象

宗教界开展公益慈善活动，具有信教群众、教义信仰、组织等方面优势。要深入挖掘、弘扬教义教规中公益慈善思想，并做出符合当代中国发展进步要求、符合中华优秀传统文化、符合现代公益慈善事业的阐释。结合自身实际和社会需求，积极引导教职人员和信教群众开展力所能及、特色突出的公益慈善活动，服务社会、利益人群，将为宗教界自身树立良好的社会形象。

（三）宗教界开展公益慈善活动将得到有效管理和监督

发展公益慈善事业，弘扬慈善文化，对促进社会进步、共享改革发展成果具有重要的意义。宗教公益慈善活动是我国公益慈善事业、社会保障和社会救助工作的有力补充。政府相关部门依法加强对宗教界公益慈善活动的管理和监督，鼓励宗教界建立健全规章制度，不断提高自我管理、自我监督、自我完善的能力和水平，引导其自觉维护国家利益和社会公共利益，将确保其健康有序发展。

四　促进青海宗教公益慈善事业健康发展的对策建议

充分调动宗教界从事公益慈善活动的积极性和主动性，加强规范和监管，促进青海宗教公益慈善事业的健康发展，提出如下对策建议。

（一）充分调动和发挥宗教界参与公益慈善事业优势和潜力

充分挖掘宗教教义经典中丰富的慈善思想，并进行与现代公益慈善精神相符合的阐释，服务社会、回报社会、利益人群，作为践行宗教信仰、追求宗教价值的重要途径，为宗教界开展公益慈善事业提供有力的思想支撑。积极落实相关政策法规，激发宗教界开展公益慈善活动的动力。鼓励有条件的宗教团体与宗教活动场所注册成立专门的公益慈善组织，走专业化的公益慈善道路，条件不具备的坚持“自觉自愿，量力而行”的原则，不断在服务社会、利益人群方面发挥积极作用。同时，要完善监管体系，确保其健康发展。

（二）坚持正确公益慈善导向

宗教界要遵守国家法律法规，坚持正确的公益慈善导向，按照自身实际和社会需求，突出特色、发挥优势。各宗教团体和宗教活动场所经济状况差异较大，尽力而为、量力而行。经济条件一般的要从身边小事做起，积小善成大善，让受助群众感受到社会的温暖。依法开展公益慈善活动，不得在公益慈善活动中传播宗教。

（三）加强人才培养

开展公益慈善活动不仅需要热情，还要能干、会干。宗教界亟须通过各种渠道、各种方式，培养培训自己的公益慈善专业人才。政府有关部门、青海省藏语系佛学院、青海省伊斯兰教经学院要专门举办公益慈善人才培训班，传授开展公益慈善活动的专业知识和宗教界开展公益慈善活动的有关法律法规知识。

（四）学习借鉴境内外的经验和做法

积极学习借鉴境内外有影响的宗教公益慈善组织的经验做法，有条件的宗教团体和宗教活动场所组织人员赴南京的爱德基金会、慈济慈善事业基金会、北京仁爱慈善基金会等学习考察，也可邀请他们举办培训班，学习借鉴他们开展公益慈善方面好的经验与做法。

参考文献

丘仲辉、朱艳伟：《2016 年中国宗教公益慈善调查报告》，载《中国慈善发展报告（2018）》，社会科学文献出版社，2017。

丘仲辉、凌春香、朱艳伟、温方方：《2018 年中国宗教公益慈善发展报告》，载《中国慈善发展报告（2019）》，社会科学文献出版社，2019。

丘仲辉、凌春香、朱艳伟：《2019 年中国宗教公益慈善发展报告》，载《中国慈善发展报告（2020）》，社会科学文献出版社，2020。

B.26
青海黄南州推进藏传佛教中国化的实践探索与前景展望

旦正加　才旺塔尔*

摘　要： 坚持宗教中国化方向，不断推进藏传佛教与社会主义社会相适应是藏传佛教健康有序传承的必由之路。黄南州认真贯彻党的宗教工作基本方针，严格落实中央第七次西藏工作座谈会和全国宗教工作会议精神，依法管理宗教事务，严格规范藏传佛教寺庙佛事活动，广泛开展法治宣传教育，积极引导寺庙僧侣参与社会活动，有效提高寺庙公共服务及社会保障水平，不断探索藏传佛教中国化实践，努力提高藏传佛教管理水平和治理能力，取得了较好成效。面对新形势和新要求，在藏传佛教僧才培养、文物保护、依法管理和提高寺庙公共服务水平等方面的任务依然艰巨，在不断优化藏传佛教治理环境、创新管理方法、提高服务水平的基础上，进一步推进藏传佛教中国化实践将取得新的成效。

关键词： 藏传佛教　中国化　黄南州实践

习近平总书记在中央第七次西藏工作座谈会上提出新时代治藏方略时强调“必须坚持我国宗教中国化方向、依法管理宗教事务”，并进一步指出

* 旦正加，青海省社会科学院藏学研究所副研究员，研究方向为藏学；才旺塔尔，青海省黄南藏族自治州州委统战部干部，研究方向为宗教事务管理。

“要积极引导藏传佛教与社会主义社会相适应，推进藏传佛教中国化”。[①] 坚持藏传佛教中国化，积极引导藏传佛教与社会主义社会相适应，“有利于维护祖国统一和社会稳定、有利于增进‘五个认同’、有利于团结宗教界人士和信教群众、有利于藏传佛教健康传承、有利于减轻信教群众负担。”黄南州紧紧围绕这“五个有利于”，不断探索藏传佛教中国化实践，促进藏传佛教与社会主义社会相适应。

一　黄南州推进藏传佛教中国化的实践探索

黄南州深入贯彻落实中央和省委关于统战宗教工作的一系列重大决策部署，不断探索藏传佛教管理方式，进一步提高藏传佛教治理能力和治理水平，在积极引导藏传佛教与社会主义社会相适应方面取得了较好成效。

（一）依法管理藏传佛教事务

为认真贯彻落实省和州委对宗教规范化管理工作的具体安排部署，进一步提高宗教管理水平，深入落实青海省委关于加强党对统战工作的领导，积极构建大统战工作格局，进一步健全完善党委统一领导、统战民宗牵头协调、有关方面各负其责的工作要求，研究制定了《黄南州推进涉藏基层宗教治理十七条措施》《黄南州藏传佛教寺庙活佛、宗教教职人员管理制度（试行）》《黄南州藏传佛教社会流散宗教教职人员管理制度（试行）》，严格落实活佛、经师、僧尼请销假制度，强化宗教教职人员的日常管理，执行寺庙定员、持证管理规定和宗教教职人员认定备案，禁止未成年人入寺，加强寺庙接受新入寺人员的报备监管。切实落实将主体在县、延伸到乡、落实到村、规范到点的工作要求，把各乡镇党委副书记确定为乡镇分管宗教事

---

① 新华社：《习近平在中央第七次西藏工作座谈会上强调　全面贯彻新时代党的治藏方略　建设团结富裕文明和谐美丽的社会主义现代化新西藏》，转引自中国西藏网，2020 年 8 月 29 日，http：//www.tibet.cn/cn/index/tt/202008/t20200829＿6844720.html，最后检索时间：2022 年 12 月 7 日。

务负责人，各村、社区党支部书记为基层统战委员，村、社区副主任为宗教联络员，承担民间宗教“协调员”“信息员”“监督员”“联络员”职责，进一步强化各级工作责任，建立完善“四级联动”工作机制，全面排查登记全域“俄康”“吉哇”“嘛呢康”及影响较大的民间宗教活动场所，并认真填写《青海省民间信仰活动场所普查备案表》。严格执行《藏传佛教寺庙财务核算办法》，指导开展财税监管试点工作，制定完善寺庙财务公开制度和办法，规范寺内财务管理工作，定期对寺院财务进行公开，推动寺庙财务管理工作在阳光下运行。认真贯彻落实《藏传佛教活佛转世管理办法》，始终“遵循维护国家统一、维护民族团结、维护宗教和睦与社会和谐、维护藏传佛教正常秩序的原则”①，尊重藏传佛教宗教仪轨和历史定制，严格按照活佛转世程序进行资格认定，促进了藏传佛教事务管理法治化、制度化、规范化，提升了宗教治理能力现代化水平。

（二）规范藏传佛教寺庙佛事活动

认真落实宗教信仰自由政策，将规范寺庙佛事活动作为藏传佛教事务管理的重要内容，制定《黄南州藏传佛教寺庙宗教活动管理制度》和《黄南州藏传佛教寺庙传统法会目录》，共登记传统法会 1161 次，严格落实“一年一审批”管理措施，把好了藏传佛教寺庙法会审批关。坚持“谁申请、谁主办、谁负责”和“谁审批、谁评估”的原则，落实属地管理责任，实行寺庙民管会、村（社区）申请，乡镇审核，市县民宗局审批的工作要求，严格执行报备审批制度，制定多项寺庙内部制度，促进寺庙管理制度化、规范化。以隆务寺为例，已制定 14 项内部管理规章制度，严把僧侣外出、新僧入寺、僧侣清退等关口，对相关人员进行全部登记备案，真正形成了以制度管人、以制度管事的良好格局。市县民宗局严格贯彻落实藏传佛教寺庙宗教活动管理制度，按照“一年一审批”的要求，对传统宗教佛事活动进行

① 《藏传佛教活佛转世管理办法》（国家宗教事务局令第 5 号，于 2007 年 7 月 13 日经国家宗教事务局局务会议通过，自 2007 年 9 月 1 日起施行），《中国宗教》2007 年第 8 期，第 18 页。

提前风险评估，制定安保预案，限定活动规模、次数、时间、地点，确保宗教活动安全有序举办，进一步规范了藏传佛教佛事活动审批秩序，减轻了信教群众的宗教负担，促进了佛事活动在法律和制度允许范围内进行。

（三）广泛开展法治宣传教育

为了广泛深入地开展藏传佛教寺院法治宣传教育，黄南州结合宗教活动场所“六进”①“百寺千讲”“寺庙法治宣传月”“绿色寺庙创建”“民主法治寺庙创建”等活动，加强思想教育工作，在集中宣讲的基础上，采取座谈会、走访谈心等形式，组织广大僧侣重点学习党的十九届六中全会、中央民族工作会议、中央第七次西藏工作座谈会、全国宗教工作会议精神以及《反分裂国家法》《宗教事务条例》《黄南州民族团结进步条例》《藏传佛教寺庙管理办法》《藏传佛教教职人员资格认定办法》《藏传佛教活佛转世管理办法》等法律法规，积极引导藏传佛教教职人员正确树立“三个离不开”思想，不断增强“五个认同”和“五个维护”的自觉性。特别是宗教界代表人士充分发挥在僧俗群众中的威望和影响力，主动作为、正面发声，利用佛教论坛、活佛讲宪法、法治进寺庙等平台和讲经说道的机会，向广大僧俗群众宣讲藏传佛教爱国爱教的优良传统，专门录制《黄南州宗教与社会主义社会相适应系列之“民族团结大讲堂”》（社会篇、教育篇、宗教篇）三期公益宣传教育片，教育引导僧俗群众爱国爱教、遵规守法、崇尚和谐，坚决维护祖国统一、民族团结，旗帜鲜明地反对分裂，自觉维护社会稳定、维护社会主义法治、维护人民群众的根本利益。通过对 114 处宗教活动场所开展“六进”活动，进一步加强寺庙僧尼和信教群众发扬爱国主义优良传统的自觉性、主动性，不断践行社会主义核心价值观，传承和弘扬中华优秀传统文化，深入推进宗教活动场所法治化、制度化、规范化建设，增强了僧俗群众的国家意识、法治意识和公民意识。

---

① 即“国旗国歌、宪法法律、社会主义核心价值观、民族团结、中华优秀传统文化、生态环保”进寺庙活动。

（四）积极引导寺庙僧侣参与社会活动

转变思想观念，提高服务意识，积极引导寺庙僧侣参与社会活动，充分发挥宗教界优势，不断践行“藏传佛教界服务国家统一、人民福祉，展现责任担当”[①] 的使命任务。2017 年以来，黄南全州开展了“我为精准扶贫献爱心”“百僧联百户”主题活动。截至 2022 年 10 月，166 名宗教界人士联系 416 户贫困户（217 名贫困学生），捐资捐物折合人民币 415 万元，得到了社会各界的广泛好评。同时积极发挥佛协作用，以黄南州佛教协会会长、隆务寺夏日仓活佛名义向全州发出倡议书，倡议广大宗教界人士争做减轻信教群众负担的宣传者、践行者、维护者和引领者，带动全州各寺寺主活佛和民管会主任签订不增加宗教负担承诺书，举行了精神脱贫主题“千名僧人签名”活动。修订完善《寺规僧约》，教育引导信教群众移风易俗，在婚丧嫁娶中反对大操大办、铺张浪费，减少宗教开支，有效遏制了盲目攀比跟风造势的不良风气和陈规陋习，提倡文明新风，切实减轻了信教群众宗教负担。在全州宗教领域开展“美丽寺庙”“绿色寺庙”创建以来，广大宗教教职人员牢固树立“绿水青山就是金山银山”的理念，自觉参与植树造林活动，截至 2022 年 10 月，全州 87 座寺庙 3400 名宗教教职人员参加义务植树活动，种植各类苗木 16.3 万余株。以“洁净美”专项整治行动为契机，定期清理寺庙道路两旁、河道两岸、殿堂僧舍前后、院墙角落、煨桑台及寺庙周边的“隆达”抛撒点和悬挂经幡区域，清理垃圾 113 吨，实施完成“厕所革命”建设项目 120 个，有效推动了寺届人居环境改善，提高了寺庙僧侣参与各类社会活动的积极性，增强了宗教教职人员服务社会、奉献社会的意识。

（五）有效提高寺庙公共服务及社会保障水平

黄南州在寺庙管理工作以“教育先行、服务引领”为原则，始终把公共

---

① 班禅额尔德尼·确吉杰布：《答好时代命题　找准角色定位　深入学习贯彻全国宗教工作会议精神》，《中国宗教》2022 年第 1 期，转引自中国西藏网，2022 年 1 月 30 日，http：//www.tibet.cn/cn/religion/202202/t20220208_ 7141571.html，最后检索时间：2022 年 12 月 7 日。

服务向寺庙覆盖作为强化治理的手段，把基础设施建设向寺庙延伸作为推动宗教教职人员融入现代社会的载体，以利寺惠僧政策凝聚人心。累计投资3.3亿元，有序实施寺庙基础设施建设和公共服务“六大工程”，全面落实宗教教职人员社保、医保等社会保障制度，实现了应保尽保的目标任务。另外以隆务寺“智慧消防”试点工作为突破口，投入近2000万元，全面推动全州寺庙消防安全隐患排查整改工作，进一步提升了宗教活动场所消防安全治理及火灾防控能力。同时积极争取省里支持，投资1800万元，在两座寺庙实施“敬老院”建设项目省级试点，为有效解决全州乃至全省藏传佛教寺庙僧侣养老难问题探索出了一条新路子。并且把精神脱贫工作作为巩固脱贫攻坚的重要举措，制定完善《寺规僧约》，确定活佛、僧侣每日念经布施最高上限标准，规范宗教领域讲排场、高攀比、求奢华的不良行为，有效减轻了信教群众的经济负担；每年以“宣传、义诊、送药”的工作举措，大力开展“健康教育进寺庙”专项行动，提高了僧侣的自我防病能力和保健意识，切实感受到了党和政府的关心关爱，增强了广大宗教教职人员的获得感、安全感、幸福感。

二　黄南州推进藏传佛教中国化实践面临的问题及挑战

（一）宗教界人士培养有短板

近年来，黄南州通过开展“六进”“百寺千讲”等系列活动，以及举办宗教教职人员培训班和选派宗教教职人员参加国家和省级示范班、精品班、调训班等，取得了一定效果，但还存在一些问题与短板。具体表现在教育引导仍有资金支持不足、形式单一、带动有限、缺乏系统性、覆盖面过窄等方面，州市县两级几乎没有将宗教教职人员培训经费纳入财政预算。

（二）民间信仰活动管理有困难

全州共有412处民间信仰活动场所，呈现点多、分散、活动频繁而密集、群众参与度不低的特点，但因民间宗教活动管理工作起步晚，基本处于探索阶段，管理政策不清晰、管理手段不多、方法不灵，缺乏具有较强可操作性的措施和长效机制体系。

（三）宗教活动场所民管会班子待遇及工作经费低

宗教活动场所民管会作为党委、政府管理宗教活动场所和宗教教职人员的基础组织和有力抓手，是宗教活动场所推进“自治”的核心力量。但目前，全州各市县对民管会班子成员的报酬和工作经费标准不统一，且尚未纳入省财政转移支付渠道，特别是标准远远低于村“两委”班子成员，导致宗教活动场所民管会成员工作积极性不高、作用发挥不突出。

（四）寺庙基础设施建设和公共服务滞后

2016 年之前，青海省寺庙基础设施和公共服务“六大工程”的实施，有效改善了宗教领域基础设施，提高了公共服务水平，受到了宗教界的广泛欢迎，但近年来，此类项目基本停滞，相关改善需求及问题仍然突出。具体表现如下。一是黄南州同仁市和尖扎县地形特殊，山大沟深，土石松散，绝大部分寺庙依山而建，近年来因发生地震、汛期暴雨等自然灾害，导致寺庙不同程度地受损，出现地基塌陷、墙体裂缝、屋顶漏雨等现象，存在安全隐患。二是目前全州寺庙中有 2 家国家级文物保护单位和 11 家省级文物保护单位。除隆务寺“智慧消防”建设项目已竣工外，州内大部分寺庙线路改造不彻底、标准不高，特别是僧舍电路隐患尤为突出，对僧侣人身安全及国家文物安全威胁较大。三是宗教教职人员老龄化趋势明显。据不完全统计，全州宗教教职人员 60 岁以上的有 254 人，占总数的 5.28%；50~60 岁的有 1841 人，占总数的 38.27%。而且大多数宗教教职人员晚年无经济来源、无生活积蓄，传统的师徒供养关系又难以为继。同时，因生活习性不同，大多数老年僧侣不愿到社会养老机构，僧侣的养老难问题日趋凸显。

三　黄南州推进藏传佛教中国化实践的前景展望

（一）藏传佛教事务管理更加合理有效

依法管理宗教事务是推动藏传佛教中国化实践的法治保障。黄南州以习近平新时代中国特色社会主义思想为指导，进一步全面贯彻党的二十大精神和习近平总书记关于宗教工作的重要论述，认真落实党的宗教工作基本方针，建立健全藏传佛教寺庙和基层宗教“双规并行”管理模式，制定完善寺院内部管理制度，正确处理推进藏传佛教中国化实践面临的各种矛盾和问题。进一步强化党委领导，创新管理方法，认真贯彻藏传佛教宗教活动管理审批制度，严格落实民间宗教活动场所排查登记工作，规范宗教佛事活动审批及秩序，减轻信教群众宗教负担，充分发挥县乡村社四级管理工作机制作用，不断推动藏传佛教事务管理方式的新转变，从而提升藏传佛教事务管理能力和治理水平，持续推进藏传佛教中国化实践。

（二）藏传佛教教职人员的思想政治素质不断提高

在推进藏传佛教中国化实践过程中，教育培养藏传佛教高素质人才是积极引导并推动藏传佛教与社会主义社会相适应的关键环节和前提基础。黄南州在已有成效的基础上，将进一步加大培养力度，拓宽培养渠道，创造更多有利条件，努力培养符合“四条标准”的优秀僧才，使藏传佛教教职人员整体素质得到进一步提高，在政治上更加自觉、文化上不断融合、社会上不断适应。充分发挥活佛、经师（堪布）、寺管会成员等关键少数的作用，教育引领广大僧侣对伟大祖国、中华民族、中华文化、中国共产党、中国特色社会主义的认同将不断得到增强，自觉维护国家统一、促进民族团结和社会稳定，主动适应社会发展和时代进步要求，为推进藏传佛教中国化实践做出积极贡献。

（三）广大僧侣的公民意识不断增强

通过宗教活动场所“六进”和“百寺千讲”等活动，持续深入开展藏传佛教寺庙法治宣传教育，积极引导广大僧侣牢固树立国法大于教规、信教群众首先是国家公民的社会意识①，弄明白“要做好僧尼，先做好公民”的道理，进一步增强国家意识、法治意识和公民意识，守法持戒、正信正行，做新时代遵规守法的好公民。坚持藏传佛教中国化方向，继续发扬“慈悲为怀、普度众生，庄严国土、利乐有情”的优良传统，爱心于民、服务群众，做更多有利于广大信教群众身心健康和生活幸福的善事，积极参与推动民族团结、乡村振兴、生态保护等社会发展进步活动，认清作为公民的社会责任和担当，主动适应新的时代，努力成为新时代的服务者、建设者和贡献者②，自觉同广大人民群众一道为全面建设社会主义现代化国家、实现中华民族伟大复兴的中国梦而团结奋斗。

（四）寺庙社会化公共服务水平将逐步提升

在全面建设社会主义现代化国家、着力推动巩固脱贫攻坚成果同乡村振兴有效衔接、促进生态宜居的美丽乡村建设大背景下，藏传佛教寺庙作为基层社区的重要组成部分，是地区特色文化遗产和发展乡村文旅的重要内容，其基础设施建设有望纳入乡村整体规划当中，并积极争取中央和省里对寺庙殿堂等文物维修保护专项资金，推动民族优秀传统文化遗产保护工作。同时，在现有试点基础上逐步扩大宗教活动场所“智慧消防”覆盖面，及时排查登记和处置寺庙安全隐患，增建敬老院、卫生室、图书室、体育设施等，进一步改善僧侣学习和生活环境。通过更多有力措施，加强提升寺庙僧

---

① 新华社：《汪洋：要以提高藏传佛教中国化水平为重点做好宗教工作》，《法音》2020 年第 7 期，第 4 页。

② 杨程晨：《专访班禅：藏传佛教界人士要做新时代的服务者、建设者和贡献者》，中国新闻网，2021 年 3 月 10 日，https：//www. chinanews. com/gn/2021/03-10/9429337. shtml，最后检索时间：2022 年 12 月 7 日。

众的医疗、养老、住房以及最低生活保障水平，并以问题为导向，妥善解决寺庙僧众面临的实际困难和问题，为僧众创造更多有利于参与社会活动的条件和机会，共享改革发展成果，使寺庙僧众的获得感、幸福感不断提升。

四　黄南州推进藏传佛教中国化实践的对策建议

（一）进一步加强对宗教教职人员的教育培养

按照习近平总书记关于宗教人员要“政治上靠得住、宗教上有造诣、品德上能服众、关键时候起作用”[①] 的总要求和青海省委统战部有关“选树培育一批精通经典教义和中华优秀文化的宗教‘双通’人才，加强宗教院校人才培养主阵地建设，继续实施宗教教职人员‘轮训’工程，大力培养符合‘四条标准’的宗教人士”要求，更加重视和加强“管脑子”工作。一要积极争取省级对全州宗教教职人员培训工作专项资金投入力度，力争将各自治州宗教界人士培养经费列为财政专项预算，有计划地组织宗教代表人士和重点教职人员到发达地区考察学习，开阔眼界，亲身体会中国共产党的“能”和社会主义制度的“好”，让大家更加自觉地践行“五个认同”。二要加大资金投入力度，逐步在各个宗教活动场所建立寺庙图书室、阅览室等设施，打造一批传统与现代有机结合、现代文化与宗教文化元素融为一体，广大僧侣喜闻乐见的文化阵地。三要省级层面建立“共享经师库”和经师委派制度，解决各寺庙培养活佛力量和水平参差不齐的问题，进一步提高活佛培养教育力度。

（二）进一步加强民间信仰活动场所的管理

健全完善市县、乡镇、村（社区）三级宗教工作网络，以及乡镇、村

① 新华社：《习近平在全国宗教工作会议上强调　坚持我国宗教中国化方向　积极引导宗教与社会主义社会相适应》，《中国宗教》2021 年第 12 期，第 5 页。

（社区）两级责任和民间信仰活动场所管理长效机制，落实属地管理责任。一是深入贯彻落实《中国共产党统一战线工作条例》，将民间信仰活动场所管理工作纳入“一核三治”和全州社会治理体系，统筹规划、综合施策，扎实推进新时代全州基层治理体系和治理能力现代化，切实解决全州基层宗教治理中的堵点难点问题。二是完善落实《黄南州民间信仰活动场所管理制度》，探索建立“俄康”“赛康”“嘛呢康”“吉哇”及庙宇等民间信仰活动场所登记、审批管理制度，明确管理主体，切实将主体在县、延伸到乡、落实到村、规范到点的“四级联动”工作机制落实到基层宗教治理全过程，明确各地各职能部门、属地乡镇和村“两委”的管理服务职责。

（三）进一步加强宗教活动场所民管会组织建设

根据青海省委《关于进一步加强藏传佛教寺院管理工作的意见》等相关文件精神，始终坚持寺庙民主管理，切实加强寺庙民管会班子建设，充分发挥僧侣在寺庙管理中的主体作用，不断提高自我管理、自我约束、自我服务的能力。一是由省里衔接有关部门将宗教活动场所民管会工作经费和民管会班子成员报酬统一纳入财政转移支付渠道，统筹安排解决，并适当提高工作经费和报酬标准。二是通过加强培训，特别是以“培训+疗养”模式，在发达省市开展培训活动，进一步加大对宗教活动场所民管会班子成员的关心关爱力度，提高其工作积极性和宗教活动场所管理能力与水平。三是加强寺庙民管会成员队伍建设，把好宗教活动场所民管会改选关，确保让符合“四条标准”的宗教教职人员担任民管会班子成员，突出政治引领，发挥积极作用。

（四）进一步加强寺庙基础设施建设

以贯彻落实中央第七次西藏工作座谈会精神为契机，积极争取中央和省里对涉藏州市县改善基础设施、加强生态保护、保障和改善民生、发展特色产业的特殊支持政策。一是建议由省里衔接争取中央和国家有关部门专项支持，实施新一轮寺庙基础设施和公共服务“六大工程”，持续加大对寺庙地质灾害隐患治理、基础设施建设、殿堂等文物保护维修项目的支持力度。二是有计划地推进全州宗教活动场所“智慧消防”项目编制和规划工作，统筹推进建设工作，重点解决敬老院、“智慧消防”项目建设缺口资金。特别是要关注敬老院后续管理、运行等保障机制，确保建成和在建项目长期有效发挥作用。三是争取在重点文物保护寺庙建设小型消防站，配齐消防设施器材，加强对消防工作的指导和对宗教活动场所义务消防人员的培训演练，提升消防安全隐患排查处置能力。

参考文献

公保扎西：《“一核多元共治”新格局实现对基层宗教的有效治理》，《中国宗教》2021 年第 11 期。

李德成：《谈我国宗教的中国化——简谈藏传佛教的中国化方向》，《中国藏学》2018 年第 2 期。

石硕、王鑫源：《推进藏传佛教中国化——认识藏传佛教在铸牢中华民族共同体意识中的历史与现实基础》，《中国藏学》2021 年第 1 期。

王作安：《行稳致远　久久为功　坚持我国宗教中国化方向》，《中国宗教》2016 年第 10 期。

吴德军：《以党的领导为根本保证　不断提高新时代青海宗教工作水平》，《中国宗教》2021 年第 10 期。

B.27

新时代坚持藏传佛教中国化方向的青海经验及其重要启示

谢 热*

摘 要： 本报告以我国宗教工作基本方针、党中央一系列重大治藏方略特别是党的二十大精神为根本遵循，运用宗教学、民族社会学等基本理论方法，紧密联系新时代青海坚持和推进藏传佛教中国化方向及道路生动实践，通过对青海推行藏传佛教寺庙“三种管理模式”、创新实施寺庙“六大工程”以及大力培养藏传佛教界代表人士等成功做法及其主要成效的全面归纳和总结，提炼概括出新时代坚持藏传佛教中国化方向的青海经验及其重要启示，认为对于进一步加快推进藏传佛教中国化的有序健康发展、促进与我国社会主义社会相适应，无疑提供了重要的借鉴和启示。

关键词： 藏传佛教 中国化 青海实践

佛教作为一种外来宗教及其文化现象，自古代传入中国后，凭借其特有的宗教内涵和文化品质以及传承形态，紧跟历史发展步伐，逐渐开拓其传播疆域和广纳信仰民族人群，不断与中华优秀民族传统文化相融合而迈上本土化、地域化和民族化的自我传承之路，并逐步形成汉传佛教和藏传佛教两大中国佛教派系，走过了极其漫长而曲折的其古代中国化与近代中

* 谢热，青海省社会科学院藏学研究所副所长，研究员，研究方向为藏学、民族社会学。

国化乃至现代中国化历程。新中国成立后，得益于党的宗教工作基本方针和民族政策、民族区域自治制度的全面贯彻落实，藏传佛教历经新中国成立初期特别是改革开放阶段的重塑与兴盛，而再度迈向今天实现中华民族伟大复兴中国梦的新时代，实现了藏传佛教现代中国化进程的大大加快，且其中国化制度变迁特别是中国化适应性能力日趋增强，也使其现代中国化内涵与品质日益丰富、厚重，实现了与我国社会主义社会的根本性适应，成为维护社会和谐稳定、促进民族团结进步和国家安全统一的积极因素和重要力量。经过不断艰辛探索和实践，业已形成的新时代坚持和推进藏传佛教中国化方向及道路的青海模式与青海经验及其重要启示，值得深入总结、高度提炼、系统把握和深化实践。旨在不断完善和丰富坚持和推进藏传佛教中国化的理论体系与政策法规制度，进一步拓展和深化坚持藏传佛教中国化方向的青海地方性具体实践，不断开创新时代藏传佛教中国化新境界、新局面。

一　青海经验

（一）深化寺庙“三种管理模式”实践，着力增强思想教育和政治引领

党的十八大以来，为深入贯彻落实中央一系列治藏方略特别是关于加强藏传佛教寺庙管理与服务，促进藏传佛教与我国社会主义社会相适应的重要部署精神，“青海省委省政府立足全省藏传佛教寺庙管理面临的挑战和问题，并根据寺庙规模大小、问题复杂状况和管理难易程度，以及寺庙管理工作进展等实际，创造性地提出了‘共同管理、协助管理、自主管理’三种新型寺庙管理模式。对问题突出、维稳隐患较多的39座寺庙单设管理委员会，并与寺庙民管会一起，共同进行管理；对民管会管理能力薄弱、管理制度不健全的77座寺庙，以州（地、市）、县佛教协会名义委派干部进驻民管会，实行协助管理；对一贯爱国爱教、管理规范、教风寺风良好的539座

（约占80%）寺庙，委派指导员、不驻寺，实行自主管理。”① 实践证明，“三种管理模式”的推行，切合青海藏传佛教寺庙管理实际，体现了因寺施策、标本兼治、循序渐进、着眼长远的管理理念和实践举措，成为坚持藏传佛教中国化方向的创新之举和成功范例。

1. 始终把藏传佛教寺庙“三种管理模式”放置于全省宗教工作大局的首要位置，持续作为党委“一把手”工程深化推进，这是推进藏传佛教中国化的根本保证

推行伊始，青海省委、省政府高度重视“三种管理模式”的细化落实，科学谋划和设计“任务书、路线图”，提出“一年打基础、三年见成效、长远可持续”的具体目标，制定并下发《青海藏传佛教寺庙全面推行“三种管理模式”实施方案》，对各地区、各部门和各级党政领导落实分工任务提出明确要求，层层以党委“一把手”工程启动实施，迅速形成党委统一领导、党政齐抓共管、有关部门各负其责、成员单位共同参与的工作格局。在具体落实上“三级”党委一把手靠前指挥，深入基层，强化督促检查，严格执行“人员不查清不放过、问题不解决不放过、效果不明显不放过”的“三不放过”措施，并且形成制度化、常态化，持续深化推进，常抓不懈，不断打造示范样板、升级版。先后形成果洛州“班玛模式”、玉树州“村寺并联”“强村带寺”典型经验，以及黄南州“一核三治”、海南州“同德模式”等成功路子。逐步建立健全了符合青海实际的藏传佛教寺庙管理与服务党委领导体制机制、制度措施，为持续深入推进藏传佛教中国化提供了坚强可靠的组织保证。

2. 始终把广大僧尼管理寺庙的主体地位及作用摆到更加突出的位置，充分激发和调动其积极性、创造性，这是推进藏传佛教中国化的重要基础

从一开始起，基于对藏传佛教寺庙其特殊类型基层社会组织属性及其僧尼特殊社会角色的正确认识和把握，积极倡导独立自主自办原则，紧密联系

---

① 陈玮、谢热等：《青海省推行藏传佛教寺院“三种管理模式”成效及经验》，载《2017年青海蓝皮书》，社会科学文献出版社，2017，第291~292页。

广大僧尼的宗教生活追求，进一步激活寺庙层级内部管理运行机制功能，不断增强自我管理内生动力，充分调动和激发广大僧尼的管理主体性、能动性。正如十一世班禅所言："法不应机则无生命。一个宗教的兴衰，内因起主要作用。国家政策、社会环境、群众需求如同阳光雨露和土壤一样，如果'种子'腐烂，就不可能结出果实。"① 通过找准管理与服务上的薄弱点、关键点，明确改进任务、目标，出台具体措施，循循善诱、精准推进，激发广大僧尼的危机感、责任感，不断增进共识，凝聚智慧和力量，促进政府管理与寺庙自我管理内在机理的日趋合理、顺畅，增强管理层、僧尼层的交流沟通与相互理解、信任与支持，实现了"要我管理"为"我要管理"的大转变，使寺庙管理更具动力、活力，为深化"三种管理模式"实践打下了坚实的基础，也使推进藏传佛教中国化有了良好的环境氛围和广泛的民心民意支撑。

3. 始终把政治思想教育贯穿寺庙管理各层面全过程，坚持"特殊类别工作法"，这是推进藏传佛教中国化的创新举措

推行"三种管理模式"，一个最突出的亮点是着眼于寺庙僧侣这一不同于一般社会管理与服务对象的特殊实际，紧紧围绕其特殊身份与角色，以及他们的人生追求与理想目标等具体因素，讲究和改进政治思想教育方式方法，始终坚持"特殊类别工作法"，把情感交流、心灵互动、增进信任、加深友谊贯穿政治思想教育始终，以情促教、以教增情。通过"暖心""开心""信心""同心"的心灵交融与心灵感应而浸润他们的爱国爱教情怀，滋养他们的"五个认同"思想。"努力引导僧尼和信众深刻认识国家富强与宗教和顺的因果关系、个人命运同祖国命运的必然联系，要勇于主动发声，同民族分裂势力作斗争。坚决捍卫祖国和人民的利益，坚决站在祖国和人民的立场。"② 在一派信任、理解与认同、支持的和谐气氛中，不断把政治思想

① 班禅额尔德尼·确吉杰布：《答好时代命题　找准角色定位——深入学习贯彻全国宗教工作会议精神》，《中国宗教》2022 年第 1 期，第 20 页。

② 班禅额尔德尼·确吉杰布：《答好时代命题　找准角色定位——深入学习贯彻全国宗教工作会议精神》，《中国宗教》2022 年第 1 期，第 21 页。

教育引向深入，使广大僧尼的国家观、历史观、民族观得到新提升，政治思想觉悟、政策知识水平、科学文化素养有了显著提高，深化了对有国才有家、56个民族同呼吸共命运心连心的领悟和体认，增强了拥护和爱戴以习近平同志为核心的党中央的高度自觉，增进了对伟大祖国、中华民族、中华文化、中国共产党、中国特色社会主义的情感认同，而且也带来了党群关系、干僧关系、僧众关系的进一步增强。彰显出“特殊类别工作法”的特殊功效与作用，进一步增强并打牢了自觉推进藏传佛教中国化的情感认同和思想根基。

4. 依法从严集中整治一些寺庙“乱象”，做到“法外无寺、法外无僧”，这是推进藏传佛教中国化的重要引颈

根据藏传佛教寺庙管理制度普遍较滞后、管理能力一直较薄弱，甚至部分寺庙一度各种“乱象”易发多发的特殊实际，始终把全面贯彻落实党中央一系列重大治藏方略与推进寺庙管理与服务工作有机结合，强化“团结稳定是福，分裂动乱是祸”的政治思想教育和治理整顿。坚持问题意识和问题导向，树立正视问题和解决问题的勇气、信心，特别是在涉及治理一些寺庙“乱象”和加强维稳重点区域工作上，狠抓反分裂反渗透斗争。三级党委政府主要领导深入一线，蹲点调研、掌握实情、摸清底数，进一步推进“依法治教”“从严治教”各项举措的落实落细，引导广大僧尼牢固树立国家意识、法治意识、政府意识和公民意识，凝聚教规遵从国法、公民先于教民的思想合力，自觉奉行“法外无寺、法外无僧”的法治思维和法治精神；与此同时，本着有什么问题就解决什么问题、是什么问题就按什么问题处理的原则，严格按照“四条标准”和“五个有利于”的要求，逐一清理、排除，做到“三不放过”，形成严密、规范的处置机制，集中整治一些寺庙“乱象”，使不少过去难以解决的矛盾和问题得到有效处理，寺庙各项事务运行秩序日趋正常、合理。逐步实现了寺庙管理从应急处置向常态化的根本转型，也促进了从“以教治教”向“依法治教”“从严治教”的良性发展，为进一步推进藏传佛教中国化营造了良好的法治环境和法治氛围。

（二）创新实施寺庙“六大工程”，全面实现改革发展成果共享

党的十八大以来，青海省委、省政府率先把藏传佛教寺庙管理纳入社会

化和村级化管理与服务体系，启动实施寺庙通水、通电、通路和“四室”、危殿堂维修加固、寺庙文物本体建筑抢救性保护以及僧舍维修改造等基础设施建设和公共服务“六大工程”。项目实施以来，取得了显著的政治、经济和社会效益，受到广大藏传佛教寺庙僧尼和信众的普遍欢迎和好评，成为促进藏传佛教中国化的生动实践和成功例证。

1. 立足青海藏传佛教传播区域广阔、寺庙分布广泛、僧尼人数众多、社会影响深刻的省情实际，大力实施寺庙基础设施建设，这是推进藏传佛教中国化的根本途径

与其他藏传佛教传播区域历史发展与现实状况一样，青海信仰藏传佛教地区信教群众居住的地方，基本都有藏传佛教寺庙，且一直以基层村落社区的有机组成部分而延续生存和发展。因此，青海省委、省政府立足藏传佛教的“存在性”与“生存性”现实及长远利益考虑，适时把藏传佛教寺庙管理纳入社会化和村级化管理与服务体系，率先集中实施寺庙基础设施建设工程。从 2015 年开始，青海省实施寺庙通水项目 113 个，资金 1.7565 亿元，解决了 397 座寺庙饮水安全保障；同时争取中央资金 1.341 亿元，大力实施寺庙通电“光明行动”工程，涉及 148 座寺庙，35 座寺庙落实光伏电站项目，对 454 座寺庙实施殿堂及僧舍老旧电线电路改造维护，排除安全隐患。[①] 真正做到了充分保障广大僧尼作为国家公民享有的经济与物质的根本权益，也实现了改革发展成果惠及全体僧尼，共享幸福美好生活，使他们切实感受到党和政府的关心、关爱，获得感幸福感安全感极大提升，感党恩、听党话、跟党走成为自觉意识和自觉行动，实实在在带来了藏传佛教中国化的新变化、新面貌。

2. 正视青海藏传佛教寺庙大都历史悠久、典籍文献丰富、遗存文物宝贵的现状，着力实施危殿堂维修加固、文物本体建筑抢救性保护等工程，这是推进藏传佛教中国化的务实举措

青海藏传佛教寺庙作为僧俗佛弟子持法受戒和弘扬佛法的根本道场，建

---

① 青海民族大学课题组：《青海寺院“六大”工程及社会效益评估》，《青海民族研究》2016 年第 4 期，第 181 页。

筑巍峨壮观、典籍文献浩瀚、法器供物珍贵，大都属国家级、省级、州（市、地）级、县级文物保护单位。然一直未能享受政府性文物保护投资，一些重要殿堂年久失修，很多珍贵典籍文献和壁画、唐卡及供物供器等濒临侵蚀、损毁的窘境。因此，实施危殿堂维修加固、文物本体建筑抢救性保护迫在眉睫。从 2014 年起，对鉴定为 C、D 级危殿堂的，由省级财政设立寺庙文物保护抢救性维修专项资金，实施抢救维修。经过几年的加紧落实，完成了 282 座寺庙的危殿堂维修保护，包括危殿堂基础、墙体的处理，木构件的防腐防虫保护、殿面及木地板的修复等。[①] 党和政府把藏传佛教寺庙作为整个中华民族文化的一种历史及现实载体，把寺庙建筑设施及历史文物纳入保护和利用中华民族优秀传统文化的整体范畴，斥巨资进行抢救保护，不仅确保了寺庙建筑设施的完好利用和各类文物的安全保存和供奉，展现出寺庙整体人文景观和内饰陈设的崭新面貌，而且带来了民族文化归属感、中华文化认同感的极大增强。成为推进藏传佛教中国化的务实之举。

3. 着眼于解决僧尼居住房屋普遍老旧、简陋，且部分僧尼日常生活面临较多困难的问题，加快实施僧舍更新修建工程，补齐民生需求保障“短板”，这是推进藏传佛教中国化的根本要求

充分认识到藏传佛教寺庙与乡土村落社区一直天然地相依、共存，共同构成传统乡村聚落景观的历史与现实特征，坚持以人为本、管理与服务并重、“管脑子”与“管肚子”同步并进，全面实现一切惠僧利寺工程全覆盖、见实效。从 2014 年同时启动实施僧尼危房改造项目，“按照青海省现行农村危房改造标准，对定员僧尼危房改造以每户 2.5 万元额度给予补助”。[②] 如此集中规模、大范围实施藏传佛教僧尼危房改造工程属历史上头一次。藏传佛教僧尼属完全脱离“两种生产”活动的特殊类型群体，“一僧一户”为其基本生活样态，除少数身有残疾、年老体弱者外，绝大多数僧尼过着衣食

---

① 青海省民宗委与青海省社会科学院联合课题组：《青海省寺院危殿堂维修加固工程评估及对策建议》，载《2018 年青海蓝皮书》，社会科学文献出版社，2018，第 173 页。

② 拉毛措、高永红：《青海藏区寺院“六大工程”实施效果及监管问题研究》，载《2018 年青海蓝皮书》，社会科学文献出版社，2018，第 208 页。

无忧、心无物欲、清净安逸的纯粹宗教生活。虽然如此，党和政府仍然以最大限度保障广大僧尼享有的公民权益，切实改善和优化广大僧尼的居住环境、起居条件，使他们充分享受到改革开放的红利；与此同时，“全省74.2%的宗教教职人员参加养老保险，93.4%的宗教教职人员参加医疗保险，1042名被纳入农村五保户，4257名被纳入城乡低保，这已经占到全省宗教教职人员总数的10%以上，超过了全国城乡低保户的比重。”[①] 始终对广大僧尼给予温暖照顾、深情关爱和心灵抚慰，真正体现出“导”之有方、“导”之有力、“导”之有效，赢得僧俗群众的广泛赞赏。

4. 实施寺庙医务室、文化书屋等“四室”建设，这是推进藏传佛教中国化的客观要求

考虑到藏传佛教寺庙大都地处偏远山区、保持宗教思想及宗教文化特性厚重而现代科学文化知识普及不足，以及僧众掌握新文化新知识程度较低，且获得信息和知识的途径有限、阅读资源匮乏的具体情况，青海省委、省政府大力实施寺庙公共管理与公共文化服务工程建设，加快建设以寺庙民管会办公室、寺庙管理干部业务用房和干部周转房以及文化活动室为主的寺庙“四室”工程，并视情建设寺庙医务室，加快广播电视设施、图书报刊、文体器材进寺庙步伐。从2011年起，“落实藏传佛教寺庙‘四室’建设专项资金1500万元，连续投资四年共6000万元，对僧人在50人以上的寺院修建办公室、文化活动室、医务室等，配备必要的文化图书、医疗器械，满足僧尼的文化活动和医疗需求”。[②] 继之，为认真贯彻落实《青海省关于财政支持基层组织建设和推动社会管理创新意见》的通知精神，落实民族宗教社会管理项目资金4000万元，一大批藏传佛教寺庙享受到“四室”建设这一政策红利。项目的实施完成，极大地改善和优化了政府管理和自身管理硬软件基础设施条件，保证了寺庙教务、财务及人员管理的集中统一指挥和治理，而

① 青海省委统战部：《青海省创建民族团结进步先进区的理论与实践》，人民出版社，2014，第282页。

② 青海民族大学课题组：《青海寺院“六大工程”及社会效益评估》，《青海民族研究》2018年第4期，第179页。

且使渴望获取更多科学文化知识的广大僧尼倍感舒心、愉悦。他们普遍反映，寺庙书屋、寺庙诊所、寺庙文体广场等的建设投运，极大丰富了他们的业余生活，大量的书籍多为藏汉文对照或纯藏文内容，对于汉语水平相对较低但藏语文水平较高的他们来说非常适合，有助于开阔他们的文化视野、提高他们的文化水平、增强他们文化上的自觉认同，助力藏传佛教中国化不断引向深入。

（三）高度重视培养高素质藏传佛教界代表人士，为引导藏传佛教不断适应社会发展与时代进步，加快推进藏传佛教中国化发挥重要作用

毫无疑问，坚持并推进藏传佛教中国化，实为僧尼和信众这个藏传佛教赖以存在与传承的人的主体性宗教信仰志趣及宗教行为活动的中国化。这个"化"其本质在于人的"化"，即实现藏传佛教广大僧尼及信众"在政治上自觉认同、文化上自觉融合、社会上自觉适应，与社会发展同步、与时代进步同频，成为社会建设的和谐因素和国家建设的积极力量"。[①] 因此，加快推进藏传佛教中国化，必须以实现广大僧尼和信众这个主体特别是藏传佛教界代表人士的中国化为核心而推动整个藏传佛教的中国化。长期以来，青海省委、省政府高度重视藏传佛教界代表人士培养工作，始终以习近平总书记提出的"政治上靠得住、宗教上有造诣、品德上能服众、关键时起作用"的"四条标准"要求为基本遵循，把培养藏传佛教界代表人士作为推进藏传佛教中国化的一项长期性战略任务来谋划、推进，坚持常抓不懈，形成制度化、常态化，使大批新一代高素质藏传佛教界代表人士逐步成长起来，成为推动藏传佛教中国化的引领者和带动者，受到党和政府的高度信赖和肯定，也备受广大僧俗群众的广泛赞许。

1. 加强对藏传佛教界代表人士的政治理论与政策知识培训，提高政治觉悟与文化素养，这是推进藏传佛教中国化的时代任务

2014 年以来，根据中央《关于加强藏传佛教界代表人士培养工作的意

① 王作安：《行稳致远　久久为功——坚持我国宗教中国化方向》，《中国宗教》2016 年第 10 期，第 14 页。

见》精神，青海省委、省政府加大藏传佛教界代表人士培养力度。坚持外选和内派相结合的方式配备师资队伍，采取省内集中培训和省外考察学习相结合，分期分批对全省藏传佛教各教派有一定规模和影响寺庙的年轻活佛、堪布（经师）、民管会成员开展专题讲座、主题讨论、观摩交流等学习活动。专家学者讲授党的民族宗教政策及相关法律法规，基层宗教工作者着重宣传党和国家对涉藏地区发展的特殊政策和涉藏地区经济社会发展取得的巨大成就，活佛、堪布深入讲解藏传佛教教义教规的新阐释。每期培训建立学员培训档案，开展学员综合测评、跟班教员全面掌握记录学员培训期间的现实表现；同时组织学员赴东部发达省份考察学习，让他们开阔眼界、增进交流、汇聚共识。经过长期的政治理论和科学文化知识培训以及赴外学习交流，广大僧尼的政治觉悟显著提高，进一步增强了维护社会和谐稳定和国家统一安全的自觉性和主动性，而且使广大僧尼的政策法规与科学文化知识水平不断得到提升，更使他们推进藏传佛教中国化的主体性地位及作用得到充分彰显，成为推动藏传佛教中国化的坚强团队，并为之奉献自己的智慧与力量。

2. 对藏传佛教界优秀代表人士委以重任，充分发挥其参政议政作用，这是推进藏传佛教中国化的内在要求

青海作为藏传佛教本土化中国化的主阵地，在推动这一事业的发展上有着自身深厚的历史根基和现实优势。藏传佛教界代表人士不仅自觉传承和弘扬自身富有的中国化优良传统，主动肩负起实现中国化的重大使命任务，而且积极参政议政，身体力行，成为促进藏传佛教中国化的主体性力量，引领广大僧尼和信众自觉践行中国化神圣使命和光荣任务。党的十八大以来，根据中央关于宗教工作重要决策部署要求，青海省委、省政府高度重视藏传佛教界新一代代表人士的培养、选拔和使用，一批年富力强、政治立场坚定、具有一定佛学造诣和政策知识水平以及信众信任和拥护的新一代代表人士茁壮成长，对一些优秀代表人士委以重任，给予全国、省、州（市）、县（区）各级人大代表和政协委员的政治身份，并且有些还安排在省、州（市）、县（区）各级人大和政协担任副主任及副主席等重要职务，让他们充分发挥参政议政的特殊优势和作用，积极为维护祖国统一、反对民族分裂、促进经济发展和社会和谐稳定建言献策、履职尽责。十一世班禅说："我的前世十世班禅大师讲，藏传佛教即将进入再弘期。我对这个再弘期的理解，就是藏传佛教与中国特色社会主义社会适应的条件下，朝着中国化方向不断发展而得到弘扬，继而成为藏传佛教前弘期、后弘期之后的再一次宏盛时期。"① 这既是藏传佛教界代表人士的共同心声，也是广大信众的美好愿望。新一代藏传佛教界代表人士使命光荣、任务艰巨，是新时代推进藏传佛教中国化的主体性力量，乘着今天藏传佛教中国化的强劲态势，以更宽阔的主体性视野和更高的主体性站位、姿态，引领藏传佛教不断适应社会发展和时代进步潮流，共创藏传佛教中国化的美好未来。

二　重要启示

（一）只有把藏传佛教的传承与发展放到全省工作大局中来思考和谋划，才能保证藏传佛教中国化的高质量发展

青海是多民族、多宗教区域，尤其是作为涉藏重要省份，只有坚持党对藏传佛教工作的全面领导，认真贯彻落实党的宗教工作基本方针，把藏传佛教的传承与发展放置于全省中心工作特别是高质量发展的全局中来思考和谋划，藏传佛教中国化事业才能取得成功。进一步把藏传佛教事务管理与服务纳入经济社会发展中长期规划特别是基层社会治理重要事项范畴，与法治乡村建设、文明村镇建设同部署、同落实，维护良好教风寺风，创建和谐寺庙、平安寺庙；坚持党对藏传佛教事务的集中统一领导，推动藏传佛教寺庙"三种管理模式"提质增效，不断把省、州、县、乡、村五级党委书记抓藏传佛教工作的领导体制和治理机制理顺、健全，严格落实五级党委书记藏传佛教工作"第一责任"，切实做到重要工作亲自部署、重大问题亲自解决、

① 班禅额尔德尼·确吉杰布：《为国家和人民福祉作出贡献——班禅的履职与成长心路》，新华社，2021 年 3 月 10 日。

重点环节亲自协调、重大事项亲自督办；严格落实党委书记藏传佛教工作专项述职制度，并进行指标考核；进一步健全完善藏传佛教管理与服务长效机制，在工作的持续性与连贯性中提升效能，不断探索实践藏传佛教中国化新路径、新方法。

（二）只有坚持“依法治教、从严治教”，才能保证藏传佛教中国化的健康发展

坚持我国一切公民在法律面前一律平等，做到“法外无寺”“法外无僧”，用法律保障藏传佛教中国化的推进，仍然是新时代做好藏传佛教事务管理与服务工作的重要法宝。要从正确认识和把握藏传佛教的“两重性”出发，运用法治思维和法治精神，最大限度发挥其积极作用、最大限度抑制其消极作用。必须依法依戒治理藏传佛教寺风教风，清理整治一些活佛长期不驻寺、不管寺，甚至在持法受戒上不能发挥模范带头作用，以及个别僧尼在网络平台上传播有悖于僧尼身份的言语、违背宗教戒律等问题和现象；加强涉藏州县宗教管理立法，遏制宗教干预行政、司法、教育和信众生产生活，以及加重信众宗教经济负担等突出问题；把普法学法作为推动藏传佛教工作法治化的重要基础，深入推进“八五”普法教育和“法治进寺庙”活动，持续开展“遵法学法守法用法”示范寺庙创建活动，构建规范有序的藏传佛教事务管理新格局。进一步促进藏传佛教从重“伦理型”的“以教治教”向重刚性法治化的“依法治教”“从严治教”的根本转变，不断促进藏传佛教中国化的法治化与制度化。

（三）只有把改革发展成果更多更公平惠及全体僧尼，让他们共享幸福美好生活，才能使推进藏传佛教中国化更具动力、活力

要以藏传佛教的传承发展作为推进其中国化的出发点和落脚点，不断把寺庙公共服务和僧尼社会保障纳入经济社会发展总体规划，积极探索乡村振兴一系列政策举措在寺庙僧团群体中落实的有效途径与方法，实现发展成果更多更公平惠及全体僧尼；必须正视部分僧尼在学经和生活上面临的实际困

难，特别是残疾僧尼、老龄及高龄僧尼享受应享受的社会保障和救济帮扶，让他们安享生活、生活幸福；进一步扩大广大僧尼享受公共服务覆盖面，统筹落实好偏远地区一些寺庙公路交通、饮用水、电网并入等不到位、有遗漏的实际问题，补齐基础设施建设方面存在的“短板”，实现人居环境及生活条件的完善、优化，打造便捷、快速、高效的生活品质；要着力加强部分寺庙“六大工程”后续养护与维修，保证服务能跟进、功效能延续，切实保障广大僧尼的根本利益，不断充实和增强推进藏传佛教中国化的内生动力、活力。

（四）只有加强高素质藏传佛教界代表人士队伍建设，才能保证推进藏传佛教中国化更具张力、生命力

大力培养和壮大新时代高素质藏传佛教界代表人士队伍，是推进藏传佛教中国化的关键。必须按照政治上靠得住、宗教上有造诣、品德上能服众、关键时起作用的“四条标准”要求，进一步加强藏传佛教界代表人士队伍建设，积极发挥引领、带动作用。要把政治上靠得住作为第一位的要求，贯穿代表人士队伍建设始终，不断增强藏传佛教界人士“四个意识”、坚定“四个自信”，做到“两个维护”；要把宗教上有造诣作为最根本的任务，加强“闻、思、修”研习和修持，潜心解读典籍经论，深入汲取思想精粹，努力提升宗教学识和修养；要把品德上能服众作为最基础的素质，经常性抓、长期性抓，让广大僧尼持法受戒，以思想品德建设为基础，支撑代表人士队伍建设良性发展；要把关键时起作用作为最直接的检验，确立为培养代表人士队伍的目标，始终服从党和国家利益，心系信教群众，坚定不移地跟着共产党走，成为造诣精深的典范，展现高僧大德的风范，保证推进藏传佛教中国化更具张力、生命力。“当代藏传佛教要在中华文化沃土上生长，要在党和人民厚望下前进，要同时代发展相结合，要在祖国强盛中弘扬，就应该以更广阔、更宏观的视野看待和思考自身的使命责任，努力发挥正能量，找准符合新时代发展要求的角色定位；做祖国利益的捍卫者和人民利益的服务员，做祖国立场的拥护者和人民立

场的守卫人。”① 这正是今天藏传佛教界新一代代表人士肩负的重大使命与任务，是坚持和推进藏传佛教中国化方向的根本所在，也是藏传佛教自身自觉追求和努力奋斗的崇高理想。

参考文献

沈桂萍、沈春阳：《坚持宗教中国化方向　增进中华文化认同》，《山东省社会主义学报》2019 年第 5 期。

范玉显：《宗教中国化：语义阐释与时代创新》，《民族宗教研究》2017 年第 4 期。

次仁德吉：《改革开放 40 年党的宗教政策在西藏实践与经验》，《西藏研究》2018 年第 5 期。

王苑：《增进西藏各族群众“五个认同”的路径探讨》，《西藏发展论坛》2020 年第 4 期。

叶小文：《多元和谐的中国宗教》，外文出版社，2018。

邓锐龄：《元明两代中央与西藏地方的关系》，中国藏学出版社，1989。

① 班禅额尔德尼·确吉杰布：《答好时代命题　找准角色定位——深入学习贯彻全国宗教工作会议精神》，《中国宗教》2022 年第 1 期，第 20 页。

皮 书

智库成果出版与传播平台

皮书定义

皮书是对中国与世界发展状况和热点问题进行年度监测，以专业的角度、专家的视野和实证研究方法，针对某一领域或区域现状与发展态势展开分析和预测，具备前沿性、原创性、实证性、连续性、时效性等特点的公开出版物，由一系列权威研究报告组成。

皮书作者

皮书系列报告作者以国内外一流研究机构、知名高校等重点智库的研究人员为主，多为相关领域一流专家学者，他们的观点代表了当下学界对中国与世界的现实和未来最高水平的解读与分析。截至 2022 年底，皮书研创机构逾千家，报告作者累计超过 10 万人。

皮书荣誉

皮书作为中国社会科学院基础理论研究与应用对策研究融合发展的代表性成果，不仅是哲学社会科学工作者服务中国特色社会主义现代化建设的重要成果，更是助力中国特色新型智库建设、构建中国特色哲学社会科学“三大体系”的重要平台。皮书系列先后被列入“十二五”“十三五”“十四五”时期国家重点出版物出版专项规划项目；2013~2023 年，重点皮书列入中国社会科学院国家哲学社会科学创新工程项目。

皮书网

（网址：www.pishu.cn）

发布皮书研创资讯，传播皮书精彩内容
引领皮书出版潮流，打造皮书服务平台

栏目设置

◆ 关于皮书

何谓皮书、皮书分类、皮书大事记、
皮书荣誉、皮书出版第一人、皮书编辑部

◆ 最新资讯

通知公告、新闻动态、媒体聚焦、
网站专题、视频直播、下载专区

◆ 皮书研创

皮书规范、皮书选题、皮书出版、
皮书研究、研创团队

◆ 皮书评奖评价

指标体系、皮书评价、皮书评奖

◆ 皮书研究院理事会

理事会章程、理事单位、个人理事、高级
研究员、理事会秘书处、入会指南

所获荣誉

◆ 2008 年、2011 年、2014 年，皮书网均在全国新闻出版业网站荣誉评选中获得“最具商业价值网站”称号；

◆ 2012 年，获得“出版业网站百强”称号。

网库合一

2014年，皮书网与皮书数据库端口合一，实现资源共享，搭建智库成果融合创新平台。

皮书网

“皮书说”
微信公众号

皮书微博

S 基本子库
UB DATABASE

中国社会发展数据库（下设 12 个专题子库）

紧扣人口、政治、外交、法律、教育、医疗卫生、资源环境等 12 个社会发展领域的前沿和热点，全面整合专业著作、智库报告、学术资讯、调研数据等类型资源，帮助用户追踪中国社会发展动态、研究社会发展战略与政策、了解社会热点问题、分析社会发展趋势。

中国经济发展数据库（下设 12 专题子库）

内容涵盖宏观经济、产业经济、工业经济、农业经济、财政金融、房地产经济、城市经济、商业贸易等12个重点经济领域，为把握经济运行态势、洞察经济发展规律、研判经济发展趋势、进行经济调控决策提供参考和依据。

中国行业发展数据库（下设 17 个专题子库）

以中国国民经济行业分类为依据，覆盖金融业、旅游业、交通运输业、能源矿产业、制造业等 100 多个行业，跟踪分析国民经济相关行业市场运行状况和政策导向，汇集行业发展前沿资讯，为投资、从业及各种经济决策提供理论支撑和实践指导。

中国区域发展数据库（下设 4 个专题子库）

对中国特定区域内的经济、社会、文化等领域现状与发展情况进行深度分析和预测，涉及省级行政区、城市群、城市、农村等不同维度，研究层级至县及县以下行政区，为学者研究地方经济社会宏观态势、经验模式、发展案例提供支撑，为地方政府决策提供参考。

中国文化传媒数据库（下设 18 个专题子库）

内容覆盖文化产业、新闻传播、电影娱乐、文学艺术、群众文化、图书情报等 18 个重点研究领域，聚焦文化传媒领域发展前沿、热点话题、行业实践，服务用户的教学科研、文化投资、企业规划等需要。

世界经济与国际关系数据库（下设 6 个专题子库）

整合世界经济、国际政治、世界文化与科技、全球性问题、国际组织与国际法、区域研究 6 大领域研究成果，对世界经济形势、国际形势进行连续性深度分析，对年度热点问题进行专题解读，为研判全球发展趋势提供事实和数据支持。

法律声明